이보불환형

매란방의 삶과 예술을 말하다

탈경계인문학 번역총서 5
이보불환형, 매란방의 삶과 예술을 말하다

2014년 12월 20일 초판 인쇄
2014년 12월 25일 초판 발행

지은이 | 매란방
엮은이 | 매소무
옮긴이 | 김영숙
편집 | 선우애림
펴낸이 | 이찬규
펴낸곳 | 북코리아
등록번호 | 제03-01240호
주소 | 462-807 경기도 성남시 중원구 상대원동 146-8
우림2차 A동 1007호
전화 | 02-704-7840
팩스 | 02-704-7848
이메일 | sunhaksa@korea.com
홈페이지 | www.북코리아.kr
ISBN | 978-89-6324-267-5 (93600)
978-89-6324-261-3 (세트)

값 25,000원

탈경계인문학 번역총서 5

이보불환형

매란방의 삶과 예술을 말하다

매란방 지음 | 매소무 엮음 | 김영숙 옮김

북코리아

일러두기

1. 중국에는 두 가지 연극 양식이 있다. 중국 전통극을 지칭하는 희곡(戲曲)이 있고 근대 서양에서 들어와 발전한 화극(話劇)이 있다. 중국에서는 상이한 연극 양식인 희곡과 화극을 포함하면서 무대 상연을 의미하는 연극과 읽는 극본으로서의 희곡을 모두 포괄하는 말로 희극(戲劇)이라는 용어를 사용한다. 본 번역서는 원문의 '희극'을 문맥에 따라 연극과 희극으로 번역하였다. 그런 의미에서 무대예술인, 극작가, 희극연구가 등을 모두 포함하는 예술인을 지칭할 때는 '연극인'으로 번역하거나 '희극가'라는 원문의 용어를 그대로 사용하였다.

2. 경극은 대부분 희곡 작품의 일부를 연출하는 절자희(折子戲)로 되어 있다. 원문에서 절자희를 세는 단위로 사용한 출(出)을 그대로 썼다.

3. 중국어 인명, 장소를 비롯한 고유명사는 한자 독음으로 했고 일본, 미국, 인도, 러시아의 고유명사는 그 언어 발음으로 통일하였다. 단 문맥상 중국어로 표기하는 것이 원문의 의미를 더 잘 살릴 수 있거나 한국인에게 익숙한 용어, 예를 들면 라오반, 탕후루, 치파오 같은 것은 중국어 발음으로 썼다.

4. 그림과 연극, 영화, 무용 등의 제목은 〈 〉로 잡지, 신문, 단행본은 『 』, 곡패명은【 】로 표시하였다.

5. 역자주 이외에 가독을 위해 필요하다고 판단될 때에 본문에 [ ]부호로 용어에 대한 해설이나 보충설명을 덧붙여 저자(매란방)가 ( )안에 설명을 덧붙인 것과 구분하였다.

6. '인민'이란 용어는 원문의 의미를 살려 그대로 번역하였으나 문맥에 따라 부분적으로 '국민'으로 번역하거나 생략하였다.

역자서문

매란방과 경극

0

날카롭게 귀를 자극하는 음악과 어딘가 자연스럽지 않은 동작, 극도로 과장된 발성이 시끄럽기도 하고 천박한 것 같기도 해서 처음 경극을 접했을 때 나는 심한 거부감을 느꼈다. 그러나 영화 〈패왕별희〉를 보고 나서 서서히 경극에 대한 거부감이 없어졌다. 단순히 포스터에 찍힌 장국영의 우수에 찬 모습에 이끌려 본 것이지만, 이 영화를 통해 나는 중국의 전통극인 경극과 경극 배우에 대해 이해하게 되었고 관심도 갖게 되었다.

경극은 우리가 지금까지 접해온 극 양식과 매우 다르기 때문에 우리나라 사람들 중에는 나처럼 경극에 거부감을 느끼거나 낯설어 하는 사람들이 많다. 하지만 영화 〈패왕별희〉가 우리나라에 들어와 상연된 이후로 많은 사람들이 좀 더 경극에 다가갈 수 있었다. 1993년 중국 감독 천카이거陳凱歌가 만든 영화 〈패왕별희〉는 세계적으로 유명한 칸 영화제에서 황금사자상을 거머쥐면서 세계인의 이목을 집중시켰고 우리에게도 예외 없이 경극에 대한 강렬한 인상을 남겨주었다. 경극 배우가 혹독한 기예 훈련을 받는 장면을 비롯하여, 여자아이처럼 가녀린 남자아이가 정체성의 혼란을 겪으며 여자 역 배우로 키워지는 과정은 우리에게 엄청난 충격과 놀라움을 안겨주었던 것도 사실이다.

그러나 평범한 아이가 경극 예술인으로 변화되는 과정, 예술과 현실을 구분하지 못하고 현실에서도 극중 인물로 살아가는 배우의 삶, 예술을 대하는 배우의 태도, 환호하는 관중들 앞에서 화려하게 펼쳐지는 표현 예술 등은 경극이 낯설기만 했던 우리에게 피상적이지만 경극 예술의 원리와 특징을 어느 정도 이해하고 다가설 수 있게 해주었다. 그 후 우리나라에서도 경극에 대한 관심이 많아진 것은 분명한 듯하다.

영화에서 묘사하고 있듯이 경극은 청대 말엽과 민국 초기, 다시 말해 19세기 말부터 20세기 초까지 중국에서 굉장한 인기를 누렸던 극종이다. 본래 지방극의 하나였던 경극은 수도인 북경에서 발전하여 전국적으로 인기를 얻게 되면서 중국을 대표하는 극종이 되었고 4대 명단四大名旦으로 지칭되는 매란방梅蘭芳, 정연추程硯秋, 상소운尙小雲, 순혜생荀慧生이 활동했던 20세기 초에는 중국 연극사상 유례를 찾아볼 수 없는 황금기를 누렸다. 황실에서부터 일반 민중에 이르기까지 온통 경극에 빠져 있었다고 해도 과언이 아닐 만큼, 경극은 그들에게 소중한 오락이자 일상생활의 일부였다.

〈패왕별희〉는 경극의 극목[레퍼토리] 중의 하나로 중국 사람이 대단히 좋아하는 작품이다. 이 극은 중국 한나라 고조 유방과 패권을 다투었던 항우項羽와 그의 애첩 우희虞姬의 사랑과 충정을 그린 이야기로, 수많은 문학작품과 민간 예술의 소재로 사용되었지만 경극 〈패왕별희〉를 통해 일반 민중들에게 가장 널리 알려졌고 또한 그들의 큰 사랑을 받았다. 경극 〈패왕별희〉에서 충정의 화신으로 그려진 우희 역을 연기한 가장 유명한 배우가 바로 이 책의 저자인 매란방이다.

매란방은 19세기 말에 태어나 20세기 초에 활동했던 경극 배우로 대내적으로는 경극이 최고의 전성기를 누렸던 시기의 가장 유명한 국민 배우였으며 또한 경극의 표현 예술을 최고의 경지로 발전시킨 경극계의 대예술가이기도 하다. 그리고 대외적으로는 처음으로 중국 전통극인 경극을 일본, 미국, 소련, 캐나다, 유럽 등 세계에 알리고 널리 전파한 예술가로서 중국 연극사상 가장 세계적으로 잘 알려진 배우다.

이 책은 20세기 중국 예술가를 대표하는 경극 예술의 대가 매란방의 자서전을 번역한 것이다. 중국의 백화문예출판사가 기획한 '20세기 예술대가 수필 총서'의 매란방 편으로 편집된 이 책은 매란방의 아들 매소무 선생이 매란방의 저서 가운데 50여 편의 글을 선별하여 엮은 것이다. 내용은 크게 세 부분으로 나눌 수 있는데, 우선 매란방이 희곡을 배우고 무대에 섰던 경험과 그의 초기의 성공에 관한 이야기를 비롯하여 배우로서의 생활, 스승 및 동시대 배우들에 대한 이야기를 다룬다. 그래서 이야기를 듣는 것처럼 재미있게 읽어가는 가운데 어렵고 낯선 경극 예술에 보다 쉽게 접근하고 이해할 수 있다. 두 번째는 동시대의 중국 및 일본 예술가와 채플린, 스타니슬라브스키와 같은 서양의 영화 · 연극계를 대표하는 외국 예술가와의 교류에 관한 내용을 풍부하게 다루고 있어 당시 동양과 서양의 문화교류 및 예술교류에 대한 일면을 생생하면서도 구체적으로 엿볼 수 있고 또한 풍부한 실증 자료들을 얻을 수 있다는 점에서 대단히 흥미롭고 가치 있다.

마지막으로 이 책은 경극 예술에 대한 심도 있는 통찰을 매란방 개인의 삶의 서사를 통해 쉽고 재미있게 읽을 수 있도록 서술되었다. 이 책의 중심 내용은 매란방의 예술 창작과 편극, 그가 새롭게 창조한 고장신희, 시장신희에 대한 시도와 실험에 관한 이야기이다. 매란방은 자신이 경험한 구체적인 사례를 통해 경극의 역사를 보여주는 것은 물론 전통극의 개혁과 현대화라는 20세기 초의 가장 절실하고 중요한 문제에 대한 답을 내놓는다. 즉, 예술에 대한 깊이 있는 통찰의 기록을 쉬우면서 재미있게 읽을 수 있다는 점이 이 책의 최고 가치이며 그것이 바로 이 책을 번역하게 된 동기이다.

'이보불환형'은 전통의 틀을 바꾸지 않으면서 시대에 맞추어 경극 예술을 혁신하고자 했던 매란방의 경극에 대한 태도이자 그의 예술관을 의미한다. 원래 '걸음을 옮기되 형체는 변하지 않는다'는 의미로 무술 동작을 설명할 때 사용되는 이 용어는 한 평론가가 매란방의 예술 원칙을 이것을 빌려 비유적으로 설명하면서 알려졌고 이것을 원서 편집자인 매소무가 책의 제목으로 사용하였다. 매란방의 이러한 예술관은 이 책에서 소개된 그의 예술 창작과 경극 개혁의 실천 과정에서 일관되게 나타난다. 우리는 그의 예술 실천과 원칙을 살펴보면서 중국 전통극의 현대화에 성공한 20세기 초의 한 예술가의 실천과 고민들을 들여다볼 수 있다. 뿐만 아니라 지금도 여전히 전통의 보존과 현대화, 로컬과 세계화의 문제에 직면해 있는 우리에게 그의 실천과 원칙은 어떠한 태도를 지녀야 하는지에 대해 하나의 지침이 될 수 있다.

1

중국 전통사회에서는 연극을 희곡戲曲 혹은 희극戲劇이라고 불렀다. 이는 중국 연극의 성격을 잘 대변하는 것으로 가무와 놀이의 혼합으로 구성되어 있다는 것을 의미한다. 그러다 19세기 말 20세기 초 서양 연극이 들어오면서 대화를 통해 사실적인 인간의 삶을 묘사하는 연극 양식과 구분하여 전통적인 극을 희곡戲曲, 서양에서 들어온 극을 화극話劇이라고 칭했다. 그리고 이 두 가지 연극양식을 모두 통칭하는 말로 희극戲劇을 사용하게 되었다.

중국 전통사회에서 희극은 소설과 함께 단순한 오락거리로 '소도小道', '말기末技', '사종邪宗' 등 비천한 것으로 취급되어 문인 사대부들이 중시하지 않았으며 소위 통속문예로 분류되어 그 지위가 높지 않았다. 그러나 이러한 희곡 관념은 19세기 중엽 이후 급변했다. 중국은 서구 열강에 의해 문호를 개방한 이후 지속적으로 유입된 서양문화의 영향으로 연극이 사람들에게 미치는 사회적 영향에 대해 인식하게 되었다. 또한 일찍이 서양문화를 받아들여 동아시아의 강국으로 부상한 일본에 위기감을 느낀 중국의 지식인들 사이에서 국민 계몽의 도구로서 가장 효과적이고 파급력이 큰 문예양식으로 희극이 주목되면서 그 가치가 재규정되고 사회적 지위가 제고되었다. 부단한 희극 개량 운동이 진행되면서 그에 따라 그전에 단순히 오락거리에 머물렀던 경극은 그 사회적 기능의 부각과 함께 문화적 지위가 높아졌다. 그리하여 서양극을 접하고 돌아온 해외 유학생을 포함한 지식인들이 대거 경극의 극본 창작에 참여하면서 경극은 고도로 발전할 수 있었고 여기에 서양식 무대와 조명이 들어와 새롭게 꾸며진 신식 극장은 더 많은 관중을 극장으로 끌어들임으로써 매란방이 활동했던 20세기 초는 그야말로 경극의 최고 번영기를 향유했다.

이 시기에는 이미 지금의 연예계처럼 '스타'라는 개념이 생겨 인기가 많은 유명 배우들은 높은 몸값을 받고 극단을 자유롭게 이동했으며 역으로 자신의 몸값을 높이기 위한 수단으로 극단을 옮겨 다니기도 했다. 또한 유명한 배우들은 자신이 직접 극단을 운영하면서 경극의 유명 인사들과 지식인들의 참여를 유도하여 사회적 영향력이 더욱 커졌고, 아마추어 경극 애호가를 비롯한 일반 관객들의 끊임없는 열광과 지지 속에 배우들은 점점 더 경극 팬들의 우상이 되어갔다. 그중 가장 유명한 배우들이 앞에서 언급한 4대 명단이다. 당시에도 지금의 유명 스타의 팬클럽과 유사한 특정 연예인을 따르는 팬클럽이 유행하였는데 이러한 팬클럽 중 가장 규모가 크고 명성이 높았던 것이 바로 매란방을 추종했던 팬클럽이었다고 한다.

이처럼 매란방은 경극이 가장 번성했던 시기의 가장 대표적인 배우였기에 그에 대한 이해는 중국 경극을 이해하는 데 있어서 매우 중요하다. 하지만 우리가 매란방에 관심을 갖는 것은 단순히 그가 경극 번영기의 유명한 배우였다는 것에만 있지 않다. 그는 또한 중국의 전통극 표현 예술을 집대성하고 부단한 개량과 혁신을 통해 현대 관객에게 부합하는 경극을 만드는 데 지대한 공헌을 한 사람이기도 하다.

중국 희곡은 앞에서도 언급했듯이 민중에 뿌리를 둔 오락 양식이었기 때문에 희곡의 형성은 오랜 시간에 걸쳐 이루어졌다. 송대 이전까지는 다양한 오락성을 가진 민간 예술들이 각기 발전하다가 송대에 이르러 하층 문인 작가 직업군들이 등장하고 오락과 기예를 소비할 수 있는 와사구란瓦舍勾欄이라고 하는 공연장이 발달하면서 민간 예술들이 한자리에 모여 소비자를 끌어들이기 위해 경쟁하는 일종의 문화 공간이 형성되었다. 이 과정에서 서로의 예술을 흡수하고 영향을 주고받으면서 가무를 중심으로 한 종합예술 형태의 중국 희곡이 형성되었다. 중국 희곡은 가무를 중심으로 이야기를 구현하는 것이 가장 기본적인 틀이자 특징이지만 또한 이 틀 안에서 시가, 음악, 미술, 곡예, 무술 등 다양한 예술이 융합된 형태로 각기 자기의 기능을 드러낸다. 이 때문에 중국 희곡은 우리가 지금 관람하는 연극처럼 그 다음 내용이 뭘까, 어떤 결말에 이를까를 기대하며 감상하는 것이 아니라, 다양한 볼거리를 배경으로 한 노래를 즐기고 감상하는 것이기 때문에 일반적으로 극의 내용은 관객들이 모두 익숙하게 잘 아는 내용이다. 그런 의미에서 중국 전통극은 '극을 본다'는 말보다 '극을 듣는다'는 말로 쓰는 경우들이 많다. 중국에서 극을 관람하다 보면 종종 수십 번씩 같은 극을 보면서 그 다음 내용이 뭐고 어떤 노래가 감동적인지에 대해 친절하게 이야기해주는 사람들을 볼 때가 있는데 이는 중국의 이러한 관극 습관에서 나온다.

송대에 형성된 희곡은 여전히 민간에서 대단히 인기를 얻으며 유행하다가 송말 명초 이 문예 양식에 관심을 가진 일부 사대부 문인들이 민간에서 유행했던 극본을 개작하기 시작하면서 문인들이 희곡 창작에 참여하게 되었고 또한 가반家班[개인이 집안에서 양성한 극단]을 양성하여 자신이 쓴 작품을 공연하게 하고 그것을 통해 자신의 능력을 과시하며 즐기는 교류 양식이 문인들 사이에서 유행하였다. 곤곡崑曲은 이 시기 문인들이 주로 즐기고 좋아했던 극종이다. 경제적 지원이 보장된 가운데 문인들이 창작한 희곡을 곤곡으로 노래했던 가반의 배우들은 수준 높은 창법과 연기 기술을 익히고 연마할 수 있었기 때문에 다른 극종에 비해 연기 기술이 탄탄하고 수준이 높아 가반이 해체된 청대에 들어서도 곤곡은 여전히 관중들의 사랑을 받았다. 이에 다른 극종의 배우들도 너도 나도 곤곡을 배웠기 때문에 곤곡의 예술은 명대를 거쳐 청대 중엽까지 중국 전통극을 대표하는 극종으로 자리매김할 수 있었다. 하지만 18세기 말 민중적 성격을 띤 안휘 지역의 극단이 북경에 입성하여 발전시킨 경극이 서서히 그 자리를 대체하면서 곤곡은 쇠퇴하기 시작했다.

일반적으로 우리가 중국 문학의 발전 맥락을 말할 때 '당시唐詩', '송사宋詞', '명청희곡明清戲曲'이라고 표현한다. 이것이 설명하듯 희곡은 명청 시기를 대표하는 문예양식이다. 이 측면에서 중국 희곡의 발전 맥락을 보면 명대에서 청대 초기까지는 희곡 극본, 즉 문인들이 창작한 '전기傳奇'라고 부르는 읽는 극본으로서의 희곡이 발전한 작가의 시기였다면, 청대 중엽 이후에는 표현 예술로서의 희곡, 즉 배우의 시대였다고 말할 수 있다. 물론 문인들의 희곡 창작과 더불어 곤곡이 발전하면서 희곡의 표현 예술이 고도로 발전하였지만, 곤곡이 발전했던 명청시기는 어느 작가의 어떤 작품을 논하지 배우를 언급하지 않는다. 그런 반면, 경극은 무대의 예술 표현이 중심이기 때문에 배우를 논하지 극본을 논하지 않는다.

경극은 무대 표현 예술에 있어서 대부분 곤곡에서 발전된 창법과 숙련된 기예들을 흡수해서 발전했고 동시에 다른 지방희들 가운데서 새로운 것들을 끊임없이 흡수하면서 자신을 부단히 새롭게 발전시켰다. 이러한 내용은 매란방이 이 책에서 언급한 극본과 무대 표현의 창작 과정에서도 잘 나타난다. 이로 인해 경극의 무대 연기 기술은 더욱더 발달하고 인물 형상의 표현은 세밀하고 정교해졌는데 각색항당角色行當의 연기 특색이 경극에 와서 보다 분명해지고 더욱 세분화된 것은 이 때문이다.

2

중국 희곡은 '항당'이라고 하는 독특한 무대 연출 체제를 가지고 있다. 이는 극중 인물 유형의 구분에 따른 연기 전공의 분업화를 의미하는 것이다. 중국 희곡은 배우가 직접 극중 인물이 되는 것이 아니라 먼저 몇 개의 서로 다른 인물 유형으로 분류가 된 다음 비로소 극중 인물을 연기할 수 있다. 이 인물 유형의 배역을 지칭할 때 각색이라고 하고 각색 유형에 따라 구분된 연기 전공의 유형을 지칭할 때 항당이라고 한다. 때문에 각색과 항당을 모두 희곡 인물의 연기 분업의 유형으로 이해해도 무방하다. 인물 유형은 극중 인물의 성별, 연령, 신분, 성격, 기질 등 자연적 속성과 사회적 속성을 근거로 나눈다. 서로 다른 계층의 인물은 말투, 행동거지, 태도 등 여러 부분에서 일정한 규범과 관습이 있으며 또한 생활에서 경험하는 것들이 서로 다르기 때문에 풍모와 기질이 다르게 형성된다. 항당은 이러한 생활 속의 소재를 근거로 해서 상징적이고 정형화된 표현 양식을 통해 인물 형상을 묘사한다.

항당은 시대와 극의 종류에 따라 분류가 다양하고 복잡하지만 최종적으로 공인된 것은 생生, 단旦, 정净, 축丑 네 개의 기본 유형이다. 이를 4대 항당이라고 부르고 각 항당은 다시 몇 개의 인물 유형으로 세분되며 각각의 항당은 자기의 고정된 격식과 표현 특색이 있다.

경극의 생, 단, 정, 축 네 개의 항당 가운데서 단은 여성 인물이고 나머지 셋은 모두 남성 인물이다. 남성 인물은 다시 성격 특징을 기준으로 생, 정, 축으로 나뉜다. 생은 중요한 남성 배역의 통칭이며 노생老生[중년 이상의 중후하고 정직한 인물], 소생小生[젊은 서생], 무생武生[무공이 높은 소년 영웅], 왜왜생娃娃生[아동 역]으로 세분화된다. 단은 여성 역의 통칭이며 곤곡에서는 정단正旦[온화하고 단정한 중년 여성], 소단小旦[단정한 젊은 여성], 첩단貼旦[여자 주인공 다음으로 중요한 여성 역], 노단老旦[노년의 여성]으로 세분화되지만 경극에 와서는 노단, 정단, 화단花旦[성격이 활발한 젊은 여성 혹은 중년 여성], 규문단閨門旦[출가하지 않은 규방의 아가씨], 무단武旦[무술 연기를 주로 하는 여성 역할로 무단과 도마단 두 종류가 있음], 채단彩旦[익살스럽고 사나운 여성]으로 세분된다. 정은 속칭 화검花臉이라고도 하며 성격 특징이 분명한 인물 유형이다. 얼굴에 다양한 색채의 검보臉譜를 그리며 대화검大花臉[동추화검. 조정의 중신, 원수, 대장], 이화검二花臉[가자화검. 높은 신분의 익살스런 인물], 무화검武花臉으로 세분화된다. 검보에 사용되는 색채는 그 인물의 성격과 기질을 비유적으로 표현하며 일반적으로 홍색은 일편단심, 자색은 지혜와 용기, 강인함을 상징하며 흑색은 강직한 성품을, 백색은 간사함과 자부심을 빗대어 표현한다. 마지막으로 축은 익살스런 어릿광대 역할의 배역이며 주로 코와 눈 부위에 흰색의 검보를 그린다. 소화검이라고도 불리며 문축文丑과 무축武丑으로 세분화된다.

중국 희곡 배우는 배우가 되기 위해 입문하면 자신의 신체적 조건과 성격에 따라 이처럼 세분된 각색항당의 인물 유형으로 분류되어 그 인물 유형을 소화하기 위한 정식화된 연기 기술을 연마하고 습득한 후 그것을 평생 무대에서 연기하게 되며, 이 연기 기술이 바로 그 배우의 특기가 된다. 예를 들어 정숙하고 단정한 부인 역할인 청의青衣[정단]와 무술 연기를 주로 하는 도마단은 표현 기예가 완전히 다르기 때문에 극중의 인물 성격에 따라 정해진 항당이 그 인물을 연기하는 것이 일반적인 관례다. 때문에 하나의 인물은 극의 내용과 관계없이 고정된 인물 형상을 표현하게 되는데 매란방은 이러한 고착된 관례에 얽매이지 않고 단의 인물 형상을 현실적이면서도 입체적으로 표현하였다.

매란방은 경극을 현실과 유리된 상징적이고 정형화된 틀에 가두지 않고 단 각색 내의 세분화된 인물 유형의 연기 분업의 경계를 허물어 단 각색의 표현을 정밀하고 풍부하게 발전시키는 한편, 타 각색의 표현 기술과 타 예술로부터 예술적 요소들을 흡수하여 전통의 틀을 고수하면서도 변화하는 관객의 심미 취향에 부합되게 연기술을 개혁하고 혁신시켰다. 그의 경계 허물기와 새로운 요소들의 흡수는 변화하는 관객의 심미 요구에 부합하면서 또한 관객들이 의식하지 못하는 상태에서 이전과 다른 새로워진 경극을 접하고 수용할 수 있도록 관객을 함께 변화시킴으로써 전통극의 현대화를 성공적으로 이끌었다.

매란방의 이러한 시도와 실천들은 그의 경극에 대한 기본적인 태도에서 나온다. 그는 경극이 고정된 것이 아니라 시대에 발맞추어 변화하는 것이라고 생각했다. 그 때문에 그는 개방적인 태도와 실험적인 정신을 가질 수 있었으며 또한 그것을 대담하게 실천할 수 있었다. 유럽 현대극을 접하고 돌아온 제여산齊如山과 오랫동안 파트너로서 경극 개량 작업을 함께 했던 것은 그의 이러한 태도를 잘 설명한다. 그는 전통극 배우이면서 현대극인 화극과 전통극과의 비교를 통해 그 장점을 수용하고 타 장르의 예술가들과 빈번히 교류하면서 새로운 것들을 끊임없이 받아들여 경극 예술에 응용하고 실험하면서 전통극에 부단한 생명력을 불어 넣어 경극을 살아있는 전통극으로 만들었다. 그뿐 아니라 1919년부터 시작된 해외 순회공연을 통해 그는 적극적으로 외국의 극을 중국 전통극과 비교하면서 새롭고 이질적인 요소들을 받아들여 중국극에 맞게 소화하고 응용함으로써 전통극의 특색을 변형시키지 않으면서 경극의 세계화에도 성공하였다. 그리하여 서양인들에게도 경극은 Peking Opera로 잘 알려져 있다.

3

이 책은 기본적으로 중국의 경극과 그 문화에 관심이 있는 독자들에게 대단히 흥미롭고 편안한 길잡이가 될 수 있다. 경극의 무대 예술에 대한 비교적 전문적인 내용을 언급하고 있음에도 불구하고 구체적인 상황과 경험을 통해 서술하고 있기 때문에 쉽게 다가갈 수 있다. 또한 전통 문화의 특색을 보존하면서 그것을 현대화하는 작업에 관심을 가진 독자를 비롯하여 근대 형성기 동아시아의 문화를 연구하는 독자들에게는 모델로서 하나의 예시가 될 수 있을 뿐 아니라 중요한 시사점과 풍부한 자료를 제공한다. 무엇보다도 세계화가 가속화되는 현시점에서 우리 문화의 정체성과 세계화의 문제를 고민하고 있는 우리 모두에게 이 책은 하나의 지침이 될 수 있다. 이 책을 번역하면서 하나의 소망이 있었다면 이 번역서가 이런 모든 사람들에게 도움이 되었으면 하는 바람과 기대였다.

번역을 해본 사람이면 누구나 공감하겠지만 번역은 참으로 어려운 작업이다. 짧은 시간에 서둘러 번역을 끝마쳐야 했던 시간상의 어려움도 있었지만, 무엇보다 내 자신의 한계와 부족함 때문에 힘들었던 시간이었던 것 같다. 그럼에도 불구하고 번역을 마무리 지을 수 있었던 것은 도움을 주신 여러 분들이 있었기 때문이다. 번역문을 원문과 대조하여 꼼꼼히 읽어주고 세심한 지적을 해준 우리 '중국 근대성 형성 연구' 독회의 문현선, 최영희 선생님과 학생 최민경, 정양희에게 감사를 전하고 싶다. 아무 때나 불쑥 도움을 요청해도 흔쾌히 도움을 주셨던 이화인문과학원의 이경란 선생님께도 이 자리를 빌려 감사를 전한다. 이분들의 도움이 컸다. 부족한 원고를 정성으로 작업해주신 북코리아 이찬규 사장님과 편집자 선우애림 씨에게도 감사와 고마움을 표하고 싶다. 그리고 항상 옆에서 원고를 읽어주고 격려를 해주었던 언니 김영미과 조카 황인서, 늘 사랑과 정성으로 지원을 아끼지 않으시는 나의 어머니를 비롯한 가족 모두에게 존경과 감사와 사랑을 전한다.

2014년 12월

미국 노스캐롤라이나 더럼에서

김영숙

서문

한 시대의 종사 매란방

매소무梅紹武

매란방은 이름이 난蘭이고 자는 원화畹華 또는 완화浣華이며 본적은 강소 태주泰州이다. 그는 1894년 10월 22일음력 9월 24일 북경의 연극계 집안에서 태어났다. 조부 매교령梅巧玲, 1842-1882은 청대 동치同治, 광서光緖년 간에 활동한 저명한 경극, 곤곡崑曲 배우로 '동광십삼절同光十三絶'* 중의 한 사람이었다. 부친 매죽분梅竹芬, 1874-1897 역시 청말의 경극과 곤곡의 단旦 역 배우였고 모친 양장옥楊長玉, 1876-1908은 유명한 전통극 배우 양륭수楊隆壽의 딸이다. 백부 매우전梅雨田, 1865-1912은 담흠배譚鑫培의 반주를 맡았던 유명한 금琴 연주자였다. 매란방은 부모가 일찍 돌아가셔서 조모와 백부 밑에서 자랐다. 백부의 악기 연주로 들어오는 수입이 변변치 않아 집안 환경이 그다지 부유하지 못했기에 매란방은 풍족한 어린 시절을 보내지 못했다. 여섯 살 때 8국 연합군이 침입해 난폭한 행위를 하는 것을 직접 목도한 후, 매란방의 어린 마음에도 침략자에 대한 증오가 싹텄다.

* 동광십삼절: 청나라 동치제와 광서제 시기에 명성을 떨친 열세 명의 유명한 곤곡 및 경극 배우

매란방은 일곱 살에 사숙에 들어가 공부를 했고 가정환경의 영향으로 여덟 살 때부터 희곡 기예를 배웠다. 하지만 타고난 머리가 좋은 편은 아니어서 창사唱詞 한 마디를 오래도록 외우지 못했다. 기예를 가르치던 선생이 그에게 "희곡계 조상이 네게는 이 밥그릇을 내려주지 않았다!"고 하며 교육을 그만두었다. 그러나 이 말로 인해 매란방은 오히려 분발해 부지런히 배우고 열심히 훈련하겠다는 뜻을 갖게 되었다. 아홉 살에 오릉선吳菱仙 선생을 스승으로 모시고 처음으로 〈전포관戰蒲關〉을 배웠다. 매 마디의 창사를 백 번 이상 고되게

훈련하여 마침내 청의희青衣戲*를 여러 출 배웠다. 열한 살에 광화루廣和樓에서 처음 무대에 올라 곤곡 〈장생전長生殿〉의 '작교밀서鵲橋密誓'에 나오는 직녀를 연기할 때는 오 선생이 그를 안아 오작교 위에 올려주었다. 나중에 희련성喜連成 극단에 참여하여 극을 함께 연습할 때는 백부에게 〈무가파武家坡〉와 〈옥당춘玉堂春〉을 전수받았고 진치분秦稚芬과 호이경胡二慶에게 화단희花旦戲**를 배웠으며 여래경茹萊卿 선생을 따라 무공武工을 연습했다. 또한 북경에서 담흠배 등 명배우들과 같이 연기를 하면서 명성이 높아졌다. 20세 이후에는 진덕림陳德霖, 교혜란喬蕙蘭, 이수산李壽山, 진가량陳嘉梁 등 전 세대 선배 배우를 스승으로 삼아 곤곡을 파고들어 연구했고 노삼보路三寶에게 〈귀비취주貴妃醉酒〉 등의 극을 배웠다. 그는 부지런하고 배우는 것을 좋아해 다른 사람들의 극을 보면서 관찰하고 장단점을 취해 자기 것으로 만들었으며, 다양하고 폭넓은 경험과 교류를 통해 연기할 수 있는 배역의 유형을 넓힘으로써 훗날 한 시대의 종사宗師가 되는 견실한 기초를 다졌다.

1913년 매란방은 당시 명성을 날리던 수생須生*** 왕봉경王鳳卿과 함께 처음 상해에서 공연을 하였다. 왕봉경의 든든한 지원 하에 매란방은 처음으로 대축희 〈목가채穆柯寨〉를 공연하여 관객의 환호를 받았으며 서서히 두각을 나타내기 시작했다.

선통宣統 원년에 그는 북경에서 왕종성王鐘聲이 공연한 '개량신희改良新戲'를 관람했다. 그 후 상해에 있는 동안 구양여천歐陽予倩이 조직한 춘류사春柳社의 화극을 보고 깊은 인상을 받았다. 1914년부터 사회문제를 제재로 억압받는 여성과 혼인의 부자유, 미신 반대를 반영한 〈얼해파란孽海波瀾〉, 〈환해조宦海潮〉, 〈일루마一縷麻〉, 〈등하고鄧霞姑〉, 〈동녀참사童女斬蛇〉 등의 시장신희時裝新戲를 창작하여 대대적인 환영과 호평을 받았다.

매란방은 일찍이 이런 말을 자주 했다. "앞으로 희극의 방향은 관객의 수요와 시대에 따라 변할 것이다……, 나는 새로운 길을 가며 발전을 추구할 것이다." 그는 학식이 깊은 여러 지식인들과 친한 친구, 동료의 협조와 지지로 전통 극목[레퍼토리]을 정리하기 시작했다. 그리고 단 각색의 연기 예술을

*
청의희:
청의는 정단(正旦)의 별칭. 주로 단정하고 점잖은 중년 여성이나 현숙한 아내, 효성스런 딸과 같은 모범적인 여성상 역할. 정단은 비극적이거나 빈궁한 인물을 연기할 때 항상 검은색 옷을 입었는데, 중국 고대에는 흑색을 청색이라고 하였으므로 '청의'라고도 부름. 뛰어난 가창력이 요구됨. 청의를 중심으로 한 극목을 청의희라고 함

**
화단희:
화단을 중심으로 한 극목. 화단은 성격이 활발하고 재기발랄한 젊은 여성이나 중년 여성 배역을 뜻함. 정단의 성격 특징과 대비됨. 경극의 화단은 항상 가난한 집의 어여쁜 딸이나 계집종 등의 연기를 많이 하므로 소단(小旦)이라고도 함

***
수생:
노생의 별칭. 중년 이상의 충직하고 위엄이 있는 긍정적인 성격의 남성 배역으로 주로 제왕, 학자, 관리, 서생, 장군 역을 하고 대체로 수염을 달고 있어서 수생이라고 부름

개혁하여 '청의青衣', '화단花旦', '규문단閨門旦', '도마단刀馬旦' 등을 하나로 융합해서 연기를 확대하고 강함과 부드러움을 겸한 '화삼花衫'* 항당**을 창조하기에 이르렀다. 그는 경극예술의 규율에 의거하면서도 '걸음을 옮기되 형태를 바꾸지 않는다'는 이보불환형移步不換形의 원칙을 준수해서 노랫가락을 개혁하는 한편, 음색이 낮고 힘찬 '이호二胡' 반주를 더해 아름답고 다채로운 새 무용 신단身段***을 만들었다. 또한 화장과 복식, 인물조형을 개선하고 불필요한 무대장치를 없앴으며 조명의 증설을 통해 점진적으로 희곡을 개혁하였다. 스물두 살 때부터는 고장신희古裝新戲 〈항아분월嫦娥奔月〉을 만들었다. 또 처음으로 홍루희紅樓戲 〈대옥장화黛玉葬花〉, 〈천금일소千金一笑〉(또는 〈청문시선(晴雯撕扇)〉이라고도 부름), 〈준습인俊襲人〉 등의 경극을 창작하였다. 이후로 〈천녀산화天女散花〉, 〈서시西施〉, 〈낙신洛神〉, 〈마고헌수麻姑獻壽〉, 〈패왕별희霸王別姬〉, 〈태진외전太眞外傳〉 등 십여 출의 극목을 만들어 고장古裝 가무극의 새로운 길을 개척했다. 이로써 우수한 전통무용이 무대에서 크게 광채를 발하게 되었고 관객은 눈과 귀를 새롭게 할 수 있었다. 그중 적지 않은 극목이 나중에 매파梅派 예술의 우수한 작품이 되었다. 그는 장강 남북 도처에서 환영을 받았으며 1927년 서른네 살 때는 '4대 명단名旦'****의 우두머리로 뽑혔다.

1931년 매란방은 민족예술을 진흥시키고 경극이 명실상부한 '국극'의 대표가 되도록 여숙암余叔岩, 제여산齊如山, 장백구張伯駒 등과 함께 국극 학회를 창건하고, 국극 전습소傳習所를 부설하여 인재를 양성하였다. 그는 전습소 개학식 축사에서 다음과 같이 말했다.

"나는 연극이 인민에게 가까워야 하고, 대중에게도 가까워야 한다고 생각합니다. 예술 연구는 인류의 정신적 생산 활동에 종사하는 것입니다. 그러므로 시대에 앞장서서 부단히 해나가야 하는 것입니다."

그는 "첫째는 학업에 전념하면서 여러 사람과 사이좋게 지내야 하고, 둘째는 활기차고 성실해야 하며, 셋째는 용맹스럽게 정진해야 합니다"라고 말하며 학생들을 격려했다. 또한 그 자신도 학생을 가르치는 일에 참여했다.

20세기 초 매란방은 중국의 우수한 문화예술을 해외에 널리 알리기로 뜻

*
화삼:
정숙하고 요염하며 무예까지 겸비한 여성 배역

**
항당:
중국 전통극 배우는 극중 맡은 역할에 따라 일정한 몇 가지 배역으로 나뉨. 이를 항당이라 하며 크게 생, 단, 정, 축 4대 항당이 있음.

***
신단:
정식화된 무대 몸동작

****
4대 명단:
매란방(梅蘭芳), 정연추(程硯秋), 상소운(尙小雲), 순혜생(荀慧生)

을 정하고 이를 위해 수차례 외국공연을 했다. 1919년과 1924년 두 차례에 걸쳐 일본을 방문했고 1930년에는 미국을, 1935년에는 소련을 방문했다. 그는 경극예술을 더욱더 발전시켜 세계 연극의 대열에 오르게 하는 한편, 적지 않은 외국의 연극인들에게 영향을 주었다. 그의 영향 아래 일본 배우들이 앞다투어 그의 춤을 모방하였으며 그 춤을 '매무梅舞'라고 일컬었다. 〈천녀산화〉, 〈귀비취주〉, 〈홍예관虹霓關〉 등 그의 극은 모두 일찍이 일본의 가부키 배우들에 의해 일본에 도입, 공연되었기 때문에 그의 이름이 일본에 널리 알려지게 되었다. 미국 서던캘리포니아 대학교와 포모나 칼리지는 그가 동양 예술을 소개하고 중국과 미국 두 나라 국민의 감정을 연결하여 세계 문화의 소통에 최선을 다한 것을 표창하기 위해 그에게 명예 문학박사 학위를 수여했다. 소련 예술의 대가 스타니슬라브스키는 그의 연기를 "규율이 있는 자유동작", "충만한 시의를 갖춘 양식화된 사실주의"라고 칭찬했다. 메이예르홀트는 그의 공연을 감상한 후에 당시 자신이 연출하고 있던 연극 〈지혜의 슬픔〉을 다시 연출하고 설명서에 '매란방에게 바칩니다'라고 분명하게 밝힘으로써 경의를 표했다. 영화 예술의 대가 예이젠시테인은 〈홍예관〉 일부를 촬영함으로써 그의 탁월한 연기의 특징을 드러냈으며 또한 그를 "가장 위대한 조형 대가"라고 찬양했다. 독일 극작가 브레히트도 「중국 희곡과 소외효과」(1936)라는 논문에서 자신이 오랫동안 어렴풋이 추구했지만 아직 도달하지 못했던 것을 매란방이 이미 매우 높은 예술경지로 발전시켰다는 사실을 흥분하며 지적했다.

매란방은 외국 공연 중에도 쉬지 않고 부지런히 다른 나라의 우수한 문화 성과를 흡수하며 자기 예술 창조의 기초를 충실하게 다졌다. 그 자신도 "나는 중국 희곡을 외국에 소개하고, 또한 외국 공연의 접촉을 기회로 삼아 외국의 연극예술을 관찰하고 흡수하여 우리의 민족예술을 풍부하게 하고자 한다"고 말한 바 있다. 1935년 그는 소련에서 공연을 마친 후 영국, 프랑스, 독일, 이탈리아, 오스트리아, 이집트, 인도 등지로 가서 연극과 가극을 관찰하고 국제적으로 명성이 있는 수많은 예술대가, 연극인, 작가, 성악가, 무용가, 화가들과 친분을 맺었다. 그들과 함께 예술에 대해 토론하고 연구하며 서로 소통하는 과정에서 깨달음을 얻으며 진정한 우의를 다졌다. 이런 친구들 가운데는 위에서 언급한 몇 사람 이외에도 막심 고리키, 네미로비치 단첸코, 표도르 샬리아핀, 갈리나 울라노바, 스타크 영, 벨라스코, 찰리 채플린, 폴 로브슨, 페어뱅크스, 메리 픽포드, 버나드 쇼, 제임스 매튜 배리, 서머셋 모옴, 크레이그, 피스카토르, 타고르, 난달랄 보스, 아오키 마사루, 오노에 바이코, 모리타 간야 등이 있다. 외국의 한 환영회에서 매란방은 의미심장하게 말했다. "중국과 서양의 연극은 다르지만, 연기는 상호 이해가 가능하다. 예술의 소중함은 바로 이 점에 있다. 그래서 '예술에는 국경이 없다'는 말은 확실히 허언虛言이 아니다. 지금 중국과 서양의 연극은 서로 접촉하는 기회를 맞았다. 나는 머지않아 새로운 예술이 탄생해 중국과 서양의 예술이 같은 화로에서 하나로 융합되기를 소망한다." 매란방은 평생 중국과 다른 나라들 사이의 국제문화교류를 촉진하는 데 탁월한 공헌을 했기에, 민족문화를 널리 발전시킨 선구자이자 동서양의 문화를 이어준 민간사절이라고 말할 수 있다.

매란방은 애국자였다. 일찍이 5.4 시기 21개조의 국치 조약을 맺을 때, 그는 의분에 떨며 〈목란종군木蘭從軍〉을 연출하여 사람들에게 애국정신을 불러일으켰다. 9.18사변 후에 그는 〈항금병抗金兵〉과 〈생사한生死恨〉을 연출하여 사람들이 적과 맞서 나라를 구하도록 용기를 북돋웠다. 1932년에 그는 북경에서 상해로 거처를 옮겼다. 8년의 항전 기간 중이었던 1938년에 그는 일본침략자와 괴뢰정부의 소란을 피하기 위해 네 번째 홍콩 공연을 빌미로 침략자의 공간에서 도망나왔으며, 공연이 끝난 후 홍콩에 칩거하며 무대에서 자취를 감추었다. 1941년 말 태평양전쟁이 발발하고 홍콩이 함락되자, 일본군은 성공을 경축하는 공연을 그에게 강요했다. 하지만 그는 수염을 길러 거절의 뜻을 분명히 하고 공연을 하지 않았다. 1942년 여름 그는 상해로 돌아와 가족과 어려움을 함께 겪었다. 일본군과 괴뢰정부는 무대에서 이른바 '대동아전쟁 승리'를 경축하는 공연을 하라고 그를 여러 차례 협박했다. 심지어 남경대학살의 원흉인 마쯔이 이와네松井石根 대장이 친히 나서서 압박을 가하기도 했다.[1] 그는 죽음을 무릅쓰고 단호하게 거절했는데 항전 승리 후 그가 저명한 작가 가령柯靈에게 "그들이 경축하는 것이 바로 우리의 치욕이고 그들이 웃을 때 우리는 울어야 하는데 제가 어찌 그런 극을 노래할 수 있겠습니까?"라고 말했던 바와 같다. 1943년 그는 북평(북경) 무량대인 골목의 집을 팔아 생계를 유지했고 어렵게 생활하는 동료와 친구를 도왔다. 이후에는 섭공작葉恭綽 선생과 그림 전시회를 열어 그림을 팔아 생활함으로써 민족 절개를 갖춘 예술가의 고귀한 품격과 권력에 굴하지 않는 정신을 보여주었다. 1945년 항전에서 승리하자 그는 곧바로 수염을 자르고 무대에 다시 올라 관중의 깊은 존경과 사랑을 받았다.

1949년 신중국 건립 이후 매란방은 전국인민대표, 전국정치협상 상임위원에 선출되었고 중국희곡연구원, 중국희곡학원과 중국경극원 원장을 역임했다. 그는 왕성하게 활동하며 전국 순회공연을 다녔으며 각지의 군중에게 열렬한 환영을 받았다. 1952년 문화부는 그에게 영예 훈장을 수여했다. 같은 해 그는 비엔나에서 열린 세계인민평화대회에 참석했다. 1953년에는 중국인민 조선 위문 부단장 직을 맡아 중국인민지원군을 위문하였다. 1955년 문화부, 문학예술계 연합회 및 극작가 협회는 매란방과 주신방周信芳을 위해 무대생활 50년을 기념하는 행사를 개최하였다. 1956년에 그는 경극단을 이끌고 세 번째 일본 방문을 함으로써 중국과 일본 두 나라의 우의를 증진시키는 한편, 이후의 중국과 일본의 정상적인 외교 관계 수립을 위한 기초를 다졌다. 1957년 그는 국제무용협회에서 수여하는 명예 메달을 받았고, 같은 해 중국노동인민대표단에 참가하여 10월혁명 40주년 경축을 위해 소련을 방문했다. 1960년 다시 모스크바로 가서 중소우호동맹호조조약中蘇友好同盟互助條約 10주년 기념을 경축하였다.

매란방은 1959년 공산당에 입당했고 국경절 10주년을 경축하기 위해 〈목계영이 장수의 인장을 손에 넣다穆桂英掛帥〉를 창작하여 헌정했다. 그는

1) 자세한 내용은 오자키 히로츠쿠(尾崎宏次), 「매란방이 수염을 길렀다」, 『광명일보(光明日報)』, 1993년 4월 3일자 참조 바람.

이 극에서 걸출한 여성 영웅 형상을 만들어냈다. 같은 해 그는 또 곤곡 영화 〈유원경몽〉을 촬영하였으며 이미 1955년에 컬러 희곡 영화 〈매란방 무대예술〉을 촬영한 바 있었다. 말년에는 새로운 시대의 주역인 청장년 배우의 육성에 온 힘을 기울여 그의 문하생이 전국 각지로 퍼져나갔다. 그 외에, 그는 회고록 『무대생활 40년』, 『동유기』, 『나의 영화생활』, 『매란방 희극 산론』 등을 저술하였다.

1961년 8월 8일 매란방은 관상동맥경화증으로 세상을 떠났다. 그의 나이 67세였다. 큰 별이 지자 전국에서 애통해했다. 매란방 장례위원은 주은래周恩來 총리 등 61명으로 구성되었다. 수도극장에서 거행된 성대한 추도회에서는 진의陳毅 부총리가 주제主祭를 겸해 중국공산당 중앙과 국무원을 대표하여 연설을 했고, 문화부 부부장 제연명齊燕銘 선생이 추도사를 낭독했다. 매란방의 유해는 북경 서쪽 교외에 있는 만화산萬花山 기슭에 안장되었다.

반세기에 달하는 오랜 무대생활 동안 매란방은 전통을 존중하고 계승하였으며 대담하게 창조하고 개혁하면서 자신의 연기예술을 풍부하게 발전시켜 나갔다. 그는 청년기부터 고전문학, 회화와 조소, 민족음악, 민족무용, 민속학, 음운학, 복식학 등 다방면의 전통문화를 열심히 파고들어 연구했고 이러한 지식들을 자신의 예술과 융합하여 수많은 우수한 극목을 창조하였으며 독특한 풍격과 대가의 풍모를 가진 매파를 형성하였다. 그는 선대의 유업을 계승하여 경극예술을 정점으로 끌어올리며 중국 희곡의 발전에 크게 기여했다.

그가 창건한 매파 예술에는 몇 가지 특징이 있다. 노랫가락은 매끄럽고 순수하며 자연스러울 뿐 아니라 시원시원하면서도 감미로워서 듣기에 좋다. 연기는 군더더기가 없고 깔끔하면서도 심후한 공력을 갖추고 있다. 인물 묘사는 매우 섬세하고 풍격은 전아하며 거침이 없다. 그는 일생동안 무대 위에서 다양한 자태의 중국 고대 및 근대 여성의 아름다운 형상을 창조했다. 예컨대 목계영, 양홍옥, 화목란, 한옥낭, 소계영, 조염용, 두려낭, 양

옥환, 임대옥, 백소정, 우희, 서시, 낙신, 천녀, 항아, 임인분 등이 그런 인물이다. 그 가운데는 호연정기浩然正氣가 충일한 애국적인 여성 영웅도 있고 이성적으로 항쟁하는 평민 여성도 있으며 남존여비를 반대하는 강한 여성도 있다. 또 누구나 다 아는 고전문학 또는 신화나 전설 속의 미인과 선녀도 있다. 이들은 모두 중국 여성의 전통적인 미덕과 선명한 개성을 체현한 인물들이다. 그러나 매란방은 무대에서 여성의 자태를 묘사할 때 결코 단순하게 모방하지 않았다. 여성의 본질과 이미지를 예술적으로 재창조하여 중국 여성의 부드럽고 수려하며 고아하고 강인한 특징을 고심해서 표현했다. 예술 창작에 있어서는 정련된 것과 거친 것, 아름다움과 추함의 감별에 뛰어나 일종의 독특한 풍격과 아름다움, 고상함, 숭고함을 일관되게 추구했다. 때문에 구양여천은 매란방을 '진정한 배우, 아름다움의 창조자'라고 찬양하였고 울라노바는 그를 '미의 화신'으로 추앙했다.

매란방이 1949년부터 살았던 북경의 호국사 큰길 9호 집은 1984년에 매란방 기념관으로 재건되었다. 관명官名 편액은 등소평鄧小平이 친필로 써 주었다. 1988년 그의 고향인 태주에도 매란방 사료 진열관(현재 명칭은 매란방 기념관)이 건립되었다. 강택민江澤民 주석이 1992년 1월 23일 참관할 때 기념관을 위해 '민족의 우수한 문화를 널리 선양하고 경극예술을 진흥시킨다'라는 글을 남겼다. 1996년 12월 16일 강택민 주석은 제6차 전국문화회의와 제5차 전국작가대표회의에서 중요한 연설을 하면서 매란방의 예술적 성취와 민족 문화에 대한 공헌을 충분히 인정하고 그를 노신魯迅, 곽말약郭沫若, 모순茅盾, 섭이聶耳, 승성해冼星海, 제백석齊白石, 서비홍徐悲鴻 등 현대 문학가와 대예술가의 대열에 올려놓았다.

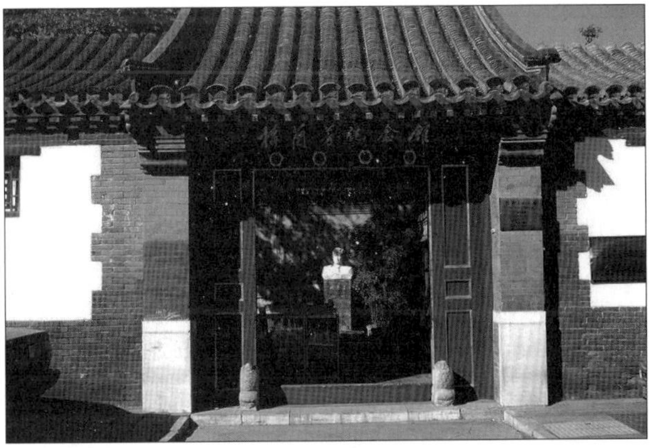
〈그림 1〉 매란방 고거

매란방은 평생 조국과 인민을

뜨겁게 사랑했으며 예술을 열렬히 사랑하여 필생의 정력을 모두 조국의 문화 사업에 쏟았다. 오늘날 매란방으로 대표되는 중국의 희곡예술은 세계 3대 중요 연기체계 중의 하나로 공인되고 있다.

"매란방의 영혼은 영원히 향기로우며, 그의 음성과 자태와 미소는 다섯 대륙에 여전하리라"

CONTENTS

CONTENTS

CONTENTS

1 수업시대

내 첫 번째 스승 오릉선 선생

화단희를 배우다

곤곡을 배우다

교공과 무공을 배우다

노삼보 선생에게서 〈귀비취주〉를 배우다

다른 연기자의 공연을 보고 관찰하면서 연기를 배우다

내 첫 번째 스승 오릉선 선생[1)]

우리 가족은 경자년1900에 비탈진 이철괴李鐵拐 큰 길가의 집을 팔고 백순골목百順胡同으로 이사했다. 양소루楊小樓[2)]와 서보방徐寶芳[3)](보방은 서란원(徐蘭沅)의 부친이고 서란원은 매란방의 이모부다)의 집이 바로 우리 집 옆이었다. 나중에 우리는 서보방과 양소루의 집 앞채로 이사를 해 그들과 같은 집에서 몇 년을 살았다. 집 근처에 서당이 있었는데, 나는 거기서 글을 배웠다. 나중에 이 서당이 만불사만萬佛寺灣으로 옮겨져 나도 거기로 따라가 공부를 계속했다.

양 라오반*老板(양소루)은 당시 유명한 배우였다. 그런데도 그는 하루도 빠짐없이 동틀 때 일어나 회관會館 안에 있는 무대로 가서 무공을 익히고 발성 연습을 했다. 그가 집을 나서는 시간과 내가 서당에 가는 시간이 거의 비슷해서 그는 자주 나를 서당까지 바래다주었다. 나는 때때로 그의 어깨 위로 올라 목마를 타곤 했다. 그는 내게 민간 고사를 들려주기도 했고 탕후루糖葫蘆**도 사주었으며 장난치며 놀아주기도 했다. 십여 년이 지난 후 놀랍게도 나와 양소루 삼촌은 같은 무대에서 공연을 하게 되었다. 우리는 분장실에서 자주 옛날 일을 얘기하며 웃곤 했다.

* 라오반: 경극 배우나 극단의 우두머리에 대한 존칭

** 탕후루: 산사자 · 해당화 열매 등을 꼬챙이에 꿰어 설탕물, 엿 등을 발라 굳힌 일종의 사탕류

아홉 살이었을 때, 나는 매부인 주소분朱小芬[4)](주빈선(朱斌仙)의 부친)의 집에

---

1) 이 글과 이하 17편의 글은 『무대생활 40년(舞臺生活四十年)』(중국희극출판사(中國戲劇出版社), 1987)에서 뽑은 것이다.

2) 양소루(1878-1938)는 유명한 경극의 무생(武生) 배우이다. 그는 양융수(楊隆壽)와 유윤선(俞潤仙)에게 사사했으며 무생 연기 기예에서 영향력이 가장 큰 '양파(楊派)'를 창조하여 경극 무생연기의 규범이 되었다.

3) 서란원(1892-1976)은 유명한 경극의 금 연주자로 매우전(梅雨田)과 유순(劉順)에게서 사사했다. 1921년부터 매란방 극단에 소속되어 매란방과 28년 동안 함께 일했다.

4) 주소분(연대 미상)은 소주(蘇州) 사람으로 유명한 경극의 축(丑) 역 배우이다. 그의 아버지 주하분(朱霞芬)은 매교령(梅巧玲)의 제자이며 형 주소하(朱小霞), 남동생 주유분(朱幼芬)은 모두 단(旦) 역 배우이다.

서 희곡을 배웠다. 그때 함께 배운 학생으로 고종 사촌형인 왕혜방王蕙芳과 소분의 남동생인 유분紉芬이 있었다. 우리에게 희곡을 처음 가르쳐주었던 분은 오릉선 선생이었고 내가 그에게 처음으로 배운 극은 〈전포관〉이었다.

오릉선 선생은 시소복時小福 선생의 제자이다. 시소복 선생의 학생들은 모두 선자 항렬을 썼다. 오릉선 선생이 나를 가르칠 때, 그의 나이는 이미 오십쯤 되었다. 나는 그때 매부의 집에서 살고 있었다. 그는 일찍 일어나 새벽 다섯 시가 되면 나를 성벽 아래 탁 트인 넓은 곳으로 데려가 천천히 걸으면서 크게 소리를 내지르는 발성연습을 하게 했다. 점심을 먹고 난 후에는 발성을 가르치는 또 다른 선생이 왔다. 발성연습이 끝나면, 다시 신단身段[정식화된 무대 동작]을 연습하고 노랫가락唱腔을 익혔으며 저녁에는 대본을 읽었다. 하루 종일 밥 먹고 잠자는 시간 외에는 모두 희곡의 기예를 훈련했다.

오릉선 선생은 창唱을 가르칠 때 그만의 순서가 있었다. 먼저 노래 가사를 가르치고 가사를 다 외우게 한 다음 노랫가락을 가르쳤다. 선생은 의자에 앉았고 나는 탁자 옆에 섰다. 선생은 기다란 나무 막대인 '계방戒方'을 손에 들고 있었다. 그것은 박자를 두드리는 데 쓰는 것이지만, 학생을 때리는 데도 사용했다. 하지만 선생이 나를 때린 적은 없다. 선생의 교수법은 탁자 위에 '강희통보康熙通寶'라는 글자가 새겨진 백동 대제전大制錢(당시의 화폐제도는 은 본위였고 동전은 보조화폐였다. 큰 동전과 작은 동전의 구별이 있었으며 가치도 달랐다. 정교하게 만들어진 이 강희제 시대의 동전은 당시 시장에서 유통되지 않았으며 사람들이 기념으로 가지고 있었을 정도로 골동품에 가까웠다)을 한 더미 늘어놓고, 예를 들어 〈삼낭교자三娘教子〉의 "왕춘아가 초당에 앉아 혼자서 생각하다 탄식한다"의 단락을 배운다면 이 단락을 스무 번에서 서른 번 부르도록 했다. 노래를 한 번 하면 옻나무 소반에 제전 하나를 넣고, 그렇게 열 개가 차면 제전을 원래 있던 곳에 가져다 놓기를 반복하였다. 내가 예닐곱 번까지 부르고 창을 할 줄 알게 되어도 선생은 계속해서 숫자를 세었다. 내가 지쳐 입으로는 흥얼흥얼 거리는데 눈이 말을 듣지 않아 스르르 감기면, 선생이 살며시 내 몸을 밀었다. 그러면 나는 막 꿈에서 깨어난 것처럼 정신을 차리려고 애를 쓰면서 공부를 계속했다. 학생을 대하는 그의 이런 방식은 당시로서는 매우 개방적인 것이었다. 만약 다른 선생이었다면 아마도 계방이 곧바로 내 머리로 떨어졌을 것이다.

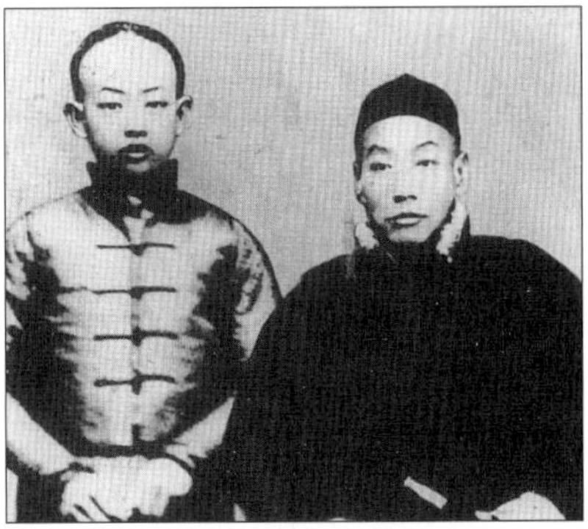
〈그림 2〉 매란방과 오릉선 선생

오릉선 선생은 매 단락마다 창을 수십 번씩 연습해야만 비로소 기초가 다져진다고 생각했다. 만약 이렇게 정통으로 배우지 않고 겉으로 드러나는 표현만 배운다면, 겉으로는 그럴듯해 보여도 실상은 제대로 배운 게 아니어서 시간이 오래 지나면 창법의 원형을 잃게 되는 것은 물론 또한 쉽게 잊어버리게 된다는 것이다.

무대 걸음, 문을 열고 닫는 동작, 손짓과 손가락의 놀림, 소매를 흔들거나 귀밑머리를 가다듬는 동작, 신발 뒤축을 당겨 신는 동작, 부르짖는 동작, 목놓아 우는 동작, 무대 위를 빠른 걸음으로 빙빙 도는 동작, 혼절해서 의자 위로 쓰러지는 동작 등과 같은 청의의 기본적인 신단은 반드시 오래 훈련을 해야만 정확하게 할 수 있다.

나는 선생을 따라 청의희도 배웠다. 예를 들어 〈이진궁李進宮〉, 〈상원회桑園會〉, 〈삼낭교자三娘教子〉, 〈채루배彩樓配〉, 〈삼격장三擊掌〉, 〈이도매二度梅〉, 〈별궁別宮〉, 〈제강祭江〉, 〈효의절孝義節〉, 〈제탑祭塔〉, 〈효감천孝感天〉, 〈우주봉宇宙鋒〉, 〈타금지打金枝〉 등이 모두 청의가 주인공인 청의희이다. 그 밖에 청의가 조연인 〈상원기자桑園寄子〉, 〈완사계浣紗溪〉, 〈주사지朱砂痣〉, 〈악가장岳家莊〉, 〈구경천九更天〉, 〈수고구고搜孤救孤〉 등을 포함하여 모두 삼십여 출出의 희곡을 배웠다. 나는 열여덟 살까지 청의희만 노래했다. 그리고 내 연기는 시소복 노선생[5] 파에 속했다.

오릉선 선생은 나를 가르칠 때 유달리 진지하고 엄격했다. 다른 학생을 가르칠 때와 달리 그는 대부분의 정력을 내게 쏟았다. 마치 특별한 기대를 가지고 나를 유명한 배우로 만들어 자신의 꿈을 이루려는 것 같았다. 나는

5) 시소복(1846-1900)은 강소 오현(嗚縣) 사람으로 동치제(同治帝)와 광서제(光緒帝) 시기의 유명한 청의 배우였다. 제자가 많았는데 이름이 모두 '선(仙)' 돌림이었다.

먼저 무대에 오르고 연기를 나중에 배웠지만, 혜방과 유분은 먼저 연기를 배우고 나중에 무대에 올랐다. 그 이유는 내 가정환경이 그들만 못했기 때문이다. 우리집은 나를 위해 전문적인 선생을 모실 형편이 안 되었기 때문에 나는 매부의 집으로 가서 그가 모신 선생님에게 배울 수밖에 없었다. 오릉선 선생은 그런 나의 처지를 가엾게 여겼다. 우리 집 형편이 점점 더 어려워져 내가 공연해서 버는 몇 푼 안 되는 돈으로 생활해야 한다는 사실을 선생은 알고 있었다. 그가 책임감을 가지고 열심히 지도해주었기 때문에, 나는 같이 배운 다른 친구들에 비해 연기가 더 빨리 늘었고 무대에도 그들보다 더 빨리 섰다.

보잘것없지만 내가 작은 성과라도 이룬 데는 또한 내 조부[6]의 힘이 컸다. 그는 평생 재물을 탐하지 않고 의리를 중시했으며 충정으로 사람을 대했는데 오릉선 선생은 그와의 관계를 생각해서 나를 남다른 눈으로 대하면서 정성을 쏟은 것이다.

오릉선 선생은 내 조부가 이끌었던 사희반四喜班*에서 오랫동안 일했기 때문에 그는 자주 내게 조부와 관련된 일화를 들려주었다.

"네 조부께서는 극단 사람들에게 정말 잘 대해주셨어. 새해나 명절이 되면 각각의 생활 형편을 고려하여 그때그때 더 챙겨주셨단다. 나도 한번은 갑자기 집안에 일이 생겨서 말씀드렸지. 그랬더니 네 조부께서 '릉선아, 빈랑檳榔 먹어라'고 하시면서 내게 작은 종이 뭉치를 던져주시는 거야. 그것을 받아서 펴보니 지폐였어."

당시의 과반科班** 제도에는 배우들마다 각각 정해진 보수가 있었지만, 이

*
사희반:
청대 북경의 4대 휘반(안휘극단) 중 하나

**
과반:
예전의 중국 희곡배우 양성소. 과반은 본래 공부와 연기를 결합한 연극 극단을 지칭했으나 나중에는 정규예인직업교육을 통칭하는 것으로 확대됨

6) 매란방의 조부인 매교령(1842-1882)을 가리킨다. 매교령의 이름은 방(芳), 자는 혜선(慧仙)이다. 그는 강소 태주(泰州) 사람으로 문양 조각을 하는 목공 집안에서 태어났다. 어릴 때 수해를 입고 부모를 따라 강남으로 피난을 갔다. 여덟 살 때 강(江)씨 집안의 수양아들이 되었고 열한 살에 소주 복성반(福盛班)에 들어가 기예를 익혔으며 나중에 북경으로 이주했다. 이후 그는 양삼희(楊三喜)에게 곤곡을 배웠고 나교복(羅巧福)에게서 피황(皮黃)을 전수받았으며 여기에 타고난 재능과 각고의 노력이 더해져 마침내 경극과 곤곡의 기예를 두루 갖추게 되었다. 그는 분장한 모습과 무대 자태가 아름다우며 대사가 점잖고 우아한 제1세대 경극 단 역 배우로 '살아 있는 소태후'라 불렸다. '동광십삼절' 중의 한 사람으로 늘 청나라 궁정에 부름을 받았으며 일찍이 북경 사대(四大) 희반 중 하나인 '사희반'을 맡아 이끌었다. 사람됨이 의리를 중시하고 청렴했다.

렇게 따로 챙겨주는 것은 극히 예외적인 일이었다. 배우마다 가정환경과 경제 상황이 각기 달랐기 때문에 그때그때 그들의 실제 상황을 고려하여 그런 식으로 돌봐주었던 것이다. 오릉선 선생은 배우들이 이렇게 챙겨주는 돈을 가져갈 때 가장 절박하게 그 돈이 필요했던 사람은 바로 내 조부였다고 말했다.

화단희를 배우다

이때는 오릉선 선생이 청의를 가르쳐준 것 외에도, 내 고모부 진치분秦稚芬[7]과 큰어머니의 남동생 호이경胡二庚(호희록(胡喜祿)의 조카로 축(丑)을 노래하는 배우이다)이 우리에게 화단희를 가르쳐주었다. 이렇게 공부와 연기를 동시에 병행했기에 내 연기는 상당히 빠른 속도로 향상되었다.

내가 희곡을 배우기 이전에는 청의와 화단을 매우 엄격하게 구분했다. 화단의 연기는 표정, 신단, 익살에 중점을 두고 의상의 색채도 과장되고 현란하다. 이 각색角色*은 구희舊戲에서 활달하고 낭만적인 여성을 대표한다. 화단의 무대 걸음과 동작은 청의와 확연히 구별된다. 이 각색은 목소리나 창공唱工**에 대한 요구가 그리 높지 않다. 과반의 교사는 기예를 익히는 학생들 하나하나의 타고난 자질을 세심하게 관찰해서 이 역을 안배한다. 예를 들어 얼굴근육의 움직임이 딱딱한 경우를 우리는 '정검자整臉子'라고 부르는데 이 경우는 화단을 연기하기가 어렵다. 체격이나 신체 라인이 너무 둔해서 움직임이 가볍지 않거나 눈동자의 움직임이 활발하지 못한 것들도 모두 화단을 연기하는 데는 불리하다.

*
각색:
극중의 인물 배역.
중국 희곡에는
인물유형에 따라
생, 단, 정, 축의
4대 각색항당이 있음

**
창공:
노래 기예의 공력

청의는 창이 중요하여 표정과 신단은 크게 신경 쓰지 않는다. 얼굴 표정은 대다수가 차갑다. 퇴장할 때는 반드시 배를 감싸는 신단을 취해야 한다. 한손은 아래로 내려뜨리고 다른 한손은 복부에 대고 안정된 걸음걸이로 앞으로 걸어가야 하며 이때 몸이 기울어져서는 안 된다. 이 각색은 구희에서 엄숙하고 진중한 인물을 대표하며 단정한 여성의 전형이다. 그래서 이 인물

---

7) 진치분(연대 미상)은 경극 무단(武旦) 배우이다. 격투 기술에 정통했고 서예에도 능해 손과정(孫過庭)의 『서보(書譜)』를 모사하는 데 뛰어났다. 그는 역사를 좋아해 『통감(通監)』을 숙독했으며 양계초(梁啓超), 나영공(羅癭公), 위철책(魏鐵柵)과 문장으로 교류하였다. 사람됨이 의리를 중시해 옛날 협사와 같은 풍격을 지녔다.

이 무대에 등장할 때, 관객은 동작과 표정에는 별로 주의를 기울이지 않은 채 창공에 집중한다. 그래서 보는 것보다 듣는 것을 중시하는 관극 습관이 형성된 것이다.

그때는 관객이 희곡을 관람하는 것을 '극을 듣는다'라고 했다. '극을 본다'고 하면 문외한이라고 놀림을 받았다. 어떤 관객은 무대에서 긴 창공이 나오면, 아예 눈을 감고 손으로 박자를 두드리며 가락 하나하나, 글자의 음 하나하나를 찬찬히 음미했다. 노래를 듣다가 기분이 좋으면 큰소리로 '좋다'고 환호를 보내며 만족감을 드러내기도 했다. 희극계에서는 아직도 "극을 공연하는 사람은 미치광이, 극을 듣는 사람은 바보"라는 말이 전해지는데 이는 당시 극장 내의 광경을 아주 잘 묘사한다.

이런 청의의 연기 형식은 상당히 오랫동안 유지되어오다가 청 말에 와서 비로소 변화가 생겼다. 처음으로 이런 연기 형식의 틀을 깬 사람이 왕요경王瑤卿[8] 선생이다. 그는 표정과 동작에 주의해야 연기 기술이 새롭게 발전한다는 것에 주목했다. 하지만 안타깝게도 왕요경 선생은 중년에 '탑중塌中'[9]이 와서 목소리가 변해 노래를 더 이상 하지 못했다. 나는 그에게서 가르침을 받고 그의 길을 따라 그가 이루지 못한 기술을 완성하였다.

---

8) 왕요경(1881-1954)은 유명한 경극 배우이자 교육가로 '4대 명단'이 모두 그의 문하생이었다. 50년대 초 중국희곡학교 교장을 역임했다.

9) 유년기에 변성이 되는 것을 '도창(倒唱)'이라고 하고, 중년에 목소리가 변해서 쓸 수 없게 되는 것을 '탑중(塌中)'이라고 한다.

곤곡을 배우다

* 이원자제: 중국 전통극 배우

이원자제梨園子弟*가 희곡을 배우는 순서는 최근 수십 년 사이 상당히 변했다. 대체로 함풍제 시기1831-1861의 희곡 배우들은 먼저 곤곡을 배웠고, 그 다음에 피황皮黃[경극]을 배웠다. 동치제1856-1874와 광서제1871-1908 시기에는 곤곡과 난탄亂彈[경극]을 병행해서 배웠다. 광서제 경자년1900 이후에는 모두가 피황만을 전문적으로 배웠다. 설령 곤곡을 배우는 사람이 있어도, 마치 대학의 선택 과목처럼 개인적으로 좋아해서 배우는 것이었다. 내 조부는 양삼희楊三喜에게서 곤곡을 배웠다. 그가 배운 곤곡은 〈사범思凡〉, 〈자호刺虎〉, 〈절류折柳〉, 〈척목剔目〉, 〈증검贈劍〉, 〈서각絮閣〉, 〈소연小宴〉 등이었다.

조부는 나교복羅巧福의 문하로 옮겨 간 후, 〈채루배〉, 〈이진궁〉과 같은 피황희皮黃戲를 배우기 시작했다. 나중에 화단도 겸하여 배웠다. 〈득의연得意緣〉, 〈오룡원烏龍院〉, 〈쌍사하雙沙河〉, 〈변양기變羊記〉, 〈사지성思志誠〉 등이 화단을 연기한 극이다. 그가 연기한 가장 유명한 극은 〈안문관雁門關〉의 소태후蕭太后와 〈반사동盤絲洞〉의 거미 요괴였다. 또한 조부는 사희반을 운영하던 시기에 새로운 극을 여러 개 만들었다. 그가 평생 연기했던 각색들을 전체적으로 살펴보면 상당히 복잡하다. 그때 휘반徽班의 규정은 청의와 화단을 겸하는 것을 허용하지 않았고 그 둘의 구분도 지금보다 훨씬 엄격했는데, 내 조부는 이런 편협한 규정을 깼다. 그 당시 조부의 그러한 행동을 비꼬며 규정을 어기고 불문율을 어지럽혔다고 말하는 사람도 있었다.

왜 예전에는 희곡을 배울 때 곤곡부터 시작했을까? 두 가지 이유가 있다. 하나는 곤곡의 역사가 가장 오래되었기 때문이다. 곤곡은 피황이 만들어지기 전부터 북경에서 유행했다. 그것에 관객들이 익숙해져 있어 갑자기 변화하기가 어려웠다. 다른 하나는 곤곡의 신단과 표정, 가락이 매우 엄격하여 이 기본 기술의 기초를 잘 연마한 후에 피황을 배우면 힘이 덜 들기 때문이다. 피황의 많은 기예가 곤곡에서 흡수된 것이다. 내가 아는 사람 중에 조부와 같은 시기에 활동했던 곤곡 전문가 두 분이 있다. 양명옥楊鳴玉과 주련분朱蓮芬이 그분들이다. 그들이 노년이 되었을 때는 피황이 최고의 전성기를 누리고 있었다. 그러나 그들은 공연 때마다 예전처럼 곤곡을 불렀으며 관객들의 방응도 나쁘지 않았다. 특히 양명옥의 무대는 관객들에게 인기가 많았다.

돌아가신 내 조부가 연기를 배우던 시대에도 희곡 배우들이 처음 연기를 배울 때 곤곡에서부터 시작했다. 관자館子에서 공연하는 것도 대부분이 곤곡이었다. 우리 집안은 돌아가신 조부 때부터 모두 곤곡을 중시했다. 특히 돌아가신 백부는 부를 수 있는 곡이 많았다. 나는 어려서부터 집에서 그것을 늘 보고 들어 익숙했으며, 몇 마디 즐겨 흥얼거리기도 했다. 예를 들어 〈경변驚變〉의 "맑은 하늘에 구름이 한가롭고……"라든지, 〈유원遊園〉의 "살랑살랑 맑은 하늘빛에 반사된 버들가지……"를 좋아했다. 나는 열한 살 때 처음으로 무대에 섰는데 그때 연기한 것도 곤곡이었다. 그러나 창을 하는 요령에 대해서는 전혀 알지 못했다. 민국 2~3년 즈음 북경 연극계에서 곤곡은 이미 전성기가 끝나고 상상할 수 없을 정도로 쇠퇴해가고 있었다. 무대에서도 몇몇 무희武戱를 제외하면, 곤곡을 거의 찾아보기 힘들었다. 돌아가신 백부의 영향을 받은 나는 곤곡이 쇠퇴해가는 것이 우리 희극계의 절대적 손실이라고 느꼈다. 그래서 곤곡 몇 출을 불러 관객들의 관심과 흥미를 불러일으키고자 했다. 그러면 다른 배우들도 이에 호응을 할 것이고, 모두가 떨치고 일어나 곤곡을 연구할 것이라 여겼기 때문이다. 곤곡의 신단은 선배들이 심혈을 기울여 창조하고 다시 수 대에 걸쳐 후배 예인들이 개량을 하여 예술의 진수들이 그 안에 남겨져 있다. 그러므로 이것은 경극 배우들이 참고할 만한 충분한 가치가 있다.

나는 곤곡 삼십여 출을 배워서 민국 4년1915부터 연창하기 시작했다. 대부분을 교혜란喬蕙蘭 선생에게서 배웠다. 규문단이 노래하는 〈유원경몽遊園驚夢〉과 같은 극은 희곡을 처음 배울 때 반드시 배워야 하는 것이다. 교혜란 선생은 소주 사람으로 청 황실 극단의 유명한 곤곡 단 역 배우였다. 그는 북경에서 오래 살았음에도 생김새나 태도를 보면 한눈에 남방 사람이라는 것을 알 수 있었다. 말하는 것이 그렇게 점잖고 온화할 수가 없었고, 학생에게 화를 내거나 굳은 표정을 짓는 것을 나는 단 한 번도 본 적이 없었다. 늘 인내심을 가지고 학생을 지도했기 때문에 그는 '차근차근 학생을 가르치는 노교사*'라는 칭송을 받았다.

*
노교사:
'노'는 존칭을 의미.
노교사, 노선생 등

〈유원경몽〉을 배워 연기할 수 있게 된 다음에 나는 진 노선생[10]을 모셔다 무대연습을 했다. 연기 기예 방면의 신단을 약간 보완하고 싶어서였다. 진 노선생은 자신이 배운 귀중한 옛날 기예들을 매우 세심하게 가르쳐주었다. 예를 들어【호저저好姐姐】곡의 "지지 제비가 짖는 소리……, 쩍쩍 앵무새 소리"의 신단은 손으로 부채를 펴 들고 몸종인 춘향과 어깨를 나란히 하며 사뿐사뿐 걷는다. 이 앞 구절 "그 모란은 비록 좋으나"에서는 손으로 부채를 두드리는 동작을 한다. 진 노선생은 신단을 가르칠 때에도 귀찮아하지 않고 반복해서 설명해주었다. 그는 걷는 위치도 아주 정확해서 전혀 변형됨이 없이 원형 그대로 유지하고 있었다. 그도 나와 마찬가지로 뛰어난 재능을 타고난, 총명하고 영리한 예술인은 아니었다. 그가 이름을 날린 것은 전적으로 각고의 학습과 노력 덕분이었다.

10) 진 노선생은 진덕림(陳德霖, 1862-1930)을 말한다. 그는 저명한 청의 배우이다. 연창 예술은 그가 선인들의 예술 기초 위에 새로움을 더한 것으로, 당시에 '청의태두(靑衣泰斗)'라 일컬어졌고 일찍이 승평서(升平署)에 뽑혀 교육을 받았다. 그는 제자가 매우 많았으며 왕요경, 매란방, 정연추 등이 모두 그에게서 배웠다. 문하생들은 그를 존경해 '진 노선생(老夫子)'이라 불렀다.

교공과 무공을 배우다

선배들의 기예는 기초가 정말 탄탄했다. 문文이든 무武든, 어느 하나 훈련하지 않은 것이 없었다. 〈사범하산思凡下山〉, 〈활착삼랑活捉三郞〉, 〈방서측자訪鼠測字〉 이 세 극의 신단은 문축文丑의 연기지만 심후한 무공의 기초가 없으면 연기를 할 수 없다.

노생으로 말한다면, 당시 손국선孫菊仙, 담흠배譚鑫培, 왕계분汪桂芬 세 노선생이 이름을 날렸다. 그들의 창법은 지금까지 전해져 3대 유파를 이룬다. 하지만 일반 여론이 관심을 갖는 것은 담 노선생의 신단이었다. 무공이 깊었던 것이 그 이유였는데 세 분 가운데서 담 노선생만 젊었을 때 무생이었기 때문이다. 그가 말년에 연기한 〈정군산定軍山〉, 〈전태평戰太平〉과 같이 격투를 벌이는 극에서는 파자把子*를 써야 하는데, 그것은 본래 그가 가장 자신 있는 것이었다. 그래서 그의 연기는 다른 사람보다 훨씬 더 보기 좋았다. 문희文戲**에서도 그는 하기 어렵고 보기도 드문 신단들을 연기했다. 어려서 다진 무공의 기초가 있었기에 그처럼 뛰어난 연기 기술을 소화해낼 수 있었던 것이다. 이처럼 우리가 하는 이 일은 단순하지가 않다. 문희, 무희, 곤곡, 난탄 어느 것을 배우든 평생 배워야 한다. 좋은 배우가 되려면 오랫동안 단련하는 것 외에도 타고난 신체 조건들이 모두 표준에 달해야 한다. 예를 들어 눈동자가 흐릿해 생기가 없거나 목소리가 조화롭게 울리지 않는 등의 선천적인 결함은 사람의 힘으로 보완할 수가 없다.

* 파자: 병기의 총칭. 싸우는 연기는 타파자(打把子)라고 함

** 문희: 노래와 동작 연기 위주의 극. 무희는 무술극을 말함

무공을 훈련하는 사람은 팔과 다리의 골격이 모두 중요하다. 무공을 단련하는 데 불리한 체격인데 억지로 배우게 되면 의외의 손상을 입어 죽을 때까지 후회하는 경우가 생길 수 있다. 타고난 자질에서 좋은 조건을 갖추고 유명한 스승의 지도를 받고 겸허하게 비판을 받아들이며, 거기에 본인의 다

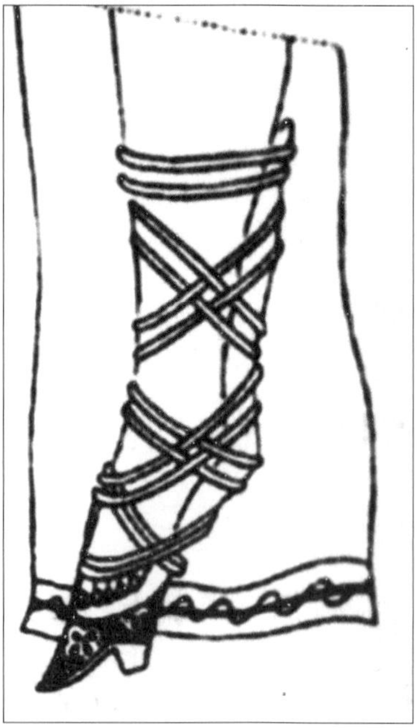

〈그림 3〉 교

년간의 무대 경험이 합해져서 정통하게 되어야 완벽한 배우가 될 수 있다.

나는 어렸을 때 받은 기예 훈련을 기억하고 있다. 등받이 없는 긴 의자 위에 길고 네모난 벽돌을 올려놓고 교蹺를 신은 채 그 벽돌 위에 올라서서 향 하나가 다 타는 시간 동안 서 있는 것이었다. 처음에는 불안정한데다 고통스러워 오래 견디지 못하고 뛰어내렸다. 그러나 훈련이 쌓이면서 허벅지에 근육이 생겨 점차 안정적으로 설 수 있었다.

겨울에는 얼음이 언 땅에서 교를 신고 무술 동작을 연기하며 빠른 걸음으로 빙빙 돌았는데 처음에는 조금만 방심해도 넘어졌다. 그런데 교를 신고 얼음 위에서 달리는 것이 익숙해지자 교를 신지 않고 무대에 올라가 움직이면 가볍고 쉽게 느껴졌다. 어떤 일이든 처음에는 어렵지만 시간이 지날수록 쉽게 해낼 수 있기에 고진감래苦盡甘來라고 하지 않았던가!

교공蹺工*을 연마하면서 발에 물집이 가실 날이 없었다. 그때는 너무 고통스러워 이런 혹독한 과정을 십여 세의 어린아이에게 훈련시키는 것이 잔인하다고 생각했다. 억지로 시켜서 할 수밖에 없는 상황이었기 때문에 나는 늘 불만스러웠다. 하지만 지금 예순이 다 되어가는 나이에도 내가 여전히 〈귀비취주貴妃醉酒〉, 〈목가채穆柯寨〉, 〈홍예관虹霓關〉과 같은 무예가 중요한 도마단희刀馬旦戲를 할 수 있는 것은 그 당시 교사의 엄격한 기본기 훈련 덕분일 것이다.

지금은 교공의 존폐에 대해 갖가지 의견들이 제기되어 격렬한 논쟁 중에 있다. 이 문제는 다방면의 연구가 진행되고 있으므로, 앞으로 합당한 결론에 도달할 것이다. 여기서 내가 내 학습 과정에 대해 충실하게 서술하는 것은 유년기에 교공을 연습했던 것이 내 허리와 다리에 유익했다는 것을 말하려는 것이지 교공의 존폐에 대해 내 의견을 말하려는 것이 아니다. 우리 집안

*
교공:
교는 채교(踩蹺)라고도 함. 화단 항당이 사용하는 특수한 도구인데 중국 고대 여성들의 전족한 뾰족한 발 모양을 본떠 만든 일종의 신발로 나무로 만든 경교(硬蹺)와 여러 겹의 헝겊을 꿰매 만든 연교(軟蹺) 두 종류가 있음. 교공은 이것을 가지고 하는 기예를 말하며 지금은 사용이 폐지되었음

은 조부 때부터 화단은 교가 아니라 채혜彩鞋*를 신는 것으로 바꿔야 한다고 주장했고, 그에 따라 내 아버지는 화단을 연기하면서도 교를 신지 않았다. 나도 교공을 이삼 년 동안이나 익혔지만, 무대에서 교를 신고 공연한 적은 없었다.

내 희곡 연기법은 조부의 전통을 계승한 것이다. 조부는 먼저 곤곡에서 시작하여 후에 피황의 청의와 화단을 배웠다. 그 시대는 희곡 연기를 배우는 범위가 넓었다. 나는 피황의 청의에서 시작해 그 후 계속해서 곤곡의 정단, 규문단, 첩단, 피황의 도마단과 화단을 배웠다. 후에 또 시장희時裝戲**와 고장희古裝戲***를 연기했다. 한마디로 나는 무대에 선 이래 단 각색의 다양한 부분을 두루 배웠다. 그러나 조부와 나의 연기에는 다른 점이 있었다. 조부는 도마단의 무공희를 거의 하지 않았고 나는 화단의 익살극을 하지 않았다. 조부는 체구가 뚱뚱한 편이어서 무예를 잘 하기 힘들었고, 나는 익살스럽고 사나우면서 억척스러운 연기가 내 성격에 맞지 않았기 때문이다.

내 무공은 대부분 여래경茹萊卿 선생이 가르쳐준 것이다. 우리 같은 창 위주의 단 역 배우가 익히는 타파자打把子****는 무공 전문 배우들이 배우는 것에 비하면 아주 간단하다. 선생은 먼저 내게 '소오투小五鬪'를 가르쳤다. 이것은 타파자의 기본적인 무예 동작으로 다섯 개의 연속 동작인 ① 등롱포燈籠炮, ② 이룡두二龍頭, ③ 구전창九轉槍, ④ 십육창十六槍, ⑤ 솔창甩槍으로 구성되어 있다. 싸우는 방법은 모두 기본동작 '일이삼幺二三'으로 시작하여 상대방이 와서 치고 이쪽에서 막는 것에서 벗어나지 않는다. 둘이서 싸우는 자세는 상하좌우 네 방향으로 나뉜다. 이름이 각각 다르고 번잡하므로 그것에 대해서는 굳이 쓰지 않겠다. 이 다섯 가지 동작은 무대에서 응용되지는 않지만, 무예를 배울 때는 이 동작으로 입문해야 한다. 이것을 배우고 나면 다른 연속 동작들은 배우기가 쉽다. 그 다음에 '쾌창快槍'과 '대창對槍'을 훈련한다. 이것은 모두 무대에서 가장 많이 사용되는 기예이다. 이 둘은 타법이 다르고 목적도 다르다. '쾌창'으로 싸우고 난 다음에는 승패를 가려야 하지만, '대창'은 승패를 가리지 않는다. 예를 들어 〈가맹관葭萌關〉에서 마초가 장비를 만나는데, 그

*
채혜:
각양각색의 비단으로 만든 여성 신으로 발등 부분에 꽃을 수놓았으며 신의 코는 술로 장식되어 있음

**
시장희:
청 말 민국 초에 유행했던 현실 생활을 표현한 극으로 당시의 복장을 입었기 때문에 얻어진 이름

***
고장희:
전통적인 분장과 구별되는 신식 복장과 화장을 한 고대 여성을 묘사한 극. 매란방이 처음 만들었으며 1915년 10월 31일 공연된 실험극 〈항아분월〉에서 시작되었음

****
타파자:
정식화된 무술격투 동작

들은 둘 다 대장이고 무예도 대단히 뛰어나 우열을 가릴 수가 없다. 이런 경우 '대창'을 써야 한다. 내가 연기한 극 가운데서 〈홍예관〉의 동방씨東方氏와 왕백당王伯當, 〈목가채〉의 목계영과 양종보楊宗保도 '대창'이다. 어쨌든 무대에서 두 배우가 싸울 때 나고鑼鼓가 느려지면 양쪽이 모두 무대 앞으로 뛰어나와 양상亮相*의 자세를 취하면서 엄지손가락을 들어 보이며 상대방의 무예가 약하지 않음을 표시한다. 우리들이 쓰는 용어로 그것을 '과장誇將'이라고 한다. 싸움을 다 끝내고 쌍방이 상황을 정리하고 퇴장하는 것이 바로 '대창'이다. '대창'이 끝나고 승패를 가리려고 하면 '쾌창'으로 전환해야 한다. 이것은 모두 정해진 규칙이다. 나는 또 '대검對劍'을 배웠는데, 이것은 대창과 타법이 또 다르다. 후에 내가 연기한 신극, 예를 들면 〈목란종군木蘭從軍〉의 편괘자鞭掛子, 〈패왕별희〉의 무검舞劍, 심지어 내 전공과 전혀 다른 각색을 연기한 무생희까지 모두 여래경 선생이 발성연습 후 무대연습을 지도해준 것이다.

여래경 선생은 양가楊家의 직계 제자로 '단타短打'**가 전문이었다. 중년에는 자주 유俞선생과 함께 연기했다. 마흔 이후로 그는 내 백부를 스승으로 모시고 전공이 다른 문장文場을 배웠다. 희련성喜連成을 나온 지 얼마 안 되었을 때 나는 선생께 악기 연주를 부탁했고, 그 후 몇 년간 함께 일했다. 내가 처음 일본에 가서 공연할 때도 선생은 나를 위해 연주를 맡아주었다. 말년에는 그의 체력과 정신이 모두 약해져 내가 홍콩에서 공연 요청을 받았을 때 서란원 이모부가 그 일을 대신했다. 나는 직운공소織雲公所***에서 가진 내 조모의 팔순 축하연에서 그가 〈오공령蜈蚣嶺〉 한 출을 불렀던 것을 기억한다. 그때 선생은 이미 예순이 다 된 나이였고 오랫동안 무대에 오르지 않았었다. 그럼에도 선생의 기예에는 힘이 넘쳤다. 그가 어렸을 때 다진 공력이 얼마나 탄탄한지 알 수 있었다.

그의 아들 석구錫九, 손자 부란富蘭, 증손자 원준元俊은 모두 무생을 연기했다. 부란은 과반 출신으로 무공의 기초가 매우 튼튼했고 집안 대대로 내려온 기예가 부끄럽지 않을 만큼 뛰어난 기예를 갖추고 있었다. 그러나 안타깝게도 근시가 심한데다가 눈이 매년 더 나빠져 무대에서 연기를 계속하는 것이

*
양상:
희곡의 연기동작. 주로 각색이 무대에 등장할 때와 퇴장할 때 혹은 일단의 무도 동작이 끝난 다음에 일종의 조각상처럼 잠깐 부동자세를 취하는 것으로 인물의 정신상태를 집중적으로 드러냄

**
단타(무생):
짧은 저고리와 바지를 입고 낮은 신발을 신음. 몸에 꽉 끼는 복장을 해서 동작이 가볍고 힘이 있음. 재주넘기와 격투연기를 중시하여 용맹스러움이 돋보임

***
직운공소:
북경 숭문구(崇文區)에 위치한 방직업계의 회관으로 이 안에 무대가 있어 축하연을 비롯한 당회 공연 때 예인들이 자주 빌려 사용했다고 함

어려웠다. 최근에 부란이 제자를 양성하는 일에 자신의 기예를 발휘하고 있다는 소식을 듣고 나는 올해에 그에게 보구葆玖의 무공 무대연습을 부탁했다. 그는 첫 작품으로 〈아관루雅關樓〉를 보구에게 가르쳤다.

오늘날 연극계에서 하나의 항당을 전문적으로 연기하며 4대까지 지속한 집안은 내가 아는 한 오직 세 집안뿐이다. 여씨 집안은 여래경 선생부터 원준까지 4대가 무생이다. 담씨 집안은 담흠배 선생부터 원수元壽(부영(富英)의 아들로 노생을 노래한다)까지[11] 4대가 노생이다. 우리 집은 조부부터 보구까지 4대가 단이다. 양씨 집안은 내 외조부부터 성춘盛春(성춘의 부친 장희(長喜)도 무생을 노래했다)까지[12] 3대가 무생이다. 내 조모의 친정은 진금작陳金爵[13] 선생 이하 4대가 모두 곤곡에 뛰어났으니, 이 역시 보기 드문 일이다.

---

11) 지금까지 담가는 6대 노생으로, 원수의 아들 효증(孝增)과 손정암(孫正岩) 모두 노생 배우이다.

12) 지금까지 양가는 4대 무생이고 성춘의 아들 소춘(小春)도 무생 배우이다. 또한 성춘의 부친 장희(長喜)도 무생을 노래했다.

13) 진금작(연대 미상)은 곤곡 〈금작기(金雀記)〉로 이름이 났으며 그 아들 진가량(陳嘉梁)은 매란방 공연에서 곤곡 피리를 연주했다.

노삼보 선생에게서 〈귀비취주〉를 배우다

〈귀비취주〉는 도마단의 전공 연기에 들어간다. 이 극은 아주 번잡하고 힘든 가무극이다. 예를 들어 함배衔杯*, 와어臥魚** 같은 신단은 허리나 다리 놀림에 무공의 기초가 없으면 제대로 해낼 수가 없다. 그래서 나는 줄곧 도마단을 같이 연기해왔다. 이전에는 월월홍月月紅, 서옥금徐玉琴 노삼보路三寶 등 몇몇 선배들이 이 극을 뛰어나게 연기했다. 그들은 모두 자기만의 특별한 것이 있었다. 나는 노삼보 선생 파의 연기를 배웠다. 처음에는 노삼보 선생이 〈귀비취주〉를 연기하는 것을 자주 보았다. 그러다가 그 연기가 너무 좋아서 나중에는 그분을 모셔다 직접 배웠다.

삼보 선생은 내게 함배, 와어 및 술이 취한 후의 무대 걸음, 부채 쥐는 자세, 기러기를 볼 때의 구름 위를 걷는 듯한 걸음걸이, 소매를 흔드는 여러 가지 정식화된 동작들, 술이 아직 취하지 않았을 때의 신단과 취한 후 궁의를 갈아입을 때의 걸음법 등을 가르쳤다. 선생의 교수법은 아주 꼼꼼했고 또한 매우 진지했다. 나는 소련에서 공연하는 동안 내 〈귀비취주〉 공연에 대한 평을 들을 기회가 있었다. 내가 귀부인의 취한 모습을 묘사할 때 신단과 표정이 세 단계로 표현된다는 내용이었다. 처음에는 소매로 가리며 술을 마시고, 그 다음에는 소매로 가리지 않고 술을 마시며, 마지막에는 아무렇게나 편하게 술을 마신다는 것이었다. 이것은 내용을 상당히 깊게 이해한 평가라고 할 수 있다. 또 어떤 전문가는 내게 이렇게 말했다.

"술에 취한 사람은 실제로 여기저기 토하여 지저분하고 이리 비틀 저리 비틀거려서 사람들에게 반감을 줄 뿐 아니라 보기에도 전혀 아름답지 않다. 그런데 무대에서는 취한 사람이 사람들에게 반감을 주어서는 안 된다. 반드시 자태의 아름다움, 가무의 어울림에 역점을 두어 관객들이 아름답게 느낄

*
함배:
중국 전통극의 정식화된 동작. 입에 잔을 물고 머리를 뒤로 허리까지 완전히 굽히는 동작

**
와어:
와어 신단은 정와어, 반와어 두 종류가 있음. 정와어는 가부좌 한 다리의 오른쪽 다리를 바닥에 닿게 하고 왼쪽 다리를 그 위에 포개고 오른손을 들어 머리를 받치고 왼손은 손등을 왼쪽 허리에 놓는 동작. 반와어는 그 반대의 동작

수 있게 해야 한다."

너무나 옳은 말이다. 이 말은 우리가 매우 중요하게 여기는 '미적 요구에 부합하는 무대 표현'과 사실상 같은 의미이다.

이 극에서 세 차례 술을 마시는 것은 세 종류의 내심의 변화를 말한다. 그러므로 배우의 표정과 자태가 세 단계로 나뉠 필요가 있다. 첫 번째 단계에서는 당 명황의 가마가 서궁으로 향했다는 이야기를 전해 듣고 난 후, 같이 술 마실 사람도 없고 마음은 답답한데 궁 안의 사람들이 뒤에서 비웃을까 봐 두려워 억지로 강한 척하며 존엄을 유지하려고 한다. 두 번째 단계에서는 술이 들어가니 시름이 생기고 또 당 명황과 매비를 생각하니 질투심이 생겨 술잔을 들 때 원한의 감정이 살짝 노출된다. 세 번째 단계에서는 주량을 넘겨 스스로 통제가 안 되자 비로소 얼굴에 웃음을 띠고 술잔을 들어 다 마신다. 그 후에는 막 술에 취한 상태에서부터 점차 만취해가는 모습을 묘사한다. 〈귀비취주〉라는 제목에서 드러나듯이 '취醉'자가 바로 이 극의 핵심이다. 그러나 연기가 적절해야지 도를 넘으면 안 된다. 주의해야 할 것은 궁중의 한 귀부인이 생활의 단조로움에 답답함을 느끼고 술로써 그 답답한 마음을 풀려고 한다는 점이다. 그녀의 취한 모습은 결코 음탕한 부녀자가 술의 힘을 빌려 제정신을 못 차리는 모양새와는 다르다. 이렇게 이해해야만 비로소 극정劇情[극의 줄거리]을 잘 파악하여 한편의 아름다운 고전 가무극이 되게 할 수 있는 것이다.

이 극에는 '와어' 신단이 세 번 나온다. 선배들은 쪼그리고 앉는 동작만 했지 꽃향기를 맡는 동작은 하지 않았다. 나도 이것을 배운 후 처음에는 그대로 모방했다. 매번 연기할 때마다 항상 이 무용 동작이 대단히 훌륭하다고 생각했지만, 나는 그것을 왜 하는지 또 극의 내용과 어떤 관계가 있는지가 의문이었다. 모두 선생이 가르쳐준 대로 해야 한다고만 알고 있었기에, 나 또한 이유를 모른 채 몇 년을 그렇게 해왔다. 그러던 어느 날 마음속에 늘 답답함으로 남아있던 의문이 나도 모르는 사이에 다 풀려버렸다. 내가 홍콩에 살 때 아파트 앞에 꽃밭이 있었다. 그 꽃밭에는 서양 꽃들이 많아 무척이나 아름다웠다. 어느 날 내가 그 풍경이 너무 아름다워 편하게 몸을 구부려 꽃향기를 맡았더니, 함께 있던 친구가 그것을 보고는 웃으며 말했다.

"자네의 그 모습은 꼭 와어 신단을 하는 것 같네."

그는 아무 의미 없이 한 말이었지만 나에게는 대단히 유용했다. 나는 그때 이 세 개의 와어 신단을 이해했고, 그것을 이용해 꽃향기를 맡는 자세를 표현해낼 수 있었다. 공연 전에 고 군과 배 군이 화분 몇 개를 무대 앞에 옮겨 놓았다. 공교롭게도 그것은 내가 꽃향기를 맡는 동작을 할 수 있게끔 조건을 만들어주었다. 그 후, 항전 승리 초에 상해에서 다시 〈귀비취주〉를 공연하면서 한 번 더 바꾼 것이 지금의 형태가 된 것이다.

여기서는 〈귀비취주〉를 가지고 하나의 예를 들었을 뿐이다. 사실 희곡에 종사하는 사람들은 각자 자기가 연기하는 인물에 대해 깊이 연구하여 극중 인물의 성격과 신분을 이해하고, 거기에 세밀한 분석을 더해 내면으로부터 그 인물의 형상이 표현되어 나오도록 해야 한다. 그와 동시에, 극을 보면서 다른 사람의 뛰어난 점을 관찰하는 행위를 통해 총체적인 안목을 가지고 정수를 취해야 한다. 가락과 발성, 각각의 동작이나 자세에 대한 구체적인 처리나 외형적인 표현에 치중해 예술상의 탄력적인 운용을 소홀히 해서는 안 된다.

다른 연기자의 공연을 보고 관찰하면서 연기를 배우다 [14]

나는 관극을 통해 내 예술의 발전과 깊이를 확대하는 데 크게 도움을 받았다. 내가 희곡예술을 배우던 때는 장기간 사생활의 통제를 받았다. 먹고 마시는 것에서 잠자는 것에 이르기까지 모두 제약이 심했다. 심지어 밖에 나가 산책하고 친지를 방문하는 것까지도 마음대로 할 수 없었을 뿐 아니라, 따라다니는 사람이 있어서 자유 활동도 할 수 없었다. 그래서 희련성 극단에 있을 때는 매일 공연이 시작되기 전에 공연장에 도착해서 공연이 끝난 뒤에야 집으로 돌아갔다. 내 공연 시간을 제외하고는 언제나 무대의 퇴장 통로인 호금胡琴 연주대의 뒤쪽에 앉아 공연을 관람했다. 볼수록 그 재미에 빠져 잠시라도 자리를 뜨는 게 아쉬울 정도였다. 이 습관은 오랫동안 지속되었고 나중에 다른 극단에 가서도 계속되었다.

관극은 본래 내 일과 관련된 공부지만, 이렇게 쭉 하다 보니 오히려 과외 활동으로 즐기는 가장 좋아하는 취미가 되었고 이를 통해 귀중한 경험도 많이 흡수할 수 있었다. 이런 시간이 쌓이다 보니 나도 모르게 연기가 점점 향상되었다. 나는 서서히 무대에서 어떤 동작이나 자세를 취하고 감정을 표현할 때 머리로 생각하지 않고 몸이 가는 대로 맡기면 저절로 내 의지대로 표현할 수 있게 되었다. 다른 사람의 무대를 보고 배우는 것은 예술가들이 자기 예술을 더 깊이 연구하기 위해 반드시 수행해야 할 기본 과업이다. 그래서 나는 항상 내 학생들에게 극을 많이 관람해야 하고, 관람의 범위도 넓을수록 좋다고 말한다. 예를 들어, 단 각색의 연기를 배운다고 해서 꼭 자기 항당의 극만 보는 것이 아니라 다른 각색이 연기하는 극들도 모두 봐야 한다. 그와 동시에 연기의 장단점을 분석하여 다른 사람의 장점을 취해야 비로소

---

14) 이 제목은 원서 편집자가 붙인 것이다.

자기의 기예를 풍부하게 만들 수 있다.

나는 어렸을 때 유명한 선배들의 공연을 많이 보았다. 나는 담 선생(담흠배)의 극을 처음 보았을 때 특별한 느낌을 받았다. 당시 노생을 연기하는 배우는 모두 체구가 건장하고 목소리가 우렁찼다. 유일하게 무대에 선 그의 모습만 왜소했고 목소리도 그렇게 가늘고 은은할 수가 없었다. 한눈에 봐도 좋은 배우라는 것을 알 수 있었다. 한번은 그가 금수산金秀山과 같이 〈착방조捉放曹〉를 공연했다. 조조가 칼을 빼들고 여백사 일가를 모두 죽이는 장면에서 그의 눈은 정말로 번쩍번쩍 빛났다. 그 눈빛으로 그는 이미 관객의 마음을 사로잡았다. 여백사 일가를 다 죽이고 길을 떠나는 내내 멋지게 극이 전개되다가 '숙점宿店'의 이황二黃에 노래를 하는 부분에서 노래 소리가 점점 높아지는데, 그 소리는 마치 "깊은 산속에서 학이 울고 구름 사이로 달이 나타나는" 것처럼 높고 맑았다. 진궁陳宮 가락의 회한과 원망, 분노가 모두 창사의 음절과 얼굴의 표정에서부터 깊게 표현되어 나왔다. 극장 안은 쥐 죽은 듯이 조용했다. 객석의 관객은 눈을 지그시 감은 채 귀를 기울여 듣고 있거나 눈을 떼지 않고 지켜보았다. 그들은 마치 마음이 정화되는 경지에 도달한 듯했다. 나는 그때 겨우 초등학생에 불과했기에 그의 예술을 완전히 이해하지는 못했지만 표면적인 이해를 가지고 말하자면, 정신적으로 뭐라고 형용할 수 없는 편안하고 즐거운 그런 기분이었다.

담흠배 선생과 파트너로 공연을 했던 선배들이 몇 분 있다. 예를 들면 황윤보黃潤甫[15], 금수산[16] 등과 같은 분들이다. 나는 이분들의 공연도 모두 좋아했다. 황윤보는 배우들 가운데 가장 유머가 있었고, 무대 뒤에서 일하는 사

---

15) 황윤보(1845-1916)는 만주족이다. 그는 가자화검(架子花臉)이 전공이다. 한때 '살아 있는 조조'라는 칭송을 들었다. 몸짓과 자세의 신단을 중시하고 조형미에 신경을 썼다. 노래는 사음(沙音, 허스키한 소리)과 작음(炸音, 폭발하듯이 터져나오는 소리)을 많이 썼다. 그의 기예를 전수받은 제자로 후희서(侯喜瑞)가 있으며, 학수신(郝壽臣)은 비록 정식 입문은 하지 않았지만 그에게서 교육을 받았다.

16) 금수산(1855-1915)은 만주족이다. 동추화검(銅錘花臉)이 전공이며, 금소산(金少山)의 아버지이다. 처음으로 비음을 사용하여 화검의 창공(唱工)에 색채를 더했을 뿐 아니라, 그의 연창은 웅장하고 비장하며 깔끔하면서 소리가 묵직하다.

람들과의 인맥도 가장 넓었다. 모두 그를 '삼대야三大爺'라고 불렀다. 또 관객들은 그를 '황삼黃三'이라고 불렀다. 이 노선생은 자기가 하는 일에 매우 진지했다. 그의 연기는 깊이가 있었으며 기예는 탄탄했다. 나는 그것에 감동했다. 그는 어떤 각색을 연기하든 그것이 전혀 중요하지 않은 하찮은 배역이라 할지라도 집중해서 빈틈없이 해냈다. 관객은 그를 좋아해서 늘 열렬한 갈채로 그의 연기에 회답했다. 관객석에서 반응이 없으면, 그는 공연이 다 끝난 뒤에도 기분이 처져 밥도 먹기 싫어했다. 당시 관객들은 그를 '살아 있는 조조'라고도 불렀다. 이런 평가처럼 그의 연기는 조금도 손색이 없었다. 그는 반동인물을 연기할 때 그 성격을 형상화하는 것에 역점을 두었기 때문에 보통 배우들처럼 조조를 그렇게 얄팍하고 가볍게 표현하지 않았다. 나는 그가 〈착방조捉放曹〉, 〈전완성戰宛城〉, 〈양평관陽平關〉에서 담흠배 선생의 상대역으로 조조를 연기하는 것을 본 적이 있다. 이 세 편의 극에서 그는 조조를 모두 다른 방식으로 묘사했다. 그가 〈착방조〉에서 묘사한 조조는 목적을 위해 수단과 방법을 가리지 않으며 자기는 다른 사람을 배신해도 다른 사람이 자신을 배신하는 것을 용납하지 않는 아직 뜻을 이루지 못한 간웅이다. 〈전완성〉의 조조는 전쟁에서 승리한 후 주색에 빠진 방종한 자태를 보이지만, 결코 저급한 호색가는 아니다. 〈양평관〉의 조조는 천하를 가진 듯 기백이 넘치는 위나라 왕의 기개를 가졌다.

금수산 선생의 목소리는 침울하면서 두텁고 무거운 '동추화검銅錐花臉'* 의 풍격을 가졌다. 나는 그가 연기한 〈초교관草轎關〉, 〈이진궁〉 등과 같은 극을 모두 보았다. 나중에 그는 또 가자화검架子花臉**을 겸해서 연기했다. 그는 오랫동안 담흠배 선생과 함께 연기를 했고 담 노선생도 그를 매우 신임했다. 아무리 하찮은 배역이라도 그가 노래를 하면 금방 관객들이 관심을 집중하는 것을 보면 정말 천재적인 배우임에 틀림없다. 나와 함께 연기한 〈장판파長坂坡〉에서 그는 조조 역을 맡았다. 〈악가장〉에서는 우고牛皐 역을 맡았으며 〈안문관〉과 〈목가채〉에서는 맹량孟良을 연기했다.

나와 양소루 선생은 같은 극단에서 상대역으로 두 차례 연기했다. 첫 번

*
동추화검:
대화검(大花臉)의 별칭. 창을 주로 하고 운백(韻白)으로 대사를 하고 검보를 그림. 주로 조정의 중신이나 원수, 대장 같은 인물을 연기함. 대화검 서연소(徐延昭)가 황제가 하사한 동추를 항상 품고 있어서 얻어진 이름

**
가자화검:
이화검(二花臉)의 별칭. 동작과 표정 연기가 중심이므로 몸놀림과 자세를 중시. 주로 민간 영웅이나 의적 혹은 간웅 등을 연기함

째는 1916년 늦겨울 유분이 동형사桐馨社를 조직하고 양소루 선생에게 참여를 요청했을 때였다. 내가 상해에서 돌아오자 그는 내게도 참여를 부탁했다. 두 번째로 양소루 선생과 일한 때는 1921년이었다. 그 이전에 나는 이미 양소루 선생과 극단을 조직했다. 1920년 겨울 우리는 뜻을 합해 극단을 조직하고 이름을 숭림사崇林社(양(楊)자와 매(梅)자에 모두 목(木)이 있어서 이 이름으로 짓게 되었다)라고 지었다. 극단 숭림사는 1921년 설날 매시가煤市街 남구南口에 있는 문명차관文明茶園에서 공연을 시작했다. 거기서 한동안 공연을 하다가 동안시장東安市場의 길상차관吉祥茶園으로 옮겼다. 우리는 첫 번째 공연과 같은 방식으로 돌아가며 대축大軸*을 공연했다. 대축을 공연하는 사람의 책임이 좀 더 무겁고 압축壓軸**은 상대적으로 좀 더 가벼웠다. 예를 들어 양소루 선생이 〈안천회安天會〉를 하고 나와 봉이야鳳二爺(왕봉경)가 〈분하만汾河灣〉을 하면 당연히 〈안천회〉가 대축에서 공연된다. 내가 〈천녀산화天女散花〉를 공연하고 그가 〈무문화武文華〉를 하면, 당연히 내가 대축 공연이고 봉이야의 노생희는 뒤에서 세 번째 공연이 되었다. 당시 극단의 낮 시간에는 항상 아홉 개의 극을 공연했으며 짧은 것은 열한 개의 공연이 가능했다. 극이 조금 길어도 최소 일곱 개의 극을 공연할 수 있었다. 그래서 사람들은 뒤에서 세 번째 공연도 앞쪽 공연으로 생각하지 않았다. 그때 내 나이 스물여덟이었다. 젊고 건강했기 때문에 나는 피곤한 줄 몰랐다. 나는 내 공연에 신경을 많이 썼지만, 다른 사람의 공연을 보는 것에도 빠져 있었다. 압축에서 노래를 하게 되면, 공연이 끝난 후 서둘러 의상을 갈아입고 무대 막 주위의 빈 공간에서 양소루의 공연을 관람했다. 또한 나는 매일 공연장에 일찍 도착해서 가끔 주계방朱桂芳의 중축자*** 공연인 무희나 구계선裘桂仙의 화검희도 관람했다.

양 라오반의 예술은 우리 희곡계 배우들 가운데서도 특히 뛰어나 한두 손가락 안에 드는 전형이었다. 그는 두 가지 좋은 자질을 타고났는데 하나는 좋은 목소리이고, 다른 하나는 큰 키였다. 무생 항당은 어려서부터 혹독한 무공 훈련을 받기 때문에 그 영향으로 목소리가 대부분 좋지 않았는데 양소루는 예외였다. 그는 무공이 그렇게 탄탄한데도 여전히 목소리가 청량한 고음

*
대축:
대축은 그날의 하이라이트에 해당하는 마지막 공연. 당시 희곡 공연은 대체로 낮 12시에 시작해서 저녁 6시를 조금 넘긴 시간까지 공연되었음. 일반적으로 하루에 7~8개 혹은 8~9개의 절자희(전체극에서 뛰어난 부분을 떼어내 완전한 형태로 구성한 극)를 공연. 공연은 세 부분으로 나뉘며, 각 부분은 대략 세 개의 공연으로 이루어짐. 첫 부분의 세 개는 학생이나 신인들이 공연을 하고 중간 부분의 세 공연은 비교적 인기 있는 것이 공연되며 마지막 부분의 세 공연은 관객이 가장 좋아하는 극목을 안배함. 대축은 바로 세 번째 부분의 마지막 공연을 말함

**
압축:
마지막 공연인 대축의 바로 앞 공연

***
중축자:
위에서 언급한 세 부분으로 나누어진 공연에서 각 부분의 마지막 공연을 축자라고 하고 중축자는 중간 부분의 마지막 공연

을 유지했을 뿐 아니라 비단이 찢어질 때 나는 소리 같은 작음炸音*도 가지고 있었다. 그것은 어느 누구도 배울 수가 없는 것이었다. 거기에다 그는 구강을 놀리는 힘이 있어 발음이 정확하면서도 분명하여 극이 절정에 달했을 때 자신이 읊는 대사에 의지해 극중 인물의 가슴에 가득 찬 비분을 양껏 표현할 수 있었다. 관객들은 그가 어떤 인물을 연기하건 그 인물과 완전히 똑같다고 말한다. 그들이 그렇게 느끼는 것은 다양한 조건들이 작용한 결과겠지만 무엇보다 생동감이 넘치는 그의 목소리가 중요한 비중을 차지한다. 그 때문에 그가 관객을 사로잡을 수 있을 뿐 아니라 그와 함께 무대에서 연기하는 배우들도 그의 목소리와 표정이 만들어낸 분위기에 영향을 받아 활력을 얻게 되는 것이다. 우리 두 사람이 한 무대에 설 기회가 많았기에 나는 이런 것들을 상세히 느낄 수 있었다. 우리가 함께 무대에 선 예를 들라고 한다면, 우리가 자주 연기하던 〈패왕별희〉가 그 적합한 예가 될 수 있겠다.

그가 〈장판파〉를 연기했을 때는 관객들이 모두 그를 살아 있는 조운趙雲이라고 했다. 양 라오반의 뛰어난 점은 체구가 우람한데도 손발의 놀림이 민첩한 데 있었다. 그는 장고무생長靠武生**을 연기하든 단타무생短打武生을 연기하든, 무대 동작과 자세가 모두 자연스럽고 보기 좋았다. 그의 신단을 보면 동작이 많지 않고 '시원하고 깔끔'해서 누가 봐도 통쾌하고 짜릿한 기분을 느낀다. 그의 성공은 결코 우연히 얻어진 것이 아니다.

양 라오반은 타고난 재능이 있는데다가 유년기에 혹독한 훈련도 받았고 또 마침 경극이 전성기를 누리던 때를 만났기 때문에 그가 경극을 배울 때는 생生, 단旦, 정淨, 말末, 축丑 모든 항당의 선배 배우들이 모두 자신의 특기들을 가지고 있어 배우려 들지 않는 것이 문제였지 배우려고만 하면 매일 보고 듣는 것이 모두 다 예술의 정수들이었다.

나는 예전에 손국선 선생이 연기한 〈완사기浣紗記〉를 본 적이 있다. 여기에 나오는 오자서伍子胥는 머리에 사각 두건을 쓰고 남색 도포를 입은 노생이다. 노생의 연기는 연기 기예가 정해져 있어 일반 배우들은 그 기예에 따라 연기를 한다. 그래서 오자서나 장형張衡이나 진궁陳宮이 크게 차이가 없다. 그

*
작음:
폭발하는 듯 터져 나오는 소리

**
장고무생:
주로 대장 역할. 큰 갑옷을 걸치며, 몸놀림과 자세를 중시하여 대장의 풍모와 영웅의 기개가 돋보이게 표현

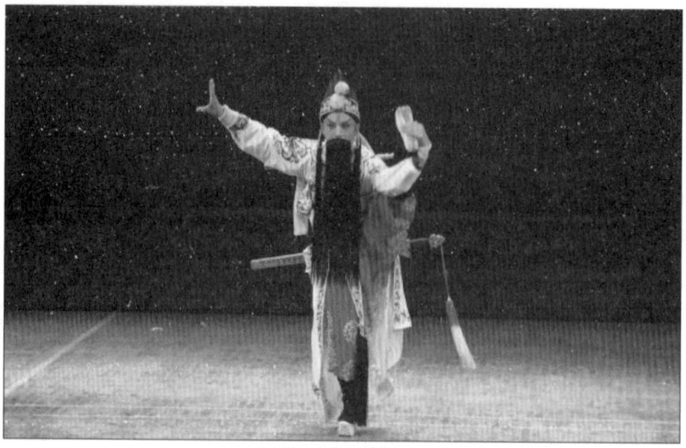

〈그림 4〉 납산방[17]

런데 손국선 선생이 묘사한 오자서 형상은 달랐다. 그는 무대에 등장하자마자 말채찍을 높게 휘두르는 장면을 묘사한다. 몸의 자태와 무대 걸음에서 노생의 동작을 크게 한데다 그의 높고 우렁찬 목소리와 격분한 표정에서 영웅과 같은 기백이 넘쳐흘러 관객은 그가 등장하자 임동臨潼에서 국보를 겨룬 영웅*이라는 것을 알 수 있었다. 이런 인물 묘사 방식은 내가 나중에 〈목계영이 장수의 인장을 손에 넣다〉의 두 번째 대목에서 목계영을 표현할 때 참고했다. 다른 점은 손국선 선생은 동작만 확대하고 문희文戱의 나고鑼鼓 장단은 변동을 주지 않았지만 나는 무희武戱의 나고 격식을 차용하여 전쟁터에서 교전하는 모습을 더 구체적으로 표현하였다. 다시 말해 내가 문희의 분장에 무희의 장단을 이용해 손 선생보다 시간과 노력을 더 많이 들였다.

나의 오랜 친구 이춘림李春林 선생은 내게 이렇게 말했다.

"이 극에서는 목계영이 청의이기도 하고 도마단이기도 한데 이는 경극에서 지금까지 없었던 것이네. 신단을 안배할 때 '납산방拉山膀'**을 하지 않도록 반드시 주의해야 하네."

그의 말은 내 신단과 복장이 조화롭지 못할까봐 걱정한다는 의미였다. 매우 예리한 지적이었다. 이춘림 선생은 나보다 두 살이 많고 과거에 늘 양

*
임동에서 국보를 겨룬 영웅: '임동두보(臨潼斗寶)' 전고에 등장하는 오자서의 인물 형상을 말함. 춘추시대에는 제후국들이 서로 패주(覇主)가 되기 위해 전쟁을 벌였음. 진 목공이 다른 제후국에 자신의 위엄을 떨치고자 책사의 건의를 받아들여 열일곱 개 제후국의 국왕을 모두 초청한 후 임동에서 국보 경연 대회를 개최하여 어느 제후국의 국보가 가장 우수한가를 겨룸. 초나라의 오자서가 진 목공의 의도를 간파하고 그 경연에서 정(鼎)을 들어 올려 위엄을 과시하며 진 목공을 굴복시킨 이야기. 오자서는 원래 초나라 사람이었는데 아버지와 형이 살해되자 오나라로 가서 신하가 된 사람. 〈완사기〉에 등장하는 오자서는 오나라의 신하로 노년의 오자서이므로 노생이 연기함. 손국선 선생은 이 인물 형상에 초나라 사람이었던 젊은 시기 '임동두보'에서 영웅의 기백이 넘쳤던 오자서의 형상을 가미하여 표현했음을 매란방이 지적한 것

**
납산방: 춤 동작의 하나. 배우가 무대에 등장하여 양쪽 팔을 좌우로 쭉 펴서, 팔을 어깨 위쪽으로 하여 '山' 모양이 되게 하는 동작

17) http://blog.sina.com.cn/456beilubangzi

소루, 여숙암 선생과 함께 연기를 해서 보고 들은 것이 많았으며 무대 경험도 풍부했다. 그는 오랫동안 내게 '파장把場'*을 해주면서 신단의 어느 부분이 중복되는지 어느 부분이 정확하지 않은지 어디가 분명하게 표현되지 않았는지 또 어디가 지나친지 어디가 부족한지를 알려주었다. 삼십 년에 걸친 그의 도움은 너무나 컸다. 나는 늘 젊은 배우들에게 이렇게 말한다. 이전 세대의 선배들에게 가서 많이 배워라. 그분들이 너의 결점을 냉정하게 지적해주시도록 부탁드려라. 그분들이 가르쳐줄 수 있는 것은 가르침을 받고 가르쳐주실 수 없는 것은 연기 경험을 청해 들어 배움을 얻는 것도 좋다. 내가 젊은 배우들에게 이런 말을 하는 것은 나도 그런 길을 걸어왔기 때문이다.

희곡을 배우는 우리 집안의 전통은 조부 때부터 다방면으로 선배들의 가르침을 받는 것이었다. 내 경우를 예로 들면 희곡을 처음 가르쳐준 오릉선 선생 말고도 가르침을 받은 선배들이 정말 많다. 그중 몇 분만 소개하자면 다음 분들을 들 수 있다.

진 노선생은 곤곡과 난탄을 내게 지도해주었다. 곤곡은 〈유원경몽〉, 〈사범〉, 〈단교斷橋〉 등을 배웠다. 선생은 내게 좋은 신단들을 가르쳐주었는데, 모두 유명하고 진귀한 옛날 기예들이었다. 경극에서는 항상 청의의 창공을 가르쳤다. 〈홍예관〉은 왕요경 선생에게서 가르침을 받았다. 〈귀비취주〉는 노삼보 선생에게서 배웠다. 여래경 선생은 내게 무공을 가르쳐주었다. 전금복錢金福 선생은 〈진담주鎭潭州〉의 양재흥楊再興, 〈삼강구三江口〉의 주유 연기를 가르쳐주었다. 나는 이 두 극을 친한 친구네 당회에서 불러본 적은 있지만 무대공연 프로그램으로 내건 적은 없다. 〈진담주〉는 양 라오반과 같이 연기를 했고 〈삼강구〉는 전금복 선생과 같이 연기했다. 이것은 약간 무극의 성격을 띠고 있어, 그의 지도를 많이 받아야 했다.

사람들이 대이칠大二七이라고도 불렀던 이수산은 진 노선생, 전금복 선생과 함께 삼경반三慶班의 학생이었다. 그는 처음에는 곤곡의 단을 연기했지만, 나중에는 화검을 연기했다. 그가 내게 곤곡 〈풍쟁오風箏誤〉, 〈금산사金山寺〉, 〈단교〉와 취강吹腔** 〈소군출새昭君出塞〉를 가르쳐주었다.

*
파장:
배우가 무대에서 연기하는 것을 무대 아래서 지켜보고 부족한 점이나 문제점들을 지적해주어 연기 수준을 높이는 역할을 하는 것을 말함. 이 일은 무대 경험이 많거나 무대 연기에 대해 잘 아는 연장자가 주로 담당. 때로 유명한 예술인이 파장을 하고 공연 프로그램에 이름을 명기하여 공연한 배우의 몸값을 올리고 관객을 끌어모으기도 함

**
취강:
희곡 곡조. 휘극(徽劇)의 주요 노랫가락 중 하나

전문적으로 곤곡을 가르쳐준 분은 교혜란喬蕙蘭, 사곤천謝昆泉, 진가량陳嘉梁 세 분 선생이다. 교혜란 선생은 곤곡의 단을 노래했지만, 노년에는 연기를 자주 하지 않았다. 사곤천 선생은 내가 곤곡을 배우기 위해 소주에서 모셔왔다. 진가량 선생은 진금작의 손자로 내 조모의 이종 조카이다. 그 집안은 4대가 모두 곤곡을 잘 불렀다. 어렸을 때 내가 부른 곤곡은 모두 진가량 선생이 피리로 반주해주었다. 9.18만주사변 이후에 나는 상해로 거처를 옮겨 정란손丁蘭荪, 유진비兪振飛, 허백주許伯遒 세 분과 함께 곤곡의 신단과 창법을 연구했다.

위에서 언급한 선생들은 나를 직접 가르쳤던 분들이다. 또한 내게는 이 분들 외에 희곡에 종사하지는 않지만, 희곡 애호가들이면서 예술 표현의 좋고 나쁨을 평할 수 있는 친구들이 많이 있다. 그들은 무대 아래 관객석에서 희곡을 진지하게 관람하고 내게서 결점이 발견되면 언제나 고치도록 조언해주었다. 나는 무대에서 연기를 하기 때문에 내 자신의 표정과 동작을 볼 수 없었다. 이 열성을 가진 친구들이 거울과 밝은 등불처럼 항상 나를 비춰주었다.

예전에 어느 노선생이 이런 비유를 했다.

"희곡을 노래하는 배우가 미술가라면, 희곡을 관람하는 관객은 감정사라고 할 수 있지. 하나의 조각품과 한 폭의 그림이 좋은지 나쁜지는 대가에 의해 감정될 때 비로소 그 진정한 평가를 알 수 있네."

내 이모부 서란원이 대련對聯을 하나 내게 말해주었다. 그것은 총 스물두자로 되어 있었는데, 단 여덟 글자만 써서 연기의 기술을 다층적으로 묘사한 것이었다. 나는 이 대련이 너무나 기막히게 잘 지어진지라, 그것을 외웠다.

"[관객이] 보는 나는 내가 아니고 내가 보는 나도 내가 아니다. [배우는] 극중 인물로 분장하면 그 인물과 같고 어떤 배우가 극중의 어떤 인물을 연기하면 그 배우는 그 극중 인물과 같다看我非我我看我我也非我, 裝誰像誰誰裝誰誰就像誰."

나는 이것을 다 듣고 한참을 생각하고 나서야 겨우 이 대련이 간단하고 정련된 글자를 이용해 절묘한 의미를 함축하고 있다는 사실을 깨달았다.

이제까지 무대 위에서의 배우의 운명은 모두 관객에 의해 결정되었다. 예술적 발전의 절반은 관객의 비평과 격려에 달려 있고 나머지 절반은 배우가 심혈을 기울여 연구하는 데 달려 있다. 이 둘이 함께해야 비로소 우수한 연기자가 되는 것이지, 결코 요행으로 얻어지는 것이 아니다. 왕대야王大爺(요경)는 이것을 두 마디로 분명하게 요약했다.

"하나는 유명한 배우가 되는 것이고, 다른 하나는 유명한 배우의 자리에 있는 것이다."

유명한 배우가 되는 것은 개막 공연에서 노래하기 시작해서 대축자에서 노래하는 배우가 되는 것으로, 그의 지위는 관객의 평판에 의해 만들어진다. 유명한 배우의 자리에 있는 것은 자기가 극단을 만들어 대축자에서 연기함으로써 자기가 유명한 배우의 지위를 만드는 것이다. 이 둘은 성격이 다르고 그 결과도 다르다. 전자는 기초가 안정되어 있고 하나하나 순서를 밟아 나갔기 때문에 실패하지 않는 위치에 서게 된다. 그러나 후자는 실험적 성격이 있어 단번에 놀랄 만한 성과를 거두지 못하면, 한 번의 좌절로 다시 일어나지 못하게 될 수도 있다.

2 배우생활

무대생활을 시작하다

처음으로 상해에 가서 공연하다

조모의 가르침

시장신희를 처음 시도하다

고장희를 실험해보다

무대생활을 시작하다

내가 처음으로 무대에 선 것은 열한 살 때인 광서光緖 갑진년1904 7월 7일이었다. 광화루廣和樓에서 〈천하배天河配〉를 공연했는데, 나는 이 공연에서 삽입극으로 곤곡 〈장생전〉의 '작교밀서'에 나오는 직녀를 연기했다. 그것은 견우직녀가 만나는 날에 맞춘 등채희燈彩戲*였다. 오릉선 선생은 나를 안고 의자를 밟고 올라가 오작교에 올려주었다. 앞쪽에는 다리 배경의 체말砌末**을 설치했고 다리에는 수많은 까치 모형을 꽂았으며 까치 모형 안에는 양초가 켜져 있었다. 나는 그 위에 서서 노래를 부를 때 마음이 무척 흥분되었다.

열넷이 되던 해, 나는 정식으로 희련성喜連成[1]에 들어가 매일 광화루, 광덕루廣德樓와 같은 극장에서 번갈아 가며 공연했다. 내가 연기한 것은 대부분 청의희였다. 이 극들에서 나는 주연을 맡기도 하고 조연을 맡기도 했다. 그리고 여전히 아침저녁으로 이모부 주소분의 집에서 연기를 배웠다.

희련성에 있을 때는 늘 유년시절의 친구들과 함께 연기를 했는데, 그들 중 대부분은 희喜자 항렬의 학생이었다. 그때 같은 극단에 속했던 기린동麒麟童, 소익방小益芳, 관대원貫大元, 소목자小穆子와 같은 친구들은 모두 관객들에게 대단히 환영을 받았다.

기린동은 주신방의 예명이며 나와 동갑으로 말띠였다. 우리는 둘 다 희련성의 전속 배우가 아니라 개인적으로 소속된 학생으로 처지가 같았기 때문에 매우 가깝게 지냈다. 우리가 함께 공연한 희곡으로는 〈전포관〉과 〈구경천九更天〉이 있었다. 〈전포관〉에서 그는 유충劉忠 역을 했고 금사홍金絲紅이 왕패 역을 했으며 나는 서염정 역을 했다. 〈구경천〉에서는 그가 마의馬義 역

*
등채희:
북경의 희반 가운데서 조명을 포함한 무대배경과 장식, 도구 등을 이용하여 관객을 끌었던 일부 극목들

**
체말:
중국 전통극 무대에서 사용되는 간단한 배경과 도구들

1) 섭춘선(葉春善)이 처음 세운 배우 양성소로 나중에 부련성(富連成)이라 이름을 바꾸었다.

을, 내가 마녀馬女 역을 맡았다. 그는 그때 쇠파노생희衰派老生戱가 장기였다. 희련성 시절부터 최근까지 그래도 자주 한 무대에서 연기를 같이 하고 있는 친구는 그 하나뿐이다. 40년 지기인 우리가 가끔 옛 일을 이야기할 때면 나도 모르게 먼저 세상을 떠난 친구들이 떠오르고 지난 일들이 꿈만 같이 느껴진다.

희련성에서 〈이진궁〉이라는 희곡을 공연할 때 금사홍은 양파楊波 역을, 소목자는 서연소 역을, 나는 이염비李艶妃 역을 했다. 당시 상당한 관객을 확보했지만, 금사홍의 목이 자주 쉬어서 한 달에 보름은 일을 할 수가 없었다. 그래서 나중에 관대원貫大元이 들어와 양파 역을 했다.

소익방은 임수삼林樹森의 예명이다. 나는 그와 함께 〈완사계〉를 불렀었다. 그 후 그는 남쪽으로 가 상해의 한 극단에 합류하여 공연에 참가했다. 나는 상해에 공연을 가면 거기서 자주 그와 같은 무대에서 연기를 했다. 그는 〈항금병抗金兵〉에서 한세충韓世忠 역을 했는데 목소리가 우렁차고 무대 동작과 자세가 안정적이었으며 그 항당에서 가장 뛰어났다.

율희운律喜雲은 희련성의 학생이었고 소생 율패방律佩芳이 그의 형이다. 율희운은 나와 마음이 가장 잘 맞았다. 그는 청의와 화단을 겸해 배워서 나와 함께 연기할 기회가 많았다. 〈오화동五花洞〉, 〈효감천〉, 〈이도매〉 등은 우리가 함께 연기한 극이다. 우리 두 사람은 병에 걸리거나 목소리가 고르지 않을 때 서로 공연을 대신해주기도 했다. 안타깝게도 그는 매우 일찍 세상을 떠났다. 나는 지금도 여전히 이 시절의 동료가 그립다.

그때는 모든 극장이 낮에 공연을 했다. 나는 매일 점심을 먹고 난 후에 내 근포跟包* 송순宋順과 함께 노새가 끄는 수레를 타고 관자로 갔다. 나는 언제나 수레 안쪽 자리에 앉았고 그는 수레 바깥 가장자리에 앉았다. 나이가 들어 귀가 멀었기 때문에 모두 그를 '농자聾子(귀머거리)'라고 불렀다. 그는 나를 수십 년 동안 따라다니며 일했다. 나중에 내가 미국에 공연을 하러 갈 때도 그는 여전히 나와 헤어지지 않으려 했고 나를 따라가겠다고 고집했다. 여러 번 완곡한 말로 설득을 한 이후에야 겨우 내 권고를 받아들였다.

*
근포:
중국 전통극 배우의 매니저. 무대의상 및 기타 잡무를 돌봐주는 일을 함

내가 귀국하자마자 그는 세상을 떠났다.

북경에서는 직종별로 매년 관례에 따라 한차례씩 '항희行戲'를 공연했다. 양곡업, 제약업, 주단업綢緞行 등과 같이 규모가 큰 것에서부터 목수업, 이발업, 의류업 등과 같이 규모가 작은 것까지 모두 '항희'가 있었다. 대체로 원소절元宵節이 지난 후부터 바빠지기 시작해 4월 20일이 되어서야 비로소 끝났다. 2백 일 남짓한 기간에 각 직종들의 항희가 계속해서 이어졌다. '항희'는 일 년 내내 바쁘게 일한 노동자들이 그것을 명분으로 비용을 조금씩 갹출해서 하루 정도 원 없이 놀아보자는 의미를 담고 있다. 일부 정해진 회관이 있는 업계를 제외하고는 대부분이 정충묘精忠廟, 절자회관浙慈會館, 남약왕묘南藥王廟, 정을사正乙祠, 소유관小油館 같은 곳을 대관했다.

'항희'는 일반적으로 등을 달지 않으며 공연은 언제나 오전 10시에 시작해서 오후 5시면 막을 내린다. 제약업만 예외로 낮과 밤 두 차례 공연을 하고 규모도 가장 컸다. '항희'를 관람하는 관객은 예술을 감상하는 안목이 전혀 낮지 않았다. 관자에서 자주 희곡을 들어 매 출의 내용은 물론 배우가 창을 잘하는지 못하는지에 대해서도 상당히 잘 알고 있었다. 나는 '항희'에서 언제나 〈제강〉, 〈제탑〉 같이 혼자서 노래를 하는 창공희唱工戲를 했다. 한 극단이 같은 시간에 여러 군데에서 공연을 했기에 각각의 개별 공연 시간을 늘려야만 했고 배우는 각자 한 출로 된 희곡을 연기할 수밖에 없었다.

나는 유년시절 동안 여러 무대에 공연을 다니며 시간에 쫓기는 기분을 충분히 맛보았다. 예를 들어, 관자의 영업희營業戲, 항희, 대등당회帶燈堂會(낮과 밤 두 차례 공연), 이 세 가지 공연이 공교롭게 겹치면 그날은 몇개의 지역을 돌아다니게 될 수도 있었다. 그럴 때면 사전에 시간을 안배해 놓았다. 밥 먹는 시간은 말할 것도 없고 길에서 소비되는 잠깐의 시간까지도 아주 치밀하게 계산해 두어야만 공연장에 늦는 사태를 면할 수가 있었다. 그러나 막상 이런 예상치 못한 상황에 부딪히게 되면 공연 시간에 맞추느라 애를 많이 먹었다. 그때 소장화蕭長華 선생이 희련성의 교사였기 때문에 분포희分包戲* 스케줄과 프로그램 안배는 모두 그가 책임지고 있었다. 가끔 그는 내

*
분포희:
한 무대의 공연 프로그램의 일부를 공연하면서 여러 무대를 다니며 공연하는 것

가 너무 힘들어하는 모습을 보면 조금 수월한 극을 연기할 수 있는 곳으로 보내주었고 충분히 시간을 채웠다고 여겨지면 한 군데 공연을 빼주기도 했다. 이처럼 후배에 대한 이 노선생의 사랑은 정말 대단했다.

이렇게 몇 군데를 다니며 공연을 다 마치고 나면 집에 돌아와 다시 희곡 연기를 배워야만 했다. 내 공연에는 옛날 희곡이 많은데 모두 그때 배운 것들이다. 나는 매년 평균 3백 일에 달하는 공연을 했다. 제사나 기일 그리고 극단에서 연말에 한 해의 일을 마무리하고 휴가를 갖는 때를 제외하고는, 추위와 더위에 상관없이 매일같이 노래를 불러야만 했다. 이때가 내 무대생활 중 가장 바빴던 시기라 할 수 있다.

나는 첫 무대공연을 하고 받은 얼마 안 되는 돈을 가지고 집으로 돌아와 어머니께 드렸던 일을 기억한다. 그때 우리 모자는 둘 다 기뻐서 어쩔 줄 몰라 했다. 어머니는 당신 아들이 벌써 돈을 벌 수 있을 만큼 성장했다고 생각하면서 대견해 하는 것 같았다. 나는 그때 겨우 열네 살의 어린아이였다. 나는 돈을 많이 벌든 적게 벌든 늘 어머니께 가져다 드릴 수 있으면 된다고 생각했다. 그것이 어린아이의 마음에 얼마나 위로가 되었겠는가! 안타깝게도 어머니는 이듬해 7월 18일에 나를 남겨두고 그 남루한 집에서 병으로 돌아가셨다.

처음으로 상해에 가서 공연하다

내가 처음으로 상해에 가서 공연했던 일은 내 예술 생애의 전환점이 된 중요한 사건이었다.

민국 2년1913 가을, 상해 '단계제일무대丹桂第一臺'의 극장주 허소경許少卿이 유명한 배우들에게 공연을 요청하기 위해 북경으로 왔다. 그때 허소경은 봉이야와 나, 두 사람과 계약을 했다. 봉이야가 간판 배우인 두패頭牌*였고 내가 이패二牌였다. 봉이야의 포은包銀[출연료]은 매월 3,200위안이었고 나는 1,800위안이었다. 사실 그 당시 허소경은 내 예술을 그리 높게 평가하지 않았다. 나중에 봉이야에게 들은 바로는 내 포은으로 처음에 1,400위안을 불렀다고 한다. 봉이야 생각에 그 액수가 너무 적다 여겨 나 대신 여러 차례 요구해서 1,800위안까지 올라간 것이었다. 허소경은 처음에는 주저하며 마음을 정하지 못하고 있었다. 봉이야가 결국 이렇게 말했다.

"당신이 만약 그 돈이 아까워 내지 못하겠다면, 내게 주는 돈에서 400위안을 떼어 그에게 주시오."

그는 인정으로나 체면으로나 더는 고집하기 어려워 이 액수를 허락했던 것이다.

나는 그때 이미 스무 살이었지만 아직 한 번도 북경을 떠난 적이 없었다. 먼 길을 혼자 가야 해서 집안 식구들이 전혀 마음을 놓지 못했다. 의논 끝에 큰어머님이 나와 함께 동행하기로 했다. 여래경 선생은 내 공연에서 금을 연주하기 때문에 빠질 수 없었다. 그 밖에 내 머리와 화장을 도와주는 한사부韓師父(한패정(韓佩亭)), 의상 관리와 잡일을 해주는 '농자'(송순)와 대리大李(전에는 매우전(梅雨田)의 수레를 몰았다)가 우리와 함께 갔다. 허소경도 우리와 같이 기차를 타고 상해로 갔다.

*
두패:
1920년대 이후 명배우들이 희반을 옮겨 다니는 일이 점차 성행하면서 그들이 자기의 몸값과 명예를 유지하기 위해 대축자를 독점했는데, 이런 배우를 속칭 두패라 함. 이패, 삼패 및 일반 배우들이 있음

상해북역에 도착하니 '단계제일무대' 쪽에서 보낸 사람이 마중을 나와 있었다. 우리는 극장에서 준비한 마차를 타고 망평가望平街 평안리平安里에 있는 허소경의 집까지 갔다. 그의 집은 1층과 2층에 각각 방이 세 개씩 있고 정원을 중심으로 양쪽에 사랑채가 있는 상해식 이층집이었다. 봉이야는 손님방이 있는 2층을 썼고, 나는 사랑채 1층의 방 하나를 썼다. 허소경 자신은 내방 맞은편 사랑채에 묵었다. 그의 가족 일부가 다른 곳으로 옮겨가면서 우리가 머물 수 있도록 방을 내준 것이었다.

그때는 신문사를 방문하는 일이 그렇게 일반적이지 않았다. 사회에서 이른바 '유명 인사'라든지 '거물'도 지금처럼 많지 않았다. 봉이야는 나를 데리고 단지 몇몇 신문사만 방문했다. 그때 만난 신문사 주간들로는 『시보時報』의 적평자狄平子[2], 『신보申報』의 사량재史量才[3], 『신문보新聞報』의 왕한계汪漢溪[4]가 있었다. 우리는 또 문예계의 수많은 친구들을 알게 되었는데, 오창석吳昌碩[5], 황기생況夔笙[6], 주고미朱古微, 조죽군趙竹君 등이 그때 알게 된 사람들이다. 곤곡계 선배 중 유속려俞粟廬[7], 서릉운徐凌雲[8] 같은 분들은 우리와 늘 동석해서 만났다. 우리는 그 밖에 아마추어 전통극 배우와 동호인의 모임인 '구기久記'와 '아가집雅歌集'도 방문했다.

우리가 극장에서 축포를 터트리며 개막 공연을 시작하기 직전에 금융계에 종사하는 양음손楊蔭蓀이 봉이야에게 사람을 보내 자신의 결혼식 당회

---

2) 적평자(1873-1921)는 젊어서 유신운동을 지지했으며 1904년 상해에서 『시보(時報)』를 창간했다. 신해혁명 후에는 『민보(民報)』를 출간했다.

3) 사량재(1878-1934)는 저명한 신문 사업가로 1913년부터 『신보(申報)』를 맡았으나, 내전에 반대하다가 1934년 1월 13일 장개석(蔣介石)에게 암살당했다.

4) 왕한계(1874-1924)는 청 광서제(光緒帝) 때의 수재(秀才)이며 1899년 이후에는 신문사 『신문보(新聞報)』의 대표를 역임했다.

5) 오창석(1844-1927)은 저명한 금석 서화가이다.

6) 황기생(1859-1926)은 청대의 거인(擧人)으로 사(詞)와 금석문 주조에 능했으며 저작으로는 『훈풍사화(蕙風詞話)』 등이 있다.

7) 유속려(1847-1930)는 곤곡 배우로 금석학에 능통하고 서법에 뛰어났다. 그 아들 유진비는 가학에 근거해 『속려곡보(粟廬曲譜)』 두 권을 썼다.

8) 서릉운(1855-1965)은 곤곡 예술가로 생, 단, 정, 축 4대 항당의 어느 역도 못하는 것이 없었으며, 저작으로는 『곤곡표연일득(崑曲表演一得)』 등이 있다.

에서 〈무가파武家坡〉 한 출을 불러달라는 부탁을 해왔다. 양씨 집안의 부탁을 받고 우리를 만나러 온 사람이 우리의 오랜 친구였기에 인정상 거절할 수 없어 허락했다.

극장 주인 허소경이 이 소식을 듣고는 곧장 달려와 우리를 만류했다. 새로 와서 공연을 하는 배우는 극장에서 개막 공연을 하기 전에 다른 당회에서 노래를 부를 수 없다는 것이었다. 만일 노래를 잘못 부르기라도 하면 크게 손해를 보기 때문에 그는 극구 반대했고 태도도 자못 결연했다. 그러나 우리는 이미 양씨 집안에 노래를 하겠다고 허락한 터라 꼭 가서 노래를 불러야 했다. 양쪽의 의견 차가 너무 커서 교착상태에 빠지고 말았다.

결국 양씨 집안에서 '새로 온 배우가 이번에 당회에서 노래를 망쳐 극장 영업에 영향을 준다면 그것을 만회할 수 있는 방법을 생각해 보겠다'는 의사를 전해왔다. 경제력이 있는 상공업계의 친구들과 그 당시 관객 가운데서 소위 '공관파公館派'*로 불리는 일부의 사람들이 연합해서 일주일 동안 극장을 통째로 빌려 허소경에게 절대 손해가 되지 않도록 하겠다는 내용이었다. 그뿐만 아니라 결혼식 공연에 단계제일무대의 단원을 쓰겠다는 약속도 했다. 이 얘기를 허소경에게 자세히 전달해주고 난 다음에 겨우 그의 동의를 얻을 수 있었다.

이 일을 겪으면서 나는 극장주가 우리의 예술을 전혀 신임하지 않는다고 느꼈다. 봉이야는 이미 예술적으로 지위도 있고 명성도 있는 사람이었지만 나는 아직 관객의 인정을 받지 못한 신출내기 배우였다. 그래서 이번 당회는 내게 더 중요했다. 내 장래가 그것에 의해 결정될 수도 있기 때문이었다. 만약 노래를 잘 하지 못하고 북경으로 돌아간다면 소리 소문도 없이 사라지게 될지도 몰랐다. 나는 그런 경우를 너무나 많이 보고 들었다. 사실, 나는 상해에 온 첫날 밤 제대로 잠을 이루지 못했다.

그 이튿날, 나는 일어나자마자 봉이야에게 가서 말했다.

"오늘 밤에 우리는 상해의 관객들과 처음 만나게 됩니다. 정신을 바짝 차리고 노래를 잘 불러야만 해요. 공정하게 일반 관객들에게 평가를 받고,

*
공관파:
고급관료나 부자들

또 우리를 무시한 극장주에게 우리의 예술 수준을 알려줘야 해요."

"맞는 말이야." 봉이야가 웃으며 말했다.

"아우님, 겁낼 필요도 없고 조심스러워 할 것도 없네. 틀림없이 성공할 테니까."

그는 이렇게 말하며 내게 용기를 주었다.

양씨 집안에서는 허소경이 중간에 일을 저지했음에도 우리가 뜻을 굽히지 않고 꿋꿋하게 노래하려고 한 것에 대해 물론 대단히 만족스러워 했다. 그들은 곧바로 우리 공연을 가장 마지막 순번에 배치하고 친구들에게는 사전에 구두로 열심히 홍보를 했다.

당회 장소는 장張씨 집안의 화원이었다. 양씨 집안은 상해에서 교제 폭이 굉장히 넓은 집안이었다. 그날 역시 남녀 하객이 적지 않았다. 남자는 도포에 마괘자를 입었고 여자는 바람막이에 붉은 치마를 입었으며 머리에는 구슬과 붉은 비단으로 만든 꽃을 잔뜩 꽂아 경사를 축하하는 분위기가 넘쳐났다.

〈무가파〉는 내가 북경에서 늘 불러 익숙한 극이었고, 봉이야와도 여러 차례 함께 공연했던 것이었다. 그래서 나는 공연 전에 마음이 침착해져 전혀 당황하지 않을 수 있었다. 막이 오르자 객석에서 온통 환호와 갈채를 보냈다. 내가 부른 서피만판西皮慢板과 주고받은 봉이야의 쾌판快板의 노래에서 환호성이 터져 나왔다. 그들은 신체 연기도 아주 세밀하게 감상했으며, 자세를 취하고 풀 때마다 '좋다'라고 환성을 지르기도 했다. 그들은 생소한 배우인 내게 주목하는 것 같았다. 봉이야의 노래가 관객들에게 인기가 더 많았던 것은 말할 필요도 없다.

〈무가파〉는 성공적으로 끝났다. 당시 상해는 신문에 연극평을 쓰는 것이 아직 보편화되지 않았다. 하지만 관객들의 입으로 전해진 선전 효과는 정말 대단했다. 내가 나중에 극장 공연에서 이룬 성적은 이 당회에서 얻은 인기의 영향을 어느 정도 받았다.

그때 단계제일무대는 사마로四馬路와 대신가大新街의 교차로에 있었다.

처음 사흘간의 개막 무대 프로그램의 첫날은 〈채루배〉와 〈주사지〉, 둘째 날은 〈옥당춘〉과 〈취성도取成都〉, 셋째 날은 〈무가파〉를 공연하는 것으로 정해졌다.

내 공연은 끝에서 두 번째 무대였고 공연 시간은 대략 십 분 정도가 주어졌다. 잠시 무대에 소라小鑼 소리가 울리고 상해에서의 내 첫 공연의 막이 올랐다. 눈앞이 환했다. 어찌된 일인가 했더니, 무대 앞에 전등을 일렬로 장식해 두었다가 내가 무대에 등장할 때 불을 모두 켰던 것이다. 당시의 극장주도 지금과 마찬가지로 온갖 방법을 다 동원하여 관객이 새로 온 배우에게 관심을 갖게 만들었다. 이런 무대는 지금 보기에는 촌스럽지만 30년 전이라고 하면 상해에서조차 전등을 사용한 지 얼마 되지 않았을 때였기 때문에 전등을 이용한 이런 연출은 관객의 시선을 끄는 데 어느 정도 효과가 있었다.

나는 처음으로 이 낯선 극장 무대의 융단을 밟으며 반원형의 신식 무대를 보았다. 두 기둥이 관객의 시선을 막는 예전의 네모난 구식 무대와 비교하면, 새로운 무대는 한결 밝고 탁 트여 좋은 점이 훨씬 많았다. 구식 무대를 어떻게 신식 무대와 같이 논할 수 있겠는가? 새로운 무대는 내게 정신적으로 무한한 즐거움과 흥분을 안겨주었다.

나는 인자引子*를 끝내고 앉아서 정장시定場詩**를 읊고 대사를 말하고 난 뒤에 이어서 여덟 마디의 만판을 불렀다. 채루彩樓에 올라가서는 이륙二六판의 "그 사농공상도 양쪽에 서 있는데"의 타구垛句***를 불렀다. 이는 당시 전통극의 가락 가운데서는 비교적 신선한 것이었다. 관객들은 '좋다'라고 환호를 한 후에는 모두 조용히 듣고 있었다. 관객들이 무대 위의 내 연기에 공감하는 것 같았다.

사실, 그 당시 내 연기 기술은 성숙한 단계에 이르렀다고 말할 수 있는 수준은 아니었다. 나이가 젊고 힘이 좋은데다 분장한 외양이 괜찮았고 목청과 뱃심이 좋았으며 게으름을 피우지 않는다는 이 몇 가지가 내가 초반에 무대에서 버틸 수 있었던 자산이었다. 연기 동작과 자세도 손으로 가리

*
인자:
중국 전통극에서 주인공이 처음 무대에 등장해서 시를 읊고 난 후 노래하는 운문으로 된 사구(詞句)

**
정장시:
인자를 읊고 난 다음에 읊는 네 구절의 시구로, 극의 줄거리를 소개하거나 배역의 성격을 설명함

***
타구:
창사의 글자 수가 같은 단구를 연결해서 같은 리듬으로 부르는 창법

키거나 멋대로 손짓을 하는 정도에 불과했지 이렇다 할 특징이 없었다. 다만 감정을 표현하는 부분에서는 어려서부터 나름 이해가 있는 편이었다. 어떤 연기를 하든지 나는 노래를 하면서 극중 인물의 성격과 그 신분을 탐구하기 좋아했고 최대한 여러 방법들을 강구하여 그것을 표현해내려 했다. 내 성향이 특히 이 방면에 집중되어 있었던 것 같다.

사흘간의 개막 공연이 다 끝난 뒤 허소경은 푸짐한 요리와 간식을 준비해서 우리를 손님 접대실로 청해 같이 야식을 먹었다. 그의 감추어지지 않는 미소와 일관되게 우리를 칭찬하는 말에서 우리는 그가 돈 벌 가능성에 대해 이미 확신했음을 알 수 있었다. 그는 작은 브랜디 잔을 들고 득의양양해서는 상해말로 우리에게 말했다.

"다른 할 말이 없어요. 저한테 운이 찾아온 거예요. 두 분 덕분에 편안한 한 해를 보내게 되었어요."

나는 그를 보며 조용히 웃을 뿐 아무 말도 하지 않았다. 봉이야는 그가 당회에서 먼저 노래를 하지 못하게 한 일을 떠올리고 이렇게 물었다.

"허 라오반, 우리가 노래를 망친 것은 아니지요?"

허 라오반은 무안해하면서 웃는 얼굴로 말했다.

"무슨 말씀을요. 두 분의 예술적 기예야 일찍부터 훌륭한 줄 알고 있었습니다. 하지만 우리 극장을 운영하는 사람들이 이렇게 돈을 들이고 고생하면서 북경에서 명배우들을 모셔왔는데 다른 곳에서 먼저 선을 보이면 다들 이미 공연을 보았기 때문에 신선함이 사라지지 않을까 걱정이 되었지요. 극장을 운영하는 사람들이 지닌 우스운 습성이에요."

봉이야는 말머리를 내게로 돌리며 말했다.

"허 라오반, 상해탄의 배우들은 모두 '압대壓臺'*를 중시하지요. 우리는 모두 처음 상해에 왔는데, 내 아우에게도 마지막 무대를 장식할 기회를 한 번 주시면 어떻겠습니까?"

*
압대:
전통극의 공연 프로그램 가운데서 가장 마지막 무대를 장식하는 것

허소경이 재빨리 맞받아 말을 이었다.

"왕 라오반이 공연을 바꾸실 의향이 있으시다면 말씀대로 하겠습니다.

반드시 그렇게 하고 말고요."

"그건 문제없습니다."

봉이야가 말했다.

"우리는 한 식구니까 어떻게 하든 상관이 없습니다. 결정은 라오반께서 직접 하시는 거지요. 저야 그저 의견을 말했을 뿐이고요."

봉이야는 허소경이 방으로 돌아간 뒤에 내가 묵고 있는 방으로 와서 내 손을 끌어다 잡으며 말했다.

"아우님, 우리 앞으로 영원히 함께 공연을 하기로 약속하지."

나는 이 말을 듣고 너무나 감동했다. 실제로 그때 상해에서 공연을 한 뒤로 우리는 끊이지 않고 20년 동안이나 함께 공연을 했다. 우리는 9.18사변이 일어난 뒤 내가 북경에서 상해로 거처를 옮긴 후에야 비로소 헤어지게 되었다.

봉이야가 허소경에게 내게도 압대의 기회를 가지게 해달라고 제안한 것은 나를 띄워주고 싶어서였다. 나는 그 호의를 고맙게 받아들였을 뿐, 그런 일이 실현되리라고는 전혀 생각지 않았다. 우리가 공연을 한 지 일주일이 지난 뒤에 허소경은 정말 봉이야의 제안대로 내게 압대희를 해보겠느냐고 상의해왔다. 그것은 단순한 일이 아니다. 내가 어떤 극으로 마지막 무대에서 공연을 해야 관객들이 듣고 만족할 수 있을지 참으로 연구할 가치가 있는 과제였다.

내가 혼자서 노래한 극으로 볼 때 요 며칠의 경험에 의하면, 처음 사흘 동안은 〈옥당춘〉이 〈채루배〉보다 인기가 좋았다. 뒤의 나흘 동안 공연한 극은 〈안문관雁門關〉, 〈여기해女起解〉, 〈어비정御碑亭〉(일요일 공연), 〈우주봉〉과 〈홍예관虹霓關〉 1, 2본이었다. 무대 아래의 반응으로 볼 때 이 극들 중에서는 〈홍예관〉이 그래도 가장 인기가 있었다. 여기서 관객의 안목을 쉽게 알 수 있었다. 〈낙화원落花園〉, 〈삼격장三擊掌〉, 〈모녀회母女會〉 등의 청의 역은 노래에만 중점을 둔데다 창법과 가락이 구식이었기 때문에 그다지 흥이 나지 않는 듯했다. 관객이 좋아하는 것은 노래 예술唱工과 신체 연기예술做工을 똑같이 중시하면서도 새롭고 생동감 넘치는 공연이었다. 〈옥당춘〉에는 새로운 가락이 비교적 많고 〈홍예관〉 2본은 신단과 표정 연기가 생동감이 넘쳤으므로 상대적으로 관객의 요구를 충족시킬 수 있었다. 나는 청의를 배웠고 할 줄 아는 창도 적지 않았지만, 그것들은 대부분 동작 없이 배에 손을 다소곳이 얹고 바보처럼 노래만 부르는 구식 극목이었다. 이러한 극으로 압대에서 공연한다면 아마 아무도 압도되지 않을 것이었다.

내게는 오랜 친구 몇명이 있는데 그중 풍유위馮幼偉[9] 선생과 이석감李釋戡[10] 선생은 북경에서 내가 있는 상해로 왔고 서석부徐石父 선생과 허백명許伯明 선생은 원래 상해에 살았다. 이들 중 알고 지낸 지 가장 오래된 사람은 풍유위 선생이다. 나는 열네 살 때 그를 만났다. 그는 열정적이고 진지하며 시원시원한 성격의 소유자로, 특히 나를 돕는 데 열성적이었다. 그는 끊임없이 나를 가르치고 재촉하며 격려하고 지지했다. 지금까지도 그러한데 그는 40년 동안 변함없이 한결같다. 내 평생의 예술 생활에서 나는 그의 영향을 가장 많이 받았고 도움도 가장 많이 받았다.

그날 그들은 허소경이 내게 마지막 무대를 장식할 기회를 주었다는 소식을 듣고, 창공唱工을 중시하는 구식 극목은 승산이 없다고 여겨 도마단 연기 몇 대목을 배울 것을 권했다. 도마단의 분장과 신단이 상대적으로 활기차고 멋졌기 때문이었다. 그때 창공을 중심으로 하는 청의는 왕대야를 제외하면 창과 도마단 연기를 함께 하는 사람이 거의 없었다. 나는 그들의 뜻을 받아들여 먼저 〈목가채〉를 배우기로 결심했다.

내 무술 연기는 원래 여 선생이 가르쳐준 것이니, 〈목가채〉를 부르려면 말할 필요도 없이 그에게 무대연습을 도와달라고 부탁해야 했다. 그는 내게 말했다.

---

9) 풍유위(1880-1966)는 경광(耿光)이라는 이름으로도 알려져 있다. 그는 젊어서 일본 유학을 다녀오고 육군사관학교를 졸업한 뒤 손중산(孫中山)을 만나 정치적으로 신해혁명에 동조했다. 나중에 중국은행 총재가 되었다.

10) 이석감(?-1961)은 시인이자 극작가로, 매란방의 초기 희곡 창작을 도와 〈낙신(洛神)〉 등의 작품을 집필했다.

"이런 도마단 연기는 무공에 기초가 있어야 하고 눈의 표정도 무척 중요해. 그러니 눈빛을 제대로 쓸 줄 알아야만 해."

우리는 서둘러 며칠 동안 연습을 했다. 노래를 한 지 열사흘 째 되는 11월 16일 저녁, 나는 비로소 〈목가채〉의 공연 프로그램을 내걸 수 있었다. 이 날은 내가 처음으로 상해에서 마지막 무대(압대)를 장식한 기념일이다.

이 희곡 속의 목계영은 무대에 등장하자마자 짧게 부동의 자세를 취해 자기의 모습을 관객에게 드러내는 양상 동작을 하고 이어서 높은 무대로 올라가는데, 그 모습은 위엄이 넘쳤다. 그 다음의 '타안打雁' 대목은 무대를 빠른 걸음으로 빙빙 도는 장면인데 멋진 신단의 모습을 찾아 표현하기가 용이했다. 그날 관객들은 청의의 단정한 자세로 노래만 부르던 내가 갑자기 도마단 극을 노래하는 것을 보고 신선하고 색다르다고 느꼈는지 끊임없이 갈채를 보내며 나를 격려했다.

하지만 공연이 다 끝난 후 몇몇 친구들이 분장실로 와서 내 결점을 지적했다. 그들은 내게 이렇게 말했다.

"이번 극은 자네가 막 배워서 무대에 올린 건데 이런 성적을 거둔 것은 대단하네. 무대 아래의 관객들이 자네에게 감동한 것은 잘못된 게 아닐세. 그러나 오늘 자네는 무대에서 자주 고개를 숙였어. 그것은 목계영의 풍모를 크게 약화시켰네. 고개를 아래로 숙이게 되니 허리와 등이 굽은 모습이 될 수밖에. 그것을 보고 말해주러 오지 않을 수가 없었네. 자네는 그것을 주의하면 좋겠네."

나는 그들에게 이렇게 답변했다.

"저는 몇 년 동안 무공을 훈련했지만 갑옷을 입어본 적이 없어요. 오늘 온 몸에 꽉 붙는 갑옷을 걸칠 줄 누가 알았겠어요. 등에 꽂은 네 개의 삼각 깃발은 상당히 무거웠고, 이런 연기를 처음 해보는 거라 저도 모르게 고개를 숙이게 되어 허리와 등이 굽은 것처럼 보인 거예요. 게다가 고개를 숙이니 그에 따라 눈도 아래를 보게 되어 눈의 표정도 분명히 영향을 받았을 거고요. 저도 무대에서 이 문제를 느끼긴 했지만 온 정신을 노래와 대사에 집중하느라 표정과 동작, 자세에 대해서는 돌볼 겨를이 없었어요. 이제 문제를 알았으니 해결할 수 있어요. 다음에 이 극을 다시 공연할 때 당연히 주의해서 고치겠지만 여러분도 제가 이 문제를 고칠 수 있도록 도와주세요."

그들은 의논을 하고 난 다음에 이렇게 말했다.

"이후 자네가 다시 이 극을 연기할 때 우리가 관객석 정중앙에 있는 자리에 앉아서 자네가 다시 고개를 숙이면 가볍게 손뼉을 쳐서 신호를 보낼 테니 정신 차리고 주의하게."

두 번째 〈목가채〉 공연을 할 때 나는 무대에서 또 같은 실수를 범했다. 맞은편 관객석에서 손뼉 치는 소리를 듣고 나는 관객이 공연을 보면서 만족해 하는 표시가 아니라 몇 분의 심사자들이 보내는 신호라는 것을 알았다. 그 즉시 나는 고개를 들었다. 극이 끝날 때까지 나는 서너 차례 이런 신호를 받았다. 그 양쪽에 앉아 있던 관객들은 그들이 공연을 보고 즐거워 자기도 모르게 손뼉을 치는 거라고 생각했겠지만, 실은 목계영의 병을 고치기 위해 특별히 모신 의사가 거기에서 증상에 맞는 약을 쓰고 있었던 것이다.

목계영은 산채 두령의 딸이다. 그녀는 기본적으로 천진하면서도 선량한 성격이므로 천진난만한 형상을 묘사해내야 하지만 대범하게도 표현해야 한다. 만약 천진난만을 너무 지나치게 표현하면 사람들이 징그럽게 느끼게 된다. 특히 그녀가 입으로 내뱉는 북경어 대사는 발음이 분명하고 또랑또랑해야 하며 숙련된 어투여야 한다. 매 글자마다 관객의 귀에 전달되도록 해야 비로소 이 생동한 극의 줄거리를 완전하게 돋보이도록 할 수 있다. 다행히도 나는 왕대야에게서 북경어 대사를 읽는 방법을 배웠고 나중에 이 방면에 대해서도 훈련을 했기 때문에 〈창도목천왕搶挑穆天王〉에서 직접 긴 대사를 말한 것을 친구들이 듣고 모두 만족스러워 했다.

〈목가채〉를 공연하고 난 이후, 나는 1본 〈홍예관〉의 동방씨를 배우기로 결심했다. 이전에는 2본 〈홍예관〉의 계집종만 연기했는데 1본과 2본을 연결해서 같이 창을 한다면 더 재미있지 않을까 생각했다. 그래서 먼저 1부의 동방씨를 연기하고, 그 뒤를 이어 2부에서는 계집종으로 역할을 바꾸어 연기했다. 이런 연기 방식은 내가 처음 시작했다. 당시 누군가 왜 그렇게 연기하는지 내게 물었었다. 그것은 내 성격과 2본의 동방씨*의 성격유형이 맞지 않아 그 인물을 잘 표현해낼 수가 없어서였다.

*
〈홍예관〉1, 2본의 동방씨: 수나라 말기 수 왕조에 저항하는 무장 세력인 와강군이 홍예관을 공격하자 수 왕조의 장수인 신문예(辛文禮)가 출전하여 와강군의 장수 왕백당(王伯當)의 화살을 맞고 전사함. 무예에 뛰어난 신문예의 부인 동방씨가 남편의 복수를 위해 전쟁터에 나가 왕백당을 사로잡는데, 왕백당의 잘생긴 외모에 반한 동방씨가 계집종을 보내 왕백당에게 재가하는 것을 조건으로 와강군에 투항할 의사를 전달함. 혼인 첫날밤 왕백당이 남편을 위해 복수하지 않고 반대로 원수와 혼인한 동방씨를 질책하며 죽인다는 내용의 극. 1본에서 동방씨는 남편의 복수를 위해 출전하여 싸운 용맹스런 여장군 모습인데, 2본에서는 남편을 죽인 원수 왕백당에게 반해 그에게 시집가기 위해 투항하는 모습으로 그려지므로 매란방은 자신이 그 인물의 성격과 맞지 않다고 생각해 2부에서는 계집종으로 역할을 바꾼 것임

조모의 가르침 [11]

내가 처음 상해로 공연하러 갈 때 공연 기한은 본래 한 달로 정했었다. 그런데 20여 일을 공연할 때까지 관자의 영업이 계속해서 호황을 누리며 기세가 꺾일 기미가 보이지 않았다. 그러자 허소경이 다시 와서 우리와 이 문제에 대해 협상했다. 그가 말했다.

"영업이 아주 잘되니 기한을 반만 더 연장해주시기 바랍니다. 저를 좀 도와주세요."

나는 처음에 그의 청을 수락하지 않았다. 처음 무대에서 선을 보인 배우가 좋은 반응을 얻었을 때 물러설 줄을 알아야지 욕심을 부려 계속 노래를 한다면 아무도 감히 그 인기를 보장할 수 없다고 생각했기 때문이다. 하지만 봉이야의 생각은 10여 일 더 공연을 해도 문제될 것이 없다는 쪽이어서 우리는 보름을 더 연장해서 공연을 했다.

우리는 허소경의 배웅을 받으며 북경으로 돌아가는 기차에 몸을 실었다. 기차에 올라 서둘러 침대를 정리하고 짐을 풀며 한바탕 소란을 떠느라 지쳤는지 모두 이리저리 쓰러져 잠이 들었지만 나는 잠을 이룰 수 없었다. 침대칸의 흐릿하고 누런 불빛을 마주하고 나는 이번에 상해에서 보고 들었던 여러 가지 일들을 비롯해서 공연하면서 겪었던 즐거웠던 일과 어려웠던 일들을 돌이켜 생각해보았다. 신식 무대장치, 조명, 개선된 분장법, 새로 구입한 행두行頭*, 스스로 배운 도마단, 다른 사람이 만든 극을 본 일들이 한 장면씩 머릿속에서 펼쳐졌다. 이렇게 한참을 생각하며 엎치락뒤치락하는 동안 언제 잠들었는지도 모르게 스르르 잠이 들었다.

집을 떠나 멀리 가본 적이 없던 젊은이가 오랫동안 집을 떠나 있다가

* 행두: 중국 전통극의 무대의상과 도구

11) 이 제목은 원서 편집자가 붙인 것이다.

돌아오는 길에 집이 가까워지면 도리어 마음이 불안해지는 법이다. 나는 열차 일정표를 손에 들고 계속 들여다보면서 몇 개의 역을 지나왔는지를 따져서 남은 여정을 계산해보았다. 옛말에 "돌아가는 마음이 화살 같다"는 말이 있는데, 그 상황을 직접 겪어보지 않은 사람은 그 말이 얼마나 절묘한 말인지 알 수 없을 것이다. 천진天津역에서 열차가 움직이기 시작했을 때부터는 다들 내심 긴장이 되었는지 조용히 앉아서 거의 입을 열지 않았다. 멀리 북경의 성벽이 보이기 시작하자 기차 안의 여행객들이 여기저기서 일어나 서둘러 물건들을 챙기기 시작했다. 조금 더 있으니 열차가 이미 북경동역에 진입해 있었다. 집에서 마중을 나와 있어서, 나는 기차에서 내려 수하물표를 근포에게 건네주고는 먼저 큰어머님과 함께 집에서 보낸 차를 타고 편자항 3길에 있는 본가로 갔다.

두 달을 떠나 있다가 집으로 돌아와서야 나는 비로소 "할머니는 사립문에 기대어 있고, 어린 아들은 문 앞에서 기다리고 있네"라는 상황이 무엇을 뜻하는 말인지 진정으로 이해하게 되었다. 내가 돌아온 것을 보고 신이 나서 어쩔 줄 몰라 했던 가족의 모습은 정말로 형용하기 어렵다. 집안으로 들어서자마자 제일 먼저 위채에 있는 할머니 방으로 가서 문안 인사를 했다. 그 자상하고 온화한 노인은 나를 보자 말했다.

"얘야, 고생했구나."

할머니는 손을 뻗어 내 어깨를 감싸고 똑바로 서라고 하더니 창문으로 비쳐드는 광선을 빌려 내 얼굴을 자세히 살펴보며 말했다.

"얼굴에서는 그래도 여윈 기색을 찾을 수가 없구나."

내가 말했다.

"할머니, 제가 할머니 드리려고 남쪽 지방의 특산물을 많이 가져왔어요. 화퇴火腿[중국식 햄]와 용정龍井차 등이 있는데 짐을 풀면 가져와 할머니께 드릴게요."

"서두르지 마라."

할머니가 말했다.

"어서 네 방으로 가서 쉬거라. 네 안사람이 네 짐을 정리할 게다. 너는 가서 얼굴도 씻고 먼지도 좀 떨어내고 옷도 갈아입고 쉬고 있다가 밥을 같이 먹자꾸나."

나는 연속해서 예, 예 대답하면서 할머니와 얘기를 좀 더 나눈 뒤 천천히 문가로 물러나서는 살짝 커튼을 걷어올리고 할머니 방에서 나와 내 방으로 돌아왔다.

나는 얼굴을 씻고 차를 한 잔 마신 뒤 서둘러 비둘기 우리로 갔다. 이 작은 친구들을 잠시 못보다 다시 만나니 유난히 더 친밀감이 느껴졌다. 대리가 밥 먹으라고 나를 부르러 왔다.

백부가 살아계실 때는 가끔씩 그 방에서 식사를 하곤 했지만 돌아가시고 나서는 줄곧 할머니 방에 모여 식사를 했다. 그날 탁자에 둘러앉아 할머니를 모시고 함께 식사를 한 사람으로는 우선 고모님 두 분이 있었다. 한 분은 진치분秦稚芬과 결혼했고, 다른 한 분은 왕회경王懷卿(왕혜방[12]의 부친이며 무생 항당이었다)과 결혼했다. 그 다음 주씨 집안으로 시집간 누님(그녀는 매우전의 둘째 딸로 주소분, 즉 주하분(朱霞芬)의 아들에게 시집갔다)과 아직 출가하지 않은 누이동생들(역시 매우전의 딸로 나중에 한 사람은 서벽운(徐碧雲)에게, 한 사람은 왕혜방에게 시집갔다)이 있었고, 거기에 큰어머님과 우리 부부까지 합쳐 모두 여덟 명이 식사를 했다. 방이 크지도 않은데다가 잡동사니가 많이 널려 있어 몸을 움직일 수 없을 정도로 좁았다.

나는 할머니가 앉아 계신 쪽으로 앉았다. 모두가 상해의 풍속과 구경거리에 대해 물어 그들에게 이런 저런 얘기들을 쉬지 않고 들려주었다. 북경을 벗어나 본 적이 없는 순박하고 단순한 사람들이라 상해의 호화롭고 번화한 모습에 대한 이야기를 듣고 이제까지 접해보지 못한 것에 신기해하며 신희新戲 〈몽유상해夢遊上海〉를 보는 것처럼 정말 좋아했다. (〈몽유상해〉는 옥성반

---

12) 왕혜방(1891-1945)은 산동(山東) 낭야(琅琊) 사람으로 북경에서 태어났으며, 유명한 경극 단항(旦行) 배우이다. 상해와 남경 등에서 공연을 해 명성을 얻었고 한때는 매란방과 함께 이름을 날려 '이방(二芳)'이라 불렸다. 말년에는 사천에서 희극 교육에 힘써 적지 않은 학생들을 배출했다.

(王成班)이 연출한 신희로 내용이 가벼워 볼 것이 없다)

할머니가 내게 말했다.

"우리가 하는 이 일은 자기 능력에 의지해서 돈을 벌고 다른 일을 하는 사람들과 마찬가지로 가업을 일으킬 수 있단다. 다른 사람이 돈 있고 힘 있고 먹고 사는 것을 풍족히 누린다고 해서 그걸 보고 절대 부러워할 필요가 없는 거지. 흔히 '부지런하고 절약하면 가업을 일으킬 수 있다'고들 하는데, 그 말이 맞다. 네 할아버지는 평생 다른 사람을 돕느라 바빴고 같은 일을 하는 사람을 돌보면서 이 직업에 종사하는 사람들에 대한 사회적 편견을 없애기 위해 온 힘을 다하셨다. 하지만 자신은 매우 검소하고 소박하셨어. 써야 할 돈에도 낭비를 하지 않으셨다. 너는 네 할아버지의 돈쓰는 법을 배우고 돈을 아꼈던 그의 절약 정신도 배워야 한다. 우리 직업은 유명한 배우가 되면 돈을 너무 쉽게 벌 수 있으니 돈을 아무렇게나 막 써서 신세를 망치게 되는 거야. 인기가 떨어져 찾는 이가 없게 되면 돈이 없어 굶주리고 추위에 떨게 되는 신세도 면치 못하지. 상해처럼 그렇게 번화한 곳에서 수많은 인기 배우들이 패망했다는 말을 들었다. 너는 상해에 처음 가자마자 인기를 얻었으니 머지않아 누군가 찾아와 너와 계약을 하려 할 게다. 그러니 스스로 자신을 통제할 줄 알아야 해. 먹고 마시는 일에 빠지거나 오입이나 도박과 같은 나쁜 습관에 물들면 안 된다. 이건 네가 평생 지켜야 할 일이야. 내가 오늘 한 말은 반드시 기억해다오. 나는 늙었다. 타들어가는 양초처럼 이제 심지만 겨우 남았으니 몇 년을 더 버틸지 모르겠구나. 그래도 내가 아직 정정할 때 이렇게 아는 것을 얘기해줄 수 있어 다행이구나."

연륜이 많은 어른의 가르침을 듣고 나는 마음속으로 감동을 받아 눈물을 흘릴 뻔했다. 할머니의 그 몇 마디 말은 내 머릿속에 깊게 뿌리박혀 지금까지 나의 입신과 처세의 지침이 되고 있다.

시장신희를 처음 시도하다

1913년 상해에서 돌아온 이후 나는 좀 더 새로운 이해가 생겼다. 그것은 우리가 노래하는 오래된 극이 모두 고대의 역사적 사실에서 제재를 취하고 있다는 사실이었다. 역사적 사실에서 제재를 취한 극들 가운데는 관객들이 본받을 만한 교육적 의의를 가진 것들이 많이 있다. 그렇지만, 현재의 사건을 직접 제재로 취해 신극을 만든다면 보는 사람들이 더 친근하게 느끼지 않을까? 효과도 오래된 극보다 더 클 것이다. 이런 새로운 생각이 반 년 전부터 내 머릿속에서 맴돌고 있었다. 극장계에서도 나의 이런 생각을 서서히 알아채게 되었다. 그해 7월에 익문사翊文社 사장이 시장신희時裝新戲를 하나 만들기 위해 극본을 몇 개 들고와 나와 상의를 하고자 했다. 그 극본들 가운데 〈얼해파란孽海波瀾〉이라는 작품이 있었는데, 그것은 북경에서 실제로 있었던 일을 소재로 해서 쓴 것이었다.

〈얼해파란〉

〈얼해파란〉은 장사자張傻子라는 기원妓院을 운영하는 건달에 대한 이야기이다. 장사자는 양가의 부녀자들을 데려다 기녀로 만들고 그녀들을 학대했다. 이 일을 『경화일보京話日報』의 주간이었던 팽익중彭翼仲이 신문에 폭로하여 사회적 분노를 끌어냈다. 협순영協巡營 방통邦統* 양흠삼楊欽三이 장사자의 죄상을 조사해서 심문한 후 그를 처벌하였고, 동시에 팽익중의 건의를 받아들여 상해의 선례를 본따 제량소濟良所를 설치하여 기녀들에게 글을 가르치고 기술을 배우게 하였다. 속임수에 넘어갔던 여성들은 결국 제량소로

*
협순영 방통: 협순영은 중국 최초 경찰청의 명칭으로 1901년 청조가 수도 방위를 위해 설립. 방통은 부경찰청장에 해당되는 직책

찾아온 가족의 품으로 돌아가게 되었다.

나는 이 극본을 다 읽고 난 뒤 매우 의미 있는 작품이라고 생각했다. 그래서 우선 몇몇 친구들에게 극본을 좀 자세히 검토해달라고 부탁하고 그날 저녁에 바로 토론을 벌였다. 내가 시장時裝을 한 기녀 역할을 하는 것에 동의하지 않는 친구도 있었지만 대다수는 속임수에 빠져 기원으로 끌려가 고통을 겪은 여인들의 불행한 삶과 포주의 흉악한 폭력이 모두 사회의 현실을 대변하는 것이기에 그것을 극으로 만들어 사람들의 관심을 환기시킬 필요가 있다고 생각했다. 친구들이 모두 격려해주었고 나 스스로도 새로운 계획을 빨리 실현하고 싶었기 때문에 어려움에도 불구하고 이 극본을 선택해서 처음으로 시장희를 실험했다.

이렇게 몇 개월 동안 기획하고 무대연습을 해서 10월 중순에 이르러 비로소 정식으로 익문사에서 1, 2본으로 나누어 이틀 동안 공연을 하게 되었다. 공연 장소는 선어구鮮魚口에 있는 천락원天樂園이었다.

이 〈얼해파란〉이라는 극은 내가 실험했던 최초의 시장희였다. 무엇이든 처음으로 시도할 때는 모든 조건들이 생각했던 것처럼 그렇게 이상적이지는 못한 법이다. 하지만 이 작품은 관객이 많이 들었다. 그 이유는 두 가지 요인 때문이었다. 하나는 신희가 현지의 실제 사건을 배경으로 하므로 극 내용이 관객들에게 쉽게 이해되었다. 다른 하나는 일반적으로 희극을 늘 즐겨왔던 관객들은 나의 오래된 극에 익숙해져 있었는데, 갑자기 내가 현대 복장을 하고 무대에 나타나는 것을 보고 새롭게 느끼면서 호기심이 생겼던 것이다. 이 작품을 보러온 관객이 많았다고 해서 이 초보적인 실험을 나는 내 성공작으로 생각하지 않았고 계속해서 〈등하고鄧霞姑〉, 〈일루마〉 등의 작품을 연출했다. 이 작품들이 나온 후로는 〈얼해파란〉을 자주 공연하지 않았다.

상해에서 두 번째 공연을 마치고 북경으로 돌아온 후에 극의 방향은 앞으로 관객의 요구와 시대 변화에 부응해야 한다는 사실을 더 절실히 깨달았다. 나는 오래된 울타리 안에서 안주하는 것이 싫었고 또 그것에 구속받고 싶지 않았다. 새로운 길을 가며 발전 방향을 찾고자 했다. 대담한 시도라는 것을 알았지만 이미 하기로 마음을 먹었기에 성공하느냐 실패하느냐는 전혀 고려의 대상이 되지 못했다.

민국 4년1915 4월부터 민국 5년1916 9월까지 나는 쌍경사雙慶社에 몸담고서 여러 형식의 신희를 창작하면서 다른 한편으로는 곤곡희를 여러 출 공연했다. 이때가 내 인생에서 가장 바쁘게 일하던 때였던 것 같다. 내가 연출했던 작품들을 복장의 차이에 따라 네 개로 나누어 이야기해보려고 한다. 이렇게 설명하는 것이 더 이해하기 쉬울 것이다.

첫 번째는 예전처럼 오래된 극을 연기할 때 입는 복장舊裝을 입고 연기하는 신희로서 〈감옥 속에서 맺어진 원앙牢獄鴛鴦〉이 대표적이다. 두 번째는 현대복장時裝을 입고 연기하는 신희로서 〈환해조宦海潮〉, 〈등하고〉, 〈일루마〉가 대표적이다. 세 번째는 내가 창작한 고장희로 〈항아분월嫦娥奔月〉, 〈대옥장화〉, 〈천금일소〉가 대표적이다. 네 번째는 곤곡으로 〈얼해기孽海記〉의 '사범思凡', 〈모란정牡丹亭〉의 '춘향이 글방에서 소란을 피우다春香鬧學', 〈서상기西廂記〉의 '청춘 남녀가 만나는 날 · 홍낭을 심문하다佳期 · 拷紅', 〈풍쟁오〉의 '경축驚丑', '전친前親', '핍혼逼婚', '후친後親'과 같은 것들이다. 이 극목들을 보면 내가 이 18개월 동안 작업했던 상황을 대체로 상상할 수 있을 것이다.

시장신희는 현실적인 제재를 다루지만 구사회의 갖가지 모습들을 묘사하는 부분이 많아 한 출의 희곡에 다 담아낼 수가 없다. 매 출의 희곡은 단지 사회의 단편적인 암흑만을 겨냥해서 폭로할 수 있을 뿐이다. 내가 민국 3년1914에 공연한 〈얼해파란〉은 포주의 어두운 죄상과 기녀들의 억압된 상황을 폭로했고 민국 4년1915에 공연한 〈환해조〉는 관리들의 음험한 계략과 사기, 그리고 인면수심의 죄상을 폭로했다. 〈등하고〉는 구사회에서 여자들이 혼인 문제로 악한 세력들과 힘겨운 투쟁을 벌이는 이야기였다. 〈일루마〉는 부모의 독단적인 혼인 결정이 비참한 결과를 초래한다는 것을 보여준다. 이것들이 그 당시 극본을 쓴 사람과 연기를 했던 사람들의 의도였다.

〈일루마〉

하루는 오진수吳震修[13] 선생이 내게 말했다.

"『시보時報』사에서 발간하는 월간지 성격의 『소설시보』라는 잡지가 있네. 내가 거기서 포천소包天笑의 단편소설 하나를 읽었는데 제목이 〈일루마〉야. 뱃속의 아이를 두고 부모끼리 정한 혼사에 관한 이야기지. 그로 인해 나중에 야기되는 고난은 정말이지 상상할 수도 없을 만큼 비참해. 남녀의 혼인은 한평생을 결정짓는 일이니 혼인 당사자 스스로 대상을 선택하는 것이 가장 온당한 방법이지. 예전 중국의 구식 혼인은 모두 '부모의 명령과 매파의 말'에 의해 결정되었으니 그 자체로 불합리한 것일 수밖에. 태어나기도 전부터 정해진 혼인을 논하는 것은 더더욱 황당무계하지. 부부가 될 사람들이 아직 태어나지도 않았는데 먼저 그들의 혼사를 정하다니, 부모라는 사람들이 한때의 기분으로 가볍게 혼사를 정해 자기의 의도와 상관없이 자식의 행복한 삶을 요절내고 만 셈이야. 지금은, 특히 민국 시기에 와서는 이러한 기풍이 조금 달라졌다고는 하나 이 같은 일이 아직도 사회 각 계층에서 버젓이 일어나고 있다네. 〈일루마〉의 비참한 이야기를 연출해서 잔인하고 무지한 부모들에게 경고를 하는 거야."

이렇게 말하면서 그는 작은 종이 꾸러미를 펼쳐 잡지를 꺼내 내게 건넸다.

"자네가 먼저 가져가서 보고 난 다음에 다시 연구하자고."

나는 그것을 가지고 돌아와 하룻밤 만에 다 읽었다. 그것은 분명 세상에 경고가 될 만한 내용이었다. 그래서 그것으로 시장신희를 만들기로 결정했다. 먼저 제여산齊如山[14] 선생에게 대본의 초안을 부탁했다. 그는 성미가 급한 사람이라 말을 하면 곧 실행에 옮겼다. 그 다음날 그는 벌써 초안

13) 오진수(1883-1966)는 은행가로서 중국은행에 근무했으며 일찍이 매란방을 위해 〈패왕별희〉라는 극을 각색하고 빠른 가락으로 만들었다.

14) 제여산(1875-1962)은 희곡 이론가이자 극작가로서 초기에는 북경 동문관(同文館)에서 수학했고 나중에 서유럽으로 유학을 가서 외국극을 두루 섭렵하였다. 신해혁명 후 귀국하여 경사대학과 북경여자문리학교에서 가르쳤다. 1912년에는 편지로 매란방의 신단 연기에 대해 자주 지적하였고 나중에 매란방과 돈독한 친구가 되어 희극 창작을 도왔다.

의 틀을 짜가지고 와 사람들에게 보고 수정해달라고 했다. 나중에 그는 나를 위해 계속 극본을 썼는데 〈일루마〉는 초안을 써준 첫 번째 작품이었으며 우리가 함께 창작한 첫 번째 신희였다.

〈일루마〉의 줄거리는 이러하다. 임지부林知府의 딸은 전도대錢道臺의 아들에게 시집을 가기로 이미 뱃속에 있을 때 정해져 있었다. 그들이 성년이 되어서 보니 전씨 집안의 아들은 바보였다. 임씨의 딸은 그때 이미 학당에 다녀 의식이 서서히 깨어가던 중이어서 이 소식을 몸종에게서 전해 듣고 마음이 늘 우울했다. 그녀에게는 방거정方居正이라는 사촌 오빠가 있었는데 학문이 뛰어났다. 그들은 자주 이야기를 나누었고 마음도 서로 잘 통했다. 하루는 방거정이 외국으로 유학을 떠나게 되어 임씨 집에 작별 인사를 하러 왔다가 여동생이 울적해하는 모습을 보고는 진심을 담아 그녀를 타이른 것이 오히려 그녀의 심사를 건드려 한바탕 울게 하였다. 이를 본 그녀의 아버지가 딸을 비꼬며 풍자하는 말을 던진다.

그녀의 어머니가 세상을 떠나자 당시의 관습에 따라 아직 혼인식을 치루지 않은 사위도 신부의 집에 가서 죽은 장모를 위해 제사를 지내야 했다. 그래서 전씨 집안의 아들은 빈소에서 제를 올리게 되었고 그 와중에 많은 사람들 앞에서 웃음거리가 된다.

시간이 흘러서 전씨 집안에서는 좋은 날을 택일하여 임씨 집으로 아가씨를 맞이하러 오기로 한다. 꽃가마가 대문 앞에 도착했지만 아가씨는 가마에 오르려 하지 않고 어머니의 영전 앞으로 달려가 한바탕 가슴속에 가득한 억울함을 호소한다. 그녀를 그대로 둘 수 없었던 아버지가 눈물로 자신의 고충을 호소하자 그녀는 마침내 가마를 타고 전씨 집으로 간다. 혼례를 마치고 나자 신부에게 심각한 백후白喉[디프테리아] 증상이 나타나고 모두가 이 전염병의 위험을 잘 알고 있기에 감히 그녀를 가까이 하지 못한다. 신랑은 비록 바보지만 마음이 착해서 시종 방 안을 지키며 이제 막 시집와 아직 동침도 하지 못한 신부의 병간호를 한다. 의학과 약물치료에 힘입어 그녀의 병은 점차 호전되었지만 바보 남편은 결국 백후병에 전염되어 죽고 만다. 병이 나아 정신이 돌아온 아가씨는 머리맡에서 마사 한 가닥一縷麻을 발견하고 그 내막을 묻고서야 비로소 그녀의 남편이 밤낮 자신의 병수발을 하다가 백후병에 걸려 죽었다는 사실을 알게 된다. 그녀는 너무 한스러운 데다가 크게 절망한 나머지 삶의 의욕을 잃고 남편의 뒤를 따라 죽고 만다.

포 선생은 소설에서 아가씨가 자신을 위해 죽은 남편에게 수절하는 것으로 묘사했다. 사실 구사회에서 여자들의 재가는 큰 수치였다. 특히 이런 관료 집안인 경우에는 체면을 더 중시하니 아가씨는 전혀 재가할 가능성이 없었다. 하지만 이 결말을 그대로 극으로 각색하면 긴장감이 떨어져 작품의 완성도를 살릴 수 없고 여자가 수절하는 것으로 결말을 맺는 것도 잔혹한 일이라고 생각했다. 그래서 우리는 아가씨가 갈등과 복잡한 환경에 충격을 받아 견디지 못하고 죽음을 택하는 것으로 결말을 바꾸었다. 자신의 신세가 처량할 뿐 아니라 사는 게 막막하게 느껴져 삶의 의지가 완전히 꺾인 채 가위로 목을 찔러 자살을 하고 마는 결말로 관객을 자극하자, 우선 극 전체의 긴장도가 높아졌고 뱃속의 아이를 두고 부모끼리 정한 혼인이 얼마나 나쁜 결과를 초래하는지가 강조되어 더 쉽게 사회적 경각심을 이끌어낼 수 있었다.

사상과 인식은 시대에 따라 진보한다. 우리가 만약 더 나중에 이런 제재를 다루었다면 극의 내용이 훨씬 더 많이 달라졌을 것이다. 그러나 그때는 사회적 조건과 사유에 한계가 있었기 때문에 단지 소박한 정의감에서 출발하여 봉건 예교를 풍자하는 데서 그치고 말았다.

내가 연기한 아가씨의 이름은 임인분林紉芬이다. 임인분은 가마에 올라타지 않으려 하며 먼저 어머니의 영정 사진 앞에서 이황 몇 소절을 노래한다. 임지부[임여지]로 분장한 가홍림賈洪林[15]이 무대에서 딸을 설득하는 말을 단계적으로 하며 동작을 곁들여 연기하는 것은 참으로 생동감이 넘쳤다. 우선 그는 삼종사덕三從四德의 진부한 윤리 도덕으로 딸을 압도하려 하지만

15) 가홍림(1873-1917)은 강소(江蘇) 무석(無錫) 사람으로 이원세가(梨園世家) 출신이다. 청말 경극 노생 배우로서 희곡의 동작 연기를 장기로 삼았으며 담흠배의 조연 연기를 자주 맡았다.

신식 교육을 받은 딸의 귀에 들어가지 않는다. 다음은 신랑의 재능과 용모가 모두 뛰어나니 주위의 쓸데없는 말에 홀려서 혼사를 그르치지 말라고 달랜다. 그런 말까지 나오자 임인분은 더 이상 참지 못하고 한마디 맞선다.

"일이 여기까지 이르렀는데도 아직 저를 속이려고 하세요! 사윗감이 바보라는 사실을 집안사람들이 모두 다 알면서 저 한 사람만 속여왔던 거잖아요. 아버지, 아버지는 정말이지 잔인한 사람이에요. 어떻게 해서든지 저를 가마에 태워 시집을 보내려는 거죠? 시집간 딸은 쏟아버린 물과 같으니 죽든 살든 다 제 몫이라는 건가요? 딸의 행복 같은 건 안중에도 없네요. 부녀 사이의 정이라는 것도 없는 건가요."

이 수법도 통하지 않자, 세 번째는 부녀 사이의 정으로 그녀의 마음을 움직여보려 하지만 이 역시 통하지 않는다. 방금 전에 말로 그녀를 속였으니 효과가 없는 것은 당연하다. 그 뒤를 이어 그가 두 가지를 더 말하면서 설득하지만 나[임인분]는 끝끝내 말을 듣지 않는다. 이때 밖에서는 가마에 오르기를 재촉하는 소리가 들려오고 무대 위의 두 부녀는 팽팽하게 맞서고 있어 분위기가 한껏 긴장된다. 결국 그는 이렇게 말한다.

"내가 아버지 노릇을 잘 못해서 너를 바보에게 시집보내기로 했다고 하자. 하지만 이 혼사는 네 어미가, 그 사람이 정한 거야. 지금 네가 고집을 피우며 가마에 오르려 하지 않고 아비된 나를 힘들게 하는 것은 그렇다고 치자. 네 돌아가신 어머니까지 남들 입방아에 오르내리게 하다니 네가 어찌 차마 그럴 수 있느냐! 네가 계속 가마에 오르지 않는다면 나도 남들 볼 낯이 없으니 깊은 산 속 절에라도 들어가 숨어 지내며 여생을 마쳐야 하겠구나. 착한 딸아, 부디 잘 생각해보아라! 아……." 그는 여기까지 말하고 결국 눈물을 흘리며 침통해한다. 임인분은 그제야 비로소 자신을 희생하기로 작정하고 가마에 오른다. 가홍림 선생의 연기가 너무 현실처럼 생생해서 아가씨 역을 하고 있는 나도 그 말을 들으며 가슴이 아파 견디기 힘들었다. 무대 아래 관객 역시 제각각 손수건을 꺼내 눈물을 닦았다. 이 무대에서는 부녀 사이에 어떠한 악감정도 볼 수가 없었을 뿐 아니라 반대로 임여지林如智가 외동딸을 너무나 사랑하고 있음이 드러났기 때문이다. 부모의 순간적인 그릇된 판단으로 '태어나지도 않은 아이의 혼인을 정하는' 애먼 짓을 저지른 것이 이처럼 큰 잘못으로 이어졌고 진퇴양난의 상황에서 억지로 혼사가 이루어졌으니 결과는 가히 상상할 수 있는 것이었다. 관객들은 당시의 사회적 풍조를 알고 있었기에 파혼은 두 집안의 체면과 관련이 있어 쉽게 할 수 없는 일이라는 사실을 잘 알고 있었다. 그래서 이처럼 공감의 눈물을 흘렸던 것이다.

우리가 〈일루마〉를 공연한 의도는 관객의 주의를 환기시키려는 데 있었다. 자식의 혼인 대사에 대해 부모가 쉽게 생각하고 자식을 대신하여 결정해서는 안 된다는 의미였다. 장기 한 수 잘못 두어 승부를 망치면 후회해도 소용없는 일이기 때문이다.

북경과 천진에서 이 공연을 하며 우리는 일찍이 혼인과 관련된 어떤 분쟁에 크게 영향을 준 적이 있다. 사정은 이러하다. 천진에 만씨萬氏와 역씨易氏 두 집안이 있었다. 이 두 집안 모두 당시에 사회적으로 상당한 지위를 가지고 있었다. 만종석萬宗石과 역거헌易擧軒 역시 친하게 지내는 사이여서 만씨의 딸을 역씨의 아들에게 시집보내기로 했다. 이 일 자체는 그리 특이한 일이 아니다. 그런데 역씨의 아들이 나중에 정신병에 걸릴 줄 누가 알았겠는가! 파혼을 주장하는 사람도 있었지만 예교의 속박은 이 두 집안 모두 용기를 내서 구사회의 공고한 풍조를 타파할 수 없도록 만들었다. 몇몇 열성적인 친구들은 이 혼사를 깨지 않는 것을 보고 만씨의 여식이 틀림없이 일생의 행복을 희생하고 말 것이라는 걱정이 앞서 어떻게든 이 혼약을 취소하게 하려고 애썼다. 친구들이 백방으로 애썼지만 전혀 효과를 거두지 못하자 좌석 몇 개를 예약하고 그들을 〈일루마〉 공연에 초청한 것이었다. 두 집안의 가장은 만씨의 딸까지 데려와서 같이 극을 관람했으며 만씨의 딸은 공연을 다 보고 집으로 돌아가서 한바탕 목 놓아 울었다. 그녀의 아버지는 딸의 그런 모습에 마음이 흔들려 윤리 도덕을 위반하는 큰 잘못을 기꺼이 범하기로 마음먹고 다른 사람을 내세워 역씨 집안과 파혼에 관한 일을 협상했다. 역씨 집안도 할 말이 없었기에 이 혼약을 물리기로 합의를 보았다. 두 집안은 모두 나와 잘 아는 사이였지만, 나도 처음에는 이런 일을 알지 못했다. 한번은 친구들의 모임에서 만 선생을 만났다. 그분이 그제야 그 사실을 있는 그대로 내게 말해 주었던 것이다.

결론적으로 말하자면, 내가 연출한 시장희 가운데서 〈일루마〉가 비교적 괜찮은 작품에 속한다. 이는 〈일루마〉가 우리가 연출한 네 번째 신희 작품이기 때문이다. 모두가 이 새로운 기예에 많이 익숙해졌다. 특히 가홍림, 정계선程繼仙(바보 사위 역)[16], 노삼보(임씨 집안의 첩실 역) 세 연기자의 완숙한 연기는 이 신희를 연기할 때 더욱더 빛났다. 그래서 관객들이 모두 그들을 좋아했다.

〈동녀참사〉

1918년 봄, 나는 미신타파를 목적으로 〈동녀참사〉를 공연했다. 1917년 가을, 천진에 크게 물난리가 났었다. 시내에 배가 떠다니고 낮은 지대에서는 배를 타려면 건물의 창을 통해 빠져나와야 할 정도로 수해가 심각했으며 이재민의 손실이 헤아릴 수 없을 만큼 컸다. 천진 근처의 어떤 마을에 이런 기회를 교묘하게 노린 사람들이 유언비어를 퍼트려 그 수해가 '금룡대왕金龍大王'에게 죄를 지었기 때문에 일어난 것이라고 했다. 그들은 금룡대왕을 섬긴다는 명분으로 계략을 꾸며 사람들을 속였으며 대왕을 신봉하면 수재를 면할 수 있을 뿐 아니라 병도 고칠 수 있다고 했다. 병을 고치는 방법은 대개가 제비나 제단에서 나온 신선의 비방을 복용하는 것이었다. 수

16) 정계선(1874-1942)은 유명한 경극 소생 배우이며 할아버지는 정장경(程長庚)이다. 그의 노래와 대사(唱念)는 남곤(南昆)을 사용하며 표정과 분위기, 절도 등을 중시한다. 신단의 표현이 깔끔하고 아름답고 세속을 초월하는 경지가 엿보일 뿐 아니라 문희와 무희를 아울러 겸하여 극의 내용을 꿰뚫고 인물을 정밀하게 묘사하는 특징을 지니고 있었다. 학생으로는 상부하(尙富霞), 유진비, 섭성란(葉盛蘭) 등이 있어 각기 그 예술적 풍격을 계승했다.

많은 '선량한 남녀 신도들'이 향을 피우고 기원하며 병에 대해 묻고 비방을 구하며 재물을 낭비하고 일을 그르쳐 사기를 당하는 일이 적지 않았다. 〈동녀참사〉는 주로 이 사실을 겨냥해서 쓴 것이었다.

'금룡사대왕金龍四大王'의 신화는 당시 산동, 하남의 황하 부근에 널리 퍼져있었다. 치수와 관계된 일을 하는 대소 관원들은 황하의 물결이 잔잔하기를 기원하며 해마다 '금룡사대왕'에게 들려주고자 연극을 공연했다. 대왕은 뜻밖에도 공연할 극목을 지정할 줄 알았다.

이전에 북경 서쪽 교외에 위치한 담자사潭柘寺에는 오래전부터 뱀에 대한 전설이 전해지고 있었다. 서산에 위치한 담자사는 요대遼代의 건축물로 원元, 명明, 청淸 세 왕조에 걸쳐 계속 증축과 개수가 이루어졌다. 절의 건축물들은 모두 두 층으로 된 구름다리로 연결되어 있다. 본전은 넓게 탁 트인데다 우거진 수림 사이로 대나무가 높게 뻗어 있고 굽이굽이 물길을 따라 막힘없이 흐르는 물이 어우러진 경관은 자리를 뜨지 못할 만큼 아름답다. 봄과 여름 사이에는 초목이 자라 무성하고 샘물이 산길을 감돌아 흐르며 사원 주위에는 사람들이 사는 마을이 없다. 이러한 환경에서 뱀이 자주 출몰하는 것은 본래 전혀 특이한 일이 아니다. 이 절에는 몇백 년 동안 '대청大青, 이청二青'의 전설이 전해지고 있었는데, 계율을 지키지 않는 이 절의 일부 주지들이 그것을 이용하여 사람들을 속였던 것이다.

어느 해 칠월, 나는 서산 담자사를 유람하면서 거기서 며칠 머물렀다. 그날은 비가 그치고 날씨가 막 맑게 갠 때여서 높이 솟은 소나무가 투명하고도 맑은 잎을 아래로 늘어뜨렸고 여기저기서 샘물이 낮은 곳을 향해 졸졸 흘렀다. 마음이 확 트이고 기분이 상쾌해진 바로 그때 갑자기 주지승이 찾아와 그와 인사말을 나누게 되었다. 내가 주지승에게 그날 시내로 돌아갈 예정이라고 말하자 그가 말했다.

"시주께서 어렵사리 불교 성지에 걸음을 하셨는데 제가 제대로 모시지 못했군요. 하원下院(담자사의 하원은 시내에 있는 익교사(翊教寺)였다)에 불사가 있어서 오늘에야 돌아왔습니다. 지금 시주를 모시고 대전을 참예參詣하도록 하겠습니다."

우리는 얘기를 나누며 몇 개의 뜰을 지나 대전으로 들어갔다. 마침 예불을 드리고 있던 중이라 스님들은 무릎을 꿇고 있었고 종과 경쇠가 모두 울렸다. 내가 동쪽 길을 따라 후문 쪽으로 돌아나가면서 담장 모퉁이로 가까이 가자 주지가 손가락으로 작은 감실龕室을 가리키며 말했다.

"시주님은 참으로 복도 많고 명도 긴 분입니다. 정말이지 운이 나쁘지 않아요. 보세요, 이청 신이 여기 계시잖아요. 불가에 인연이 없는 사람은 보지 못하는 것입니다."

고개를 들어 보니 감실 위에 작은 푸른색 뱀 한 마리가 똬리를 틀고 앉아 있었고 그 안에 붉은 옻칠 바탕에 황금색 글자로 된 위폐가 있었다. 그 위에는 '대청 신, 이청 신의 신위'라고 새겨져 있었다. 앞에는 작고 정교한 공물 그릇이 몇 개 놓여 있었다. 그는 '대청, 이청'의 역사를 말할 준비를 하고 있다가 내가 자세히 묻지 않자 나를 따라 대전에서 나와 '옥란원玉蘭院'으로 갔다. 건물 안에는 녹나무로 만든 옛날 책상이 하나 놓여 있었다. 벽에는 '사자의 우는 소리獅子吼'라고 크게 적힌 가로 액자가 걸려 있고 사면으로 서예와 그림 족자 몇 개가 걸려 있었다. 그는 내게 팔걸이의자에 앉으라고 하더니 포배鋪排(절 안에서 일하는 하인)에게 차를 내오라고 했다. 이때 그는 녹나무 책상 위에 놓여있던 8촌 크기의 사진 한 장을 가져와 내게 보여주며 말했다.

"보시지요! 이것이 그때 이청 신이 단상으로 내려와 전하신 말씀입니다. '모월 모일에 부처의 원신을 드러내겠다.' 우리가 그날 사진관 기사에게 부탁해 이청 신의 사진을 찍어놓았지요. 시주께서는 좀 전에 보신 부처의 원신이 작다고만 여기지 마십시오. 이청 신은 작게 움츠리기도 하고 크게 펴기도 한답니다. 크게 하겠다고 하면 곧 커지지요."

나는 그 사진을 자세히 들여다보았다. 사진에 찍힌 것은 담자사의 대전이었다. 대전 앞에 많은 중들이 서 있고 대전 기둥의 몇 배쯤 되는 굵기의 음습한 기운을 뿜어내는 커다란 뱀이 용마루를 세 둘레나 감고 있었다. 나는 하마터면 웃음을 터뜨릴 뻔했다. 그것으로 선량한 일반 신도를 속이는 데는 틀림없이 상당한 효과가 있었겠지만, 우리같이 사진을 찍을 줄 아는 사람들은 사진을 보면 필름에 무슨 장난을 쳤는지 한눈에 알 수 있기 때문이다. 나는 되는 대로 몇 마디 맞장구를 쳐주었고 그는 말이 통하지 않음을 알고 내게 더 이상 이청 신의 '성스러운 흔적'을 홍보하지 않았다.

사원을 떠날 때는 포배에게 수고비를 주는 것 외에도 사원에 상당수의 향을 시주하는 금액을 적어 넣어야 했다. 그 액수가 대도시 숙박업소 비용보다 훨씬 더 많았다. 사실 사원은 이런 수입에 의존하지 않는다. 예전에 큰 절의 주지는 거의가 다 대지주였다. 담자사를 예로 들자면, 삼백육십 개의 장원이 있었으니 그 수입이 어느 정도인지 가히 짐작할 만하다. 선배들의 입을 통해서도 들었고 옛 사람들의 글에서도 언급되었듯이 당시 북경의 큰 절 주지는 권세가와 친분을 맺고 사치스럽고 호화로운 생활을 했기 때문에 "북경의 스님이 북경의 관리를 낸다"라는 말이 있을 정도였다. 물론, 학문이 깊고 계율을 지키는 고승들도 적지 않았다. 어떤 스님은 그림도 잘 그리고 서예도 뛰어나 서화가로 탁월한 업적을 남겼으니 명말청초의 석도石濤 스님이나 석계石溪 스님이 바로 그런 분들이다. 그래서 일률적으로 말할 수 없는 일이다.

친구들의 말에 따르면 담자사의 하원인 익교사 편전 내에서도 대청과 이청의 위폐를 모시고 일찍이 그 작은 뱀을 가지고 사람을 속였다 한다. 한때는 향을 피우는 일이 매우 유행하여 후사를 바라거나 병을 고치려는 사람들의 행렬이 끊임없이 이어졌다고 한다. 그러나 푸른 뱀을 언제나 구할 수 있는 것은 아니어서 붉은 뱀, 회색 뱀, 얼룩 뱀이 모두 다 신을 모시는 감실로 들어갔으며 그것을 미화하여 "오늘 이청 신이 옷을 갈아 입으셨네"라고 했다는 것이다.

나는 이런 기괴한 현상들에 대해 보고 들은 것들이 많아지면 그 가운데서 제재를 찾아 미신을 타파하는 내용의 극을 만들 계획이었다. 그런데 공교롭게도 그때 마침 북경의 통속교육연구회通俗教育研究會에서 극본을 여러 개 출판하였다. 그 안에는 화극도 있고 경극도 있었다. 나는 그 가운데서 〈동녀참사〉라는 작품을 선택했다. 극본의 내용은 한 용감하고 지혜로운 동녀童女의 이야기를 통해 무당, 점쟁이, 여도사 등과 같은 천한 직업에 종사하는 여성들의 악랄함을 폭로하고 운명을 점치고 관상을 보는 일에 숨겨진 흑막을 드러내며 관리의 탐욕과 어리석음을 풍자하는 내용의 희극적인 요소를 갖춘 풍자극이었다.

이 극의 줄거리는 이러하다. 복건福建 용령庸岭 기슭에 커다란 뱀 한 마리가 나타났는데 누군가 금룡대왕이 인간 세상에 나타난 것이라는 유언비어를 퍼뜨렸다. 해마다 팔월이면 장락현長樂縣의 현령이 동녀를 모집해 뱀에게 제사를 지내 그동안 모두 아홉 명의 동녀가 뱀굴에 묻혔다. 이해도 뱀에게 제사를 지낼 때가 되어 이탄李誕의 딸 기아寄娥가 용감하게 그 모집에 응하여 몸에 비수를 품고 기지를 발휘해 뱀을 베었으며, 일을 꾸며 사람들을 속였던 여도사 하씨를 붙잡아 관아로 보냄으로써 지역의 해악을 없앴다.

이 이야기는 진대晉代의 간보干寶가 저술한 『수신기搜神記』에서 나온 것이다. 대략의 줄거리는 동녀가 보검 한 자루와 뱀을 잡는 개 한 마리를 데리고 가서 뱀을 베어 해악을 없앴으며 월나라 왕이 소녀의 용감한 행동을 전해 듣고 그녀를 왕비로 삼았다는 내용이다.

극작가는 '왕비'가 되는 결말은 취하지 않았다. 이는 아마도 신해혁명 이후라 군주제가 이미 폐지되었기 때문일 것이다. '뱀을 잡는 개'도 사용하지 않았는데, 이는 분명 무대에서 처리하기가 쉽지 않아서였을 것이다. 이처럼 이야기 내용은 이미 『수신기』 원작과 달라졌다. 이 극본은 배경이 어느 시대인지 언급되어 있지 않았고, 대사는 모두 통속적인 북경어였다. 나는 등장인물들이 지현知縣, 아역衙役, 도사 할멈, 점치고 관상을 보는 떠돌이 술사 등이라 일반적인 희곡 복장을 하고 연기하면 형상을 두드러지게 할 수 없다고 판단하여 청대의 복장을 쓰기로 결정했다. 이렇게 해서 지현은 붉은 관모에 두루마기 적삼을 입고 아역과 지보地保*도 그 신분의 고정된 복장을 써서 지현의 대사 "성 안에서 후보候補**로 어려움을 겪을 때……"

*
지보:
청조와 민국 초기에 지방에서 관청을 위해 부역을 징집하거나 재물을 징수하는 일을 맡아 보던 사람

**
후보:
청대 과거에 급제하고 관직을 제수받기 위해 대기하고 있던 사람

와 호응이 되게 하면서 그와 동시에 시대도 청 말이라는 것을 암시했다. 나를 포함한 나머지 각색의 복식은 모두 민국 초에 유행하던 복장이었다. 당시 보통 사람들의 복장은 청 말과 거의 차이가 없었기 때문에 그런대로 조화가 되면서 통일감도 있었다.

1918년 2월 2일 길상희원吉祥戲園에서 〈동녀참사〉를 공연했다. 첫 공연에서 이 극은 관객의 호응을 얻었다. 적지 않은 친구들이 이 극을 통해 천진 지역 '금룡대왕 사기'를 폭로할 수 있을 뿐 아니라 만청 시기 관리들의 탐욕과 어리석음, 권력에 기대 위세를 부리는 아역衙役들, 우매하고 맹목적으로 유행을 좇는 시골 사람들의 모습을 반영해 세상의 이치를 보여줌으로써 사람들에게 도움을 주는 것이 가능하다고 생각했다. 문학적 소양을 갖춘 어느 노부인은 예전에 내게 이런 이야기를 했다. 이기아李寄娥라는 이름을 아는 사람은 없었지만 〈동녀참사〉를 보고 난 후 이 어린 아가씨의 인품이 사람들이 모두 익히 잘 알고 있는 아버지 시체를 끌어안아 올린 이야기에서의 효녀 조아曹娥나, 상서를 올려 아버지를 구한 이야기에서의 제영緹縈, 아버지 대신 종군한 이야기에서의 목란처럼 사람들의 가슴에 깊이 파고들었다는 것이었다.

〈동녀참사〉는 내가 연기한 마지막 시장희 작품이었다. 그 후에는 고장가무극 쪽으로 작업을 하고 시장희는 더 이상 공연을 하지 않았다. 이는 내 나이가 점점 많아지고 있어서 시장희에서의 젊은 부인이나 아가씨 역이 더 이상 내게 어울리지 않는다고 생각했기 때문이다. 또 경극이 현대의 생활을 표현할 때 내용과 형식이 모순되어 예술적 처리에서 제약을 받는다고 생각했다. 내가 공연했던 다섯 작품의 시장희를 예로 들면, 비록 여론도 나쁘지 않았고 관객 동원도 괜찮았으며 이 방면에서 새로운 모색을 통해 경험도 얻었지만 어떤 문제들은 제대로 해결을 보지 못했다. 그런 문제로 우선 음악과 동작의 모순을 들 수 있다. 경극의 구성, 각색의 무대 등장, 복식의 과장, 긴 수염, 바닥이 두텁고 목이 긴 신발, 검보 그리기, 눈썹을 위로 올라가게 하기, 머리카락 붙이기, 긴 소매, 품이 넓은 복장 등 일거일동이 모두 음악의 리듬에 따라 무용화된 신단으로 규정된 양식에 의해 극중 인물의 생활을 표현해야 한다. 시장희에서는 이 모든 것이 축소되었다. 느린 노랫가락은 배치하기가 어려우니 자연스럽게 말이 많아지고 노래는 적어진 것이다. 일련의 고정된 격식의 나고鑼鼓 장단과 곡패曲牌를 사용하면 생경해지고 심지어 격한 감정을 표현할 때 사용하는 '규두叫頭'*와 나고 장단을 전혀 쓸 수 없으니 아주 긴 대사가 이어질 때는 때때로 타악기 반주를 아예 멈출 수밖에 다른 도리가 없다. 그러나 배우가 음악과 떨어지면 손의 자세手, 눈빛眼, 신단身, 희곡의 표현 규범法, 걸음걸이步와 말투語氣까지도 모두 스스로 리듬을 제어해야 한다. 그리고 인물의 성격 특징을 창조할 때는 반드시 현실생활에서 갖가지 유형의 인물들이 지닌 언어 및 행동의 습관 등을 취해 '규칙이 있는 자유 동작'으로 가공해야 비로소 경극의 풍격을 유지할 수 있게 된다. 이러한 문제들은 모두 꾸준히 탐색하고 깊게 고민해야 할 중요한 문제들이다.

*
규두:
대사를 읊는 정식화된 표현 중의 하나. 극중 인물의 감정이 격해서 호소하거나 고발할 때 사용. 창이나 긴 대사를 읊기 전에 주로 사용하며 슬픔, 놀람, 의외 등의 표정을 지으며 보통 길게 늘여서 큰소리로 울부짖음

경극의 주요 가락은 이황과 서피이며 노랫가락의 박자 형식板式은 쾌판에서 만판으로 진행된다. 어떤 상황에서는 반드시 만판으로 극중 인물의 정서를 표현해야 하고 동작은 노랫가락과 하나로 일치해야 한다. 단 각색인 청의가 긴 만판을 노래할 때, 겉으로 드러나는 동작은 단순하고 정련된 신중한 움직임이지만 내면의 감정 변화는 노래 가사의 사상과 감정에 근거해서 단계가 분명하게 드러나도록 표현해내야 한다. 이는 배우의 기예에 대한 숙련도와 수양의 정도를 검증할 수 있는 부분이기도 하다. 심후한 기본공과 훌륭한 선생님의 지도, 그리고 자기 자신의 깨달음이 없으면 기예가 안정되지만 고착됨이 없고 고요한 가운데 움직임이 있는 그런 경지에 도달하기 매우 어렵다. 여기서 무대 걸음과 허리와 종아리, 어깨와 팔꿈치 등의 힘은 극히 중요한 부분이다.

가장 골치 아픈 일은 시장희에 만판을 삽입하는 것이다. 나처럼 노래가 전공인 배우가 신희를 창작하면서 가슴이 확 트이는 창공을 넣지 않는다면 경극 관객들은 불만을 갖게 된다. 가끔 관객의 요구에 호응하기 위해 온갖

방법을 다 동원해 만판을 집어넣기도 한다. 예를 들어 내가 〈등하고〉의 여주인공 등하고를 연기할 때는 미친 척하며 이런 말을 했다.

"여러분, 내가 배운 매란방의 〈우주봉〉 한 소절을 들어보시지요, 좋습니까?"

무대 아래서 일제히 갈채가 터져 나왔다. 환영한다는 표시다. 그러고 나서 나는 반이황反二黃의 연주가 시작되도록 이끌었다. 지금 생각하면, 이런 효과를 얻기 위해 '술수'에 가까운 수단을 취한 것은 예술적으로 좋은 방법이 아니었다. 하지만 이 작품에서 이 부분을 제외하면 다른 부분에서는 느린 노랫가락을 배치할 방법이 아예 없었다. 그때 〈등하고〉를 본 내 오랜 관객들이 아직까지도 이 작품 이야기가 나오면 늘 이 반이황 가락을 언급하는 것을 보면 이 긴 창공이 사람들에게 상당히 깊은 인상을 주었던 것 같다.

그 당시 어떤 사람은 사회 현상을 겨냥해서 만든 시장희를 한철의 요리나 과일에 비유했고, 이런 극은 곧 유행에 뒤처질 테니 너무 많은 공을 들이는 우를 범하지 말라고 하는 사람도 있었다. 그것은 틀린 말이다. 절기에 따라 시장에 나오는 채소나 과일이라면 반드시 소비자가 싱싱하고 맛있는 것을 먹을 수 있게 해주어야 한다. 그렇다면 시장희도 더 많은 노동과 시간을 들여 관객의 요구를 만족시킬 수 있어야 하는 것이다.

최근에 오래된 관객 한 사람이 내게 이런 말을 했다.

"내가 그때 〈동녀참사〉를 보았는데 구체적인 상황은 어렴풋하여 기억이 분명하지는 않지만, 한 가지는 아주 인상적이었습니다. 당신이 무대에서 기아를 연기할 때는 다른 역할을 할 때에 비해 키가 좀 작다고 생각했어요. 또 상당히 어린 느낌이었지요. 왜 그런겁니까?"

내가 그에게 말했다.

"첫 번째는 분장이지요. 머리를 길게 땋아 내리고 앞머리를 가지런히 해서 특징을 살리고 눈썹과 눈의 윤곽을 그려주는 화장을 하면 외모에서부터 기아가 열두세 살의 어린 아가씨로 보이지요. 두 번째는 동작입니다. 앞세대의 명배우들이 남자아이나 여자아이를 표현하는 정식화된 일련의 동작을 창조했지요. 저는 〈춘향료학春香鬧學〉에서 '꽃 같은 얼굴의 열서너 살 계집애' 춘향을 연기한 적이 있습니다. 처음에는 교혜란 선생님이 제게 그 신단을 가르쳐주셨는데 그분은 두려낭杜麗娘 유형의 규문단 연기에 능하셔서 제게는 적합하지 않다고 느꼈습니다. 나중에 이수산 선생이 제게 춘향의 신단을 가르쳐주셨는데, 무대에 등장할 때 잠깐 부동의 자세를 취하는 양상에서 여자아이의 특징이 표현되었지요. 저는 그분께 첩단의 기본 동작을 배워 이 방면에 경험이 있었습니다. 비록 시장희를 연기하면서 어떤 극의 신단을 그대로 옮겨올 수는 없지만 정확한 모델이 있으면 그것을 활용하고 적용해서 새로운 연기를 창조할 수 있지요. 분장과 동작의 어울림이 적절했기 때문에 관객들이 보기에 제가 평소보다 키가 좀 작게 느껴졌을 겁니다. 이것은 절대 변신술 같은 게 아닙니다. 배우가 유명한 선생님의 가르침을 받고 여러 유형의 인물을 형상화할 수 있는 기본공을 장악하고 있으면 반드시 이러한 효과를 만들어낼 수 있게 되는 겁니다. 양소루는 그렇게 키가 큰데도, 〈팔대추八大錘〉의 육문룡陸文龍을 연기할 때는 마치 키가 큰 십여 살 정도의 아이로 느껴지지요. 후준산侯俊山(노십삼단(老十三旦)의 한 사람), 왕장림王長林 두 분은 일흔 안팎의 노 선생님이신데도 어떤 당회에서 〈소방목小放牧〉을 같이 연기하실 때 제가 받은 인상으로는 팔짝팔짝 뛰어다니며 아무런 제약이나 구속도 받지 않는 어린 소녀와 소년 같았습니다."

앞에서 말한 기본공은 배우들이 날마다 반드시 연습해야 하는 다리 펴기壓腿, 허리 구부리기下腰 등과 같은 운동을 가리키는 것이 아니라, 손의 자세, 눈빛, 신단, 표현 규범, 걸음걸이를 어떻게 일관되게 엮어서 내면의 감정과 일치시키고, 또한 내면에서 외형으로, 외형에서 내면으로 하고자 하는 바대로 자유자재로 통제하여 조화롭고 자연스러운 경지에 이르게 하는가를 말하는 것이다.

내 무대에서 시장희를 연기한 시간이 가장 짧았다. 그래서 그것에 대해 연구한 시간과 노력도 그렇게 깊지는 못하다. 부족하지만 내 개인적 경험으로 보건대 고전 가무극은 노래와 춤의 기반 위에 세워진 것이다. 모든 동작과 노래는 악대의 장단과 어울려 그 자체의 규율을 형성한다. 앞 세대의 예인들이 창조한 이 수많은 우아하고 아름다운 춤은 모두 현실 생활에서 제재를 취한 다음 그 동작을 기반으로 가다듬고 훈련하고 과장하여 가무예술로 구성해낸 것이다. 그래서 고전 가무극 배우들은 극의 내용에 맞게 극중 인물을 연기하는 것 이외에 또한 우아하고 아름다운 춤으로 이를 표현해내야 하는 이중의 책임이 있다.

시장희에서 연기하는 것은 현대의 이야기다. 따라서 배우가 무대에서 하는 동작은 최대한 우리의 일상생활의 모습과 가까워야 한다. 그래서 가무극처럼 곳곳마다 그렇게 무도화할 수는 없다. 이런 조건 하에서는 경극 배우들이 어려서부터 훈련하여 다진 자신의 기본기와 무대에서 항상 연기해왔던 춤 동작들이 모두 쓸데가 없으니 '영웅이 무예를 쓸 수 없는 곳'이 되어버린다. 나는 몇몇 전통적인 연기에 대해 더 깊이 있는 연구와 훈련이 필요한, 즉 아직 연기가 성숙한 경지에 도달하지 못한 배우들과 함께 〈등하고〉와 〈일루마〉 공연을 몇 차례 할 기회가 있었다. 당시 그들에게 보다 깊이 있는 연기를 요구했지만, 사실상 그것은 매우 어려운 일이었다. 내가 나중에 시장희를 많이 만들지 않은 이유 중에 이것도 포함된다.

해방 후 희곡은 비록 내용과 형식의 모순이 아직 철저하게 해결되지는 않았지만 현대 생활을 표현하는 면에서는 상당한 발전을 이루었다. 내가 본 작품으로는 경극 〈백모녀〉와 〈녹원홍기禄原紅旗〉, 미호희郿鄠戲* 〈양추연梁秋燕〉, 예극豫劇** 〈원천성혁명袁天成革命〉 등이 있는데 어떤 작품은 전통적인 형식을 교묘하게 운용하고 어떤 작품은 전통의 기초 위에서 새로운 동작들을 창조하기도 했으니 확실히 진일보한 것은 틀림없다. 몇몇 지방극은 형식적으로 현대 생활을 표현하기에 더 적합하기 때문에 좋은 극목들을 더 많이 보존하고 있다. 이러한 현상은 기뻐할 만한 일이다.

*
미호희:
섬서성의 대표 극종 중의 하나

**
예극:
하남성에서 발원한 희곡의 일종

중국에는 극의 종류가 많고 축적해온 유산 또한 다양하고 풍부하다. 하지만 뛰어난 부분과 부족한 부분이 각기 다르기 때문에 그 자신이 가진 풍격에 따라 자신의 특징을 보호하고 유지하면서 각기 다른 장점을 발휘하고 역사적인 임무를 수행하며 발전해나갈 수 있도록 노력해야 한다.

고장희를 실험해보다

고장희古裝戱는 내가 창조한 것이다. 지금은 연극 배우들이 무대에서 자주 이 분장을 하고 또한 관객들도 많이 보아서 이미 익숙해졌기 때문에 더 이상 그것을 이상하게 여기지 않는다. 하지만 내가 처음 이 작품을 선보였을 때는 다른 창작물들과 마찬가지로 관객들이 낯설어했기 때문에 많은 사람들이 심혈을 기울여 수정에 수정을 거듭했고 그런 후에야 비로소 이런 작은 성과물이 있게 된 것이다.

〈항아분월〉

민국 4년1915 음력 7월 7일, 〈천하배〉 공연을 마친 후 몇몇 친구들과 모여 내 연기와 업무에 관해 논의했다. 이날은 자연스럽게 민속 명절에 공연하는 응절희應節戱*에 대해 이야기하게 되었다.

이석감 선생이 말했다.

"희반[극단]에서 5월 5일에 〈오독전五毒傳〉, 〈백사전白蛇傳〉, 〈혼원합混元盒〉 등의 극을 공연하고 7월 7일은 〈천하배〉, 7월 15일은 〈맹란회盂蘭會〉, 8월 14일은 〈천향경절天香慶節〉을 공연하는데 보통 이런 것들을 응절희라고 부르지. 이 가운데서 〈백사전〉과 〈천하배〉는 남북에서 두루 유행하는 작품이고, 〈천향경절〉은 극명만 남아 있어서 실제로 공연하는 것을 본 사람은 없네. 이미 만들어져 있는데다가 중추절에 꼭 맞는 항아姮娥 이야기가 있으니, 우리가 그것으로 중추절에 공연할 신희를 하나 만들어볼 수 있지 않을까 싶네."

*
응절희:
단오절, 중추절 등 각 민속 명절에 상응하는 레퍼토리로 된 극목

모두가 그 말을 듣고 일제히 찬성했다. 내가 제여산 선생의 급한 성미를 말하지 않았던가? 그가 곧바로 이어서 말했다.

"하려면 제대로 해야지. 오늘이 7월 7일이니 곧 추석이야. 사십 일 동안 이 작품을 완성해야 하네. 내가 돌아가서 대강의 내용을 짜 보겠네. 이 극의 목적은 명절을 맞기 위한 거고 극의 주인공이 항아라는 것은 오늘 확정되었지만 항아에 대한 자료가 너무 적으니 제재 방면에서 의견들을 많이 주면 좋겠네."

이 선생이 말했다.

"책에서 항아의 이야기가 가장 먼저 등장하는 것은 『회남자淮南子』와 『수신기』지. 거기에는 '예羿가 서왕모에게서 불사약을 구했는데 항아가 그것을 훔쳐서 달로 달아났다'라는 신화 기록이 있어. 우리는 항아를 후예의 아내로 보아도 무방할 것 같네. 그녀는 남편의 영약을 훔쳐서 먹었기 때문에 후예가 호리병 안의 선단을 달라고 할 때 내놓지 못하는 거야. 후예가 화가 나서 그녀를 때리려고 해서 월궁으로 도망갔어. 중요한 것은 뒷부분에 항아가 춤추고 노래하는 두 장면이 있어야 한다는 거야. 여기에다 달 속의 토끼 할아버지와 토끼 할머니의 익살 연기를 삽입하면 내 생각에 이 작품이 생동감이 넘치고 재미있을 것 같네."

다음 날 제여산 선생이 간단한 줄거리의 초고를 써왔고 이석감 선생이 극본으로 고쳐 쓰는 작업을 맡았다. 다 같이 다시 세밀하게 원고를 다듬어 고쳤고 극의 제목은 〈항아분월〉로 하기로 결정했다. 이렇게 며칠 간 바삐 움직이다 보니, 어느새 극본이 완성되었다. 그 다음은 항아의 분장이었다. 이 또한 우리가 당시 연구해야 할 과제였다. 내 생각에 관객에게 이상적인 항아는 반드시 아름다운 선녀의 모습일 것 같았다. 과거에 아무도 항아가 나오는 극을 만든 적이 없었다. 우리가 이번에 그녀를 무대에 올리는 건데 항아가 월궁으로 간 이후의 모습에서도 여전히 옛날 극의 복장을 착용하여 조화를 이루지 못하게 되면 관객들은 그것을 보고 자신이 상상 속에서 그렸던 아름다움에 미치지 못한다고 느끼게 될 것이다. 그러면 배우가 분장한 모습이 항아가 아니라고 생각할 것이고 그렇게 되면 이 극의 가치는 크게 떨어진다. 그래서 나는 새로운 것을 개척해야 한다고 주장하면서 그림에서 제재를 찾았다. 이 방법은 우리 희극계에서 아직 아무도 써본 적이 없었다. 나는 마음을 정하고 용기를 내어 그것을 시험해보기로 했다. 이 일이 확정된 후에 나의 열성적인 친구들은 각자 일을 분담해서 옛날 그림들을 빌리거나 사서 수집해주었다. 그림 속 미인의 옷차림을 근거로 해서 우리는 새롭게 고장희 저본을 만들었다.

항아의 분장에 대한 구상이 완성된 다음은 실제로 분장을 하고 연기를 해봐야 했다. 이는 처음 작품을 창작할 때 당연히 거쳐야 하는 수순이다. 우리는 풍유위 선생의 집에서 시연을 해보기로 했다. 그는 매사煤渣 골목의 사합원四合院*에 살았다. 그가 사는 도좌倒座**는 원래 다섯 칸인데, 우리는 세 칸을 하나로 터서 만든 거실에 커다란 팔선 탁자 두 개를 가져다 가장 안쪽의 벽 한쪽에 나란히 붙였다. 이것이 바로 우리가 임시로 만든 희대戲臺[무대]였다. 친구들은 전부 문이 있는 쪽으로 앉았다. 말하자면 그들이 관객이었다. 방 안의 전등은 모두 끄고 희대와 가까운 안쪽의 전등만 밝게 켜두었다. 거실을 대충 바꾸었더니 의외로 작은 희관戲館 같았다. '무대 위는 환하게 하고 관객석은 어둡게' 꾸민 것처럼 보였는데, 이런 방식은 현대화된 조명 설치에 어울리는 것으로 당시의 희관들은 아직 이러한 배치를 쓰지 않았다. 모두 무대를 보고 신이 나서 웃음을 터뜨렸다.

나는 세 차례나 고친 끝에 성공한 새 무대의상을 입고 이 작은 무대 위로 올라가 나와 제여산 선생이 연구한 여러 무도 동작들을 하나하나 그들에게 보여주었다. 그날 극을 관람한 친구들은 일부러 흠을 들추었고 맞지 않은 곳이 있으면 곧바로 무대 앞으로 와서 바로잡을 것을 요구했다. 서석부 선생은 손에 시침핀을 들고 있다가 내 의상 어느 부분이 너무 넓어서 보기 흉하거나 치마의 길이가 너무 길면 와서 시침핀을 꽂아 주었다. 양복을 맞출 때 가봉을 하는 것과 크게 다르지 않았다. 무대의상의 색상은 오진수 선생이 의견을 주었다. 너무 짙은 색은 맞지 않고 특히 윗면에 꽃을 수놓는

*
사합원:
북경의 전통적인 건축물로 ㅁ자 형태에 가운데 마당을 두고 본채와 사랑채 건물로 둘러싸인 구조로 되어 있음

**
도좌:
북경 사합원의 상방 맞은편 대문을 끼고 있는 남옥(南屋)을 말함

것은 어울리지 않고 단색의 꽃과 옅은 색을 써야 항아의 성격에 맞는다는 것이었다. 나는 그 의견에 따랐다.

이 몇몇의 열성적인 친구들과 한동안 아침저녁으로 만나 항아의 문제를 의논했다. 한 달여를 이렇게 바쁘게 보내고 나니 중추절이 눈앞으로 다가와 있었다. 그러나 아직 사람들에게 보일 수는 없었다. 한 달여를 더 연구하고 이 일을 신문에 여러 번 실었기 때문에, 친한 친구들도 모두 이 일을 알게 되어 '항아'가 하루 빨리 나타나기를 애타게 기다렸다. 음력 9월 23일 낮, 길상원에 내 〈항아분월〉 공연 프로그램이 나붙었다. 이날은 점심 시간 직후부터 관자의 좌석이 꽉 찼다. 관객들 중에는 오로지 이 새로운 무대를 보기 위해 온 사람도 있었고, 일부 내게 관심있는 친구들은 새롭게 분장한 내 모습을 보지 못했기 때문에 내가 무대에서 괴상한 모습으로 나타나는 것은 아닌지 마음을 졸이며 무대를 지켜보고 있었다. 보수파 관객들은 근본적으로 배우의 어떤 개혁 행위도 찬성하지 않았으므로 웃음거리를 보길 기대하며 무대 아래에 앉아서 기다리고 있었다. 이 극의 공동 창작에 함께 참여했던 몇몇 친구들만 무대의 앞과 뒤, 조명, 배경 등을 점검하며 뛰어다니느라 피곤한 것도 잊고 있었다. 그들은 모두 즐거운 마음으로 얼굴에 미소를 띠고서 내가 월궁에서 나와 지금까지 아무도 무대 위에서 본 적이 없는 그림 속 미인으로 변신하기만 기다렸다.

당시 보수적인 관객들은 누군가 정해진 규칙을 깨고 새롭게 시도하는 것을 찬성하지 않았다. 그들은 내가 신극에서 오래된 희곡의 신단을 자주 사용하기 때문에 창작이라고 할 수 없다고 말했다. 나는 그들이 대구를 사용한 사륙체四六體의 옛날 문장으로 나의 〈항아분월〉과 〈패왕별희〉를 이렇게 형용했던 것을 기억한다. "항아가 화겸花鎌을 가지고 춤을 추는 것은 홍예의 창 연기를 본떴으며 우희의 보검 춤은 숙보叔寶의 간鐗 연기와 똑같다." 이 말의 의미는 내가 오래된 희곡의 신단을 훔쳐 썼다는 것인데 사실 전혀 틀린 말은 아니다. 항아의 '화겸무花鎌舞'는 분명히 내가 〈홍예관〉에서 동방씨와 왕백당이 겨루는 신단을 활용해서 새롭게 구성해서 만든 것이다.

예술이라는 것 자체가 영원히 붙박은 듯이 정체되어 움직이지 않는 그런 것일 수가 없다. 언제나 뒤의 물결이 앞의 물결을 밀어주듯이 후배들이 선배들의 성과물을 부단히 발전시켜나가는 것이다. 하지만 후배들의 개혁과 창조는 반드시 선배들이 물려준 예술의 정수를 먼저 흡수하고 다시 자신의 공력과 경험을 더해서 순서에 따라 진전시켜 나아가야 한다. 그래야만 비로소 예술 개혁의 탄탄대로가 열리는 것이다. 만약 자기 잘난 것만 믿고 근거 없이 예술을 개혁한다면, 원래 의도는 개선이었다 해도 결과적으로는 예술과 멀어지게 된다. 내가 40여 년 동안 어느 하루라도 예술에서의 개량을 생각하지 않은 날이 있었겠는가? 또 단번에 완전무결하게 개량하기를 바라지 않았던 적이 있었겠는가? 하지만 사실과 경험이 내게 말해준 것은 예술개혁은 그 자체로 자연스럽게 진행되는 절차가 존재한다는 사실이었다. 고장희로 말하면 앞에 공연한 〈항아분월〉 때와 뒤에 공연한 〈천녀산화〉 때를 비교할 때 이미 단순함에서 복잡한 경지로 들어섰던 것 같다. 내가 설마 의도적으로 먼저 단순한 것을 추구하고 나중에 복잡한 것으로 바꾸었겠는가? 내가 처음 고장희를 만들었을 때, 나는 내 지혜와 능력을 다 투여하고 내 모든 정력을 다 쏟아 부었다. 다만 경험과 학식이 풍부하지 못해 그 정도까지밖에 해내지 못한 것이다.

열세 번째 대목에서 항아는 뭇 신선들과 광한궁廣寒宮에서 연회를 벌이며 한가위를 경축한다. 이것은 극 전체의 마지막 대목이다. 연회가 끝나 신선들이 모두 흩어져 돌아가고 항아는 옷을 갈아입는다. 부드러운 주단으로 만든 배자帔를 위에 더 걸치고 가슴에는 옥으로 된 장식을 달았다. 그녀는 인간 세상의 중생들이 부부로 쌍쌍이 짝을 이루고 온가족이 모여 함께 명절을 쇠는 것을 지켜보며 자신이 홀로 거처하는 적막하고 쓸쓸한 한궁寒宮보다 인간세상이 훨씬 더 좋다고 느낀다. 그러면서 자기도 모르게 속세에 대한 미련이 발동하여 당시 영약을 훔쳐 먹었던 것을 뼈저리게 후회한다. 이 다음에 '수무袖舞' 한 단락을 추고, 남방자南邦子 가락에 창을 한다. "벽옥계단 앞에서 연꽃 같은 걸음을 옮기며, 수정 발 아래로 세상을 가만히 내려다보네. 인간 세상의 부부는 얼마나 아름다운가! 햇과일에 좋은 술로 한가위를 경축하네. 어떤 부부는 마주 앉아 술을 마시며 회포를 풀고, 어떤 부부는 손을 잡고 느긋하게 걷고 있네. 어떤 부부는 가을 밤 규방 안에 나란히 앉아 있고 어떤 부부는 수놓은 비단 휘장 속으로 함께 들어가는구나. 한 궁에 갇혀 지내는 항아를 생각하며 적적하고 쓸쓸한 맘 알아줄 이 누가 있으리오." 창이 끝나고 다시 두 마디 대사를 읊는다. "그때 영약을 훔쳐 먹은 일을 사무치게 후회하노니, 광활한 푸른 하늘에서 밤마다 그 마음뿐이로구나." 퇴장하면서 극이 막을 내린다. 여기의 신단은 앞에 있는 '채화菜花' 장면과 성격이 완전히 다르다. 호금이 간주로 연주될 때 동작은 많지 않다. 모든 수무 자세는 노랫가락에 맡기고서 집집마다 즐거워하는 사람들의 모습을 한 마디 한 마디 묘사해낸다. 이렇게 하여 노래와 동작이 긴밀하게 연관되는데, 이는 내가 곤곡에서 도움을 얻은 것이다.

〈홍루희〉

〈항아분월〉을 공연한 후 여론은 일제히 한층 더 분발해서 고장희를 몇 작품 더 만들어야 한다며 나를 고무시켰다. 나와 공동 작업을 했던 그 열성적인 친구들이 또다시 나를 도와 많은 아이디어를 생각해냈다.

한 친구가 내게 이런 건의를 했다.

"당신들은 이미 항아의 형상을 창조했는데 홍루를 제재로 한 극은 왜 만들지 않지요?"

이 말을 듣고 맞는 말이라고 생각해 우리는 즉시 이 문제에 대해 연구하기 시작했다. 그러고 보니 이상하게도 그 많은 소설 내용 가운데서, 심지어 말이 안 되는 플롯들도 극으로 각색되었는데, 유독 이 유명한 소설에 대해서만 지금까지 극으로 각색한 사람이 없었다. 이는 아무리 생각을 해봐도 참으로 이해할 수 없는 일이다.

또한 희곡과 관련된 비화를 잘 아는 친구가 있는데 내가 『홍루몽』을 제재로 한 극을 만들려고 한다는 말을 듣고 내게 말했다.

"『국부군영菊部郡英』이라는 책이 있는데 청나라 동치, 광서제 때 명배우들이 노래했던 극목을 기록한 것이네. 자네 조부가 부른 극목에 〈홍루몽〉 한 출이 있는데 사상운史湘雲 역을 하셨다네. 이 극의 줄거리는 책에도 설명된 게 없어."

몇몇 친구들이 나를 도와 조부가 남기신 몇 상자의 희극 대본을 샅샅이 뒤졌지만 〈홍루몽〉 대본은 찾지 못했다. 그들이 내게 말했다.

"건륭 연간에 장심여蔣心余라는 사람도 〈홍루몽〉 곡자曲子[노래]를 지었네. 가사는 아름다운데, 악보에 맞추면 음률이 맞지 않아 그가 지은 곡자를 부른 사람이 아무도 없네. 우리가 만드는 것은 극이니, 여기서 제재를 취할 필요가 없지."

내 조부가 불렀다는 〈홍루몽〉 극본에 대해 나는 그 후에 부석화傅惜華 선생과도 얘기를 나누었다. 그는 희곡 악보와 소설을 소장하는 것을 좋아했다. 그가 말했다.

"〈홍루몽〉 전기傳奇는 내가 아는 바로는 세 종류가 있네. 하나는 형석산민荊石山民이란 필명을 가진 사람이 만든 〈홍루몽산투紅樓夢散套〉네. 그는 책에 등장하는 각각의 이야기에 대해 독립적으로 악보를 만들었기 때문에 서로 연결되지는 않네. 그러나 그가 악보의 음계를 잘 표시해 놓아 곤곡을 부를 줄 아는 사람은 그것을 가져다 노래를 할 수 있다네. 나머지 두 종류의 〈홍루몽〉 전기는 가경嘉慶 연간에 중운간仲雲澗이 지은 것과 도광道光 연간에 진종린陳鍾麟이 지은 거야. 이 둘은 수미가 일관되고 전체 이야기의 내용을 포함하지만, 곡문曲文만 있고 악보는 없다네. 자네 조부가 연기하신 〈홍루몽〉은 아마도 〈홍루몽산투〉의 한 출이 아닌가 싶네."

나는 먼저 이육여李毓如, 여옥금余玉琴, 지균경遲鈞卿 등이 『아녀영웅전兒女英雄傳』을 무대극으로 각색했던 방식에 따라 연대정본連臺整本* 〈홍루몽〉을 기획했다. 하지만 사실상 두 가지 어려움이 있었다. 하나는 당시의 모든 희반

*
연대정본:
극본의 일부를 공연하는 절자희과 대비되는, 연속적으로 며칠에 걸쳐 공연하는 전체 내용을 다룬 극본

戲班 조직은 생, 단, 정, 말, 축 각 항당의 각색이 모두 포함되어 있었는데, 화검淨과 같은 항당은 홍루희紅樓戲*에서는 삽입할 기회가 거의 없었던 것이다. 그런 반면에, 단 각색의 항당은 너무 많이 필요했다. 신희 하나를 만들자고 몇몇 항당의 각색을 무대 밖에서 쉬게 하면서 단 각색 배우들을 대거 늘릴 수는 없는 노릇이었다. 이는 배우 안배의 어려움이었다. 다른 하나는 『홍루몽』이 구소설 중의 명작이고 작품 속 인물에 대한 묘사도 대단히 세밀하고 생동감이 넘치지만 이야기 묘사가 소소한 일상사와 남녀 간의 사랑에 편중되어 극으로 각색했을 때 무대가 지나치게 썰렁하고 『수호전』이나 『삼국지연의』처럼 인물의 복잡성이나 이야기의 떠들썩함으로 인한 재미도 없다는 것이다. 연극적인 요소도 농후하지 않다. 다시 몇 차례 논의를 한 결과 이야기 전체를 극본으로 각색하겠다는 의도는 포기하고, 우선 하나의 일화를 가지고 짧은 극을 하나 만들어 보기로 의견을 모았다. 이렇게 해서 〈대옥장화〉라는 극을 만들게 된 것이다.

* 홍루희: 소설 『홍루몽』의 내용을 제재로 극을 각색한 것을 말함

『홍루몽』 원작은 23회와 27회에서 대옥이 꽃 무덤을 만든 일을 언급한다. 친구들은 대체로 이전에 진자방陳子芳이 연출했던 것과 곤곡 곡본 〈대옥장화〉는 27회 '꽃을 묻고 대옥이 지는 꽃을 슬퍼하다'의 내용을 가져와 제재로 삼은 것이라고 생각했다. 이 둘은 극 전체에 등장인물이 세 사람만 나오는 데다가 다른 내용들이 삽입되어 있지 않아 무대가 상당히 썰렁했다. 우리는 이런 기존 방식과 다르게 23회 '서상기의 절묘한 문장을 통해 말장난을 하고 모란정의 아름다운 곡사에 마음이 설레다'의 이야기로 바꾸어도 무방하지 않을까 생각해보았다. 이렇게 바꾸면 여기에 이향원梨香院에서 곤곡을 듣는 장면을 이용해 내용을 좀 더 많이 삽입할 수 있기 때문이었다. 임대옥林黛玉이 꽃을 땅에 묻은 사실은 본래 23회에서 나오고, 27회는 단지 대옥이 꽃의 무덤을 마주하고 슬퍼하는 내용일 뿐이다.

『홍루몽』은 위대한 사실주의의 걸작이다. 봉건시대 한 관료 지주의 집안이 정점에서 어떻게 서서히 쇠망해가는지를 묘사한 것으로 이 작품은 오랫동안 사랑을 받아왔기 때문에 사람들에게 매우 익숙하고, 또 관객들 중

에도 『홍루몽』을 여러 번 읽었던 사람들이 적지 않기 때문에, 만약 배우가 극중 인물의 성격과 내면의 변화를 제대로 잘 표현해내지 못하면 관객들을 만족시킬 수 없을 것이었다.

〈대옥장화〉는 내가 『홍루몽』을 극으로 각색하여 연출한 첫 번째 작품이다. 관객들은 과거에 무대에서 임대옥과 가보옥賈寶玉을 본 적이 없었다. 모두가 한번쯤 와서 보고 싶어 했기 때문에 이 극은 관객에게 인기가 상당했다. 어떤 극이 관객에게 사랑을 받는지 아닌지는 정해진 기간 동안의 공연 횟수를 보면 알 수 있다. 나는 민국 5년1916 겨울 허소경의 요청으로 세 번째로 상해에 갔으며 천섬무대에서 40여 일 동안 공연을 했다. 그때 〈항아분월〉은 7회 공연했고 〈대옥장화〉는 5회 공연했다. 이 두 극의 공연 회수는 그 기간 동안에 공연된 전체 공연 수의 1/4에 해당한다. 게다가 공연마다 극장이 관객으로 만원이었다. 허소경은 이 두 작품이 그에게 적지 않은 돈을 벌어주었다는 것을 인정하면서 매일 얼굴에 웃음을 띠고서 나와 이야기를 나누곤 했다. 그런 모습을 옆에서 보며 시샘하고 질투하던 사람들이 그에게 이런 장난을 쳤다. 천섬무대 사장실에는 12인치 크기의 커다란 허소경 사진이 걸려있는데 누군가 그 사진의 양쪽 관자놀이 부분에 생각을 표시하는 두 개의 선을 그려놓고서는 왼쪽에는 〈항아분월〉, 오른쪽에는 〈대옥장화〉라고 써서 그의 머릿속에는 오직 그 두 개의 극만 들어 있다고 비꼬는 내용이었다. 사실 상해의 관객들도 고대 복장으로 분장한 모습을 볼 수 있다는 것과 『홍루몽』을 제재로 한 새로운 극이라는 두 가지 신선함 때문에 그렇게 떠들썩했던 것이 아니겠는가? 그러나 나 자신은 〈대옥장화〉를 공연할 때마다 극본은 세밀하게 썼지만 아쉽게도 무대가 너무 단조롭다고 생각한다.

내가 북경에서 〈대옥장화〉 극을 만들었다면 상해에서도 〈대옥장화〉 극을 만든 사람이 있었다. 바로 구양여천歐陽予倩 선생이다. 우리 두 사람이 한 사람은 남쪽에서 한 사람은 북쪽에서 홍루희를 만들었다는 사실은 참으로 흥미로웠다. 주변 사람들은 그것을 보고 우리가 경쟁을 한다고 생각했지만 사실 그가 만든 홍루희가 양적으로 나보다 훨씬 많았다. 나는 〈대옥장화〉, 〈천금일소〉, 〈준습인〉 세 출만 무대연출을 했고, 한 출은 63회 '생일날 이홍원에서 모여 저녁 연회를 열다'를 근거로 해서 각색을 완료했지만 아직 무대에서 공연한 적이 없다. 그가 연출을 한 홍루희는 내가 알고 있는 것만 해도 아홉 출이나 된다. 〈대옥장화〉, 〈청문보구晴雯補裘〉, 〈원앙전발鴛鴦剪髮〉, 〈원앙검鴛鴦劍〉[17], 〈왕희봉대료영국부王熙鳳大鬧英國府〉, 〈보섬송주寶蟾送酒〉, 〈만두암饅頭庵〉, 〈대옥분고黛玉焚稿〉, 〈솔옥청죄摔玉請罪〉가 그것들이다.

민국 8년1919에서 11년1922 사이에 나는 세 번이나 남통南通으로 공연을 갔다. 남통에 처음 간 것은 민국 8년 겨울이었다. 장건張謇[18] 선생이 사람을 보내 우리를 맞이했고 남통 박물관 안에 있던 호남별장壕南別業에 묵도록 해 주었다. 남방과 북방에서 모두 이름을 떨친 곤곡 전문가 유속려 선생도 그 자리에 있었다. 그때 나는 마침 곤곡을 배우는 것에 한창 열을 내고 있던 때여서 그를 만난 기회를 놓치지 않고 몇 가지 문제에 대해 가르침을 청했다. 그는 그 문제들에 대해 모두 충분한 해답을 주었다. 나중에 그는 내가 창하는 것을 듣고 내 목청이 탁 트여 곤곡의 정단正旦을 부를 수 있다고 생각해서 내게 〈난가산爛柯山〉의 '치몽痴夢'과 〈자비원慈悲願〉의 '인자認子', 〈비파기琵琶記〉의 '남포南浦'를 배우라고 했다. 나는 북경으로 돌아와 먼저 사곤천謝昆泉에게 '치몽'을 배웠고, 상해에서 유진비와 허백주에게 '인자'의 무대연습을 숙련되게 지도받았다.

둘째 날 우리는 먼저 영공학교伶工學校를 견학했다. 교장인 구양여천 선생이 우리를 데리고 교실, 학교 건물, 운동장 등 여러 곳을 안내했다. 그 당

---

17) 우삼저(憂三姐, 우씨 집안의 셋째 아가씨)의 이야기이다. 나중에 순혜생(荀慧生)이 연기한 〈홍루이우(紅樓二憂)〉도 이 이야기를 내용으로 한 것이다.

18) 장건(1863-1926)은 강소 남통 사람이며 자는 계직(季直)이다. 청 말의 장원이자 근대의 애국적인 민족 사업가였다. 고향에서 사업을 통해 나라를 구하겠다는 이상을 실현했다. 공장을 세우고 시정(市政) 건설을 후원하였다. 공익과 자선 사업에 적극적이었으며 문화 교육 사업과 오락 시설에 크게 관심을 기울였다. 그는 1918년과 1919년을 전후로 현대적인 설비를 갖춘 경속극장을 건립했다. 또한 중국 최초의 정규 연극 학교인 영공학사를 설립하고 구양여천 선생을 초빙하여 교육을 맡겼으며 인재를 배양하고 희극 개량을 실천했다. 또한 매란방에게 이 일을 도와달라고 요청했다.

시 남방에서는 이 같은 학교 설립의 기풍이 막 시작되었고 이 학교는 유일한 희극 인재 훈련 기관이었다. 영공학교를 둘러본 뒤, 구양여천 선생은 또 우리를 데리고 경속극장更俗劇場으로 견학을 갔다. 무대책임자인 설병초薛秉初가 우리를 먼저 접대실로 초대해 차를 대접했다. 막 문에 들어서서 고개를 드니 높이 걸려 있는 편액이 하나 눈에 띄었다. 크게 '매구각梅歐閣'이라고 쓰여 있었다. 필법이 힘 있고 기세가 웅장하며 강건한 것이 단번에 옹송선翁松禪 노인에게 배웠음을 알 수 있었는데, 그것은 바로 장건 선생의 친필이었다. 그 옆에는 한 폭의 대련이 걸려 있었다. "남파[매란방]와 북파[구양여천]가 만나 교류한 곳, 옛날 완릉宛陵과 여릉廬陵 두 예술가가 오늘날 만났도다." 역시 장건 선생이 직접 쓴 글이었다. 그는 매성유梅聖俞[완릉]와 구양수歐陽脩[여릉] 두 고인의 사적을 빌려 나와 구양여천 선생의 성을 암시한 것이었다. 책임자인 설병초 선생이 편액을 가리키며 우리에게 말했다.

"이 방은 사四 선생께서 두 분의 예술을 기념하기 위해 마련한 장소입니다."

그 말을 듣는 순간 나는 너무나 부끄럽고 황송했다. 그때 나는 아직 젊었는데 예술적으로 무슨 기념할 만한 성과가 있었겠는가? 이는 그가 의도적으로 이런 방식을 써서 후배들을 격려하고 우리가 예술을 위해 분투하도록 고무한 것이었다. 내가 지난 삼십 년 동안 시종일관 내 자신의 위치에서 열심히 일할 수 있었던 것은 이런 친구들의 영향을 크게 받은 덕분이다.

〈천녀산화〉

〈천녀산화〉의 각본을 써서 연출하게 된 것은 우연히 한 친구 집에서 〈산화도〉 그림을 본 것에서 시작되었다. 나는 천녀가 풍대風帶를 바람에 날리며 하늘하늘 날아오르는 모습의 가볍고 신령한 자태를 그린 이 그림이 생동감 넘치면서도 아름다워 그만 넋을 잃고 바라보았다. 곁에 있던 친구가 말했다.

"〈항아분월〉에 이어 〈천녀산화〉 공연을 만들어봐도 되지 않겠나?"

나는 웃으며 대답했다.

"그렇군! 나도 마침 방법을 찾고 있던 중이었네!"

이런 제재는 가무극에 매우 적합하기 때문이었다. 나는 돌아보며 주인에게 물었다.

"이 그림을 내게 며칠간 빌려주실 수 있소?"

주인이 말했다.

"빌려드릴 수는 있습니다. 그러나 한 가지 조건이 있습니다. 만약 무대가 완성되어 공연을 하게 되면 제게 좋은 자리 몇 개를 마련해주어 극을 관람하게 해주십시오."

내가 말했다.

"그거야 문제없는 일이지요."

돌아온 뒤에 나는 이 〈산화도〉를 자세히 살폈다. 바람에 날리는 천녀의 풍대를 통해 춤동작을 창조하고 싶어서였다. 그림에서 천녀의 몸에 여러 개의 풍대가 드리운 것처럼 나도 그렇게 여러 개의 비단 띠를 드리우고 시험을 해보았다. 춤을 출 때 비단 띠가 너무 많으니 왼쪽으로 감기고 오른쪽으로 엉켜서 아무래도 움직임이 자유롭지 않았다. 이리저리 시도한 끝에 결국 두 개의 띠를 드리우고 해보았더니 놀랍게도 원하는 대로 되었고 미관상으로도 전혀 문제가 없었다. 비단 띠 춤은 이렇게 결정된 것이다.

이 극의 제목은 〈천녀산화〉라고 했다. 8개월 동안 준비한 끝에 비로소 완성되었다. 극본은 불교의 『유마힐경維摩詰經』에서 제재를 취했다. 이야기는 아주 간단하다. "유마가 병이 나자 여래가 천녀에게 명하여 병실에서 꽃을 뿌려 번뇌와 집착을 시험했다"는 내용이다.

이 극의 중심은 전적으로 춤이고, 춤을 추는 주요한 수단이 바로 이 두 개의 띠이다. 비단 띠의 길이는 두 종류로 '운로雲路'에서 사용한 것과 '산화'에서 사용한 것이 서로 다르다. '운로'에서 사용한 띠는 길이가 1장丈

7~8척尺 넓이는 1척 1~2촌寸이며 끝이 제비꼬리처럼 만들어졌다. 띠마다 두 가지 서로 다른 색깔의 얇은 인도 비단을 이어 만들었다. 예를 들어 한쪽 띠가 분홍색과 푸른색이면 다른 쪽 띠는 옅은 노랑과 엷은 자색을 쓰는 식이다. '산화'에서 사용한 띠는 비교적 짧고 폭이 좁다. 8~9척 길이에 폭이 7~8촌이었으며 양쪽 끈은 각각 다른 색을 사용했고 잇지 않았다. '산화'에서 운대雲臺는 장소가 작고 좁은 데다 화노花奴가 한 명 더 있기 때문에 이렇게 변경하지 않을 수가 없었다. 나는 이 비단 띠를 사용할 때 자주 색을 바꾸었다. 인도산 비단은 너무 얇아서 몇 번 사용하고 나면 손에 있던 땀이 스며들어 다시 사용하기가 힘들었기 때문에 자주 새로운 천으로 바꿔주어야 했다.

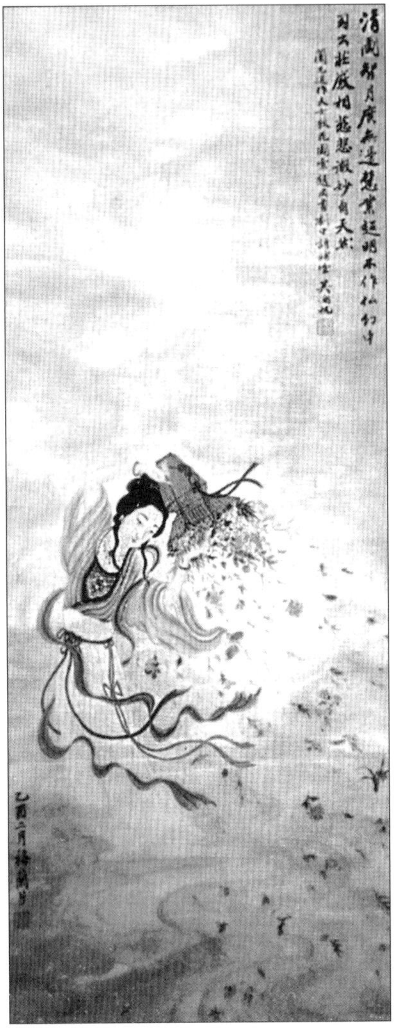
〈그림 5〉 천녀산화도

이처럼 맨손으로 비단 띠를 움직여 춤을 추는 공력은 전적으로 팔과 손목의 힘에서 나오며 특히 손목이 원활하게 잘 움직여야 한다. 비단이 부드럽고 가볍기 때문에 정교하면서도 힘이 있어야 원하는 대로 움직일 수가 있지 쓸데없이 힘을 많이 쓴다고 되는 것이 아니다. 먼저 비단의 물질적 특징에 대해 잘 알아야 한다. 그래야 어떤 힘을 쓰면 얼마만큼 멀리 흔들리며 나가는지 또 비단 끈을 돌려 몇 개의 꽃모양을 만들 수 있는지 원을 그리며 말려 올라갔다가 얼마 만에 떨어지게 할 수 있을지를 파악할 수 있다. 이런 힘의 분절과 안배를 정확하게 할 줄 알고 손의 힘을 정교하게 훈련해야 비로소 춤에 호응하는 신단과 걸음걸이의 속도와 진퇴를 자유롭게 할 수 있다. 그리고 그것들이 노랫가락 및 음악의 리듬과 잘 어우러지도록 해야 한다.

나는 1917년 12월 1일에 길상원에서 처음 〈천녀산화〉를 공연했다.

그 후 지속적으로 공연을 해왔고 당회희에서도 가끔 이 작품을 공연했다. 1919년 내가 처음으로 일본에 가게 된 것도 일본 동경제국극장의 책임자인 오쿠라 기하치로大倉喜八郎가 북경에서 내 〈천녀산화〉 공연을 보고 난 뒤 나를 초청했기 때문이다.

이 작품을 계속 노래하다 보니 연기가 점점 능숙해지고 신단과 춤사위의 어떤 부분은 자연스럽게 늘였다 줄였다 하면서 원하는 대로 할 수 있게 되었다. 한번은 내가 문명원文明園에서 이 작품을 공연할 때 오랜 친구들 여러 명이 무대 앞쪽에서 공연을 관람했다. 그날 '산화' 대목의 춤을 추면서 나는 임시로 몇 개의 신단 동작을 더했고 풍대도 보통 때보다 더 화려하고 자연스럽게 날아다니도록 춤을 추었다. 공연을 마치고 내가 분장실에서 무대의상을 갈아입고 있는데, 몇몇 친구들이 들어왔다. 나는 다소 득의한 표정으로 그들에게 물었다.

"오늘 어땠어요? 괜찮았지요?"

한 친구가 이마를 찌푸린 채 고개를 저으며 내게 말했다.

"오늘은 노래가 별로 좋지 않았네. 두 마디 곤곡에 비단 띠 춤동작이 너무 많아서 보는 내내 눈이 어지러웠어. 단락도 단계도 구분이 안 돼 예술성이 떨어졌네. 이렇게 노래를 계속하면 너무 익숙한 나머지 신경 쓰지 않고 기계적인 연기를 하게 될 거야. 그래서는 안 되지. 빨리 수정하는 게 좋을 것이야."

옆에 있던 친구들도 말을 이었다.

"그 말이 맞네. 신단과 비단 띠 춤을 통일되게 안배하면 이런 상황이 되지는 않을 걸세."

나는 그들의 말에 일리가 있다고 생각했다. 그래서 이때부터 신단과 비단 띠 춤을 매 동작마다 고정시켰다. 예를 들어 꽃을 흩뿌릴 때의 음악인 【금정악錦庭樂】 곡패는 나와 요옥부姚玉芙 두 사람 다 악보가 닳을 정도로 외웠고 어떤 신단, 어떤 장소가 악보의 어느 음계 안에 있는지 어떤 꽃을 어느 장단에서 뿌리는지를 살펴 일종의 '정형화'된 춤이 되도록 했다. 이후로는 이에 따라 노래를 불렀다.

1920년에 나는 상해 천섬무대에서 공연을 했는데, 이때도 〈천녀산화〉를 불렀다. 상해에서 이 극을 세 번 공연하고 난 뒤에 하루는 개오야蓋五爺[개규천(蓋叫天)]가 무대 뒤로 나를 찾아왔다.

"내가 몇 마디 말을 하고자 하니 선생께서는 언짢게 여기지 마시지요. 선생께서 상해에 와서 몇 차례 공연을 했는데, 나는 선생의 기예에 대해 솔직히 말하면, 전혀 감동을 받지 못했소이다. 이번에는 〈천녀산화〉를 연달아 사흘 동안 보았지요. 신단과 띠를 흔들며 추는 춤으로 볼 때 사흘 동안의 연기가 한결같았고 안정적이면서 정확하더이다. 나는 이번에야 선생의 공력을 알 수 있었소."

내가 말했다.

"과찬이십니다. 선생님의 많은 가르침을 부탁드립니다."

그가 말했다.

"이 극에서는 〈건원산乾元山〉과 〈오공령〉의 신단이 쓰였지요. 무공의 기초가 없는 사람은 노래를 제대로 부를 수 없소."

내가 말했다.

"선생님 앞에서는 정말이지 명장名匠 앞에서 연장을 놀리는 것과 같습니다."

그가 정색하며 말했다.

"이 극은 현재 선생과 나만 부를 수 있소. 다른 사람은 팔과 손목을 이렇게 민첩하게 사용하는 법을 터득하지 못했소. 비단은 다른 물건과 달라서 팔과 손목에 숙련된 기술이 없으면 제대로 놀릴 수 없으니까요."

그는 이 말을 매우 진지하게 했다. 개오야는 솔직한 성격이어서 마음속에 있는 말을 숨기지 않고 모두 얘기했다. 그는 지금까지 말한 것과 마음에 품고

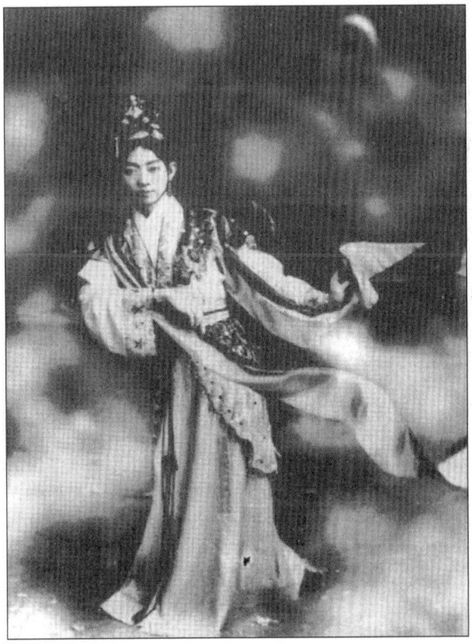
〈그림 6〉 매란방 천녀산화

있던 생각이 달랐던 적이 없고 말과 행동이 한결같았다. 그의 기예는 전적으로 고된 훈련으로 단련된 것이었다. 그는 한 가지 병기를 종종 오 년이고 십 년이고 추우나 더우나 중단하지 않고 훈련했다.

그 당시 내게 이렇게 말을 하는 사람이 있었다.

"양소루의 극은 '무희문창武戱文唱'이고 당신의 이 〈천녀산화〉는 '문희무창文戱武唱'이니, 방법은 다르지만 효과는 같다고 할 만합니다."

이제 내가 이해하는 '무희문창'과 '문희무창'의 원리에 대해 얘기해 보려 한다.

우선 '무희문창'의 함의에 대해 이야기해보자. 무희는 무술격투가 극의 주요한 내용이지만 무술격투 기술은 무대 위의 다른 동작과 마찬가지로 연기 수단 중의 하나다. 그것들은 반드시 생활 내용 및 사상 내용과 결합되어야 하는 것이지 단순히 무공을 자랑하는 것이 아니다. 무릇 무희 연기는 이러한 기준에 도달할 수 있도록 발전하는 것이기 때문에 우리는 그것을 '무희문창'이라 부른다. 양소루 선생은 무공으로 최고의 일가를 이룬 사람이다. 허리와 다리가 유연한 것이나 공중제비 혹은 걸려 넘어지는 신단 동작들은 놀라울 정도로 씩씩하고 힘차다. 그는 무대 위에 서면 표정을 소홀히 하지 않고 극중 인물의 성격을 각각 두드러지도록 표현한다. 그래서 '무희문창'의 전형적인 사례로 꼽히는 것이다. 배우와 관객들 중에는 '무희문창'이라는 이 네 글자를 오해해서 무희를 형편없이 연기하는 것이라고 생각하거나 심지어 힘을 덜 들이고 대충대충 연기하는 것을 '무희문창'이라고 하는 사람들이 있다. 이는 잘못된 생각이다.

'문희무창'에 대해 이야기해보자. 〈천녀산화〉는 원래 정단희正旦戱이기 때문에 무술격투가 전혀 없다. 그런데 대부분의 가무가 천녀가 바람을 타고 다니며 꽃을 뿌리는 형상을 표현하는 것이라 긴 소맷자락을 움직이는 수수水袖*의 기예만으로는 이 목적에 확실하게 도달하기 힘들다는 생각이 들었다. 그래서 '운로'와 '산화'에서 수수의 기예를 쓰지 않고 풍대로 바꾸었던 것이다. 춤추는 도구가 바뀌었으니 그에 따라 무희의 기본 연기를 사

*
수수:
무용이나 중국 전통극에서 연기자가 입은 옷의 소매 끝에 붙인 긴 덧소매

용하여 풍대를 흔들어야 했다. 이런 기술을 사용한 의도는 관객들 앞에서 멋진 기예를 드러내 보이려는 것이 아니고 구름 속에서 꽃을 뿌리는 천녀라면 반드시 하늘을 높이 오르는 느낌이 있어야 하기 때문이다. 풍대는 바로 하늘 높이 올라가는 천녀의 자태를 형상화하기 위한 것이었다. 그 느낌이 강렬하면 강렬할수록 천녀의 형상도 더 생생하게 느껴지게 될 것이기 때문이다. 그래서 '삼도수三倒手', '요자번신鷂子翻身*', '과호跨虎' 등과 같은 무희의 신단을 이용했던 것이고, 풍대가 몸을 따라 아래위로 맴돌며 꽃모양을 만들며 날아오르게 한 것도 이러한 목적을 실현하고자 했기 때문이다. '운로'와 '산화'는 무희를 연기할 때와 마찬가지로 몸의 힘을 많이 쓴다. 그래서 이 극을 '문희무창'이라고 부를 수 있는 것이다.

* 요자번신: 공중제비

'무희문창'이라는 말은 어떻게 나온 것인가? 무생은 대부분 노래나 대사, 동작과 표정 연기에 뛰어나지 못하기 때문에 나온 말일 것이다. 무생은 어려서부터 무공을 단련해야 하고 또, 반드시 대단히 어렵고 힘든 단계의 훈련을 거쳐야 무대에서 무술격투 기술을 집중적으로 연기할 수 있기 때문에 체력 소비가 상당히 크다. 동시에 무공을 훈련하는 사람들은 훈련하다가 목소리가 거칠고 탁하게 변하거나 음치가 되는 경우가 많다. 그래서 관객들이 무생에게 바라는 것은 무공의 용맹함이나 민첩함, 강건함이고 노래나 대사, 얼굴의 표정 연기가 좀 부족한 것은 일반적인 결함이라고 생각하며 용납한다. 하지만 문희를 노래하는 배우가 노래와 대사에서 그들의 요구수준에 못 미치고 표정이나 동작 연기가 안 되는 것에 대해서는 관객들이 심각한 결점으로 인식한다. 이 때문에 일단 무술격투뿐 아니라 노래도 하고 대사도 하고 표정이나 동작을 모두 잘하는 무생이 나타나면 그가 연기한 극들을 사람들이 '무희문창'이라고 불렀다. 여기서 '문'은 찬양의 의미를 내포한다. 양소루 선생은 '무희문창'의 전형이다. 내가 이 용어를 처음 들은 것도 관객들이 그에 대해 내린 평가를 통해서였다. 양소루 선생의 무공은 기초가 매우 튼튼했다. 그는 선배들이 깊게 통달한 예술을 계승하고 그것을 한층 더 발전시켰으며 고된 훈련과 실제 경험을 통해 능숙한 경지에 도달했다. 그는 무술격투의 기술을 운용하는 것 외에 인물 묘사에 더 중점을 두어 임충, 손오공, 조운 같은 정면인물을 성공적으로 창조하는 한편, 황천패黃天覇와 같은 많은 반동인물을 생동감 넘치게 묘사했다. 그러나 이것들만으로는 양소루 선생의 '무희문창'이 가진 특징을 설명하기에 부족하다. 이런 극들에서는 무술격투 이외에 노래와 대사, 표정 연기에서 창조성이 발휘되어야 하기 때문이다. 무희 가운데서는 비록 무생이 연기하지만 무생의 무술격투 장면이 전혀 없는 것도 있다. 예를 들면 〈연환투連環套〉가 바로 그런 작품이다. 양소루 선생은 황천패처럼 멋진 외모를 가지고 있지만 본성이 비겁하고 여러 얼굴을 가진 반동인물을 묘사할 때 노래와 대사, 표정 연기를 통해 표현했다. 이 극은 기본적으로 문희이지 '무희문창'에 포함되지 않는다.

나는 양소루 선생이 표현하는 '무희문창'의 가장 탁월한 부분은 순수하게 무공 연기를 하면서 인물의 사상과 감정, 성격의 특징을 관통한 표현을 해내는 데 있다고 생각한다. 예를 들어 〈가가루賈家樓〉에 등장하는 당필唐弼이라는 인물은 무대에 올라 정장백定場白을 몇 마디 읊는 것을 제외하면, 전부 무술격투 연기를 해야 한다. 갑옷을 벗고 싸우기 시작할 때 【일봉서一封書】를 쓰는데 이것은 〈염양루艶陽樓〉의 무술격투(파자) 장면의 【일봉서】와 같은 것이다. 비록 당필은 얼굴 분장을 하지 않고 홍룡전의紅龍箭衣를 입는 반면, 고등高登은 백전의白箭衣를 입고 얼굴에 흰색 분장을 하기 때문에 두 사람의 분장한 모습은 서로 다르지만 그들이 사용하는 병기는 모두 대도와 창이며 일련의 격투 동작도 모두 【일봉서】이므로 기본적으로 연기가 같다. 다른 사람들이 이 두 인물을 연기할 때는 종종 무술 기예만 보이고 인물의 성격은 보이지 않는데 양소루 선생이 격투 연기를 할 때의 의기양양한 동작들은 관객들에게 당필은 반백이 넘은 나이의 번진藩鎭의 고관이고 고등은 힘과 권력이 있는 사악한 젊은이라는, 다시 말해 양자가 완전히 다른 인물이라는 것을 분명하게 보여준다. 이래서 그가 '무희문창'이라는 말을 듣게 된 것이다. 배우들이 만약 이러한 수준을 목표로 연기에 매진하려고 한다면 우선, 극중 인물의 성격이 가진 특징을 파악해야 하고 자신의 풍부한 예술적 수양으로 어떻게 연기 수단을 운용할 것인지를 선택해야 한다.

나는 예전에 몇몇 배우들이 '파자[무술격투]' 동작을 하면서 일자 눈썹에 눈을 부릅뜨는 것을 비롯하여 원칙 없이 만면에 미소를 띠거나 인상을 쓰며 괴로운 표정을 짓는 것을 본 적이 있다. 이러한 연기 방식은 경극의 연기 원칙에 맞지 않는다. 이 배우들은 잘 하려는 마음에서 그렇게 한 것이겠지만 그것은 '무희문창'과는 전혀 다른 방향으로 가는 것이니 그렇게 해서는 안 된다.

〈패왕별희〉

나와 양소루 선생은 1921년에 두 번째 공연을 함께 했다. 그해 하반기에 우리는 새롭게 각본을 쓴 〈패왕별희〉의 무대연습을 하기 시작했다.

양소루 선생은 패왕을 연기했었다. 1918년 4월 초에 양소루 선생, 전금복 선생, 상소운, 고경규高慶奎가 동형사에서 〈초한쟁楚漢爭〉 1, 2, 3, 4본을 이틀에 걸쳐 공연했다. 내 기억에 양소루 선생이 극중의 항우를 연기했는데 주로 잠깐잠깐 등장하는 장면이 많았고 간혹 무대에 올라가 겨우 산판散板 몇 마디를 부르고 내려왔다. 그 때문에 영웅은 무예를 쓸 곳이 없었다. 십면매복十面埋伏과 같은 몇몇 장면은 인기를 끌 만큼 뛰어났지만 이야기를 부연하는 장면이 상당한 시간을 차지해서 극이 너무 단조롭고 지루해 보였다.

우리가 새로 쓴 각본의 제목은 〈패왕별희〉로 정해졌다. 제여산이 쓴 극본의 초고는 명대 심채沈采가 편찬한 〈천금기千金記〉 전기傳奇에 의거한 것이었다. 그는 그 밖에 〈초한쟁〉의 대본도 참고했다. 초고를 가져왔을 때 장면이 여전히 많았고 1, 2본으로 나누어 이틀 동안 공연하도록 되어 있었다. 오진수 선생이 말했다.

"이틀로 나눠서 공연하면 버티지 못해. 양소루와 매란방 두 사람도 정력을 다 써버리게 될 걸세. 나는 하루 공연으로 고쳐야 한다고 생각하네. 극을 써보지 않았지만 내가 한번 해보겠네. 이틀만 시간을 주게. 집에서 다듬어 보고 수정을 한 뒤 모레는 반드시 건네주겠네."

〈패왕별희〉 1, 2본은 초고에서 20여 대목을 줄여서 전체가 20대목이 채 안 되었고 패왕이 전쟁하는 것과 우희가 검무를 추는 내용이 중심 대목이 되었다. 눈 깜짝하는 사이에 이미 음력 섣달 말이 되어 26일과 27일에는 봉상희封箱戱*를 공연했다. 정월 19일에 이르러 우리는 처음으로 제일무대第一舞臺에서 〈패왕별희〉를 공연했다.

〈패왕별희〉의 무대연습에 들어가기 전에 나는 무술 선생을 모셔다가 태극권과 태극검을 배웠다. 그 밖에 또 봉이야에게 〈군영회〉의 검무와 〈매마賣馬〉의 간鐧을 가지고 하는 기예를 배웠다. 그래서 〈패왕별희〉의 일련의 검무 동작에 이것들이 들어 있다. 희곡의 검무는 옛 사람들의 생활로부터 답습되어온 일종의 연기 성격을 띤 도구를 사용한 춤이다. 우희가 검무를 추기 전에 패왕에게 이렇게 말한다.

"대왕의 격앙되고 비통한 노래는 다른 사람을 눈물 흘리게 합니다. 이제 소첩의 춤과 노래로 잠깐 근심을 풀어 보는 건 어떨까 합니다."

이는 극의 줄거리 내용 가운데서 검무가 바로 연기의 성격을 지니고 있음을 설명하는 것이다. 그래서 나는 무술의 비중을 줄이고 주로 경극의 춤 동작을 사용했다. 검무와 음악의 배합은 【야심침夜深沈】의 곡패를 쓰는 것이 잘 어울린다고 생각했다. 이 곡패는 곤강 〈사범〉의 【풍취하엽살風吹荷葉煞】 중의 몇 창사에서 발전되어온 것에서 시작한다.

이튿날 저녁 나와 옥부, 그리고 풍유위, 제여산, 오진수 이렇게 모두 다섯 사람이 함께 소소笤掃 골목에 있는 집으로 양소루 선생을 만나러 갔다. 풍선생이 말했다.

"극을 노래하는 사람도 포만감 있고 만족스럽게 잘 불렀고, 극을 듣는 사람들도 모두 좋다고 합니다. 공연 장면들은 폭발하듯 반응이 뜨거웠고

*
봉상희:
경극 극단에는 매년 음력 연말에 공연을 접고 배우 전체가 쉬면서 새해를 맞이하는 관습이 있음. 음력 23일에서 늦어도 29일 사이에 한 해를 정리하는 의식을 거행한 뒤 희곡 의상과 관련 도구들을 모두 상자에 봉하였다가 설을 지내고 나서 새롭게 연출을 할 때 새로운 의식을 거행하고 봉했던 상자를 다시 열고 공연을 시작함. 봉상희는 상자를 봉하기 전 마지막 공연을 지칭함

모두 있는 힘을 다해 공연을 했으니 선생님께서 너무 피곤하시지는 않을까 걱정됩니다!"

양소루 선생이 말했다.

"피곤하지 않습니다! 피곤하지 않아요! 세 분께서 보시고 부족한 부분을 지적해주시면 우리 두 사람이 쉽게 고칠 수 있지요."

오진수 선생이 이어서 말했다.

"항우의 대사 '힘은 산을 뽑을 만하고……'는 『사기』의 원문이고, 이 노래는 워낙 유명합니다. 선생님께서 탁자 안쪽에 앉아서 그 대사를 하는 것은 아무래도 힘이 부족해 보입니다. 선생님께서 이에 대해 방법을 생각해봐 주셨으면 합니다."

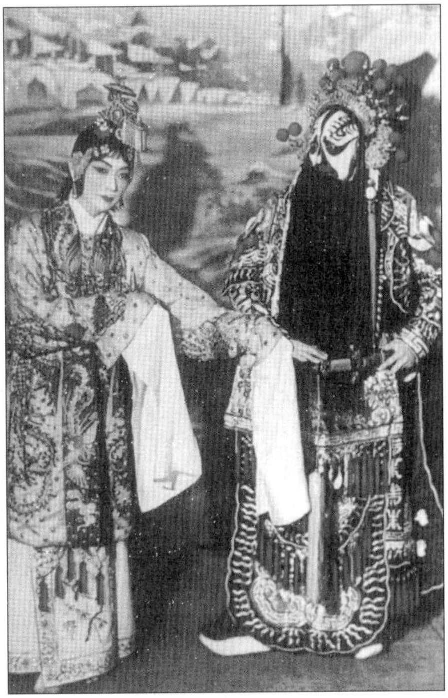

〈그림 7〉 패왕별희

양소루 선생은 가볍게 손뼉을 치며 말했다.

"좋습니다! 좋아요! 선생의 뜻을 알겠소이다. 나보고 신단을 좀 넣어보라는 말씀이지요? 그건 어렵지 않습니다. 내게 생각할 시간을 좀 주시오. 내가 먼저 극을 손보고 난 다음 란방[매란방]이 여기 와서 호흡을 맞추도록 하지요. 다음에 다시 그것을 부를 때는 자리에서 일어나 신단을 좀 하는 것으로 합시다."

이날은 모두 깊은 밤까지 이야기를 나누다 헤어졌다.

유연방 선생이 이렇게 말했다.

"그 다음날부터 우리 어르신이 진지하게 방법을 생각하셨어요. 입으로는 흥얼흥얼 '힘은 산을 뽑을 만하고……'를 읊조리시면서 손은 계속해서 여러 동작을 취해보시더군요. 제가 말했죠. '이런 신단이 어르신께 어려울 리 있습니까?' 어르신께서는 눈을 둥그렇게 뜨시더니 내게 말씀하셨어요. '네가 뭘 알겠느냐? 이것은 시 한 수니라. 의자에 앉아 있는데 이유 없이 밖으로 나올 수가 없단 말이다. 밖으로 나오지 않으면 어떻게 신단을 하겠느냐? 지금 밖으로 나오는 방법을 생각해야 한다. 이 관문만 넘으면 신단이야

쉽게 하지.' 어르신이 식사를 마치고 차 드실 때가 되어 찻잔 뚜껑을 열었는데 안에 차가 좀 남아 있었죠. 바로 일어나 그대로 찻물을 바닥에 버리시더군요. 어르신께서 찻잔을 든 채 멍하니 계시더니 웃으며 이렇게 말씀하셨어요. '아! 그렇군. 방법이 있었어!' 알고 보니 어르신께서는 벌써 뭔가를 생각해내셨던 거예요. 바로 항우가 술잔의 술을 바닥에 버리면 그 참에 자리에서 일어나 나오는 것이었습니다."

며칠 지나 소소 골목의 양소루 선생 댁에서 전화가 와서 나는 저녁에 바로 가보았다. 얼굴을 보자마자 그가 내게 말했다.

"조금 있다가 우리 무대를 맞추어보자."

내가 말했다.

"대숙大叔께서는 신단을 정하셨나요?"

양소루 선생이 말했다.

"사실 의자 안쪽에서 일어나 나오는 방법을 생각했지. 난데없이 억지로 일어나 밖으로 나설 수는 없는 일이 아니냐?"

내가 말했다.

"대숙께서 신단이 있으시면 저도 약간은 그에 맞춰서 움직여야지요."

그가 말했다.

"너는 【삼창三槍】에 맞추어 '대왕, 부디 한 잔 드시지요'라고 대사를 하렴. 나는 술을 마시고 술잔을 탁자 위에 잠시 내렸다가 '어휴' 하는 대사와 함께 자리에서 일어나 술잔의 술을 바닥에 뿌린 뒤 손에 든 잔을 뒤로 내던지고 자리를 떨치며 일어날 테니 너도 따라서 깜짝 놀란 듯 자리에서 일어나면 된다. 나는 '나 항우를 생각하면' 하고 대사를 읊고 '힘은 산을 뽑을 만하고……' 노래를 부르며 우리 두 사람이 '사문투四門鬪'를 쓰면 되지 않겠느냐?"

그때 우리는 '힘은 산을 뽑을 만하고'를 몇 번 반복해본 뒤, 그는 무대에 등장하는 입구 쪽 무대인 '대변대大邊臺'에서 납산방 양상을 보이고, 나는 퇴장 문이 있는 쪽인 '소변대小邊臺' 안쪽으로 가서 양상을 보이는 것으로 동작의 가닥을 잡았다. '기운은 세상을 덮을 만하였지'라고 할 때 그는 '대변대' 쪽에 가서 납산방 양상을 보였고 나는 '소변대'에서 양고상亮高相*을 보였다. '때가 불리하니 명마 추騅도 나아가지 않고'에서는 무대 양쪽의 출입구에서 '추가 나아가지 않으니' 때에 제각각 자기가 있는 쪽에서 말고삐를 조이며 '어찌하면 좋으냐'에서 두 사람이 동시에 바깥쪽으로 손을 편다. '우야 우야'에서 그가 내 손목을 잡는다. 내가 말했다.

"우선 이렇게 하면서 노래를 불러보고 다시 연구하지요."

며칠 지나 우리가 낮에 길상에서 공연할 때 〈패왕별희〉를 또 프로그램으로 내걸었다. 대목은 지난번보다 더 줄었다. 대략 한신韓信이 유방의 대장군이 되는 장면부터 항우가 오강烏江에서 패하고 자결하는 장면까지 모두 열네다섯 대목이었고 격투 장면도 적지 않았다. 양소루 선생도 격투 장면이 너무 많으면 오히려 진부한 일반 무희가 되니 이 극에서 격투는 시원스럽게 무공의 몸짓과 자세만 취하고 살짝 건드리는 것으로 모양만 그럴싸하게 보여줘야 한다고 생각했다. 그래서 격투 장면이 많이 줄었다. 이 극은 북경에서 매년 하는 의무 공연에서 몇 차례씩 공연했었고 마지막 공연은 1963년 가을에 내가 상해에서 돌아와 세 차례 함께 공연을 했던 때였다. 그때까지 우리는 열두 대목으로 내용을 줄였고 해방 후에 다시 여덟 대목으로 줄였다.

담흠배, 양소루 두 거장은 내게 가장 깊고 큰 영향을 준 분들이다. 비록 내가 단 항당이고 그분들은 생 항당이지만 나는 그 두 분에게서 가장 많은 것을 배웠고 또 가장 중요한 것을 배웠다. 내 가슴속에 있는 담흠배와 양소루의 예술적 경지는 나 자신의 말로는 적합한 표현을 찾을 길이 없으니 장언원張彥元의 『역대명화기歷代名畫記』에 쓰인 말을 빌려 쓰는 편이 훨씬 더 나을 듯하다. 그는 이렇게 말했다.

"고개지顧愷之의 그림은 힘 있게 연결되어 이어지며 순환을 예측할 수 없게 홀연 나타나는 듯하고 작품의 풍격은 구속됨 없이 자유로우면서도 바람처럼 몰아치고 번개처럼 빠르다. 뜻이 붓보다 앞서 있어서 그림을 보고

*
양고상:
양상 자세를 몸을 펴고 키가 크게 보이도록 하는 것. 일반적으로 두 사람이 무대에서 한사람은 몸을 구부려 낮게 양상 자세를 취하고 한사람은 몸을 펴서 키가 크게 보이도록 양상 자세를 취하여 신분의 높고 낮음을 표현하는 경우에 많이 쓰임

난 후에도 여전히 여운이 남는다."

담흠배, 양소루 두 선생의 극은 확실히 이런 경지에 도달했다. 나는 담흠배와 양소루의 연기는 중국 희곡 연기의 체계를 대표한다고 생각한다. 그러므로 두 분의 이름은 중국 희곡을 대변한다고 말할 수 있다.

양소루 선생은 예술계의 거장일 뿐 아니라 애국지사이기도 했다. 노구교盧溝橋의 포성이 아직 울려 퍼지기 전에 북경과 천진은 비록 함락되지는 않았지만 기동冀東[하북성 동부] 24개의 현이 이미 일본 군벌이 세운 매국노의 정권 하에 있었으며 지척에 있는 통현通縣이 바로 기동 괴뢰정부의 소재지였다. 1936년 봄, 괴뢰정권인 기동 장관 은여경殷汝耕이 통현에서 생일을 맞아 성대한 당회를 거행하고자 북경의 배우들을 섭외했다. 그때 나는 상해에 있었으므로 그들의 최적의 목표는 말할 필요도 없이 양소루였다. 그때 배우를 섭외했던 사람은 북경에서 통현까지 차로 한 시간이 채 안 걸리는 데다가 포은을 두 배로 주면 양 라오반을 섭외하는 데 전혀 문제가 없다고 생각했다. 그런데 거절당할 줄 누가 알았겠는가! 배우를 섭외한 사람은 포은이 적어서 그런 것이라 생각하고 그 일을 책임진 사람에게 얼마의 대가를 지불해도 좋다고 했지만 결국 허락을 얻어내지 못했다. 1936년에 내가 북경으로 돌아가 우리가 만났을 때 그 이야기를 나누게 되었다. 내가 말했다.

"통주로 가서 매국노들 앞에서 노래를 부르지 않았던 일을 지금도 하실 수 있으세요? 앞으로 북경에 변고가 생기면 어쩝니까! 서둘러 남쪽으로 옮겨 가시는 것만 못한 것 같습니다."

양소루 선생이 말했다.

"거기로 가서 숨는 편이 낫다고 하기도 힘들지. 북경이 어찌 된다고 하면 노래를 안 하면 되지. 나처럼 나이가 많은 사람이야 병에 걸린 척하고 칠 년이든 팔 년이든 견딜 수 있어. 그러다 죽어도 그만이고."

1937년 일본군이 북경을 점령하자 그는 그때부터 공연을 하지 않았다. 1938년(무인년 정월 열엿새)에 그는 병으로 세상을 떠났다. 그때 그의 나이 향년 61세였다. 그는 한 시대의 완벽한 예술가라 칭할 만한 분이었다.

3 무대의 안과 밖

비둘기를 기르다

나팔꽃

변발을 자르다

극장 밖에서의 〈감옥에서 맺어진 원앙〉

폭탄의 위험

비둘기를 기르다

나는 어렸을 때 몸이 별로 튼튼하지 않았고 눈도 약간 근시였다. 고모님은 내 눈꺼풀이 아래로 쳐졌다고 말씀하셨는데, 그것은 사실이었다. 이따금 바람을 맞을 때면 눈에서 눈물이 났고 눈동자를 움직이는 것도 자연스럽지 않았다. 배우에게 눈은 오관 가운데서 가장 중요하다. 관객들은 자주 '누구는 얼굴에 표정이 있는데 누구는 표정이 없다'고 평가한다. 이 둘의 차이는 눈이 좋고 나쁨에 있다. 왜냐하면 얼굴에서 눈만 움직여도 감정을 표현할 수 있기 때문이다. 그래서 수많은 명배우들이 모두 사방으로 빛을 발산하는, 감정이 풍부한 좋은 눈을 가지고 있다. 그 당시 내게 관심이 있었던 친지들은 내 눈에 대해 매우 걱정하면서 앞길에 문제가 되지 않을까 염려했고 나 자신도 그것이 늘 근심스러웠다. 나는 내가 비둘기 기르는 것을 좋아한 것 때문에 내 눈의 결함이 극복되리라고는 상상도 하지 못했다. 그것은 정말로 예상치 못했던 일이었다.

나는 열일곱 살 때 우연히 비둘기 몇 마리를 기르게 되었다. 처음에는 여가로 재미 삼아 시작했는데 나중에는 점점 그 일에 재미가 붙어 시간을 내어 매일 비둘기를 보살폈다. 시간이 더 지난 후에는 그 재미에 더 깊게 빠져 결국에는 아무리 피곤해도 하지 않으면 못 견디는 일과가 되어버렸다.

비둘기를 기르는 것은 공군 부대를 훈련시키는 일과 마찬가지로 조직능력이 없으면 안 된다. 내가 비둘기를 훈련하는 방법은 이러하다. 비둘기를 사온 다음 두 날개를 실로 묶어 지붕까지만 날아가고 그 이상은 높이 날아갈 수 없게 하여 비둘기들이 집 건물의 위치와 방향을 인식할 수 있게 했다. 그러고 나서 한동안 — 대략 열흘 정도 — 기다렸다가 먼저 한쪽 날개의 실을 제거하고, 다시 며칠 더 지나서 양쪽 날개의 실을 전부 제거하면 곧바로 비행 연습을 할 수 있게 된다.

지휘 도구로는 긴 죽간을 사용했다. 그 윗부분에 붉은색 비단 천을 매달면 날아가라는 신호이고 녹색 비단 천을 매달면 내려오라는 표시이다. 먼저 훈련이 잘된 그룹의 핵심 비둘기들을 훈련해야만 높고도 멀리 날아갔다 돌아올 수 있다. 매번 훈련이 잘 된 이 비둘기 무리에 훈련이 안 된 비둘기 한두 마리를 집어넣어 같이 연습시켰다. 다른 집의 비둘기 무리와 부딪혀 서로 뒤섞일 때는 각자가 훈련한 기예 솜씨를 봐야 한다. 훈련이 덜 된 내 비둘기가 다른 사람의 비둘기 떼에 섞여 들어갈 수도 있고 훈련이 잘 된 내 비둘기들이 다른 집의 비둘기들을 끌고 돌아올 수도 있다. 이것은 날짐승들이 상공에서 전투하는 일종의 게임이다. 비둘기들은 모두 몸에 표시가 있기 때문에 각자 자기 것으로 교환할 수가 있다. 이것도 전쟁에서 포로를 교환하는 것과 같다. 이따금 오해가 발생하여 쌍방이 서로 양해를 얻지 못하면, 심지어 새총으로 상대방의 비둘기를 쏴서 상처를 입히는 것으로 보복을 하기도 한다.

비둘기는 종류가 매우 많다. 높이 오래 날 수 있는 것은 날면 날수록 멀리 날아가 북경에서부터 통주通州, 천진, 보정保定(북경 부근)까지 편지를 수송할 수 있다. 이것은 군대의 편지 수송용 비둘기 종류에 속한다. 깜깜한 밤에 날아서 야유夜游 비둘기라고 부르는 종류도 있다. 어떤 종류의 비둘기는 상공에서 공중제비 기술을 연기할 수 있는데, 한두 번 구를 수 있는 것도 있고 연속해서 여러 번 구를 수 있는 것도 있다. 이런 모습을 아래에서 보면 비행기가 공중곡예를 하는 것처럼 보인다. 또 자기의 체격이나 깃털, 색채에 특히 신경을 쓰는 비둘기 종류가 있다. 이것은 외관이 오색찬란하여 대단히 아름답다. 일부 비둘기 전문 판매상들이 보통의 비둘기를 여러 방법으로 배합하여 이종異種을 만들어 값을 다시 붙이는 경우도 있다.

나는 비둘기 몇 마리를 기르는 것에서 시작해서 가장 많을 때는 대략 150마리까지 길렀다. 그 안에는 중국종 비둘기도 있고 외국종 비둘기도 있었다.

그때 나는 아직 편자항 3호 사합원에서 살고 있었다. 마당 양쪽에 두 개의 비둘기 우리를 만들었다. 그 안에 목판을 이용하여 칸막이를 댄 여러 개의 비둘기 둥지가 있다. 둥지의 문 위쪽에 구멍을 뚫어 둥지 안에 공기가 통하도록 만들었다. 둥지마다 풀로 만든 통가리와 물 항아리를 놓아두었고 물 항아리도 사방으로 작은 구멍을 내서 비둘기들이 쉽게 고개를 들이밀고 물을 마실 수 있도록 했다. 비둘기는 목욕하는 것을 좋아해서 2~3일에 한 번씩 목욕을 시켰다. 병에 걸린 비둘기가 발견되면 일이 커진다. 다른 비둘기에게 전염되기 전에 재빨리 병든 비둘기를 다른 곳으로 옮겨야 한다. 이는 사람이 전염병에 걸리면 병원에 입원시켜 격리하는 것과 똑같다.

비둘기는 예쁘기만 한 게 아니라 듣기 좋은 소리를 내기도 한다. 비둘기의 꽁지 부분 중간에 호각을 달면 비둘기 떼가 날아갈 때 호각에서 서로 다른 다양한 소리가 난다. 어떤 것은 웅장하고 우렁찬 소리가 나고 어떤 것은 부드럽고 은은한 소리가 난다. 이 소리는 전적으로 비둘기 주인이 어떻게 하느냐에 달려있다. 높고 낮은 음을 주인이 잘 배합하면 소리가 조화로운 상공의 악대가 된다.

호각의 제작은 아주 정교하고 아름다우면서 뛰어난 솜씨가 요구된다. 대나무, 조롱박, 상아 등을 이용해 여러 종류의 형식으로 깎아 만들고 그 위에 제작자의 낙관을 새겨 넣는다. 이는 조각가가 자기 작품에 낙관을 찍는 것과 유사하다. 나는 호각을 수집하는 것을 좋아해서 지금까지 다양한 스타일의 호각을 적지 않게 모았다.

작은 날짐승들을 돌보는 것은 그리 쉬운 일이 아니다. 새벽 대여섯 시쯤이면 일어나야 하고 세수한 후 서둘러 비둘기 둥지를 열고 그들의 작은 집을 깨끗이 청소해야 한다. 먹이를 주고 물을 주는 것은 으레 하는 일이다. 이 일이 모두 끝나면 둥지를 열어 비둘기를 풀어준다. 먼저 비행 능력이 가장 좋은 무리부터 풀어준다. 그것들을 잠시 날아다니게 한 뒤에 두 번째 무리, 세 번째 무리를 계속해서 위로 날려 보낸다. 훈련이 잘된 비둘기들이 상공에서 활동을 충분히 하고 나면 다같이 집 주위를 빙빙 돈다. 이는 곧 내려온다는 표시이다. 하지만 나는 그들이 새 비둘기들을 데리고 훈련하도록 대나무 장대를 들고 지휘하면서 곧바로 내려오는 것을 허용하지 않았다. 잇달아 손으로 새 비둘기들을 움켜잡고 하나하나 위로 날려 보내 잘 훈련된 비둘기 무리 속에 섞여 학습하게 했다. 비둘기가 무리를 이루어 대오를 형성하면 다시 나머지 비둘기를 전부 다 방출하여 집 주위를 날아다니면서 휴식을 취하게 했다. 잠시 후 다시 그들을 지휘해서 둥지로 들여보내 먹이를 주고 물을 마시게 한다. 이렇게 매일 몇 번을 해야 하므로 큰 무리의 비둘기를 돌보는 것은 사람을 돌보는 것보다 훨씬 더 번거롭다.

이 작은 날짐승들을 무시해서는 안 된다. 그들의 가정 구성과 교육 방식은 인간과 비슷한 점이 많다. 예를 들어, 각각의 둥지에 암수 한 쌍이 새끼를 기르고 살다가 새끼 비둘기가 날 수 있게 되면 새끼를 둥지에서 내보낸다. 이는 인간이 자식을 길러 어른이 되면 가정을 이루게 하여 독립시키는 것과 같지 않은가?

늙은 비둘기들은 항상 방구석에 숨어 있으면서 나가서 날려고 하지 않는다. 죽간을 이용해 그들을 위협해야만 겨우 일어나려 애를 쓴다. 이치상으로는 그들을 은퇴시키는 것이 맞지만 그럴 수 없는 것은 그들이 쓸모 있기 때문이다.

비둘기매라고 불리는, 비둘기만 전문적으로 덮쳐 잡아먹는 날짐승이 있다. 비둘기가 하늘에서 날아다니다 비둘기매에게 발견되면 순식간에 비둘기 무리 속으로 돌진해 들어온 비둘기매가 그들 중 하나를 잡아 먹어치운다. 이 때문에 비둘기 대오에는 그 안에 늙은 비둘기가 꼭 몇 마리씩 있어야 한다. 그들은 체력 기능은 감퇴했지만 경험이 풍부해서 비둘기매의 공습을 받았을 때 기회를 보며 날면서 무리들에게 재빠르게 지시하여 대오를 이끌고 안전지대로 내려오게 할 수 있다.

나는 이따금 하늘에서 날고 있던 비둘기 떼를 보다가 대오가 갑자기 어수선해지거나 흩어지고 배회하며 빙빙 돌면 비둘기매의 위협을 받았다는 것을 직감한다. 그런 때 재빨리 둥지에 남아 있던 늙은 비둘기를 날려 보내 그들의 후손들이 대오에서 이탈되지 않도록 해야 하기 때문에 늙은 비둘기도 없어서는 안 된다.

비둘기는 신용과 질서를 지키고 평화를 사랑하고 명령에 복종하는 성격을 가지고 있다. 매일 새벽 내가 그들을 보살피는 일이 다 끝난 다음, 내가 그들에게 손을 한번 흔들면 첫 번째 대오가 우리에서 나와 지붕 위에 가지런히 앉아 명령을 기다린다. 나는 그때 젊어서 내 손을 거쳐 훈련된 비둘기들이 용감하게 내 지휘에 따르는 것이 너무나 기쁘고 자랑스러웠다. 비둘기를 훈련하고 관리했던 경험으로부터 나는 귀중한 것들을 많이 얻었다. 이것은 내 사업에도 상당한 영향을 주었다. 나는 거의 10년 동안 비둘기를 길렀으며 중간에 중단한 적이 없었다. 무량대인無量大人 골목에 있는 집으로 이사한 이후로 업무량이 많아지고 번잡해지면서 더 이상 이 작은 친구들을 가까이 할 수 없었다.

비둘기를 기른 것이 내 신체에는 어떤 도움이 되었을까? 비둘기를 기르는 사람은 첫째, 아침에 일찍 일어나야 하므로 신선한 공기를 마실 수 있으니 당연히 폐에 이롭다. 둘째, 비둘기가 높이 날기 때문에 아래에서 온 시력을 집중해서 내 비둘기인지 다른 집의 비둘기인지 판별해야 한다. 나는 그것이 참 어려운 일이라고 생각했다. 그래서 비둘기에서 눈을 떼지 않고 쫓아다니며 보았다. 볼수록 더 멀리 볼 수 있게 되어 마치 하늘 끝, 구름 위까지 보이는 듯했다. 하루 이틀도 아니고 매일 그렇게 하다 보니 나도 모르는 사이에 눈이 치료되었다. 셋째, 손에 굵은 죽간을 들고 비둘기를 지휘할 때는 두 팔의 힘에 의지해야 한다. 이렇게 항상 쉬지 않고 팔을 들고 흔들다 보니, 우선 체력이 좋아지는 것을 느꼈고 점진적으로 온 몸의 근육이 발달하여 더 큰 도움을 받을 수 있었다.

〈귀비취주〉를 공연할 때 입는 궁중 의상은 내가 처음 극단을 이끌고 광동에 가서 공연할 때 만든 것이다. 현지에 있는 친구에게 부탁해서 오랜 역사를 가진 가게를 수소문하여 상등의 금사로 수를 놓아 만든 것이다. 이 의상을 만든 지 벌써 20년이 넘었는데 지금도 색이 변하지 않는 걸 보면 물건은 제대로 만든 것이 확실하다. 하지만 옷이 상당히 무겁다. 내가 이 나이에 그것을 입고 무대에서 허리를 굽히는 신단을 하는데도 어깨가 그렇게 피곤하지 않은 것은 아무래도 그때 매일 흔들어댔던 그 긴 죽간 덕분인 것 같다.

내가 비둘기 기르는 것을 좋아한다는 것은 친척과 친구들이 다 아는 일이었다. 내가 그 일을 그만둔 뒤 어느 날 가장 친한 친구인 풍유워 선생이 즐거운 듯 내게 말했다.

"원화, 내가 별 생각 없이 골동품을 하나 샀는데 자네와 관계가 깊은 것이니, 자네에게 기념으로 주는 것이 제일 좋을 것 같네."

그가 말하면서 보여준 것은 비둘기 한 쌍이 그려진 네모난 유리 액자였다. 검은색 바탕에 비둘기는 흰색이고 비둘기의 눈과 다리는 붉은색이었다. 단청색 운석 위에 나란히 서 있는 모습은 서양화 화법으로 그린 것이었으며 살아 있는 것처럼 생동감이 넘쳤다. 나는 처음에 그것을 종이에 그린 것으로 생각했다. 보통 그림을 그렇게 액자에 끼우기 때문이다. 친구의 설명을 듣고 나서야 실제로 안쪽 유리에 그림을 그렸다는 사실을 알았다. 물담배통 속의 그림과 성격이 같아 보였다. 그림이 함축하고 있는 의미와 장식으로 짐작하건대, 100년은 족히 넘는 골동품이었다. 듣기로는 건륭 시기 서양의 저명한 화가 주세페 카스틸리오네Giuseppe Castiglione*가 직접 그린 그림이라고 하는데, 그림에 낙관이 없어 우리도 그것의 진위 여부는 감정할 방법이 없었다. 하지만 그 고색창연한 모습이 정말로 마음에 들었다. 그의 호의에 감사를 표하고 집으로 가져와 벽에 걸어 두고 수시로 그것을 마주하고 감상하였다. 이 기념품은 북에서 남으로 20년 넘게 나를 따라다니며 나와 떨어져본 적이 없었으며, 지금도 여전히 우리 집 벽에 걸려 있다.

때로 어떤 일들은 정말로 불가사의하다. 작은 날짐승을 아주 우연히 접하게 된 후 그들에게 진실한 감정이 싹텄다. 시간이 없어서 그들과 가까이하지 못하게 되자 그의 화상畫像이 나와 짝이 되었다. 이는 아마도 우리가 성격상 서로 닮은 곳이 아주 많기 때문이리라.

*
카스틸리오네: 1688-1766, 이탈리아 화가

나팔꽃

나는 어려서부터 꽃을 좋아했지만, 스물두 살이 되어서야 직접 꽃을 재배하기 시작했다. 가을에는 국화를 키우고 겨울에는 매화 분재를 가꾸며 봄에는 해당화, 작약, 모란을 재배하고 여름에는 나팔꽃을 기른다. 거의 일년 사계절을 쉬지 않고 꽃을 심고 씨를 뿌리는 일을 하는데, 내가 좋아하는 일이기 때문에 힘들다고 느끼지 않는다.

나는 여러 종류의 꽃을 길러봤지만 가장 마음이 가는 것은 나팔꽃이다. 왜냐하면 이 꽃은 감상에서 그치는 것이 아니라, 나에게 더없이 유익하기 때문이다. 나팔꽃은 속칭이 '근낭자勤娘子'이다. 이 명칭에서 알 수 있듯이, 이 꽃은 게으른 사람이 기를 수 있는 것이 아니다. 첫 번째 조건이 바로 아침에 일찍 일어나는 것이다. 나팔꽃은 이른 아침에 꽃이 피고 점심이 지나면 서서히 시든다. 그래서 늦게 일어나는 사람은 아름답게 꽃이 핀 모습을 영원히 볼 수가 없다. 내가 꽃을 보고 즐기는 것에서 직접 키우게 된 것도 내 생활환경에 변화가 생기면서 원하던 것을 해볼 수 있게 되었기 때문이었다.

나는 민국 5년1916부터 수입이 점점 늘어났다. 집주인에게 되판다는 조건으로 은 이천 몇백 냥을 주고 노초원蘆草園에 있는 집을 하나 샀다. 이 집은 편자항 3길의 옛날 집보다 훨씬 넓었다. 두 개의 사합원을 터서 내부를 하나로 합친 집이라 상방上房이 열 칸, 남방南房도 열 칸이었다. 남방 한 칸은 대문에서 집안으로 들어가는 통로이고, 문간방 한 칸과 안쪽으로 벽에 붙어 있는 잡동사니를 넣어두는 방을 제외하면 나머지가 일곱 칸이다. 그 가운데 바깥쪽 세 칸은 내부를 터서 거실로 쓰고 안쪽의 네 칸도 내부를 터 하나로 만들었다. 나는 그 방에서 발성연습을 하고 무대연습을 하고 독서

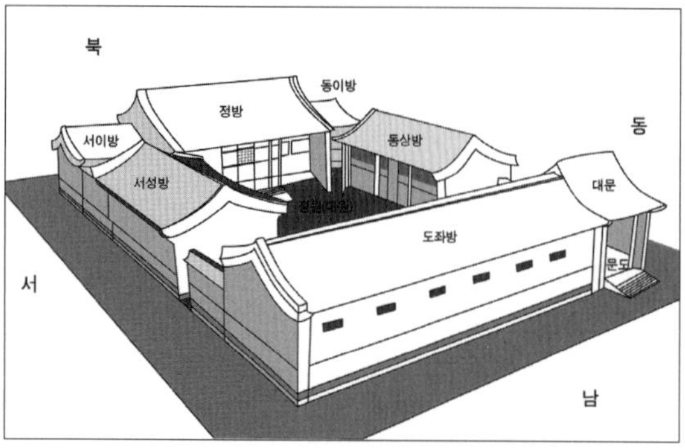

〈그림 8〉 사합원

를 하고 그림을 그렸다. 우리는 모두 그 방을 서재라고 불렀다. 허물없는 친구나 같은 일을 하는 동료들이 오면 이 서재에서 이야기를 나누었다.

그 당시 내 일상은 아침 일곱 시쯤 일어나서 비둘기들을 풀어놓고 목청을 가다듬는 연습을 하는 것이었다. 이것들은 하루도 빼놓을 수 없는 고정된 일과였다. 오전에는 곤곡을 연습하고 오후에는 새로운 극의 무대를 짰다. 낮에 공연이 있는 날은 뒤이어 관자로 갔다. 또 저녁에는 우리 업무와 관련된 일을 다같이 논의했다. 나는 하루 일정이 꽉 짜여 있어 조금도 틈이 없었다.

그해 초여름, 어느 이른 아침에 나는 의논할 일이 있어 제여산 선생을 찾아갔다. 그의 집 정원에 색깔이 매우 독특한 나팔꽃이 몇 종류 있는 것을 보았다. 다른 꽃에서는 볼 수 없는 그런 색깔이었다. 한 종류는 붉은 자색이었고 한 종류는 회색인데 쥐의 몸통 색과 완전히 같았다. 그 밖에 붉은 색, 녹색, 자주색 등이 있었고, 또 여러 색이 혼합된 것이 있었다. 오색찬란한 빛깔로 가득한 정원은 참으로 아름다워 눈이 부셨다.

"내가 항상 보는 근낭자는 왜 이렇게 예쁜 색들이 없는 거지요?"

내가 제여산 선생에게 물었다.

"이건 많은 편이 아니네."

제여산 선생이 말했다.

"재배하는 법을 알면 색깔은 더 많아. 그 색을 좋아하면 자네도 그것을 기를 수가 있네. 이것은 온화한 마음을 기르는 것뿐 아니라 자네 몸에도 좋아."

나는 제여산 선생의 집에서 돌아와 나팔꽃 재배하는 법을 연구하기 시작했다.

나팔꽃은 등나무과에 속하는 식물로 담쟁이덩굴과 비슷하다. 보통 대나무 울타리 아래 심거나 줄로 땅에서 처마로 끌어올려 넝쿨이 담을 타고 이리저리 뻗어 올라가게 기른다. 나팔꽃은 스스로 위로 타고 올라가지는 못하므로 쓰러지지 않게 지탱하며 올라가도록 인공적으로 만들어주어야 한다. 꽃은 적지 않게 피지만 꽃잎은 정말 가련할 정도로 왜소하다. 색채도 단조롭고 맛이 없어 사람들에게 그다지 아름답다는 느낌을 주지 못한다. 그래서 그것은 중국에서 그냥 보통의 풀꽃이다. 일본에서는 나팔꽃 재배에 가장 정성을 들인다. 그들은 벽을 타고 넝쿨이 뻗게 기르는 방식에서 화분 재배로 바꾸었고 꽃잎도 사발 주둥이만큼이나 크게 재배할 수 있다. 색깔의 종류도 통계를 낼 수 없을 만큼 많다. 나는 좋은 참고서를 구입해 그 안의 사진을 보고 실험하면서 같은 취미를 가진 왕금농王琴儂, 강묘향, 정연추, 허백명, 이석감 같은 친구 몇 명을 모으고, 거기에 재배 경험이 있는 제여산을 합쳐 여러 사람과 함께 깊이 연구하였다.

한번은 꽃더미에 파묻혀 찬찬히 감상을 하다가 문득 무대에서 머리에 쓰는 취화翠花와 몸에 걸치는 행두의 색깔 조화가 연상되었다. 이것은 본래 상당히 번잡하고 번거로운 과제인데 오늘 이렇게 많은 천연 도안 그림이 눈앞에서 변화무쌍하게 펼쳐지니, 이 조화롭게 펼쳐진 색채들에서 내가 선택할 기회가 생긴 것이 아닌가? 그것은 내게 어떤 색이 배합되면 화려하여 눈길을 끄는지 어떤 색의 배합이 점잖고 고상한지 어떤 색들이 절대 어울리지 않는지를 말해주었다. 억지로 색을 맞추면 어울리지가 않아 조화를 이루지 못한다. 내가 나팔꽃을 기르려고 했을 때의 생각은 아침에 일찍 일어나 건강에 도움이 되고자 한 것이었다. 내 예술적 심미관에도 이렇게 많은 도움이 되리라곤 상상도 하지 못했다. 포목점에서 다양한 색깔의 비단 천조각들을 가져와 이리저리 맞추어서 배합을 해보는 것보다 훨씬 훌륭했다. 중국 희곡의 의상 도구는 기본적으로 다양한 색깔로 구성되어 있다. 배우에게 심미적 관념이 없으면 '입고', '쓰는' 것에서 색채의 조화를 깨게 된다. 그것은 극중 인물의 성격에 영향을 미치고 동시에 무대 분위기를 해치게 된다. 꽃을 재배하고 그림 그리는 것을 통해 이 방면의 상식을 키운 것이 내게는 확실히 도움이 되었다.

나팔꽃은 왜 이처럼 셀 수 없을 만큼 색깔이 많고 다양할까? 먼저, 인공으로 과학적인 방법을 이용해 잡종 개량에 성공했다는 점을 들 수 있다. 즉 우수한 종류의 두 유전자를 가지고 서로 다른 색깔과 배합하여 그것을 또 다른 종류의 새롭고 기이한 도안과 색채로 바꾸는 것이다. 둘째, 우리는 과학적 방법을 써서 색을 개조하지만, 자연적인 발전은 결코 제한할 수가 없다. 붉은 자색과 회색을 예로 들면, 우리는 평균으로 혼합된 중간 색채를 만들려고 했는데 결과는 늘 그보다 더 짙거나 더 엷은 색이 되거나 심지어 그 안에 다른 색이 섞여 들어가는 것을 피할 수가 없다. 어떤 때는 천연적으로 나온 색이 인공으로 배양한 것보다 더 특이하고 아름다웠다. 이런 통제 불가능해 보이는 자연현상은 무엇 때문에 발생할까? 특별한 원인이 있는 것은 아니고 벌과 나비가 그 가운데서 장난을 친 것이었다. 정원 가득 나팔꽃이 성개할 때 그 색깔은 정말 아름답다. 그래서 몰려든 벌과 나비도 그곳을 떠나지 못하고 늘 꽃밭에서 이리저리 날아다니며 여기서 멈추었다가 저기서 쉬었다가 하면서 화분을 옮기고 다닌다. 이들 때문에 수십만 종의 예상치 못한 색깔로 변하게 된 것이다.

나는 2년 동안 나팔꽃을 재배했다. 씨 뿌리고 비료 주고 옮겨 심고 가지 치고, 교배하여 잡종을 만드는 방법에 대해 점차 숙련되어갔다. 개량에 성공한 종자도 점점 많아져 약 3~4백 종에 달했다. 그것을 본 친구들은 모두 내가 재배하는 방법이 아주 적절하고 수단이 뛰어나다고 칭찬했다. 나 자신도 성적이 나쁘지 않다고 생각했다. 내가 일본에 건너가 공연했을 때 일본 원예가가 재배한 나팔꽃을 유심히 본 적이 있는데 좋은 종자가 우리보다 더 많았다. 일본의 '대륜사자소大輪獅子笑'라고 하는 품종은 색이 산뜻하고 화려하여 확실히 아름다웠다. 일본에서 돌아와 보니 내가 거둔 재배 성과가 만족스럽지 않았다. 다시 동호인들과 1~2년을 더 파고들어 연구했고, 그 결과 좋은 종자를 많이 얻을 수 있었다. 옅은 감색에 금홍색을 띤 종자가 가장 얻기 어려웠다. 나는 그것을 '채란소彩鸞笑'라고 이름 지었다. 이것은 일본에 있는 '산예狻猊'라고 하는 유명한 종자와 비교해도 조금도 뒤지지 않는다.

나팔꽃 재배가 여러 가지로 유익한 점이 많다는 것을 발견한 이후로 많은 친구들이 나팔꽃 재배에 관심을 가지게 되었다. 서석부와 진가량도 연이어 우리 모임에 참여했다. 각자 먼저 자기 집에서 새로운 종자를 개량하고, 이전에 본 적이 없는 색이나 매우 아름다운 도안, 특히 크고 풍만한 꽃잎이 나오게 되면 동호인들을 초청해서 다같이 감상하고 이 새 종자를 모두에게 나누어 주었다. 우리는 이렇게 서로 다른 사람이 재배한 것을 견학하고 의견을 교류하면서 공동 연구를 했다. 만나서 세 마디 이상의 얘기가 나오면 항상 나팔꽃에 관한 이야기에서 벗어나질 못했다. 이 또한 우리가 나팔꽃을 얼마나 즐겼는지를 보여준다. 우리는 금년에 남겨 놓은 좋은 종자를 한 봉지 한 봉지씩 작은 편지 봉투에 넣어 봉한 다음 편지 봉투 겉표지에 꽃 이름을 표기하고 모종 때 사용하는 도구들도 모두 정리해서 치우고 내년에 씨 뿌릴 때를 기다렸다.

우리는 서로 재배한 것을 견학하고 새 종자를 교환하는 것 이외에, 자주 비공개로 한자리에 모아놓고 전시를 했다. 이것은 순수한 우정 교류의 성격을 가진 실력 겨루기 같은 거였다. 사전에 미리 날짜를 정하고 나팔꽃을 기르는 동호인들의 집에서 돌아가면서 전시했다. 매 사람마다 꽃이 피려고 하는 나팔꽃 화분들을 골라 전시장으로 옮겼다. 그 다음날 이른 아침에 한 사람 한 사람씩 유쾌한 마음으로 이번 성회에 와서 참가했다. 문에 들어서자 회랑에 가득 놓인 명가의 출품들이 눈에 들어왔다. 이것은 여러 사람이 심혈을 기울여 좋은 것들을 한데 모은 정수이기에, 한 사람이 가지고 있는 것보다 당연히 좋은 종자가 더 많았다.

우리는 또 꽃을 재배하지 않는 친구 몇 명을 불러 평가를 맡겼다. 동호인들이 보내 온 꽃들을 한데 섞어 아무렇게나 벌려 놓아 그들도 화분의 주인이 누구인지 알 수가 없었다. 시험을 치른 후 봉한 답안지에 점수를 매기는 것과 같이 심사서에 의지해서 갑을을 정했기 때문에 잘했다고 치켜세워 주거나 부연 설명을 할 필요가 없었다. 두 차례나 그들이 가장 우수한 등급의 꽃으로 지적한 화분들 중에 내 출품작이 있었다. 나는 그것을 지켜보며 더할 수 없는 기쁨을 느꼈다.

이 문예계의 여러 선배들은 남북의 서로 다른 성省에서 오신 분들이었다. 그래서 그들이 담론을 시작하면 온 방안에서 각 성의 서로 다른 보통화가 들렸다. 그 흥겹고 떠들썩했던 모임을 회상하면 정말 재미있다. 그분들 가운데서 제백석 선생의 나이가 가장 많았다. 나팔꽃이 성개할 때마다 매번 그는 꽃을 보러 몇 번씩 왔다. 그는 수염을 길게 길렀다. 그가 은색 수염을 흩날리며 이 오색찬란한 꽃밭에 서 있으면 백발의 홍안이 더욱 드러나며 서로 어우러져 아름다운 풍경을 만들었다. 우리는 그것을 보고 모두 자연이 만든 한 폭의 그림이라고 말했다. 이는 당시 철옥헌綴玉軒과 관련된 미담이다. 남방에서 생산된 고급종이를 판매하는 '영보재榮寶齋'라는 가게가 북경에 있었다. 그곳에서 편지지에 들어갈 그림을 제백석 선생에게 부탁해 왔다. 그는 거기에 우리 집에서 본 나팔꽃을 그렸었다. 눈 깜짝 하는 사이에 30여 년이 지나, 그는 이미 90대 노인이 되었다. 내가 작년에 북경에서 그를 방문했을 때, 그는 여전히 몸이 탄탄하고 건강했으며 옛날처럼 매일 서화와 금석을 즐겼다. 그를 만나니 나도 젊어지는 것 같았다.

변발을 자르다 [1)]

내가 그 당시 살았던 편자항 3길의 집은 극히 평범한 사합원이었다. 상방은 다섯 칸인데, 좌측의 두 칸은 할머니가 주무시는 방이고 오른쪽 두 칸은 백부와 백모가 출가하지 않은 두 딸과 기거하는 방이었다. 중간에 있는 방에는 불당을 모셨다. 내 조모께서는 불경을 읽고 염불을 외는 것을 좋아해서 그것으로 말년을 보냈다. 한가할 때는 손녀들을 대신해 바느질을 자주 했다. 연세가 들었어도 할머니의 눈은 여전히 나쁘지 않았다. 우리 집안의 가규는 전통적으로 도박을 하지 않는 것이었다. 내가 아직도 마작을 할 줄 모르는 것은 어려서부터 집에서 골패 같은 놀이를 하는 것을 본적이 없기 때문이다. 나는 위쪽 사랑채에 기거했다. 맞은편이 주방이고, 주방 옆에 비둘기 우리가 있었다. 바깥의 대문과 가까이 닿아 있는 도좌(북방의 사합원에서 상방과 마주하고 있는 방을 도좌라고 불렀다)는 두 칸은 거실이고 한 칸은 서재였는데, 방 한 칸의 크기가 아주 작았다. 두 칸으로 된 작은 방은 예전에 희곡을 애호하는 친구들이 자주 와서 백부에게 곤곡과 난탄 방면의 음악 문제에 대해 가르침을 받았던 곳이다. 이것이 내가 당시 거주했던 집에 대한 대략적인 상황이다. 나의 백부는 1912년 가을에 이 방에서 병으로 돌아가셨다.

나는 재미있는 이야기를 하나 더 하려고 한다. 백부는 세상을 떠날 때 변발을 가지고 가지 않았다. 내가 변발을 잘라드렸던 것이다. 이 일을 나는 백부가 돌아가시기 두 달 전에 처리했는데, 경과는 이러하다. 중화민국이 성립되자마자 머리카락을 자르라는 명령이 내려졌다. 하지만 많은 사람들이 마음이 있으면서도 관망만 할 뿐 행동으로 옮기려하지 않았다. 나는 민국 원년1912 6월에 먼저 머리 뒤쪽의 이 역겨운 물건을 잘라버렸다. 북경 희

---

1) 본문의 제목은 원서 편집자가 붙인 것이다.

반[극단]에 있는 사람 가운데서 내가 변발을 일찍 자른 사람에 속할 것이다. 내 뒤를 이어 백부에게도 변발을 자르라고 권해드릴 생각이었다. 백부는 처음에 주저하며 받아들이려고 하지 않았다. 나는 머리를 자른 후의 좋은 점에 대해 견디기 어려울 만큼 하루 종일 백부 옆에서 쉬지 않고 얘기했다. 매일 아침에 일어나 귀찮게 머리를 빗을 필요가 없고 잠잘 때 얼마나 가볍고 편한지, 또 머리 때문에 옷이 더러워질 염려가 없다는 그런 내용들이었다. 백부는 이 얘기를 여러 번 듣고는 마음이 조금 움직였다. 나는 일이 다 성사된 것을 보고 기회를 놓칠 수 없었다. 하루는 백부께 용기를 내서 말했다.

"내일 외국인 상점에 가서 파나마 밀짚모자를 사드릴 테니 저에게 큰아버님의 그 거추장스러운 변발을 자르게 해주세요. 큰아버님은 그 밀짚모자를 쓰셔야 멋있으세요."

이번에는 희망이 좀 있는 것 같았다. 백부는 머리를 끄덕이며 내 건의에 완전히 동의했다. 그 다음날 오후에 나는 정말로 모자를 샀다. 그리고 직접 백부의 변발을 잘랐다. 백부에게 밀짚모자를 써보라고 하고 거울을 가져다 비춰보라고 했더니 백부가 만족해하는 것 같았다. 그 후 얼마 안 있어서 백부가 세상을 떠났다. 이 가볍고 부드러운 밀짚모자를 백부는 몇 번 써보지 못했다. 나는 그것을 여래경 선생에게 가져다 드렸다.

나는 또 내 근포 일을 맡고 있는 대리와 농자(송순)에게도 변발을 자르라고 권했지만 그들은 아무리 설명을 해주어도 이해를 못했다. 하루는 하는 수 없이 그들이 깊이 잠든 사이에 몰래 가위를 가져다가 먼저 농자의 변발을 잘랐다. 농자는 잠에서 깨어나 뒤통수가 휑한 것을 느끼고 크게 낙심했다. 대리도 그 일에 놀라 나를 경계했다. 대리는 매일 밤 얼굴을 밖으로 향하게 하고 잠을 잤다. 내가 손을 쓸 수 없게 하기 위해서였다. 결국 그가 잠에 곯아떨어졌을 때 나는 같은 방식으로 그의 머리를 잘랐다. 하지만 이번에는 힘이 많이 들었다. 그의 변발이 벽에 딱 붙어 있어서 손을 움직이는 것이 불편했기 때문이었다. 그래서 나는 변발을 반밖에 자르지 못했고 또한 서너 토막으로 잘라져 울퉁불퉁 가지런하지가 않았다. 그 다음날 대리는 눈물을 글썽이며 손에 잘린 변발을 들고 상방으로 가서 내 조모에게 말했다.

"보세요. 내 변발도 도련님이 자르셨어요. 어떻게 해요?"

이렇게 말하면서 그는 울었다. 내 조모께서는 그를 위로하며 말했다.

"너무 속상해하지 마라. 도련님더러 너에게도 밀짚모자를 사다주라고 하면 되잖니."

대리는 이 말을 들었지만 슬픔이 가시지 않았다. 시간이 많이 지난 다음에 그 얘기를 다시 꺼냈을 때도 그는 여전히 그것을 신체의 중대한 손실로 여기고 있었다. 그 당시에는 정말로 이런 답답한 생각을 가졌던 사람들이 많았다.

극장 밖에서의 〈감옥에서 맺어진 원앙〉

나는 오래된 희곡의 복장을 하고 신희 〈감옥에서 맺어진 원앙牢獄鴛鴦〉을 공연했다. 이 극의 이야기는 오진수 선생이 예전 사람이 쓴 필기에서 찾아낸 것이다. 극의 줄거리는 대략 이러하다.

위여옥衛如玉은 학문이 깊지만 집안이 가난한 서생이다. 여산가酈珊珂는 문학에 뛰어난 규수이다. 어느 날 여산가가 올케와 사원에 구경을 나갔다가 길에서 위여옥과 마주치게 되고 첫눈에 그에게 마음이 끌린다. 서로 모르는 사이였으므로 대화는 나누지 못하고 그저 올케에게 자기의 애모 감정을 토로할 수밖에 없었다. 올케의 오라버니가 위여옥과 같은 스승에게서 배운 사이라, 그에게 중매를 부탁하기로 했다. 그녀의 올케가 이 일을 진행하기 위해 집으로 돌아갔을 때, 공교롭게도 위여옥은 과거를 보러 서울로 이미 떠난 뒤였다. 이때 오뢰吳賴라고 하는 귀족 자제가 여산가를 아내로 취하고자 중매를 부탁했다. 여노인이 딸의 동의를 구하지 않고 이 혼사를 승낙했다. 여산가는 이 소식을 듣고 오뢰가 좋은 배필이 아니라는 것을 분명하게 알았지만 이미 합의된 것을 뒤집을 방법이 없었다. 구 예교시대에는 얼마나 많은 청춘남녀가 '부모의 명과 매파의 말'에 그들의 인생을 망쳤는지 모른다.

여가酈家에서 자주 일을 했던 조씨 성을 가진 재봉사가 있었다. 그도 일찍이 여가 아가씨의 재주와 아름다운 외모에 반해 그녀를 사모하는 마음을 품고 있었다. 그는 여가의 늙은 노복을 매수하여 여산가가 진심으로 사모하는 사람은 위공자인데 뜻밖에도 먹고 마시고 기생집이나 드나들고 도박이나 하는 오뢰에게 시집간다는 사실을 듣게 된다. 그는 치밀어 오르는 화를 참지 못한 나머지 혼인날 저녁 오뢰의 집으로 잠입해 오뢰를 칼로 찔러 죽이고 신방에 난입하여 등잔불을 끈 뒤 위공자인 것처럼 가장하여 여산가를 겁탈하려 했지만 성공하지 못하고 비녀를 빼앗아 황급히 도망간다.

여산가는 남편을 모사한 흉악한 살인범으로 몰렸고 위여옥도 연루되어 감옥에 갇히게 된다. 어리석은 현관이 무고한 사람에게 죄를 뒤집어씌워 죄를 인정하게 하고는 그 두 사람에게 사형을 판결한다. 여노인은 순안巡按 양국휘楊國輝에게 가서 억울함을 호소하고 양순안은 심문을 한 후 그들이 억울한 누명을 썼다는 것을 알게 된다. 그는 곧바로 옥리를 파견하여 계책을 세운 다음 두 사람을 한방에 가두도록 하고 밖에서 그들이 무슨 말을 하는지 몰래 엿듣고 하나하나 기록하게 한다. 그리하여 비로소 살인범의 몸에서 암내가 나고 말을 더듬는다는 사실을 알아낸다. 다시 여노인을 통해 재봉사가 '말더듬이'라는 사실을 알아내고 즉시 그를 잡아다 자백을 받아낸다. 잘못되었던 판결이 바로 잡혀 위여옥과 여산가가 누명을 벗고 두 사람은 부부의 연을 맺는다. 원래 재판을 맡았던 어리석은 현관에 대해서는 처벌에 대한 최종 결정을 기다리게 하는 한편, 벌금 천냥을 징수하여 위여옥과 여산가의 혼인 비용으로 충당하게 한다. 여기에서 극이 모두 끝난다.

단이 주인공인 극본은 항상 내용에서 일정한 틀을 벗어나지 않는다. 즉, 한 쌍의 청춘남녀가 온갖 고난을 다 겪고 나서 마지막에 부부가 되는 것인데 이런 상투적인 틀은 정말 식상하다. 왜 이전에 이런 틀을 깨지 못했을까? 여기에는 관객들의 선호가 상당히 큰 힘으로 작용한다. 내 관객들은 내게 자주 이런 말을 한다.

"우리가 돈을 들여 희곡을 듣는 목적은 즐기기 위해서입니다. 극이 전개되는 과정에서 얼마나 음험하고 잔인한가는 중요하지 않지만 극이 끝날 때는 항상 대단원의 결말을 보고 싶습니다. 조금 전까지 가슴속에 가득했던 격앙된 감정들을 풀어내야 집에 돌아가서도 편히 쉴 수가 있지요. 연기에 푹 빠져 극을 만족스럽게 보고서도 마음속의 울분을 그대로 집에 가져가게 되면 잠을 이룰 수가 없습니다. 돈 쓰고 결국 잠을 못 이룬다면 그런 일을 왜 합니까?"

이 말도 전혀 일리가 없다고는 할 수 없다. 당시 대다수의 관객이 아마 이런 심리였을지 모른다.

민국 4년1915 전후의 일반 관객의 심리는 여전히 이 단계에 머물러 있었다. 신극을 만들 때 이 상투적인 틀을 벗어날 수가 없었으므로 뛰어난 극을 쓰기가 확실히 어려웠다. 곡절이 많은 극의 줄거리에 비교적 의미 있는 내용을 보태거나, 아니면 간접적으로 경각심을 일으키는 작용 정도밖에 할 수가 없었다. 〈감옥에서 맺어진 원앙〉은 당시의 자유롭지 못했던 혼인과 관가의 어두운 현실을 겨냥해서 만든 것이었다.

내가 이 작품에서 맡은 여산가는 규문단, 즉 규방 아가씨의 신분이다. 주요 장면은 사원을 돌아다니며 구경하는 것과 병실, 감옥에서의 만남이다. 특히 옥중에서 위여옥과 주고받는 긴 노래와 대사는 극 전체에서 극정이 최고조에 달하는 부분이다. 강묘향이 연기한 위여옥은 종전의 가난한 서생의 초라하고 옹색한 학자 티와 그 성격을 묘사했는데 모두 그 신분에 잘 맞았다. 이경산李敬山이 연기한 오뢰는 귀족 자제의 갖가지 나쁜 습관을 생생하게 표현해냈다. 고사보高四保가 연기한 현관은 이름이 오단吳旦이며, 관청의 높은 자리에 앉아 호령하는 안하무인에 일반백성의 목숨을 가지고 장난하는 매우 사악한 관리이다. 왕봉경이 연기한 순안은 총명하고 노련하며 판결에 능하고 경험이 많은 관원 같다. 노삼보가 연기한 올케의 연기는 더욱더 뛰어났다. 배우들의 구성이 너무나 환상적이었기 때문에 연출 성과가 나쁠 수가 없었다.

한번은 '길상'에서 이 극을 공연하는 중, 현관이 위여옥을 억울하게 고문하면서 자백을 강요하는 장면을 연기할 때였다. 고사보가 대사를 하고 있었다.

"네가 죄를 인정하지 않아도 네가 자백을 해야만 이 송사가 끝날 것이야."

객석에 있던 한 노인이 너무 흥분을 한 나머지 결국 참지 못하고 무대로 뛰어올라왔다. 그는 현관을 향해 눈을 부릅뜨며 말했다.

"위여옥이 살인하지 않았는데 무엇 때문에 그에게 무고한 죄를 씌워 자백을 강요하느냐! 너 이 썩어 빠진 관리 놈, 참으로 털끝만치도 양심이 없구나. 내가 너를 죽이고 말 것이다, 이 나쁜 놈!"

이렇게 말하면서 정말로 주먹을 쥐고 고사보를 때렸다. 고사보는 연기에만 집중하고 있던 터라 무대로 뛰어올라와 자신을 때리는 사람이 있으리라고 전혀 생각하지 못했다. 순간 너무 놀라 방금 전의 현관 모습은 온데간데없이 사라지고 말았다. 순식간에 벌어진 일이라 그도 미처 대처할 방법을 생각해내지 못하고는 아예 극정과 관계없는 신단을 이용해서 탁자 밑으로 들어가 일단 눈앞에 벌어진 상황을 피했다. 이 노인이 위여옥을 동정해서 벌어진 상황이었기 때문에 강육야姜六爺[강묘향]만이 그를 말릴 수 있었다. 하지만 강육야는 생각을 해보았다. '그건 아니지! 나는 재판관의 탁자 밑에 꿇어 앉아 있는 죄인이니 일어나서 노인에게 말을 할 수 없어. 무대 아래에서 보고 눈 깜빡할 사이에 관리는 사라지고 죄인도 꿇어 앉아 있지 않고 자기 마음대로 일어나서 다른 사람을 말리기까지 한다고 생각하겠지 이건 더 혼란을 야기하는 게 아닌가?' 다행히 무대 뒤에서 공연 담당자가 재빨리 뛰어나와 노인을 저지하면서 완곡한 어투로 설명했다.

"이것은 연극입니다. 실제로 일어난 일이 아니니 화내지 마세요. 자리로 돌아가셔서 계속 연극을 관람하시면 위여옥이 죽지 않는다는 사실을 알게 되실 겁니다. 걱정하지 마세요."

공연 담당자는 말하면서 노인을 부축해 무대에서 내려갔다. 이 노인은 걸어가는 내내 말하면서 "썩어 빠진 관리가 뻔뻔하기도 하지, 죄 없는 좋은 사람이 억울하게 당하다니, 가증스러워. 내가 그놈을 때려주지 않을 수 없어"라며 큰 소리로 쉬지 않고 욕을 해댔다. 그가 무대에서 내려가고 나서야 고사보는 탁자 밑에서 나와 연기를 계속했다. 하지만 그는 조금 전의 권력을 마구 휘둘러대며 거만하게 다른 사람을 능멸하던 모습을 더 이상 표현할 힘이 없었다.

공연이 다 끝난 뒤 고사보가 내게 말했다.

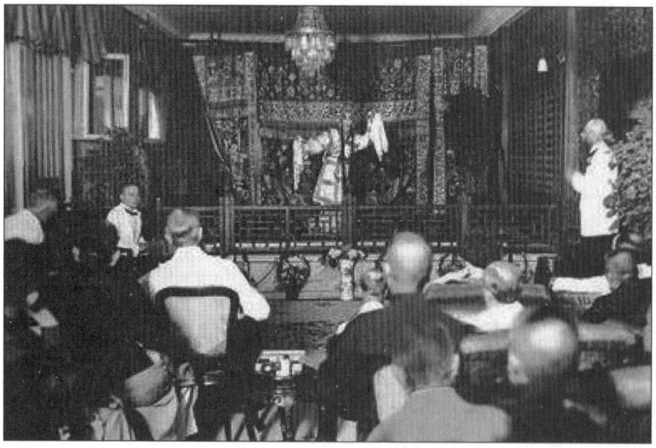

〈그림 9〉 희관에서의 공연 관람

"정말 나쁜 사람의 역은 할 수가 없어요. 극중의 인물은 가짜인데도 맞기까지 하니, 만약 진짜 이런 모습으로 관리가 되면 그 현의 백성들이 얼마나 미워할지 모르겠네요!"

나는 농담을 섞어 그를 위로했다.

"이것도 너무나 실제처럼 연기했다는 것을 증명하는 거예요. 무대 아래서 진짜 화가 난 거지요."

나는 공연의 효과를 이해한 그때부터 연극이 사람을 감동시키는 힘이 실제로 너무나 크다는 것을 더욱더 잘 알게 되었다. 그날 무대로 뛰어올라가지 않았던 관객들의 가슴 가득했던 격분도 아마 이 노인과 별반 다르지 않았을 것이다.

나는 상해에서 화검 풍지규馮志奎와 같은 희반에 있었다. 그는 〈소요진逍遙津〉의 조조를 연기했는데, '핍궁逼宮'을 연기할 때 관객들이 진짜로 분노하면서 객석에서 귤, 바나나 껍질을 그에게 던졌다. 악역으로 분장한 배우에 대한 객석의 이런 반응은 곧 갈채를 보내는 것과 같은 의미이다. 만약 연기가 생동적이지 못하거나 사실에 가깝지 않으면 이런 반응도 나타나지 않는다.

이상은 내가 북경에서 〈감옥에서 맺어진 원앙〉을 연기할 때, 고사보가 관객에게 맞았던 재미있는 에피소드였다. 그 후 나는 천진에 가서도 〈감옥에서 맺어진 원앙〉을 공연했다. 그때 나와 강육야 두 사람의 공연 과정에서 심각하지는 않지만 작다고도 할 수 없는 소란이 있었다.

천진에 오래 살았던, 설봉지薛鳳池라는 친구가 있다. 그는 무생이며 무술동작이 상당히 용맹스러웠는데 일찍이 상화옥 선생에게서 배운 것이다. 그는 나와 봉이야에게 천진 '하천선'(천진에서 매우 오래된 희곡 공연을 하는 관자였으며 위치는 '삼불관(三不管)' 부근이다)에서 며칠 공연을 해달라고 요청을 해왔다. 그를 좀 도와달라는 것이었다. 우리는 그 요청에 기꺼이 응했다. 천진에 도착해서 나는 악리樂利여관에 묵고 강육야는 덕의루德義樓에 묵었다. 이 두 곳은 모두 극장에서 그리 멀지 않았으며 공연장과 여관이 모두 당시 '일본 조계' 구역 내에 있었다.

사흘 동안의 개막 공연이 끝났고, 영업도 호황이어서 모두들 기뻐했다. 나는 관자의 요구를 받아들여 계속해서 〈감옥에서 맺어진 원앙〉 공연 프로그램을 내걸었다. 이 신극은 내가 천진에서 처음 공연하는 것이었다. 관객들이 이 새로운 극을 보기 위해 모여들어 객석이 꽉 찼고 보조 의자를 놓을 자리도 없이 붐볐다. 검표원이 표를 사지 않고 입장한 관객을 몇 명 발견했는데, 그들은 한사코 공연을 듣겠다고 우겼다. 매표 관리 책임자인 손삼孫三이 말했다.

"오늘은 손님이 다 차서 자리가 부족한데 어떻게 청층聽蹭(돈을 내지 않고 극을 관람하는 것을 북방에서는 청층이라 한다)을 하게 할 수 있겠습니까?"

양쪽에서 두세 마디씩 말이 오가며 충돌이 일어났다. 청층을 하려 했던 친구가 나가면서 손삼에게 말했다.

"좋소. 두고 봅시다."

손삼은 천진 지역에 인맥이 많은 터라 그 말을 듣고도 신경 쓰지 않았다.

〈감옥에서 맺어진 원앙〉 공연이 끝난 그 이튿날, 나는 대축 공연으로 〈옥당춘〉을 내걸었다. 봉이야가 〈옥당춘〉에서 남색 도포의 지위가 낮은 관원 역으로 분장해야 하기 때문에 어쩔 수 없이 그의 〈전번성戰樊城〉을 뒤에서 세 번째 공연으로 하고 중간에 짧은 무희를 집어넣어 그가 무대의상을 여유 있게 갈아입을 수 있도록 했다.

우리는 모두 악리여관에서 저녁을 먹었다. 봉이야는 앞에 공연이 있어서 먼저 갔고 나는 좀 더 쉬었다가 관자로 갔다. 농자[근포 송순]가 나를 따라 여관에서 나와 관자로 가기 위해 미리 준비해 두었던 마차를 탔다. 겨우 몇 개의 상점을 지나갔을 때, 순경 한 사람이 다가와서 내가 탄 마차 앞을 가로 막고서는 교통법규를 위반했다고 억지를 부렸다. 마차를 모는 차부가 몇 마디 따지자 순경이 다짜고짜 먼저 차부의 빰을 때렸다. 그들이 충돌하고 순경이 차부를 때리고 난 다음에도 여전히 우리를 보내주지 않는 것을 보고 나도 왜 그러는지 이해가 안 되었다. 하는 수 없이 차문을 열고 순경에게 공손하게 말했다.

"나는 매란방이라고 하오. '하천선'에서 공연이 있는데 공연 시간에 늦게 되면 객석에서 소란이 일어날 것이니, 상황을 좀 봐주시오. 극장에 도착하면 곧바로 차부가 경찰서로 가도록 하겠소이다."

그는 이야기를 다 듣고 나더니 나를 향해 눈을 부라리며 말했다.

"안 됩니다. 우리는 공적인 일은 공적으로 처리합니다."

그는 말을 마치자마자 차문을 꽝하고 닫아버렸다. 마차가 그를 따라가다가 모퉁이를 돌았고 얼마 안 가서 양옥 건물 앞에서 멈추었다. 안쪽에서 또 순경이 하나 나와 문을 열어주며 우리가 마차에서 내리는 것을 감시했다. 농자는 무대의상과 소도구가 든 보따리를 등에 지고 내 뒤를 따랐다. 문 밖에 팻말이 하나 걸려 있었는데 '대일본제국경찰서'라고 크게 써 있었다. 직사각형의 누런색 바탕에 검은색 글자로 된 그 팻말은 내 머리에 깊이 박혀 지금도 그것을 그대로 그려낼 수 있을 정도다. 그 순경이 우리를 데리고 어떤 방의 문 앞으로 가더니 한 손으로는 문을 열고 다른 손으로는 우리를 안으로 밀어 넣었다. 나는 다급하게 그를 향해 무슨 근거로 마차를 타고 있던 우리를 잡아가두느냐고 물었다. 그는 한마디도 하지 않았다. 마치 아무것도 듣지 못한 듯 나가면서 오로지 문을 닫는 것에만 신경을 썼다. 나는 밖에서 그가 문을 잠그는 소리를 분명하게 들었다. 농자가 가서 문의 손잡이를 힘껏 돌렸다. 그에게 손을 저으며 손짓으로 내 옆에 앉으라고 했다. 나는 그 문을 연다고 정문으로 걸어 나갈 수 있는 것이 아니라는 것을 알았다. 그러나 그에게 말해줄 방법이 없었다. 그에게 말을 해주려면 소리를 높여야 하고 그렇게 되면 밖에 있는 사람들이 모두 듣게 되기 때문이었다.

방안에 진열된 물건은 정말 단순했다. 두 개의 긴 의자가 벽에 기대 놓여 있고 의자가 맞닿는 한쪽 구석에 검은색의 작은 직사각형 탁자가 놓여 있었다. 탁자 위에는 찻주전자와 컵이 하나씩 있었다. 휑한 방안의 중앙에 작은 전등 하나가 높이 매달려 있어 더욱 침침하고 음산한 분위기를 만들었다.

나는 이 예상치 못한 상황에 대해 조금도 두렵지 않았다. 순경은 차부車夫가 교통법규를 위반했다고 우겼지만, 설령 진짜로 법규를 위반했다 하더라도 마차를 탄 손님을 억류한다는 얘기는 들어본 적이 없기 때문이다. 그들이 오늘 한 행동은 말할 필요도 없이 사전에 계획된 것이 확실했다. 이 조계지 내에서 벌어지는 불법적인 일에 대해서는 나도 일찍이 풍문으로 들어 알고 있었다. 그러나 우리는 공연하러 와서 겨우 며칠 묵었기에 그들과 무슨 오해가 생길 틈이 없었다. 아마도 우리를 잡아 가둔 것은 이곳의 관자와 경찰서 사이의 마찰로 인한 일이었을 것이다. 그래서 그들이 나를 무대에 서지 못하게 하여 관자를 난처하게 만들려고 한 것이 분명했다. 오늘 저녁 이 방에서 하룻밤만 고생하면 내일은 틀림없이 나갈 수 있을 것이다. 어쩌면 관자의 희곡 공연이 모두 끝난 다음에 나를 내보낼 수도 있을 것이다. 하지만 줄곧 마음이 놓이지 않았던 이유는 극장을 가득 메운 관객들이 모두 '즐거운 마음으로 공연을 보러 왔다가 실망하고 돌아가게 될까봐' 우려되었기 때문이다. 그들은 절대 내가 경찰서에 갇혀서 나가지 못하고 있다는 생각을 하지 못할 것이다. 무단으로 공연을 빼먹고 자기 일에 책임감이 없는 사람이라고 여겨지는 것이 내가 그 당시 초초하기도 하고 견디기도 힘들었던 주요 원인이었다. 나는 계속해서 내 손목시계를 보면서 5분이 지날 때마다 머릿속으로 계산했다. 이때쯤 봉이야의 〈전번성〉이 끝났을 텐데. 이어서 그 짧은 무희를 공연하고 있겠군. 시간을 너무 오래 끌 수는 없을 텐데. 그 다음이 내가 연기할 〈옥당춘〉이 공연될 차례인데. 극장 측에서는 그것을 대체할 극을 준비했을까? 아니면 봉이야에게 다른 극을 하나 더 노래해달라고 부탁할까? 극을 바꾸면 관객들은 또 어떤 기분일까? 경찰서에서 일부러 극장을 난처하게 할 작정인 이상, 내가 무대에 나가지 않은 것을 이유로 관객들이 소란을 피우고 관자를 때려 부술지도 모른다는 생각까지 들었다. 그렇게 되면 사고를 당하는 관객이 생길지도 모르는 일이다. 그들은 내 극을 보러 온 사람들이다. 부상을 입고 돌아가면 그게 말이나 되는가? 내가 어느 정도 책임을 져야 한다. 이러한 문제들이 머릿속에서 맴돌아 나는 더 이상 생각을 계속할 수가 없었다.

내가 이런 쓸데없는 생각을 하고 있을 때, 갑자기 맞은편에서 누군가 "억울하다"고 외치는 소리가 들려왔다. 내가 있는 곳에서 그리 가까운 거리는 아니었지만 고함치는 소리가 날카롭고 귀에 익숙하게 들리는 것이 강육야의 목소리와 비슷했다. 나는 곧바로 창문 가까이 가서 귀를 대고 밖에서 나는 소리에 주의를 집중했다. 생각한 대로 "억울하다"는 소리가 다시 그쪽 방향에서 들려왔다. 이번에는 소리가 더 높아 나는 백 퍼센트 강육야가 고함치는 소리라는 것을 확신했다. 그도 순경에게 끌려들어왔다는 것은 내 생각이 80~90퍼센트는 맞았음을 증명하는 것이었다.

어림짐작으로 30분쯤 지났을까? 방문이 열리고 설봉지가 들어왔다. 그가 나를 보자마자 손을 잡으며 말했다.

"정말로 죄송합니다. 억울한 일을 당하게 해드려서요. 우리는 선생님이 왜 안 오실까 초조하게 기다리고 있었습니다. 여관에 물어보니 나가셨다고 하구요. 여기 계시리라고는 상상도 못했습니다."

나는 서둘러 그에게 물었다.

"무대는 지금 어떻습니까?"

그가 말했다.

"지금 짧은 극 하나를 배치해서 공연하고 있습니다."

우리는 이야기를 나누며 걸어 나왔다. 설봉지는 내게 옆에 있던 키가 작은 사람을 소개하면서 말했다

"다행히 왕 선생님이 우리에게 알려주었어요. 이 분은 여기서 일을 하는데도 사전에 이 일을 몰랐답니다. 강 선생님이 억울하다고 소리치시는 것을 듣고서야 비로소 두 분이 여기에 계신 것을 안 겁니다. 곧바로 와서 처리하라고 제게 전화를 주셔서 두 분이 나오시게 된 겁니다."

우리가 이야기를 나누면서 정문으로 갔을 때 거기에 강육야도 와 있었

다. 말에 수레를 매는 동안 우리는 순경 둘이 우리를 향해 "좋아, 너희들이 연줄이 있다 이거지"라고 말하는 것을 들었지만 무대를 걱정하느라 아무도 그들을 상대하지 않았다. 우리는 마차에 오르자마자 관자로 갔다.

우리가 분장실로 들어갔을 때, 현지 극단 소속의 소생 역을 하는 단원이 이미 왕금룡王金龍으로 분장을 다 끝마친 뒤였다. 우리는 얘기를 나눌 시간도 없이 분장을 서둘렀다. 잠시 뒤에 무대 뒤의 일을 책임지고 있는 조광순趙廣順이 와서 공연에 관해 우리와 의논했다.

"〈할자광등瞎子逛燈〉으로 무대를 메꾼 시간이 너무 오래되어 객석의 반응이 없습니다. 제가 보기에는 우리 단원 소생이 분장한 왕금룡이 먼저 무대에 나가 〈옥당춘〉의 맨 앞부분을 노래하고, 두 분의 분장이 다 끝나면 왕금룡이 관아에 입장할 때 강육야께서 무대에 오르시는 것이 좋을 것 같습니다. 두 분 생각은 어떠신지요?"

우리가 말했다.

"좋아요. 그렇게 합시다."

그날 앞부분을 연기한 왕금룡도 정말 난처하고 힘들었을 것이다. 무대로 나가 먼저 인자를 열고 정장시를 읊고 자기소개를 하고 나서 그 자리에서 좋은 대사들을 덧붙였다. 처음에는 잡담을 하다가 왕금룡이 겪은 과거의 일들을 이야기했다. 나중에는 읊을 대사가 없어서 말도 안 되는 소리를 지껄였고 객석에서도 그가 무슨 말을 하는지 알아듣지 못해 어리둥절한 표정들이었다. 내 금琴 연주자 여 선생은 초조한 나머지 연주석에서 줄곧 넋이 빠져 있었다.

단 배역이 분장을 하는 데 걸리는 시간은 관례적으로 소생보다 훨씬 느리다. 그날 저녁 나는 특히 빠르게 화장을 했다. 세수하고 분을 바르고 연지를 찍고 가발을 이마 위에 붙이는 일련의 화장을 대충대충하고는 다시 세심하게 보완하지 못했다. 나는 이 무대에서 다음 무대로 급히 이동해 공연하는 것에는 경험이 좀 있는 편이다. 그런데 이렇게 '공연 시간에 늦은 것'은 평생 거의 경험하지 못했던 일이다.

내 분장이 거의 끝나자, 소품을 배치하는 스태프가 무대에서 시달리고 있는 왕금룡에게 먼저 신호를 보내고 붉은색과 남청색 도포를 입은 관아의 관원이 막간극을 하고 난 다음 왕금룡이 관아로 입장할 때, 경찰서에서 억울함을 호소했던 그 안원대인按院大人*이 무대로 나왔다.

내가 무대막 안쪽에서 "괴롭구나!"라고 대사를 읊자, 객석에서 한바탕 술렁이는 소리가 들려왔다. 그들이 그러는 것도 당연했다. 오늘의 소삼蘇三[옥당춘]은 "천 번, 만 번을 불러야 겨우 나오는 것"이니 어찌 조급하지 않겠는가? 그들은 나와 강육야가 이미 〈감옥에서 맺어진 원앙〉을 부르고 왔다[억울하게 경찰서에 감금당했던 일]는 사실을 전혀 상상하지 못했다.

나는 오늘 골치 아픈 일을 겪었고 또 그 때문에 공연 시간에도 늦었다. 상식적인 차원에서 보면 목소리가 안 나오는 것이 당연한 일이었다. 그런데 예상 외로 내가 원하는 대로 소리가 잘 나왔다. 요판搖板**을 다 노래하고 나자 목이 확 트이는 것을 느꼈다. 내가 무릎을 꿇고 긴 대사를 읊을 때는 관객들이 숨을 죽이고 관람했다. 조금 전 나는 공연장에 늦게 도착해서 이미 그들을 오래 기다리게 했는데 그들이 또 온 정신을 집중해서 내 노래를 듣고 있으니, 나는 마음을 가라앉히고 침착하게 〈옥당춘〉을 잘 불러야 한다고 생각했다. 놀랍게도 도판倒板, 만판慢板, 이육판二六板, 유수流水의 높고 낮은 소리와 가락이 부르는 마디마다 원하는 대로 술술 나왔다. "옥당춘은 마치 꽃의 꽃술 같다玉堂春好似花中蕊"의 '예蕊'까지 불렀을 때 나는 정말 내가 가진 모든 것을 발산해내고 있었다. 마지막 마디 "나는 그가 나를 어떻게 대하는지를 보았다我看他把我怎样施行"의 '타他'자에는 원래 두 가지 창법이 있는데, 내가 사용한 것은 소리를 높게 해서 부르는 방법이었다. 무대 아래 모든 관객이 환호성을 지르는 흥분된 분위기 속에서 전반적으로 이 난관은 무난하게 넘어갔다. 목소리가 시원하게 터지고 노래가 자연스러웠던 점에서 이날 공연은 기록될 만했다.

강육야는 공연을 마치고 나서 그에게 일어났던 일을 얘기해주었다.

"나는 내 일을 도와주는 근靳 군을 데리고 '덕의루'를 나와 인력거를 두

* 안원대인: 명대의 검찰 관리. 여기서는 왕금룡을 가리킴

** 요판: 느리고 긴 박자

대 불렀네. 내 인력거가 앞에서 가고 내 뒤의 인력거는 따라왔지. 인력거를 타고 얼마 안 돼서 내 인력거가 순경 앞을 잘 지나갔네. 그런데 갑자기 순경이 인력거 손잡이를 붙잡고서는 자기 코를 쳤다고 억지를 부리는 거야. 인력거꾼이 '거리가 이렇게 먼데, 어떻게 당신의 코를 친단 말입니까?'라고 하자 순경이 인력거꾼의 따귀를 한 대 갈겼어. 그곳의 가로등은 불빛이 희미했네. 순경이 자기 코를 가리키며 '봐, 이게 당신 때문에 다친 게 아니고 뭐요? 쓸데없는 말은 필요 없고 나와 경찰서로 갑시다'라고 하더군. 그 때 근 군의 인력거도 순경이 와서 붙잡고는 놔주지 않았네. 나는 그들이 다툴 때 처음에는 인력거꾼을 위해 이런저런 변호를 했어. 그런데 순경은 듣지 않는 것 같더군. 다른 인력거를 타려고 했지만, 그럴 수가 없었네. 알고 보니 나도 경찰서로 가야 되는 거였더라고. 이거 정말 성가시겠구나 싶었지. 만약 시간 허비가 많으면 공연 시간에 늦지 않겠나? 하는 수 없이 그에게 간청을 했네. 내 친구 하나가 저 뒤쪽의 큰 길가에 사니(강육야가 말한 것은 유명한 아마추어 경극 배우인 하산루주(夏山樓主)가 살았던 집이다), 무대의상과 소도구가 든 가방을 거기에 가져다 놓고 가게 해달라고 했지. 순경은 둘 다 한마디도 하지 않은 채 인력거의 손잡이를 잡고 우리를 경찰서로 끌고 갔네. 나와 근 군을 데리고 간 곳은 자네가 있던 방보다 훨씬 컸어. 거긴 방이 아니라, 정말로 죄인을 가두어 두는 철창이었네. 결국 그는 우리 체면을 봐서 철창 안으로 들여보내진 않고 철창 밖의 복도에 가두었네. 거기도 철로 난간 문을 잘 만들어 놓았더라고. 나는 그에게 '우리가 무슨 법을 위반했기에 가두는 겁니까?'라고 물었지만, 그는 완전히 우리를 무시하며 철문을 잠그고는 조용히 가버렸네. 조금 있다가 문밖에서 '다다다'하는 말발굽 소리가 들렸어. 근 군은 눈치가 빨라. '이 말발굽 소리는 매 어르신(매란방)이 탄 마차예요'라고 하더군. 나는 그에게 '우리가 여기에 온 이유를 알 수 없지만 매 어르신도 잡혀왔다면 오늘 무대공연은 난리가 나겠군'이라고 했어. 내 말이 끝나자, 근 군은 철문을 붙잡고 밖을 보다가 갑자기 또 소리치며 말했다네. '봐요, 큰일 났어요. 저분은 매 어르신이 아니에요? 그 뒤에 따라가는 사람은 그의 근포 농자예요. 무대의상과 소도구가 든 가방을 등에 지고 갔어요.' 그래서 근 군은 자네를 보았지만, 나는 자네를 보지 못한 걸세. 나는 생각을 해보았네. 우리를 가두어놓고 방치하는 건 또 무슨 연극을 하고 있는 거지? 인력거꾼이 사람을 쳤는데 인력거에 탄 사람이 감옥에 들어가는 건, 어느 말도 안 되는 국가가 정한 법률인가? 나는 생각할수록 화가 나서 답답한 마음을 풀어내려고 고함을 치며 억울함을 호소한 거야. 처음에는 소리를 쳤는데 아무 반응이 없었어. 그래서 나는 아예 키를 더 높여 다시 또 소리를 지른 거야. 이번에는 반응이 좀 있더군. 갑자기 한 사람이 뛰어나와 주위를 둘러보는데, 그 얼굴에 놀란 기색이 역력하더군. 그 사람이 바로 방금 설봉지 옆에 서 있던 그 키 작은 사람이야. 알고 보니 그는 설봉지 친구였더라고. 그가 설봉지에게 전화로 알려줘서 우리가 나오게 된 걸세. 자네는 참 침착하더군, 정말 대단해."

나는 강육야에게 말했다.

"침착했던 것이 아니네. 나는 그들이 관자를 곤란에 빠뜨리려고 했던 것을 짐작하고 있었어. 우리를 잡아두어서 무대에 오르지 못하게 하려는 의도도 눈치챘고. 이미 그렇게 된 이상 목이 터져라 소리쳐도 소용없다고 생각했던 거지. 모든 일을 다 분명하게 알 수는 없지만 결과적으로 자네의 방법이 옳았네. 만약 자네가 억울함을 두 번이나 호소하지 않았다면 우리는 지금 여전히 그 안에 갇혀 있었을 테니, 더 심각한 일이 일어났을 거야. 자네는 방금 무대 양 옆의 특별석 관객들의 얼굴을 보지 못했나? 다들 눈을 치켜뜨고 사나운 표정을 하고 있는 게 좋은 마음을 품고 있지는 않았네. 그들이 좋은 의도로 여기에 온 게 아니라는 것은 보면 알지. 오늘 우리가 공연을 하지 못했다면 극장에서 무슨 난동이 일어났을지 알 수 없네."

내가 강육야와 얘기를 나누고 있을 때 설봉지는 무대 앞뒤의 업무를 담당하고 있는 손삼과 조광순을 데리고 우리를 위로하러 왔다.

"오늘 일은 저 때문에 생긴 일입니다."

손삼이 말했다.

"어제 저녁에 몇 사람이 극을 공짜로 들으려 하길래 달래서 보냈습니다. 그 가운데 '흰 모자[형사]' 둘이 있을 줄 누가 알았겠어요? 그들이 사복을 입고 있어서 제가 알아보지 못했어요. 그래서 이런 오해가 생긴 겁니다. 방금 적지 않은 사복형사들이 친구들을 데려와서 표를 구입하고 이층에서 극을 들었습니다. '일본 조계' 내에 있는 희곡을 공연하는 관자에서 그들이 돈을 내고 극을 듣는 것은 아마 처음일 겁니다. 들은 바에 의하면, 젊은 애들을 데려와서 선생님께서 무대에 나오지 않으면 그들에게 극장을 때려 부수도록 준비를 시켰다는군요. 다행히 왕 선생님이 일찍 통보를 해주어 선생님께서 〈옥당춘〉 공연 시간에 맞게 도착했던 거예요. 조금만 더 늦었더라면 사고가 났을 겁니다."

"극장에는 별일 없었지만, 매 선생님께서 억울한 일을 당하셨습니다. 공연히 두 시간 동안이나 갇혀 계셨으니 말입니다."

설봉지가 계속해서 말했다.

"무대공연 업무를 하는 사람을 대표하여 사과드립니다."

"지나간 일이니 더 이상 언급할 필요는 없어요."

나는 말했다.

"그런데 물어볼 게 있어요. 이 '흰 모자'는 도대체 경찰서에서 어떤 일을 하는 사람들이오? 그들이 얼마나 큰 권력을 가졌기에 범법 행위를 하지 않은 사람을 멋대로 붙잡아 가둘 수 있는 거요?"

"'흰 모자'는 참으로 징글징글한 놈들입니다."

설봉지가 분개하며 말했다.

"그들은 경찰서에서 수사를 담당하는 사람들이에요. 계급은 순경보다 훨씬 높습니다. 관여하지 않는 일이 없어요. 물론 그들의 대부분이 일본인이지만 중국인도 있습니다. 그들이 쓰는 제복 모자 한 가운데에 흰색 줄이 둘러져 있어서 사람들은 뒤에서 그들을 '흰 모자'라고 부릅니다. '흰 모자' 노릇을 하는 중국인들은 스스로 최고의 영예라고 여기고 왜놈의 세력에 기대 포악하게 날뛰며 온갖 못된 짓은 다합니다. 점포를 가지고 장사를 하는 사람들이 그들을 보고 무서워하는 것은 말할 필요도 없고, 조계지 내의 중국 사람들이 사는 주택 안에도 들어가고 싶으면 제멋대로 들어가서 트집을 잡아 금품을 빼앗기도 합니다. 만약 그들을 성의 없게 대했다가는 즉각 난처한 일을 만들어 대적하니 하는 수 없이 그들의 불평을 다 받아줘야 합니다. 선생님은 늘 여기에 계시는 분이 아니니, 여기에 사는 친구분에게 한번 물어보세요. '흰 모자'라는 말만 꺼내도 얼굴이 변하지 않는 사람이 없을 겁니다."

나는 설봉지의 말을 다 듣고 나서 정말 너무 괴로웠다. 같은 중국인인데 무엇 때문에 일본 사람의 세력을 등에 업고 자기의 동포를 억압하는 것일까? 거기에 무슨 영광이 있겠는가. 부끄러운 일이다.

천진에서 공연을 마치고 북경에 돌아오자, 이 사건을 알고 있는 나의 친한 친구들이 모두 와서 물었다. 이 가운데 장료자張繆子[2] 선생이 있었는데 그는 내 얘기를 다 듣고 나서 놀라운 이야기를 하나 해주었다.

"이번에 억울한 일을 당했군. 천진에서 내가 겪은 일은 자네가 당한 일보다 훨씬 더 위험했다네. 그때 나는 천진신학서원天津新學書院에서 공부하는 학생이었네. 하루는 해광사海光寺 일본 병영 입구를 지나가다 땅바닥에 반원 모양이 그려져 있는 것을 보았네. 동그라미는 상당히 넓은 면적을 차지하고 있었는데도 주변에 그것을 그려 놓은 이유에 대해 설명하는 글이 전혀 없었어. 나는 잠깐의 부주의로 그만 그 반원을 관통해 지나가게 되었어. 병영 입구에 서 있던 한 일본 병사가 그것을 본거야. 그런 짓을 하다니! 그는 곧바로 들짐승처럼 괴성을 지르면서 나를 향해 돌진해왔네. 번쩍이는 칼날이 있는 장전된 총검을 손에 받쳐 들고 말이지. 나는 정황이 심상치 않게 돌아가는 것을 보고는 얼른 발을 빼 도망쳤어. 그가 나를 몇 발짝 뒤에

2) 장후재(張厚載, 1895-1955)는 호가 요자(繆子)이다. 필명은 요지(聊止), 요공(聊公)이며, 저명한 경극 평론가이다. 일찍이 중국 은행과 교통 은행에서 일했었고 청년시기에는 호적(胡適), 전현동(錢玄同), 부사년(傅斯年), 유반농(劉半農), 진독수(陳獨秀)와 잡지 『신청년』을 통해 구극에 관한 논쟁을 전개하면서 전력을 다해 전통문화와 그 정신을 수호해야 한다고 주장했다. 저작으로는 『청가상영록(聽歌想影錄)』, 『가무춘추(歌舞春秋)』, 『경극발전략사(京劇發展略史)』 등이 있다.

서 추격했다네. 나는 단숨에 뛰어서 아주 멀리 도망간 다음에야 겨우 발을 멈추었다네. 그때 마침 현지에 사는 한 노인이 냉정한 태도로 길 한쪽에 서서 그 광경을 보고 있었지. 그분은 그 위험한 장면을 아주 분명하게 지켜보고 있었던 거야. 그는 내 어깨를 두드리며 '젊은이, 축하하네. 목숨을 건졌군. 그들이 그려 놓은 반원 안으로 중국인이 들어가면 바로 총검으로 찔러 죽인다네. 사람을 죽여도 그들은 보상을 할 필요가 없어. 그래서 그들의 총검에 죽은 사람이 이미 여러 명이야. 여기는 놀 만한 곳이 못 되니, 일이 없으면 오지 말게'라고 하시더군. 나는 그분이 그렇게 얘기하는 것을 듣고 방금 있었던 일이 생각났네. 다시 고개를 돌려 일본 병사를 보니 여전히 흉악하고 무서운 얼굴로 사납게 나를 쳐다보고 있는 거야. 나는 갑자기 등골이 오싹해지면서 몸이 덜덜 떨렸다네. 그 후 거기에 오래 있으면서 일본 조계에서 가장 무서운 곳이 두 군데 있다는 것을 알게 되었지. 하나가 해광사 병영 정문 앞이고 다른 하나가 경찰서 안이라네."

이 이야기는 30여 년 전에 장료자 선생이 내게 직접 들려준 것이다. 지금 생각해보면, 일본군은 경자년에 중국에 쳐들어와 주둔한 이후, 곳곳에서 자신들의 우월한 지위를 드러내고 싶어 했던 것 같다. 크든 작든 기회만 있으면 구실을 만들어 끔찍한 수단으로 우리를 위협했다. 그렇게 함으로써 그들은 자신의 침략 목적을 달성했던 것이다. 또한 남의 세력에 기대 위세를 부리던 '흰 모자'들은 자신들의 주인이 늘 해광사 병영 입구에서와 같은 그런 야만적인 행위를 연출하는 것을 보는 것에 익숙해져 양심을 저버리고 기꺼이 그들의 앞잡이가 되었던 것이다.

폭탄의 위험

1920년 내가 상해에서 공연한 〈천녀산화〉가 관객을 많이 끌어 허소경은 1922년 초여름, 다시 나와 양소루 선생을 상해로 초청했다. 우리는 그곳 천섬무대에서 공연을 하게 되었다. 내가 내놓은 공연 프로그램은 오래된 극을 비롯하여 고장희와 곤곡 등 레퍼토리가 많았지만, 끊이지 않고 공연되는 주요 극목은 〈천녀산화〉였다. 이번에는 허소경이 북경에서 훌륭한 연기자들을 많이 초청해왔다. 각 항당의 각색들이 여러 희반에서 뽑혀 왔다. 노생으로는 왕봉경, 장춘언張春彦, 덕인지德仁趾가 있었고 화검으로는 학수신郝壽臣, 허덕의許德義, 이수산, 유연정劉硯亭이 있었으며 축 각색에는 왕장림, 부소산傅小山, 마부록馬富祿이, 단 각색에는 소취화小翠花, 요옥부가, 소생으로는 강묘향이, 무생으로는 지월정遲月亭 등과 남방에서 유명한 천섬극단 소속의 이춘래李春來 등이 있었다. 진용이 잘 짜였고 극목이 풍부하여 관객이 특히 많이 붐볐다. 허소경은 상해 관객의 심리를 잘 파악해서 많은 돈을 벌었다. 그러던 어느 날 외국인에게 빌붙어 사는 상해탄의 건달 두목이 이를 시샘하여 〈천녀산화〉를 공연할 때 폭탄을 터뜨리는 사건이 발생하였다. 비록 다들 한바탕 크게 놀라기만 하고 실제로 무엇이 훼손된 것은 아니었지만 그 사건 이후 상해의 극장 사업은 완전히 특수한 배경을 가진 사람의 손으로 들어가 독점되고 말았다. 모순茅盾 선생의 명저 『자야子夜』에서 묘사된 상해 방직공장의 대기업이 영소 기업을 집어삼키고 강자가 약자를 능멸하는 것과 흡사했다. 지금, 나는 〈천녀산화〉 공연을 했을 때 벌어졌던 사건을 통해 당시 북경 배우가 상해 조계에서 겪었던 일을 말하려고 한다.

우리는 상해에 음력 4월 말쯤 도착해서 5월 3일부터 시작하여 윤달 5월 16일까지 계속 공연을 했으며 중간에 남통에 있는 경속극장으로 가서

3일 동안 공연했다. 나와 양소루 선생의 공연이 번갈아가며 대축과 압축으로 공연되었다. 음력 5월 15일에는 내가 대축으로 〈천녀산화〉를 공연하고 그 앞의 공연이 양소루의 〈연환투〉, 그 앞의 공연은 왕봉경의 〈취성도〉, 그 앞 공연은 소취화(어연천(於連泉))의 〈마상연馬上緣〉이었다. 이날 공연 극목들은 모두 상해 관객들이 가장 좋아하는 것이었고 또 토요일이어서 천섬무대 같이 큰 공연장은 위아래층 모두 관객으로 가득 찼다. 그래서 보조 의자를 많이 가져다 보완했다.

〈천녀산화〉 공연의 두 번째 대목에 이르러, 내가 "오묘한 도를 깨달음이 마치 춘몽에서 깨어난 것과 같구나……" 네 마디를 이황의 느린 가락에 맞추어 노래를 부르고 난 뒤 "제가 천녀입니다"라는 대사를 말하려고 할 때 이층에서 "쾅"하고 폭발음이 크게 울리면서 극장 전체에 소란이 일었다. 아래층 관객들은 2층에서 무슨 일이 일어났는지 몰랐지만 그들도 같이 놀라 당황하기 시작했다. 고개를 들어보니 3층에서 연기가 피어올랐고 1, 2층 모두 대란이 일어나 혼란스러웠다. 바로 그 순간 내 옆에 서 있던 여덟 명의 선녀들이 모두 무대 뒤로 사라져버렸고 무대 위에 있던 사람들도 하나하나 빠져나가 무대 위에 나 혼자 남았다. 내가 어떻게 해야 할지 머리를 굴리고 있을 때 허소경이 무대 뒤쪽에서 나와 무대 입구로 걸어 올라와 양손을 들어 올리며 말했다.

"여러분 자리에 앉아주십시오. 놀라지 마시고요. 옆 사무실 용안회사의 보일러가 터진 겁니다. 여러분께서는 평상시대로 편안한 마음으로 공연을 즐기시기 바랍니다."

한바탕 대란이 일어나는 동안 관객 중에는 물건을 잃어버린 사람들도 적지 않았다. 이때 일어나서 갈 준비를 하는 사람들도 있었고 혼잡을 뚫고 이미 입구까지 간 사람들도 있었지만, 허소경이 하는 말을 듣고 서로 말을 전하더니 하나둘씩 돌아와 모두 자기 자리에 앉았다. 나는 허소경이 말하고 있을 때를 틈타 무대 뒤로 들어갔다. 잠시 후 허소경이 돌아와 무대 뒤의 일을 담당하는 사람에게 말했다.

"빨리 공연을 시작해요."

그리고는 무대에서 공연을 하던 사람들에게 손짓을 하며 자기 위치로 돌아가라는 신호를 보냈다.

이 폭탄 사건에는 또 하나의 에피소드가 섞여 있다. 이 극 앞부분의 서피와 이황은 여래경 선생이 호금胡琴을 연주했고 뒷부분의 꽃을 뿌릴 때 연주되는 곤곡 두 곡은 진가량 선생이 피리를 불었다. 그들은 예술에 대한 견해가 서로 달랐기 때문에 오해가 발생하여 몇 달 전부터 서로 이야기도 나누지 않았다. 진가량 선생은 나보다 항렬이 높은 친척이다. 그는 내게 곤곡을 가르쳤다. 또 나를 위해 피리를 연주한다. 여래경 선생은 나를 위해 호금을 연주하고, 내게 무공과 무술격투를 가르치고 훈련시킨 분이다. 그런 두 사람이 서로 마음이 안 맞으니 내 마음이 불안했다. 나는 계속해서 그들을 화해시키려고 했지만 좀처럼 적당한 기회를 잡지 못하고 있었다. 이날 3층에서 폭발음이 나고 어수선해지면서 무대 위에 있던 사람들이 모두 뒤쪽으로 대피할 때, 진가량 선생이 무대를 내려가다 발이 걸려 하마터면 넘어질 뻔했다. 그때 여래경 선생이 재빨리 다가가 그를 부축하면서 말했다.

"조심하세요. 서두를 필요 없어요."

진 선생이 말했다.

"내가 너무 놀라 경황이 없으니 우리 같이 갑시다."

이때부터 그들은 서로 마음을 열었고 다시 좋은 사이가 되었다. 이 일을 통해 우리 희곡계 선배들이 평소에는 예술에 대해 각자 자기주장이 강하고 또 그것을 굽히려고 하지 않지만 어려운 일이 생기면 다른 사람의 어려움을 방관하지 않고 서로 돕고 단결한다는 사실을 알 수 있었다. 이런 전통적인 미덕은 대단히 귀중한 것으로 후배들이 배울 가치가 있는 것이다.

이렇게 혼란을 겪으면서 적지 않은 시간을 지체했기 때문에 우리는 의논 끝에 강육야가 가람신伽藍神*으로 분장하여 짧은 막간극을 하기로 했다. 원래는 천녀의 대사가 끝나고 가람신이 등장해 여래의 명령을 선포하는 것이었는데, 그가 등장하기 바로 직전에 이 사건이 발생한 것이다. 이 대목을

*
가람신:
사원을 보호하는 신

보충하려면 다시 만판慢板 노래부터 시작해야 하는데 시간을 계산해보니 도저히 그럴 수 있는 상황이 아니었다. 그래서 하는 수 없이 가람의 짧은 막간극을 배치한 것이었다. 나는 이 시간을 이용해 재빨리 의상을 갈아입고 '운로'를 연기할 준비를 했다.

허소경의 능숙한 대처로 진상을 숨기고 잘 마무리되어 관객이 퇴장하는 일은 막았지만 공연이 진행되는 동안 무대 앞뒤에서 일하는 사람들은 모두 기분이 가라앉아 평상시처럼 자연스럽고 편안하지는 않았다. 공연 후 의상을 갈아입고 있을 때 허소경이 내 노고에 감사의 뜻을 전하고 놀란 마음도 풀어주겠다며 분장실로 왔다. 그는 나를 보자마자 이렇게 첫 마디를 꺼냈다.

"매 선생님, 진심으로 선생님에게 감명받았습니다. 용기가 대단하시고 정말 침착하시더군요. 무대에 있던 사람들이 모두 도망가버렸는데 선생님 혼자 꿈쩍도 하지 않고 무대 한가운데 앉아 계셨어요. 선생님은 그 행동으로 저를 크게 도우신 겁니다. 선생님이 무대에 그대로 계신 것을 보고 관객들이 별일 아니라고 생각한 것이 틀림없습니다."

내가 그에게 물었다.

"도대체 무슨 일이오? 나는 분명히 3층에서 연기가 나는 것을 보았단 말이오."

허소경은 잠시 망설이더니 말했다.

"뜨내기 건달 둘이 소란을 피운 거예요. 재떨이에다 유황을 놓아둔 거였어요. 잠시 놀라게 했을 뿐, 큰 일은 아니었어요."

여기까지 얘기하고 내게 눈짓을 하더니 이어서 작은 소리로 말했다.

"자세한 얘기는 조금 있다가 집에 가서 다시 하시지요."

나는 그가 말하는 의미를 알아듣고 더 이상 자세히 묻지 않았다. 대충 분장을 지우고 밖으로 나와 보니 자동차 양 옆에 인도인 순경 두 명이 더 있었다. 그들은 손에 권총을 들고 있었다. 나는 차에 타자마자 허소경이 보낸 경호원 조周씨에게 물었다.

"어째서 오늘은 인도 순경 두 명이 더 있는 거요?"

그가 말했다.

"허사장이 임시로 고용한 겁니다."

그때도 우리는 예전처럼 망평가 평안리에 있는 허소경의 집에서 묵었다. 나는 숙소로 돌아와 간식 먹을 준비를 했다. 이날 공연이 다른 때보다 늦게 끝나 배가 고팠다. 봉이야가 내가 돌아오는 소리를 듣고 이층에서 내려와 내게 물었다.

"극장에서 일이 있었다고 들었는데, 어떻게 된 거야?"

우리가 그 일을 얘기하면서 답답해하고 있을 때 허소경이 돌아왔다. 나는 간식을 먹는 중이어서 그에게도 같이 먹자고 권했다. 그가 말석에 앉고 나와 봉이야는 마주 앉았다. 우리가 그에게 물었다.

"오늘 3층에서 일어난 일은 도대체 어떻게 된 일이오? 당신을 괴롭힌 거요? 아니면 우리에게 소란을 피운 것이오?"

허소경이 말했다.

"그 일은 저를 겨냥해서 부린 난동입니다. 선생님들과는 상관이 없어요. 요약해서 한마디로 말씀드리면, 이번에 영업이 너무 잘 돼 외부에 시기를 한 사람이 있어서 이런 일이 생긴 거예요. 이 일로 밥 벌어먹기 정말 쉽지 않습니다."

우리는 그가 그렇게 말하는 데는 이유가 있을 거라 생각하고 캐물었다.

"그러면 사전에 무슨 들은 얘기가 있소?"

그가 말했다.

"있습니다. 열흘 전에 돈을 뜯어내려는 편지를 한통 받았어요. 주요 내용은 '이번에 북경 배우들을 불러 장사가 그렇게 잘 되었으니 돈을 많이 벌었을 게요. 좀 도와주시오'라는 것이었어요. 상해탄의 건달을 달래 성가신 일을 덜려고 그들에게 돈을 조금 보내주었습니다. 그들의 기대를 만족시키지 못했는지 그 후에 또 한통의 편지를 받았어요. 지난번 편지보다 말투가 좀 더 심각했고 요구하는 액수도 너무 커서 응할 수가 있어야지요. 하는 수 없이 모르는 척해 버렸습니다. 그래서 오늘 이 일이 발생했던 거예요. 보아하니, 우리처럼 극장을 운영하는 사람들은 밥 벌어먹기 점점 더 어려워질 것 같아요. 힘 있는 사람이 뒤를 봐주지 않으면 참으로 일을 계속하기가 어렵습니다."

내가 허소경에게 물었다.

"당신은 사업하는 사람이오. 대명천지에서 그들이 이렇게 제멋대로 날뛰는데 왜 질서를 무너뜨리는 그런 자들을 경찰에 신고해서 처벌하지 않는 거요?"

허소경은 우리를 향해 쓴 웃음을 지으며 말했다.

"매 선생님, 상해탄의 조계지 안이 얼마나 무법천지인지 선생님이 어찌 아시겠습니까? 영국 조계지, 프랑스 조계지는 각각 자기 지역의 치외 법권을 가지고 있습니다. 나쁜 일을 하고 도망 다니는 놈들은 이런 특수한 상황을 이용하여 거짓말로 위협하여 물건을 갈취하고 사람을 납치하는 등 별별 나쁜 짓을 다 합니다. 사기, 강도, 사악한 일들은 모두 여기서 일어납니다. 어떤 사람이 영국 조계지에서 일을 저지르고 프랑스 조계지로 도망갔을 때, 만약 영국 조계지의 경찰이 경계를 넘어가서 범인을 잡으려면 프랑스 경찰의 허가를 받아 같이 체포해야 됩니다. 더구나 이런 사람들은 모두 그들 뒤에 든든한 배경이 있어서 누군가 그들을 교사하고 비호해줍니다. 이따금 너무 큰 일을 저질러서 근처 가까운 조계지 안에서 은폐하는 것이 어려울 때는 내지로 가서 피해 있다가 3~5개월, 또는 1년 반쯤 지나 다시 돌아옵니다. 그때는 이미 지나간 일인 데다가 상황도 바뀌어 있어 거기서 끝나게 되는 거지요. 내지에서 법을 어긴 사람이 조계지에 숨어들어오는 것도 같은 이치예요. 게다가 조계지 안의 경찰국은 근본적으로 부도덕하고 부패한 관아입니다. 외국인의 세력 범위 안에서 이 나쁜 놈들은 외국인을 등에 업고 건달들과 서로 결탁하여 나쁜 짓을 하기 때문에 감히 불법으로 그런 나쁜 짓을 하는 거예요. 제가 경찰에 가서 고발을 해도 효력이 없을 뿐 아니라, 오히려 원한만 더 뼛속 깊이 맺힐 뿐입니다. 생각해보세요. 저와 제 가족이 모두 상해에 살고 있으니 언제 그들에게 보복을 당할지 모릅니다. 그래서 이런저런 생각을 해보았지만 이를 악물고 울분을 참으면서 일을 만들지 않고 조용히 살 수밖에 없습니다. 우선 급한 목숨부터 지키려는 거지요."

그가 여기까지 말하는 것을 듣고 나는 마음이 너무 답답했다. 허소경은 상해탄에서 명망이 있고 수완이 뛰어난 능력 있는 인물인데 그보다 더 강한 상대가 있을 줄은 생각도 못했다. 의외로 그가 위축되어 전혀 저항하지 못하는 것이 정말 화가 났다. 나는 격분한 어조로 말했다.

"허 라오반, 당신이 이렇게 문제가 생기는 것을 두려워하는지 몰랐군요. 공연이 아직 며칠 더 남았는데, 보아하니 우리의 안전이 보장되기 어렵겠군요."

그는 이 말을 듣고 말끝을 돌려,

"매 라오반, 걱정하지 마십시오. 내일부터 제가 무대 앞뒤로 사람을 보강하여 특별히 신경 써서 경비하겠습니다. 그들도 다시 소란을 피우지는 않을 겁니다. 마음 놓으세요."

나는 수심이 가득한 그의 얼굴을 보고 무슨 말을 더 하는 것이 불편해 그를 향해 웃으며 말했다.

"그러길 바랍니다."

허소경이 방을 나가자 봉경이 나를 향해 고개를 저으며 말했다.

"이곳은 정말 대단한 곳이야. 외국인 옆에 붙어 있기만 하면 난폭하게 행동하고 멋대로 소란을 피워도 되는군. 우리는 이곳의 사람도 지역도 모두 생소하니 눈을 뜨고 봐도 도대체 누가 누군지, 왜 서로 물어 뜯고 싸우는지 전혀 알 수가 없어. 빨리 공연을 끝내고 돌아가도록 하세나. 희곡 노래 가사 중에 이런 대구로 된 글귀가 있네. '생사의 길은 한 발로 차서 열고, 시비의 문에 직면해서는 몸을 돌려 도망친다.' 이건 여기에 꼭 맞는 말이야."

봉이야의 이 말은 정말로 북방에서 온 우리 모두의 마음을 대변하는 것이었다.

그 다음날은 일요일이었다. 주야로 공연이 있었고 밤 무대에서는 여전히 〈천녀산화〉가 공연되었다. 분장실에 도착하니 출입 검문이 삼엄했다. 권총을 든 조계지의 형사와 순경이 입구에 서서 경호를 하며 조금이라도 낯선 사람이 분장실로 들어오면 탐문을 했다. 셋째 날인 5월 17일 밤에는 나와 양 선생이 함께 〈패왕별희〉를 공연했다. 내가 이층에서 화장을 하고 있는데 아래에서 쿵하는 소리가 들리고 이어서 사람들 소리가 떠들썩하게 들려오는 것이 사고가 난 것 같았다. 나는 마음속으로 '또 그 일이 일어난 건 아니겠지'라고 생각했다. 내 의상과 소도구를 챙기는 근포가 허둥대면서 이층으로 올라왔다.

"후문에서 어떤 사람이 폭탄을 던졌어요. 이번에는 '문단文旦(유자(柚子)의 일종)' 속에 유황을 집어넣어 그것이 터지는 동시에 연기가 자욱하게 나와 전보다 더 심해요. 소화검小花臉을 연기하는 전옥성田玉成이 왼쪽 다리에 부상을 좀 입었지만 약을 바르고 평소대로 무대에 올라갔어요. 우리는 특히 조심해야 합니다."

그는 내 이마의 가발을 정리해주면서 나에게 말했다.

"양 선생이 분장하고 계신 아래층 방이 후문에서 가까워요. 폭탄이 터질 때 마침 손에 붓을 들고 패왕의 얼굴을 그리고 계셨는데, '쾅'하는 소리가 나면서 의자가 흔들려 손에 들고 있던 붓을 떨어뜨리셨어요. 지금 아래층에 있는 사람들은 모두 다 놀라서 몸을 부들부들 떨고 얼굴에는 잔뜩 두려움이 서려 있는 것이, 큰 화를 당한 것 같은 모습이에요."

나는 그에게 말했다.

"이번에는 극장 쪽에서 경비를 서고 있으니 그들이 들어올 수 없어. 그래서 하는 수 없이 밖에서 터트린 거지. 이런 위협용 장난은 무서워할 것 없어."

내게 화장을 해주는 한 사부가 웃으면서 말했다.

"이곳은 정말로 강도들의 세계네요. 도대체 누가 누구를 괴롭히는 건지, 누구의 세력이 큰 건지도 알 수가 없어요. 우리가 이 안에 끼어 있다가 해를 당하면 정말 어디 가서 말할 수도 없어요."

내가 말했다.

"이게 다 '돈' 때문에 생긴 일이야. 보게! 결과적으로 큰 물고기가 작은 물고기를 잡아먹고, 작은 물고기가 새끼 새우를 잡아먹는 거지. 여기는 약하면 업신여기고 강하면 무서워하고 만만하면 잡아먹는 것 같아. 말이 안 통하는 곳이야. 하지만 우리도 두려워할 필요가 없네. 우리는 며칠 있으면 떠나니까. 아무튼 다들 조심하게."

그날 밤 나와 양 선생 두 사람은 여전히 〈패왕별희〉를 만족스럽게 노래했다. 그래서 배우들의 놀란 마음을 관객들이 눈치채지 못했다.

공연을 마치고 양소루 선생이 내게 말했다.

"이곳은 너무 흉악한 곳이야. 정말로 건달, 깡패들의 세상인 것 같네. 난 이번 일로 족해, 다시는 오지 않겠어."

내가 말했다.

"아저씨는 극중에서는 영웅호한이시면서 왜 그렇게 의기소침해지셨어요. '다른 사람의 기는 살려주면서 본인은 풀이 죽어서야' 되겠습니까! 서두르지 마세요. 제가 보기에 저 놈들은 언젠가는 힘이 꺾일 거예요. 두고 보세요!"

이 사건이 있은 지 벌써 30여 년이 지났다. 지금도 마치 눈앞에 그날의 일이 펼쳐지는 것처럼 또렷하다. 안타깝게도 양소루는 이미 세상을 떠났다. 아직 살아 있다면 오늘날 새로운 시대의 밝고 번영된, 그리고 안전하고 행복한 상해의 생활환경을 보고 얼마나 즐거워할까!

허소경은 그 당시 적지 않게 돈을 벌었지만 모욕도 당하고 시달림도 많이 당했다. 게다가 크게 도박을 몇 번 하면서 극장에서 번 돈을 몽땅 다 날렸다. 또한 적지 않은 액수의 빚을 져서 천섬극장의 회계 사무실에 빚쟁이들이 몰려와 소란을 피웠다. 그는 하는 수 없이 한 친구에게 자기 대신 빚을 수습해줄 것을 부탁하고 물러났다. 그때부터 허소경이 극장을 경영하며 북경 배우를 초청해서 공연하던 일도 끝이 났다. 그는 결국 경제난으로 상해에서 비참하게 생을 마감했다.

허소경이 극장에서 물러난 후, 북경 배우를 부르는 특권은 특수 세력을 가진 사람들의 손으로 넘어갔다. 이때부터 극장은 별 소란 없이 조용했다. 〈천녀산화〉를 공연했을 때와 같은 굉음을 들을 수 없었고 화약 냄새도 맡을 수 없었다. 상해 조계지의 번화가는 그 당시 꽃과 비단이 펼쳐져 아름답고 경쾌한 음악과 우아한 춤이 흘러넘쳐 겉으로는 문명의 모습을 하고 있는 듯 보였지만 그 속은 더럽고 악취 나는 것들을 은폐한 음험하고 잔인하며 음산한 괴물이 사는 세계였다. 이 모험가의 낙원은 투기 모리배들의 시장이었다. 1949년 전국이 해방되어 국민이 주인이 된 후에야 비로소 그 어둡고 부패한 생명이 끝났다.

4 회화와 무대예술

그림을 배우다

나는 1915년 스물한 살 때 두차례 상해에 다녀오면서 교유의 범위가 점점 넓어졌다. 친구들 중에 골동품의 감상과 수집에 관심이 있는 이들이 있어 일이 없을 때면 나는 늘 그들과 왕래했다. 그들이 수집한 고금의 서화, 산수화, 인물화를 비롯해 동식물을 대상으로 그린 정물화들을 보면 정말로 아름다운 것들이 너무 많아 수를 헤아리지 못할 정도였다. 나는 이 그림들의 색채 조화와 구성이 매우 정밀하고 완벽하다고 느꼈다. 그리고 회화예술이 희곡예술과 통하는 부분이 있다고 생각했다. 중국 희곡은 복장, 도구, 분장, 연기 등 여러 측면을 종합해 놓은 한 폭의 움직이는 채묵화라고 할 수 있기 때문이다. 나는 회화에서 희곡에 도움이 되는 양분을 흡수하고 싶었다. 나는 회화에 점점 흥미가 생겨 한가로울 때면 집에 있던 화고畵稿나 화보畵譜를 꺼내 똑같이 그려보곤 했다(내 조부와 부친이 모두 그림을 좀 그리셨기 때문에 이러한 물건들이 꽤 있었다). 그러나 먹의 농담을 조절하는 법이나 그림의 전체적인 구도를 구성하는 방법 등에 대해서 전혀 요령을 알지 못해 내 멋대로 붓질을 하는 데 그칠 뿐이었다.

하루는 나영공羅癭公 선생이 우리 집에 왔는데 마침 내가 서재에서 그림을 공부하고 있는 것을 보고 말했다.

"자네가 그림 그리는 일에 그토록 흥미가 있다면, 왜 선생 한 분을 모셔다가 지도를 받지 않나?"

내가 말했다.

"선생님을 한 분 소개해주시죠!"

그 후 그는 내가 그림을 배울 수 있도록 특별히 왕몽백王夢白 선생을 소개해주었다. 왕몽백 선생의 그림은 신라산인新羅山人*의 화법을 계승하여 생

* 신라산인: 화암(華岩, 1682-1756), 청대의 화가

동감이 넘치는 필치에 재치 넘치는 표현이 다채롭게 펼쳐지며 자연스럽게 어우러진다는 점에서 최고였다. 그의 말에 따르면, 남방에서 이름난 화가 정요생程瑤笙과 교분이 두터워 두 사람은 자주 문을 걸어 닫고 마주 앉아 붓을 휘두르며 온종일 그림을 그리곤 했다고 한다. 그는 매주 월, 수, 금에 와서 내게 그림을 가르쳤다. 그래서 나는 연기를 배우는 것 외에 과외 수업이 하나 더 늘었다. 왕몽백 선생의 교수법은 앞에서 그림을 그려 보이면서 붓놀리는 방법과 팔의 힘을 사용하는 법을 눈여겨보도록 하는 것이었다. 그림을 다 그리고 나면 압정으로 벽에 그림을 붙여 놓고 내게 그것을 따라 그리게 한 다음 옆에서 잘못된 점을 지적해주었다. 그는 그림을 배우려면 먼저 다른 사람이 그림 그리는 모습을 유심히 관찰해야 한다고 했다. 어떻게 구도를 잡고 붓을 놀리며 먹을 쓰고 색을 조절하는지 오래 관찰하다 보면 자신이 그림을 그릴 때 도움이 된다는 것이다. 다른 사람이 구도를 잡고 그림을 그리고 먹물을 사용하고 색채를 사용하는 방법 등을 관찰하고 탐구하면서 자신의 그림 기법을 배워간다는 왕몽백 선생의 교수법은 비록 회화의 학습에 관한 것이었지만 희곡 배우들에게 적용해도 도움이 되는 내용이었다. 우리 배우들도 부지런히 스스로 배우고 고된 훈련을 겪어내면서 자신을 단련하는 한편 서로의 공연을 자주 참관하여 다른 사람은 무대에서 어떻게 인물을 형상화하는지 관찰하고 모방하면서 배운다.

또 화가들이 생활 현상을 관찰하면서 예술을 창조해나가는 모습을 지켜보는 것도 내게 적지 않은 도움이 되었다. 왕몽백 선생은 그림을 그릴 때 전적으로 모사에만 의지하지 않았다. 그는 새를 그리는 것을 가장 좋아했기 때문에 집 안에 큰 새장을 두고 서로 다른 모양의 작은 새들을 기르며 자주 그들의 모습을 지켜보곤 했다. 때로는 커다란 흙덩이를 새장 안으로 던져 새들이 놀라 날아오르거나 공중을 맴돌며 날개를 퍼덕이는 갖가지 모습을 관찰하면서 사생 자료로 삼기도 했다. 곤충류를 그릴 때도 꼭 살아 있는 사마귀, 귀뚜라미, 벌 등을 잡아서 관찰했는데 그것도 아주 자세히 관찰을 해서 터럭 하나까지도 대충 보는 법이 없었다. 한번은 여러 명이 함께 향산香山으로 놀러갔다. 우리는 그저 풍경을 즐기며 놀았지만 왕몽백 선생은 그러지 않았다. 그는 가는 곳마다 그것이 풍경이든 산수든 초목이든 온 정신을 집중해서 보느라 자리를 떠나지 못했다. 가끔 그는 사마귀와 여치를 잡아 한쪽에서 자세히 관찰하기도 했다. 이처럼 생활 현상에 대한 세심한 관찰을 통해 부단히 창작의 소재를 쌓아나가는 방식은 희곡 배우들이 참고할 만한 가치가 있다고 생각한다. 손오공을 연기한 배우들 가운데 일찍이 원숭이의 생활을 관찰하여 〈요천궁鬧天宮〉, 〈요용궁鬧龍宮〉과 같은 작품의 연기에 활용했던 사람들이 있었다. 그중 일부는 손오공을 지나치게 원숭이처럼 연기하려고 하였을 뿐 아니라 생활의 사실성에만 주목한 나머지 실제의 소재를 제련하고 과장하는 재창조의 과정을 소홀히 했다. 이는 분명 잘못된 일이며 희곡 전통의 표현 수법에도 맞지 않는 것이다. 더구나 손오공은 '영험한 원숭이'이고 신통력이 뛰어난 제천대성齊天大聖이 아닌가! 그 외에 호남湖南 상덕常德의 상극湘劇 배우인 구길채丘吉彩는 봉건 시대 거인擧人의 생활을 관찰하고 그것을 응집하여 〈제두건祭頭巾〉을 연기하는 데 반영했다. 개규천 선생은 생물을 세밀하게 관찰하는 데서만 그치지 않고 불상에서부터 연기에 이르기까지 수많은 현실 생활의 모습들 속에서 무대 동작의 형상과 춤의 형태를 찾아내기도 했다.

왕몽백 선생에게 그림을 배우던 시기에 나는 또 진사증陳師曾, 금공북金拱北, 요망부姚茫父, 왕애사汪藹士, 진반정陳半丁, 제백석齊白石 등 이름 있는 화가들을 많이 알게 되었다. 화가들과 교유하는 과정에서 회화 방면의 지식이 적잖이 늘었다. 그들은 이따금 우리 집에 모여서 함께 그림 한 장을 그리기도 했다. 나는 그들이 그림을 그리면서 의논하는 것을 곁에서 지켜보았다. 이런 경험은 확실히 큰 도움이 되었다. 1924년 내 서른 살 생일에 이 몇 분의 선생들이 함께 그림 한 장을 그려 내게 선물했다. 그림은 우리 집 서재에서 그렸다. 첫 번째로 붓을 든 사람은 능식지凌植支 선생이었다. 그는 비파 한 그루를 그렸는데 그림의 상당히 큰 부분을 차지했다. 요망부 선생이 그 뒤를 이어 장미와 앵두를 그렸고 진사증 선생이 대나무와 산석山石을 그려 넣었다. 왕몽백 선생은 산석 위에 구관조 한 마리를 그렸다. 마지막으로 제백석 선생이 그려 넣을 차례가 되었을 때는 그림이 기본적으로 다 완성되어 무엇을 더 그려 넣을 필요가 없어 보였다. 그는 잠시 생각하더니 붓을 든 후 입을 벌리고 있는 구관조와 마주하도록 그 앞에 작은 꿀벌 한 마리를 그려 넣었다. 사람들이 박수를 치면서 그를 칭찬했다. 이 꿀벌 한 마리야말로 이 그림의 화룡점정과 같은 묘수라고 할 수 있었기 때문이다. 이는 그림에 생동감을 불어넣어 그림의 구도와 예술적 정취 자체를 완전히 바꾸어 놓았다. 제백석 선생은 작은 꿀벌 한 마리를 그려 넣었을 뿐이지만 내게는 무대 화면의 대칭 연구에 중요한 참고가 되는 가치 있는 것이었다.

내가 부처 그리기에 한참 몰두해 있던 시기에 오랜 친구 허백명이 생일 선물로 불상 하나를 그려달라고 했다. 1921년 가을의 일이다. 그때 나는 불상을 그리 잘 그리지 못했다. 어느 날 오후, 나는 집에서 내가 소장하고 있던 명대에 불화佛畵로 유명한 정남우鄭南羽(운붕(雲鵬))의 나한상羅漢像을 참고하면서 그림을 그리고 있었다. 이 그림에 그려진 나한은 소나무에 기대어 바위에 앉아 있는 모습이었다. 그림을 반쯤 그렸을 때 진사증, 나영공, 요망부, 금공북 등의 선생들이 왔다. 내가 말했다.

"다들 마침 잘 오셨어요. 가르침을 좀 주시지요."

내가 온 정신을 집중해서 불상을 완성하자 몇몇 분이 내 불상 그리는 솜씨가 늘었다고 했다. 금공북 선생이 말했다.

"굳이 하나 짚어내자면 이 그림의 나한은 짚신을 신는 편이 더 좋아."

내가 말했다.

"선생님이 짚어주신 말씀이 옳습니다. 하지만 나한을 이미 다 그렸으니 고칠 방법이 없네요. 어찌하면 좋겠습니까?"

금공북 선생이 말했다.

"내가 자네 대신 짚신을 그려주지."

그는 붓을 잡더니 나한의 몸 뒤에 선장禪杖을 하나 그려 넣고 그 위에 짚신 한 켤레를 매달았다. 그리고 경문 두루마리를 하나 더 보충했다. 다들 경탄을 금치 못했다. 또한 금공북 선생은 그림을 다 그리고 나서 그림에 발문跋文을 몇 자 적어 넣었다.

완화畹華가 부처를 그리는데 짚신을 잊고 그렸네. 내가 그것을 보충하고 또 경문과 선장을 함께 그려 넣어, 모르는 사람들이 쓸데없이 혀를 놀리지 못하도록 하고자 한다.

허백명도 그날 우리 집에 같이 있었다. 그는 내가 그림을 다 그린 것을 보더니 가져가서 표구를 해 가지고 와 모두에게 제사題詞를 하나씩 부탁했다. 진사증 선생이 다음과 같이 제사를 지었다.

짚신을 매단 것은 마음대로 다니고자 함이네. 고쟁과 비파 소리를 듣지 않고 오직 솔바람 소리만 듣나니. 썩어질 몸이 게송 읊는 것을 여러분께서는 나무라지 마시라.

요망부 선생도 다음과 같은 오언절구로 제사를 지었다.

짚신은 어디로 갔느냐, 걸어서 해지는 일은 늘 있는 것. 마음도 이 발과 같으니, 원래가 아무것도 걸친 것이 없도다.

번산노인樊山老人의 제사와 발문이 가장 흥미로웠는데 나한에 빗대어 당시의 의원들을 풍자한 것이었다. 내용은 다음과 같다.

지금 상하 의원의 의원 수가 팔백 명이나 되니 사람들의 눈에는 나한처럼 보이네. 란방蘭芳이 이를 그렸으니 서구의 나한들을 말함인가? 중국의 나한들을 말함인가? 머리가 두툼하고 뱃속은 기름졌으니 술과 고기를 탐하는 화상이로구나! 얼굴조차 험악하니 지옥에 가면 인상이 변하려

나? 북루北樓가 짚신을 더해 그렸는데 어찌 그 행적을 따르려는가? 귀가 이처럼 큰데 게송을 짓는 자는 고쟁과 비파 소리를 듣지 않는다니, 그렇다면 무엇으로 즐거움을 삼겠는가? 나한은 매일같이 고쟁과 비파를 즐겨들으며 의사일정議事日程을 전폐하여, 내가 떠나길 촉구하니 이십 원의 출석비를 누가 포기하려 하겠는가? 설령 나를 욕하는 백성이 있고, 나를 때리는 군인이 있더라도, 나는 신성불가침의 나한이라 모욕을 당해도 놀라지 않고 좌불안석을 하지도 않네. 란방이 이 그림을 그렸지만 닭을 그릴 때 깃털은 그려도 닭의 위는 그리기 어렵고, 사람을 그릴 때 얼굴을 그리기는 쉬워도 그 마음을 헤아려 그리기는 어려운 법이다.

번산은 서명을 하지 않았다. 나중에 나영공이 그 옆에 발문 두 마디를 더했다.

백명伯明을 위해 번산옹의 제문 뒤에 적노라. 그가 세상을 우습게 여기는 말을 많이 적어 놓고 서명을 하지 않은지라, 백명이 재차 부탁해 내가 발을 더해 그것을 설명한다.

번산은 발문에서 당시의 소위 유럽 문명국가라고 하는 곳의 의원들까지 끌어와 실컷 욕을 해대면서 사람들의 속을 시원하게 했다. 30여 년이 지난 1958년 연말에 나는 외문출판사外文出版社의 요청으로 국회거리 26호에서 〈우주봉〉을 공연했다. 〈우주봉〉을 공연한 그 강당이 바로 그 당시 국회 회의장이었다는 사실을 나는 알고 있었다. 내가 무대에서 진이세秦二世*를 욕할 때 문득 일찍이 의원들이 이곳에서 펼친 잉크병이 날아다니며 주먹질이 난무하는 꼴사나운 촌극 한마당이 떠올랐고 그와 동시에 내 그림 속의 나한과 번산의 발문이 생각나 만감이 교차했다.

한번은 왕몽백, 금공북 두 사람이 그림을 그리는 풍격에 대해 논하면서 왕 선생이 금 선생에게 이렇게 말했다.

*
진이세:
진시황의 아들. 중국 고대 진(秦)나라 제2대 왕

"자네 그림은 재봉 일에 비유할 수 있겠네. 석자 세 치면 석자 세 치, 자네는 재단한 그대로 정확하게 만들지."

금공북 선생은 옛 사람의 명화나 송원 원본院本*을 모사하고 누각이나 누대 및 인물을 세밀하게 묘사하는 데 대단히 뛰어났다. 그래서 왕몽백 선생이 그렇게 말했던 것이다. 몽백 선생은 또 자신의 작품을 예로 들어 말했다.

"내 그림은 마치 대장장이 일과 같지. 못 하나를 만들더라도 길게 해야 하면 길게 하고 짧게 해야 하면 짧게 할 수 있지. 가마 안에 집어넣고 처음부터 다시 하는 것은 맞지가 않아. 나는 머리를 써서 그리거든."

금공북 선생이 그 말을 듣고 웃으며 대답했다.

"그림을 그린다는 것은 타고난 재능에만 의지할 수 없네. 갈고 닦은 실력도 마찬가지로 중요하다고. 우리에게는 수천 년에 걸쳐 옛 사람들이 물려준 유명한 작품이 적지 않으니 이는 아무리 써도 다함이 없는 무궁무진한 소재인 셈이지. 자네가 나보고 재봉사 같다고 했는데 틀리지 않은 말일세. 나를 재봉사라고 하지. 하지만 내가 만든 옷은 몸에 꼭 맞는다네."

그들은 이처럼 스스럼없이 있는 그대로 서로 비평하면서 담소를 나누곤 했는데, 참 흥미로웠다.

하루가 지난 뒤에 진사증 선생이 내게 말했다.

"몽백의 타고난 재능과 공북의 학문적 실력, 두 사람의 특기를 합치면 양쪽 다 더 볼 만한 성취를 이룰 수 있을 거야."

진사증 선생의 이 말은 왕몽백 선생과 금공북 선생에 대해 그가 깊이 이해하고 있다는 것을 보여주는 것이었다. 회화예술은 희곡예술과 마찬가지로 전통을 계승하면서 발전시켜야 하고 또 창조해야 하는 문제가 있다. 즉 이 두 예술은 계승과 발전의 문제를 동시에 가지고 있는 것이다. 선배들로부터 성심성의껏 배우면서도 동시에 대담하게 창조와 혁신을 추구해야 한다는 말이다.

진사증 선생의 부친은 산원노인散元老人**이다. 진사증 선생 또한 시, 서

*
원본:
중국 송금원 시대의 희곡 형식

**
산원노인:
진삼립(陳三立, 1859-1937). 자는 백엄(伯嚴), 호는 산원(散原)이며, 강서 의녕(義寧) 사람임. 근대 동광체(同光體) 시파의 대표 인물. 담사동(譚嗣同), 서인주(徐仁鑄), 도국존(陶菊存)과 함께 '유신사공자(維新四公子)'로 불림. 국학대사이며 사학자인 진인각(陳寅恪), 화가 진형각(陳衡恪, 진사증)의 부친

예, 그림에 모두 뛰어났다. 나는 불상과 미인도를 그릴 때 진사증 선생과 요망부 선생의 지도를 받았다.

진사증 선생의 북경 풍속화는 매우 유명하다. 그가 그린 것은 일상생활의 정경들이다. 예를 들면 포한선跑旱船, 창화갑자唱話匣子, 나차진향騾車進香, 고서鼓書, 납낙타拉駱駝, 수과도水果挑, 매절고賣切糕, 매융선賣絨線, 강견아扛肩兒, 납양차拉洋車, 홍백집사紅白執事, 타고적打鼓的, 체두도剃頭挑 등이 있다. 당시의 사대부들은 이러한 직업을 가진 사람들을 매우 하찮게 여겼다. 그는 세상에 경고가 될 만한 세태를 풍자하는 그림을 사실적인 기법으로 사진을 찍어내듯 화폭에 담았다. 진사증 선생은 이런 그림을 그릴 때 먼저 그들에게 가까이 가기 위해 밖에서 그들이 소리치는 소리가 들려오면 곧바로 대문 밖으로 나가 그들이 사용하는 도구나 복장, 행동거지와 감정 등을 자세히 관찰하고 그 다음에 그림을 그린다고 했다. 나는 그의 이런 그림들을 매우 좋아했다. 예를 들어, 떠돌이 과일 장수의 멜대에 닭털로 만든 떨이개가 꽂혀 있다든지 어린 행상인의 손에 담배쌈지가 들려 있다든지 하는 것처럼 아주 소소한 부분까지도 섬세하게 묘사해 북경 토박이가 보면 모두 회심의 미소를 짓게 된다. 이 그림에는 다음과 같은 제문이 실려 있다.

> 비싸기도 해라. 한 푼에 두 개였던 때는 온 북경에 새콤한 냄새가 파다했건만, 이제는 하나에 열 푼이니 가난한 집에서야 어디 신선한 과일을 맛보랴! 대문에 붉은 칠을 한 부호나 귀족의 금 쟁반 위에나 오르겠지. 그 냄새는 언제나 거리에 먼저 돌았었는데. 아아! 그 냄새 언제나 거리에 먼저 돌았었는데.

세태를 풍자하며 비평하는 뜻이 종이 위에 펄떡이며 살아 있는 듯하다. 노새 수레를 끌고 향을 피우러 가는 그림에는 이러한 제문이 쓰여 있다.

> 묘회廟會에 가면 기쁨이 따르나니 특별히 바랄 것이 없네. 집을 보는 어린

계집아이는 탕후루로 위안을 삼네.

"특별히 바랄 것이 없네"라는 구절은 당시 묘회로 모여들었던 사람들의 심리를 대변한다. 가장 돋보이는 모습은 기다란 탕후루 두 줄과 치파오를 입고 '갈래머리'를 틀어 올린 부인의 모습이다. 당시의 풍속을 생생하면서도 사실적으로 그려냈다. 고서鼓書라는 그림에서는 이호를 켜며 노래하는 당시 길거리 예인들의 모습을 묘사했다. 끼니를 때우기 위해 저녁 무렵이면 이호나 대고를 끼고 찬바람을 맞으며 집집마다 돌아다니며 노래를 파는 비참한 모습이라니! 구사회에서 비참하고 곤궁한 삶을 이어갔던 그들을 동정했던 사람이 얼마나 되었던가! 진사증 선생은 또 천교天橋*의 잡기雜技 예인이 공연하는 모습을 그렸다. 그때도 직접 그 생활에 몸을 담고 관찰과 체험을 한 후에 비로소 그림을 그렸다. 진사증 선생은 당시 사회의 다양한 모습들을 관찰하여 자신의 풍속화에 반영하였고 날카로운 시선으로 세속의 불합리함을 질타하고 분개하는 마음을 그 위에 펼쳐냈다. 그의 그림에서 우리는 생활에 대한 관찰이 예술가에게 얼마나 중요한지 알 수 있다. 어떤 예술도 삶과 유리된 것은 없다. 진사증 선생의 풍속화는 중국화의 전통 기법을 계승하면서 강렬한 삶의 숨결을 지니고 있을 뿐 아니라 자신의 독특한 풍격 또한 구축하고 있다.

* 천교: 1950년대 이전 북경에서 가장 규모가 컸던 대중오락 중심 지역으로 수많은 민간 예인들의 공연을 이 거리에서 볼 수 있음

생활을 관찰하는 것은 예술가의 중요한 습성이다. 나는 여숙암 선생이 어떻게 생활을 관찰했는지 이야기했던 것을 기억한다. 그는 친구들과 공원을 돌아다니며 놀러 나온 사람들의 모습을 하나하나 살펴보았다고 한다. 그 사람들의 표정이나 기질을 보고 누가 군인이고 누가 상인이며 누가 공부하는 사람인지 알아맞힐 수 있었다고 한다.

제백석 선생은 자기의 그림은 서청등徐青藤, 1521-1593(서위(徐渭)), 석도石濤, 1640-1707, 오창석吳昌碩, 1844-1927의 도움을 받았다고 말한다. 그러나 실은 그 역시 생활 속에서 실제 사람과 정경, 새, 벌레, 꽃과 나무, 그리고 기타 미술 작품, 예를 들면 조각과 같은 예술품을 광범위하게 접하고 그것들에서

선명한 형상들을 받아들여 자신의 예술을 표현하는 데 응용했던 것이다. 이처럼 풍부한 지식과 타고난 재능이 있었기에 그의 작품은 성김과 빽빽함, 번잡함과 단출함이 넘치거나 모자라는 일 없이 언제나 절묘한 균형을 유지하여 그림의 뜻이 모두 붓에 실렸다.

내가 제백석 선생과 알고 지낸 지는 꽤 오래되었지만 그에게 그림을 배운 것은 1920년 가을이었다. 하루는 내가 집에서 이야기나 나누자고 그를 초대했다. 제백석 선생은 나를 보자마자 말했다.

"요즘 자네가 그림 배우는 일에 열심이라고 하더군. 자네가 그린 불상을 보았는데 예전보다 나아졌더라고."

내가 말했다.

"제가 둔한 사람이라, 좋은 선생님들이 많이 계시는데도 그림이 좀처럼 나아지지 않습니다. 저는 선생님이 그린 풀벌레나 헤엄치는 물고기, 새끼 새우 등이 살아 있는 듯 생생해서 아주 좋습니다. 살아 있는 것보다 더 아름다워요. 오늘 선생님께서 제게 그림을 그려 보여주시면 선생님의 붓 놀리는 법을 배우겠습니다. 제가 먹을 갈겠습니다."

제백석 선생이 웃으며 말했다.

"내가 자네에게 풀벌레를 그려주고 자네는 나중에 노래 한 소절을 들려주면 되겠네."

내가 말했다.

"그건 지금도 됩니다. 좀 있으면 악기를 연주하는 사부가 오시니 제가 꼭 불러드리지요."

이때 제백석 선생은 그림 그리는 탁자 앞에 정면으로 앉았고 나는 그 반대편에 앉았다. 나는 손으로 먹을 갈면서 입으로는 그와 대화를 나누었다. 먹을 진하게 갈고 나서 한지 한 장을 가져다 몇 개의 책혈冊頁로 잘라서 그 앞에 펼쳐 놓았다. 그는 흰 종이를 바라보며 잠시 깊은 생각에 잠기더니 그 많은 붓들 가운데 두 개의 그림붓을 골라 가볍게 씻어낸 뒤 먹을 적셔 풀벌레를 그리기 시작했다. 그가 그린 작은 벌레는 아주 섬세하고 생동감이 넘쳐서 스멀스멀 종이 밖으로 기어 나오는 듯했다. 그의 붓놀림은 놀라우리만큼 정확했고 속도 또한 굉장했다. 그는 그림을 그릴 때 붓과 먹을 황금처럼 아껴 낭비하지 않았다. 그날 한나절 동안 그림을 그렸는데 붓을 씻은 물은 시종 맑았다. 나는 언젠가 그가 농후한 색채의 화초도花草圖를 그리는 걸 보았던 기억이 있다. 그는 그때 오창석의 영향을 받아 서양홍西洋紅*을 진하게 쓰면서 붉은색과 푸른색을 종이에 가득 그렸지만 그림을 다 그릴 때까지 붓을 씻은 물은 탁해지지 않았다.

나와 왕래한 유명한 화가들은 그림을 그릴 때 각자 자기만의 독특한 습관이 있었다. 그들 중 몇 분은 늘 해왔던 대로 먼저 붓을 들어 입안에 넣고 우물우물 씹고 난 다음 연이어 접시에 있는 물감을 찍어 놓고 조금 있다가 또 물통에 넣고 흔들었다. 어떤 때는 그림을 그리지도 않았는데 물통의 물이 벌써 알록달록해졌다. 이는 백석 선생의 습관과 전혀 달랐는데, 그렇게 하지 않으면 그림이 잘 그려지지 않는다고 했다. 나는 그렇게 하는 것도 일리가 있다고 생각한다. 그들이 붓을 씹다가 씻고 씻고는 다시 씹는 것을 반복할 때는 흰 종이를 앞에 놓고 정신을 집중하여 그림의 전체적인 구도를 생각하며 밑그림을 구상하고 있을 때이다. 이는 배우들이 무대에 오르기 전에 먼저 목청을 가다듬거나 몸을 푸는 이치와 크게 다르지 않다고 생각한다.

그날 제백석 선생이 내게 그려준 서화첩에는 풀벌레와 물고기, 새우가 모두 있었다. 그는 붓을 댈 때 자신이 터득한 것들과 문제를 해결하는 요령들을 들려주었다. 그리고 그것은 내게 큰 도움이 되었다. 금을 연주하는 사부가 와서 내가 〈자탕刺湯〉 한 소절을 제백석 선생을 위해 불렀다. 제백석 선생은 노래를 다 듣고 나서 고개를 끄덕이며 말했다.

"자네가 설염낭雪艷娘의 가슴 가득한 원한과 분노를 노래로 다 불러내는군."

다음날 제백석 선생이 시 두 수를 내게 보내 왔다. 그림 그리는 종이에 쓴 기사紀事 성격의 시였는데 감동적이었다.

*
서양홍:
붉은색의 일종. 서양의 유화에서 많이 쓰이는 것으로 중국의 전통적인 붉은색보다 더 밝고 산뜻한 느낌의 붉은색을 말함

먼지 날아 열 길이나 어둑한 연경에 철옥헌의 기운만이 홀로 맑구나. 얻기 어려운 빼어난 재능으로 그림 그리는 모습 지켜보며 정성스럽게 먹 세 되를 갈아주었네.

서풍이 불고 연기가 모락모락 피어오르는 수도의 가을 저녁. 오늘 만나 이 노래를 들으니 다른 때에 났더라면 그대가 바로 이구년李龜年이리라.

또 하루는 어느 당회에서 제백석 선생이 안으로 들어섰는데 아무도 그를 맞아주는 사람이 없었다. 내가 그를 맞이하고 부축해서 앞자리로 모셔와 앉게 했다. 내가 한 노인의 시중을 들고 있는데다가 노인의 의복이 너무 소박하여 다들 어찌된 영문인지 의아해하면서 우리를 주목했다. 누군가 물었다.

"이분은 누구신지요?"

나는 일부러 목청을 높여 말했다.

"이분은 명화가 제백석 선생이시며 제 선생님이십니다."

선생은 이 일을 절구 한 수로 지어 그림에 제사로 썼다. 어떤 친구가 그것을 베껴서 내게 보여주었다. 30여 년이 지났기 때문에 시의 구절은 잘 기억나지 않는다. 1957년 가을에 난주蘭州에 가서 공연했을 때 등보산鄧寶山[1] 선생이 정성들여 가꾼 채소와 특산품인 과일을 준비해서 우리를 맞이했다. 그 자리에서 등보산 선생이 이 일을 이야기하며 시를 낭송했다. 그것은 내 기억을 되살려 더욱더 백석 선생과의 우정을 잊지 못하게 했다.

일찍이 앞의 왕조 때는 태평성대를 누렸다네. 베옷에 채식하는 평민 신분이었지만 공경대부를 움직였지. 그러나 지금은 몰락하여 장안에서 신분이 더 보잘것없게 되었지만 다행히 매랑梅郎이 있어 이름을 알아주네.

---

1) 등보산(1896-1968)은 동맹회 회원으로 항일 전쟁 시기에는 인민당 21군단 군단장을 역임했고 1949년 초에는 무장 혁명을 일으켰다. 건국 후에는 서북 군정 위원회 위원, 감숙성인민정부 주석, 감숙성장, 전국인민대회 대표, 정부협의회 상임위원, 중국 인민당 혁명 위원에 중앙 부주석을 역임했다.

백석 선생은 실물의 꽃을 그리는 것에 뛰어났다. 그는 우리 집에서 유명한 나팔꽃들의 종을 보고 그림을 그렸다. 그의 제화시題畫詩에 "백 송이 나팔꽃 쟁반같이 피었어라. 삼 년간 꿈도 꾸지 못했더니 매씨 집안에서 보았네"라는 글이 있다.

나는 그림에 대한 흥미가 갈수록 깊어져 흥이 나면 보는 것마다 붓을 놀리고 싶었다. 그때는 내가 마침 비둘기를 많이 키울 때라 유명한 종류의 비둘기를 얻을 기회가 많았다. 나는 그것들을 모두 그려볼 생각이었다. 두세 폭의 그림을 그렸을 때 오랜 친구 한 명이 내게 이런 충고를 했다.

"자네가 그림을 배운 목적은 그림을 그리면서 연기에 도움이 될 것을 얻고자 함이었네. 그림은 자네의 연기를 돕기 위한 여가 활동에 불과한 것이지. 그러니 한도가 있어야지. 자네처럼 이렇게 종일 책상에 엎드려 물감과 씨름하며 대부분의 시간을 이 일에 다 써버린다면 자네의 연기에도 영향을 미칠 것이네."

나는 그의 말을 듣고 나도 모르게 두려워지는 가운데 깨달음을 얻을 수 있었다. 그때부터 회화는 연극에 도움이 되는 쪽으로 연구하거나 정신을 가다듬기 위한 소일거리로 삼을 뿐 이전처럼 식음을 전폐하고 빠져들지 않았다.

회화와 무대예술

왕몽백 선생이 처음 우리 집에 왔던 날, 나는 서재에서 그림을 그리고 있었다. 왕몽백 선생이 자리에 앉자 나는 그에게 가르침을 청했다. 그는 아직 완성되지 않은 내 그림을 보면서 말했다.

"자네의 필획은 속되지 않으니 회화의 한 가지 도리에는 가까워졌다 하겠네. 이 화초도로 말하자면 단지 몇 군데가 부족할 뿐이구먼."

여기까지 말하고 나서 그는 손으로 그림 위에 필획을 내리긋는 시늉을 하며 말했다.

"여기 나뭇가지가 나온 모양이 살아 있는 것 같지 않네. 뭔가 더 그려 넣어야 할 것이야. 여기 있는 잎은 반대로 그렸구먼. 저쪽에 있는 잎과 어울리지가 않네. 이 꽃봉오리는 이렇게 되어야 저쪽에 있는 꽃송이와 어우러져 보기 좋을 것이네."

나는 정신을 집중하고 있었다. 그는 붓을 들더니 방금 말한 부분들을 수정한 다음에 나비 한 쌍을 더 그려 넣었다. 그리고 지우고 하더니 순식간에 그림이 다 완성되었다. 화초도는 과연 꽃과 잎이 서로 어우러졌고 농담도 적당하여 원래의 그림에 비해 몰라보게 달라져 있었다. 1924년 몇 명의 화가가 합작으로 내 서른 살 생일 선물로 그려 주었던 그림에서도 제백석 선생이 마지막에 꿀벌 한 마리를 그렸을 뿐인데 그림의 구도가 바뀌고 예술적 분위기도 달라졌다. 그가 그린 작은 꿀벌 한 마리가 몇 분의 화가가 그린 복잡한 꽃과 새와 강렬한 대비를 이루었던 것이다. 이런 큰 것과 작은 것, 단순한 것과 복잡한 것의 대칭은 희곡 무대에서 대칭을 중시하는 것과 서로 통하는 면이 있다. 그림은 정지해 있는 것이고 극은 움직이는 것이다. 그림에는 전체적인 구도章法와 배치布局가 있고 극에는 부위部位와 결구結

構가 있다. 화가는 산수와 인물, 새와 화초를 관찰한 다음 평면인 백지 위에 재능을 펼치는 반면, 배우는 희곡이 정한 규칙과 공간의 제한이 있는 무대 위에서 입체적으로 자신이 가진 능력을 드러낸다. 예술의 형식은 다르지만 둘 다 배치와 구성이라는 문제를 가지고 있다는 점에서는 같다. 중국화 속에 존재하는 허와 실, 간략함과 번잡함, 성김과 빽빽함의 관계는 희곡 무대의 구성과 밀접하게 연관된다. 이는 중국인의 심미에 대한 일종의 예술적 취향 및 감상 습관이다. 그런 까닭에 우리 같은 희곡 종사자들은 회화를 깊이 연구하여 자신의 예술적 감각을 향상시킬 수 있고 기질을 바꿀 수 있으며 그림 속에서 자양분을 취해 희곡 무대예술에 활용할 수 있다.

연극배우는 분장을 하고 무대 위에 오르는 순간 더 이상 일반 사람이 아니다. 그는 하나의 '예술품'으로 변하여 화가가 붓 끝으로 그린 형상과 같은 가치를 지닌다. 화가와 배우는 같은 제재를 표현할 때 비록 표현하는 수단은 다르지만 사람들에게 비슷한 예술적 감동을 줄 수 있다. 당시 양소루 선생은 〈청석산青石山〉에서 관평關平 역을 연기할 때 온몸에 금빛으로 번쩍이는 백고白靠를 걸치고 투구 위에는 신화염神火焰을 얹었으며 두 개의 붉은 비단 띠를 둘러매서 아래로 늘어진 흑수사黑水紗를 잡아 눌러주고 콧등에는 금칠을 했다. 그의 천신天神의 기개는 【사변정四邊靜】 곡패의 신단과 잘 어울렸다. 회화를 찬미하는 말을 빌려 이를 표현하자면 정말로 '벽을 뚫고 날아오르는' 예술의 정취를 자아냈다. 내가 이 예를 든 것은 양소루 선생의 이런 분장이 회화에서 가져온 것이기 때문이라고 말하려는 것이 아니다. 관평을 연기하는 배우라면 누구든 이렇게 분장하지만 양소루 선생은 천신의 신비한 자태와 기세, 절도 등을 성공적으로 표현했다. 우리는 그를 보고 당송 명화 속에 그려진 천왕상天王像이나 팔부천룡상八部天龍像을 연상했다. 인물의 분장도 물론 중요하지만 더 중요한 것은 신비한 자태와 기세, 절도 등에서 사람들이 신에 대한 환상을 품을 수 있도록 해야 한다는 점이다. 그러지 못하면 '형사形似'만 있고 '신사神似'가 없게 된다.

대체로 명화가의 작품을 보면, 화가는 늘 사람의 변화무쌍한 표정과 자태 가운데서 한순간의 가장 선명한 찰나를 포착하여 그려내기 때문에 사람을 그릴 때 '생생한 묘사'를 가장 중시하고 화법에서는 '정취가 생생하게 약동하는 것'을 첫째로 친다. 이른바 '생생한 묘사'라든지 '정취가 생생하게 약동하는 것'이라는 말은 모두 실제와 닮았음을 뜻하는 말이다. 고전 희곡에 나오는 인물들이 사용했던 복식과 도구들은 모두 지금과 완전히 다르기 때문에 옛날 그림 속에서 옛 사람의 생활을 따져 보는 것은 도움이 된다. 송대 홍매洪邁의 『용재수필容齋隨筆』에는 이런 말이 있다. "강변에 갔을 때와 산에 올랐을 때의 아름다움, 샘과 바위를 감상할 때의 즐거움은 정말로 자연의 아름다움을 보며 느끼는 것들이다. 이런 풍경을 보고 사람들은 '그림 같다'고 말한다. 그래서 그림과 같은 강산, 그림처럼 펼쳐진 하늘 등의 말이 있다. 좋은 그림에 대해서도 호사가들은 찬탄을 금치 못하고 그것을 진짜처럼 보기도 한다. 두보의 시에 '인간 세상에서 진짜 신마神馬 승황乘黃을 보았네……'를 예로 들 수 있다." 가장 아름다운 산수의 풍경은 분명 실제로 존재하는데 오히려 그림과 같다고 말한다. 그림 속의 말은 물론 가짜 말이다. 그런데 사람들은 그것을 진짜 같다고 말한다. 이로 보건대, 대체로 가장 좋은 것들은 모두 예술과 관계가 있는 듯하다. 제백석 선생이 "너무 닮으면 세속에 영합하는 것이고 닮지 않으면 세상 사람들을 속이는 것이다"라고 했던 말은 바로 이러한 이치를 설명한 것이라 하겠다.

우리는 회화에서 적지 않은 것을 배울 수 있지만 그림 속의 대상을 그대로 옮겨올 수는 없다. 화가가 표현할 수 있는 것 가운데 많은 부분을 배우가 무대에서 표현할 수 없고 배우가 연기할 수 있는 것 가운데 어떤 것들은 화가들이 그림으로 그려낼 수 없기 때문이다. 단지 예술적 의미를 배우는 것뿐이지 서로의 예술적 특징을 모사하는 일에 매몰되어 자기 예술의 장점을 버려서는 안 된다. 나는 〈생사한〉에서 한옥낭韓玉娘이 등장하는 '야소夜訴' 대목을 연기하면서 아주 단순한 도구 몇 가지만을 사용했다. 물레방아 한 대, 의자 두 개, 탁자 하나(의자 덮개와 탁상보는 짙푸른 민무늬 비단을 썼다), 기름등잔 하나가 전부였다. 청량한 전등 불빛이 한옥낭이 몸에 걸친 '부귀의'

富貴衣(부귀의는 극중에서 가난하고 고생하는 사람이 입는 남루한 의복을 가리킨다. 이것은 푸른 옷 위에 헝겊 조각을 누덕누덕 기워서 만든 것으로, 원래는 가난한 서생만 그것을 사용했고 단 각색은 사용하지 않았다)를 비추면 그녀의 처량한 신세가 드러난다. 이 장면은 내가 〈한등과자도寒燈課子圖〉라는 옛 그림의 예술 정취에서 다듬어 만들어낸 것이었다. 〈천녀산화〉 속의 수많은 양상도 옛 그림이나 조각상에서 본떠 만들었다. 그림 속에서 하늘을 나는 모습은 대체로 양쪽 발이 모두 위를 향하고 몸은 기울어져 있다. 이런 신단을 그대로 모방할 수 있는지 묻는다면, 하늘을 나는 무용의 자태에서 천녀가 비상하며 하늘 높이 솟아오르는 모습만 취할 수 있을 뿐 그것을 그대로 본뜰 방법은 없다고 대답하겠다. 양상의 모습을 만들 때는 반드시 정지하거나 잠깐 멈춘 자태를 선택해야만 서 있을 수 있기 때문이다. 그림은 진행되는 동작을 종이 위에 정지시켜 남김으로써 우리가 볼 때 살아 움직이는 것처럼 느끼게 하는 특징이 있다. 그러나 희곡은 막이 열릴 때부터 막이 내릴 때까지 시냇물이 쉬지 않고 흐르듯이 인물들이 움직이는 것만 보인다. 그래서 반드시 정지된 아름다운 양상으로 관중들의 시각을 조절해야만 한다. 격렬하고 떠들썩한 무대에서의 마지막 양상은 매우 중요하다. 때로 이 찰나의 정지 상태에서 대목의 절정이 마무리되기 때문이다.

예술인이라면 모두 자신을 한층 더 나은 수준으로 향상시키고자 하는 열망에 가장 좋은 예술품들을 접하려 한다. 내가 젊었을 때는 여러 친구들과의 관계를 통해야만 개인이 소장하고 있는 진귀한 수집품들을 볼 수 있었지만, 지금은 조직이 완비된 국립박물관과 출판사들이 있어 수많은 유명 예술품과 복제품들을 매우 편리하게 볼 수 있다. 교통도 편리해졌기 때문에 직접 운강雲岡, 용문龍門, 돈황敦煌으로 가서 천 년 이상 된 회화와 조각들을 볼 수 있다. 나는 1957년 겨울 낙양洛陽에 가서 유명한 용문석굴의 조각상들을 관람했다. 조각상의 조형, 색채, 도법刀法, 부위, 곡선, 비례 등에서 시대의 변천을 볼 수 있었다. 북위北魏 초기의 것인 듯 보이는 조각상의 옷 문양과 불상 받침대의 양식에서 이 작품을 만든 장인들이 머나먼 서역에서 중원으로 온 흔적을 엿볼 수 있었다. 옷 문양의 마름모가 상대적으로 두텁고 무거워 양모 펠트를 사용한 느낌이었다. 그 뒤를 이어 태선사泰仙寺(무측천 때 건축)도 관람했다. 거기서 본 옷의 문양은 북위 때보다 더 발전된 것같이 보였다. 복식의 색채도 주단, 능직 등 여러 종류의 비단 느낌을 주어 이미 중원 문화를 대표하고 있었다.

1958년 5월에 태원太原을 순회 공연하면서 진사晉祠 공원을 유람했다. 진사는 줄곧 산서山西의 작은 강남으로 일컬어졌다. '어소비량魚沼飛梁'이라는 고대의 유명한 다리와 성모전聖母殿은 모두 송대宋代 건축의 전형이다. 난로천難老泉(명대(明代)의 서예가 부청조(傅青祖)가 현판의 글자를 씀), 제년백齊年柏(주대(周代)의 오래된 나무)과 송대에 조각된 궁녀 군상은 진사의 삼절三絶로 꼽힌다.

송대에 조각된 군상群像 가운데 중심인물은 주周 무왕의 왕후인 읍강邑姜이다. 양쪽 복도에 늘어서서 시중을 드는 조각상이 마흔두 개인데, 읍강은 머리에 봉관鳳冠을 쓰고 망蟒을 입고 정신을 한 곳으로 집중한 채 단정하게 앉아 있었다. 희극에서라면 틀림없이 청의가 그 역을 맡았을 것이다. 시종들 가운데서 여섯 여관은 모두 남자처럼 꾸미고 있었다. 이는 고궁박물관에 소장된 송 휘종의 〈괵국부인유춘도虢國夫人游春圖〉에 그려진 여관과 상당히 닮았다. 그 밖에 태감 셋이 있었는데 둘은 젊고 하나는 나이가 지긋했다. 나이가 지긋한 태감은 진짜와 똑같이 빚어서 만들었다. 태감은 여성적인 기질을 지니고 있어 수다스런 할머니나 아주머니 같았다. 상을 빚은 사람이 극히 조심스러운 듯한, 그의 신중한 모습을 잘 표현해냈기 때문에 같이 관람을 하던 사람들 중 특히 오십 세가 넘은 사람들은 태감의 조각상을 보고 모두 탄성을 질렀다. 서른세 명의 궁녀 모습을 한 상들이 있었다. 머리 위로 틀어 올린 쪽이며 몸에 걸친 의복, 서 있는 자세 등이 모두 제각기 달랐다. 그 가운데 비교적 나이가 많아 보이는 세 명의 궁녀는 얼굴에 근심과 고민이 가득한 표정이었고 나머지 궁녀들은 모두 꽃다운 청춘이라 "규방의 어린 소녀는 시름을 모른다네"라고 했던 것과 같은 즐거운 모습이었다. 제각기 다른 다양한 모습에서 그들의 열정과 바람이 드러나 보였다. 이 조각상들은 살아 움직이듯 생생하게 고대 궁정 여인들의 일상생활과 내면의 감정을 표현하고 있었다. 입체적인 조각상들은 사방에서 볼 수 있기 때문에 평면인 회화보다 우리에게 더 많은 영감을 주었다. 심지어 그 조각의 형상을 곧바로 신단이나 춤동작에 활용할 수 있을 정도였다. 나는 태원을 떠날 때 4언으로 된 운문 〈진사송晉祠頌〉을 써서 진사 관리국에 기념으로 전했다. 그중 네 구절은 궁녀들의 신비한 자태를 묘사한 것이었다. "송대의 무수한 조각상들이 아름다운 자태로 서 있는데, 찌푸렸다 웃었다 하고 있는 것이 평생 겪은 일을 말하는 듯하더라."

복장의 양식과 색채에 대해서도 회화를 참고 자료로 활용할 수 있다. 그러나 그것을 그대로 가져다 쓸 수는 없다. 앞서 말한 바와 같이 희곡과 회화는 각기 다른 특징을 가지고 있기 때문에 그것을 활용할 때는 반드시 어떻게 가공할 것인지를 먼저 생각해야 실제적인 예술 효과를 얻을 수 있다. 근래에 희곡계에서는 적지 않은 새로운 분장의 모습이 설계되었다. 그 가운데는 그림에서 제재를 취한 것들이 적지 않다. 이 중에는 무대에 적합하지 않은 것을 선택하여 사람들에게 편안함을 주지 못하는 것들도 있었다. 그러나 어떤 것들은 융화와 정련을 거쳐 무대 형상을 풍부하게 하면서 형상의 표현력을 발전시키기도 했다. 당시 나는 고장두古裝頭*의 설계를 이 원칙에 따라 작업했다. 과거에 단의 쪽머리, 즉 구식의 대두大頭**는 관객에게 이미 익숙한 크기와 형태가 있었다. 그래서 그림에서 고장희의 머리 형태를 보고 무대에서 필요한 것이 무엇일까를 가장 먼저 생각했다. 편자片子를 붙이는 것은 일단 보류했고 머리 꼭대기의 쪽도 대두와 같은 높이를 유지했으며 뒤로 늘어뜨린 긴 머리는 '선미자線尾子'***로 대체했다. 이렇게 해서 겨우 관객이 보기에 편한 상태가 되었던 것이다. 이치는 매우 분명하다. 예술을 개혁하려면 먼저 희곡 전통의 풍격 문제를 고려해야 한다. 재작년에 천극川劇 배우 양우학陽友鶴이 내게 이런 말을 했다.

"목계영이 갑옷을 걸치고 머리에 칠성액자七星額子를 쓰고 고장희처럼 뒤쪽 머리를 풀어헤친다면 매 선생님, 생각해보십시오. 이게 무슨 꼴이 되

*
고장두:
경극의 단 각색의 머리형. 매란방이 고장신희를 창작할 때 전통적인 대두를 변형하여 새롭게 창조한 것으로 당대 회화에 등장하는 궁녀의 머리형을 참고해서 만들었음

**
대두:
경극에서 흔히 볼 수 있는 단 각색의 머리형. 이 양식은 명청시기 여성의 머리형과 유사함

***
선미자:
머리를 뒤로 타원형으로 틀어 올리고 그 밑으로 긴 검은색 장식용 술로 된 가짜 머리를 묶어 늘어뜨린 것

겠습니까?"

내가 생각해보니, 그의 말대로라면 관객들이 받아들일 리가 없다. 왜냐하면 풍격이 너무도 맞지 않기 때문이다.

희곡 행두의 도안과 색채는 희곡 의상을 만드는 곳에서 제작할 때부터 전통적인 규격에 따라 조합해서 수를 놓아 만든다. 당시 나는 도안의 변화가 많지 않다고 느꼈다. 그래서 화가들과 교류하게 된 후 자주 그들에게 주제를 주고 꽃이나 새, 풀벌레를 도안으로 그려줄 것을 부탁하곤 했다. 이따금 나도 문양을 연구하여 희곡 행두에 수를 놓을 준비를 하기도 했다. 이에 모두가 새롭게 설계한 도안에 의거해서 어떤 극을 해야 할지, 어떤 각색의 복장을 만들지, 어떤 도안을 써야 할지, 어떤 꽃 모양이 좋을지, 어떤 새 모양이 좋을지, 색깔은 어떻게 맞춰야 할지, 농염한 색깔은 어떤 신분에게 맞을지, 어떤 신분을 단아하게 해야 할지, 멀리서 보면 어떨지 또한 가까이서 보면 어떠할지 등에 대해 자주 연구했다. 여기에 무대의 막은 어떤 색이어야 무대의상을 더 돋보이게 해줄지도 연구했다. 이러한 연구를 거쳐서 만들어진 복장은 행두를 파는 가게의 문양보다 더 아름다웠다. 전통극은 인물이 어떤 신분이냐에 따라 복장과 색깔을 조화롭게 안배해야 한다. 예를 들어 〈백사전〉의 '단교'에서 백사는 흰 옷을, 청사는 푸른 옷을, 허선許仙은 보라색 옷을 입었는데 이것들은 모두 단색이다. 〈이진궁〉에서 이염비는 황색 피帔를 걸치고 서연소는 자주색 망蟒을 입으며 양파는 흰색 망을 입는데 모두 금색 실로 수놓은 도안(이염비의 옷에는 봉황의 수를 놓는다)과 잘 어울린다. 그래서 우리는 도안과 색깔을 어느 정도 바꾸더라도 여전히 이런 기본 원칙에 의거해서 발전시켰다. 원칙을 위반하고 전통적인 규범에서 벗어나면 조화를 이루지 못하고 풍격이 통일되지 않게 된다.

그림을 배운 것도 내 화장술의 발전과 관계가 있다. 그림을 그릴 때는 먼저 색의 농담에 주의하면서 눈썹의 모양, 눈초리의 생동감에 주의를 기울여야 한다. 이렇게 오래 계속되면 미적 감각이 향상된다. 지금까지 내가 화장법의 개선에 지속적인 노력을 기울여온 것도 회화에서 얻은 영감 덕분이다.

무대 위의 장식은 극의 내용을 돋보이게 하고 예술적인 효과를 강화한다. 때문에 도안의 색조가 서로 지나치게 차이가 나면 안 되고 선의 조직도 너무 강하면 안 된다. 그래서 탁자보나 의자 등받이 천, 뒤쪽의 막 등 무대 장식을 돈황 벽화나 출토된 한대漢代 화상석각畵像石刻에서 직접 가져다 쓰면 때로 극중 인물의 복장과 전혀 어울리지 않을 수 있다. 내가 예전에 자주 사용한 문발과 무대 휘장의 도안은 흔히 극의 내용과 상관없이 번잡하고 자질구레한 도안이었다. 자질구레한 것을 이용해 주제를 돋보이게 하려는 수법이었고 무대 위의 각색을 두드러지게 하는 데도 그것이 상대적으로 유리했기 때문이다. 이상에서 언급한 것들은 모두 나 개인의 경험이다. 회화의 유산을 흡수해 희곡예술을 풍부하게 하고자 할 때 이러한 문제들을 주의하기 바란다.

해방 후에는 무대에서 흰색 막을 썼다. 이것이 예전의 수가 놓아진 막보다 훨씬 좋았다. 흰 막은 흰 종이나 흰색 비단처럼 인물을 더 돋보이게 만들기 때문이다. 중국 고전극에서 사용되는 복장은 대부분 손으로 수를 놓았고 채색과 도안은 모두 정교하고 복잡하게 만들었다. 수를 놓은 막의 도안과 색채가 복장보다 더 눈에 띄면 복장의 빛이 감소하게 된다. 30년 전에 미술을 연구하던 한 친구가 일찍이 내게 이런 말을 했다.

"중국 무대에서는 막을 흰색으로 바꾸어 사용해야 합니다. 그래야 연기예술이 더 두드러질 테니까요."

당시 나는 그의 말에 일리가 있다고 생각했다. 그러나 화려하게 수놓은 막을 사용해온 지가 오래되어 갑자기 바꿀 수 없었던 것이다. 해방 후에야 희곡 무대에서 흰 막이 운용되면서 그 장점이 증명되었다.

나는 불상과 미인도 그리는 법을 배우고 난 뒤부터 그림 속의 수많은 형상들이 희극에서 활용될 수 있다는 것에 주목하고 끊임없이 방법을 모색하고 시도해왔다. 조금씩 연구해온 결과 놀랍게도 이상으로 꿈꿨던 것들을 서서히 실험해보는 단계로까지 발전해나가게 되었다. 〈항아분월〉와 〈대옥장화〉에서 창조된 복장과 분장은 바로 불상과 미인도의 형상에서 다시금 새롭게 태어난 것이었다. 이것들은 공연을 통해 일반 관객들에게 받아들여졌고 그것에 고무되어 그 뒤를 이어 〈천녀산화〉를 창작했던 것이다.

희곡화를 이야기하다

중국의 희곡과 회화예술은 종류도 다양하고 유파도 많다. 이들은 중국인의 지혜와 천부적 재능을 표현하면서 수천 년 동안 사람들의 가슴에 깊이 파고들어 관중들이 즐겨 보고 듣는 예술이 된 것이다. 이 두 예술은 표현 방식은 서로 다르지만 원리는 서로 통한다.

우리는 고궁박물관의 소장품 가운데서 송대 사람이 그린 남송 잡극 〈안약산眼藥酸〉 등의 서책 두 폭, 산서 홍조현洪趙縣 광승사廣勝寺 명응왕전明應王殿의 채색화인 원극元劇 벽화, 원명대 이래 전기 간행본 중의 목각 삽화, 명청 양대 화가들이 그린 희곡 관련 작품, 검보臉譜, 희상戱像, 신단보身段譜 등을 둘러보았다. 또 희곡화를 사초롱沙燈, 주마등走馬燈, 자기, 비연호鼻煙壺 등의 도구나 완구에 그린 것(나는 일찍이 마소선(馬少宣)이 그린 비연호를 소장하고 있었는데 그것은 담흠배 선생의 〈정군산〉과 〈매마〉를 그린 것이었다. 바늘 끝으로 그린 듯 세밀하고 활기차 보이는 작품이었다)과 해방 후에 발전한 무대속사舞臺速寫[무대스케치] 등이 있다. 이것들은 모두 희곡과 회화 두 예술이 줄곧 손과 발처럼 밀접하게 연관되어 있음을 보여준다.

청대 동치제와 광서제 연간에 심용포沈蓉圃는 수많은 희곡의 인물 형상을 그렸다. 나도 그의 작품을 꽤 소장하고 있는데 예를 들면 〈십삼절十三絶〉, 〈군영회〉(정장경, 서소향, 노승규(盧勝奎)), 〈홍예관〉(시소복, 진초경(陳楚卿)과 내 조부 매교령), 〈탐친探親〉(류간삼(劉赶三)), 〈사지성思志誠〉(이것은 군희(群戱)로 동치제, 광서제 연간의 수많은 명배우들을 그린 것이다)들이 있다. 심용포 선생은 초상화를 그리는 방식으로 희곡의 인물을 그렸기 때문에 각 사람의 얼굴과 표정, 복장, 머리 장식, 분장 스타일, 색채, 도안 등이 매우 정확하고 사실에 가까웠다. 예를 들어 〈군영회〉에서 정장경, 노승규 두 선배가 분장한 노숙과 제갈량은 화장에서 기본적으로 분채粉彩의 흔적이 보이지 않으며 '염구髥口'*를 한 가운데 보일 듯 말 듯 짤막한 진짜 구레나룻이 보인다. 서소향 선생이 분장한 주유 얼굴에도 분채가 희미하게 보일 뿐이다. 노숙의 관의官衣, 제갈량의 팔괘의八卦衣, 주유의 습자褶子에 달린 '수수水袖'는 모두 짧고 좁은데 지금의 천극 무대 의상의 소매와 매우 유사하다. 왜 '수수'라고 부르는가? 예전에 무대에서 배우들이 분을 바르고 무대에 등장할 때 어느 항당의 각색이든 상관없이 반드시 속에 '수의水衣'를 받쳐 입었고 '수의'의 소매는 망蟒, 피帔, 관의官衣, 습자褶子 밖으로 한 단씩 드러나야 했기 때문에 '수수'라 불렸다. 나중에 '수수'는 더 길어지고 넓어져서 '수의'와 분리되어 각 행두의 소매 끝에 달리게 되었다.

촬영 예술이 중국에서 아직 보편화되지 않았을 때 심용포 선생이 그린 희상戲像은 무대예술에 관한 귀중한 자료가 되어 당시의 무대 면모를 볼 수 있게 해주었다.

나는 또 함풍제와 동치제 이래 곤곡을 그린 화첩을 보았다. 그것은 두 부류로 나뉜다. 하나는 직업 화가, 예를 들면 호삼교胡三橋, 오우여吳友如 등의 화가들이 그린 것이다. 화법은 비록 심용포 선생의 세밀한 공필工筆** 묘사와 다르지만, 비교적 무대의 실제 상황에 가깝다. 다른 하나는 문인들의 사의寫意*** 화법으로 그린 작품이다. 이것은 복식 부위 등을 정확하게 그리려 하기보다는 극중 인물의 표정과 태도를 묘사하는 데 중점을 두었다. 〈야우추등록夜雨秋燈錄〉의 작가인 선정宣鼎은 〈삼십육성분탁제영三十六聲粉鐸題詠〉을 그렸다. 나는 일찍이 그의 원작을 몇 년 동안이나 찾았지만 구하지 못하고 있다가 최근에야 비로소 소장자로부터 만청 시기 화가인 연계蓮溪 스님의 〈분탁제영〉 모사본과 심겸沈謙이 원본의 글자를 그대로 모방해서 쓴 제영題詠을 접할 수 있었고, 그것을 통해 선정의 원작 전모를 볼 수 있었다. 그는 곤곡 36출을 묘사했는데, 그의 작품은 대부분 축과 화단 위주였다. 예를 들면 〈습금拾金〉, 〈구동狗洞〉, 〈활착活捉〉, 〈하산下山〉, 〈차화借靴〉, 〈방서訪鼠〉, 〈소진掃秦〉, 〈자탕刺湯〉, 〈도갑盜甲〉, 〈세승勢僧〉, 〈곤등滾燈〉, 〈진중자陳仲

*
염구:
중국 전통극에서 사용하는 덧 수염

**
공필:
세밀화 화법

***
사의:
사물의 형태보다는 그 내용이나 정신에 치중하여 묘사하는 화법

子〉, 〈대소편大小騙〉, 〈교가敎歌〉 등이 있는데 매 출의 희곡 인물상마다 그 위에 모두 시사가곡詩詞歌曲의 제영이 있었다. 작자의 시대적 한계 때문에 사상은 권선징악을 벗어나지 못했고 인과응보의 유심론에 빠져 있었지만 그의 생생한 화법만큼은 모사본을 통해 뚜렷하게 엿볼 수 있었다. 오우여가 〈비영각총화飛影閣叢畫〉에서 발표한 곡곡 20개와 〈분탁제영〉을 대조 확인해 보니 〈차차借茶〉, 〈유당劉唐〉, 〈패병敗兵〉 등 몇 출을 제외하고는 내용이 기본적으로 서로 같았다. 선정의 화첩은 동치제 계유년1873에 그린 것이고 오우여의 화보는 광서제 신묘년1891에 발행된 것으로 볼 때 오우여의 화보가 선정의 〈분탁제영〉에 연원을 두고 있을 가능성이 있다.

신해혁명 후 상해에서는 화보가 성행했다. 화보에는 대부분 희곡화가 껴 있었다. 민국 원년1912에 발간된 『국극화보國劇畫報』의 주요한 내용은 무대속사였다. 심백성沈伯誠이 그렸는데 예를 들어 담흠배와 금수산의 〈착방조〉, 손국선의 〈소요진〉, 공운보龔雲甫의 〈조금구釣金龜〉, 유홍성劉鴻聲의 〈고골구금敲骨求金〉, 개규천蓋叫天의 〈무송타점武松打店〉, 그리고 반월초潘月樵, 소자화小子和, 모운가毛韻珂, 소달자小達子, 가벽운賈壁雲, 여월초呂月樵, 소양월루小楊月樓, 임보청林步青 등이 모두 묘사 대상이었다. 그 밖에 전병학錢病鶴이 우스개 만화 형식으로 조계지에서 일어나는 가지각색의 괴상한 현상들을 그렸다. 그것을 '공화신극共和新劇', '사회활극社會活劇'이라고 부른다. 우리는 이러한 화보 자료에서 이미 고인이 된 명배우들의 모습과 당시 사회의 기형적인 상황을 볼 수 있다.

또 희곡 연화年畫가 있다. 어렸을 때 자주 그것을 사서 벽에 붙여두곤 했다. 지금 생각해보면 이런 연화의 화법은 대략 두 종류였다. 하나는 흰 바탕에 배경 없이 무대 도구만 있는 것이다. 분장한 모습은 대체로 수준이 떨어지진 않았지만 아주 정확하지도 않았다. 그러나 모습이 너무나 활기차서 아이들을 유혹할 수 있었다. 다른 하나는 진짜 배경이 있는 것으로 이야기를 표현하는 고사화故事畫와 유사한 것이다. 분장한 모습이나 자세는 무대 인물의 형상에서 따왔다. 이 두 가지 연화는 일반적으로 투사지에 인쇄를 하고 나서 색을 입히기 때문에 매우 선명하고 예뻤다. 요즘도 희곡 연화가 유행하는데 진짜 배경이 있는 것이 더 인기가 많다.

40년 전에 전문적으로 희상을 그리는 일본 화가가 북경에 있었다. 그들은 주로 극을 보면서 인물 형상을 그렸기 때문에 성격상으로는 심용포에 가까웠다. 당시의 배우들, 예를 들면 양소루, 공운보, 유홍성, 여숙암, 고경규, 마련량, 옥장림, 구계선, 전금복, 학수신, 후희서, 주소운, 정계선, 진덕림, 왕요경, 정연추, 상소운, 순혜생, 소취화, 한세창, 그리고 나까지 모두 묘사의 대상이었다.

일본화가 후쿠치 노부요福地信世는 무대속사에 뛰어났다. 그는 일찍이 내게 『중국희상화中國戲像畵』 한 권을 주었다. 이 화첩에는 나와 다른 배우들이 무대에 선 모습이 들어있는데 안타깝게도 이사를 다니면서 잃어버리고 말았다. 1956년 내가 일본에 갔을 때 '젠신자前進座'의 화가인 도리이 기요노부鳥居清信가 손수 그린 〈권진장勸進帳〉 한 폭을 주었다. 섬세한 필치로 채색을 하고 종이와 먹도 모두 신경을 쓴 것이었다. 그의 말에 의하면, 이 분야의 예술은 전문적이고 대를 이어 계승되는 것일 뿐 아니라 기원이 매우 오래되었고 한다.

해방 후 무대속사는 대대적인 발전을 이루었다. 무대속사 방면에서 대가로 꼽히는 섭천여葉淺予, 장광우張光宇, 욱풍郁風, 아로阿老, 장정우張正宇, 이극유李克瑜 등은 모두 간결하면서도 정확한 몇 개의 필획만으로도 각색 하나하나의 정신적 면모와 특징을 그려냈다. 묘사 대상도 매우 광범위해서 중국 희극, 민족무용, 잡기 외에도 각국에서 중국을 방문해 공연한 가극, 화극, 발레, 인도무용, 조선무용, 가부키 및 각종 공연예술을 다루었고 전통과 현대, 국내[중국]와 국외의 것들에서 모두 제각기 뛰어난 점을 가지고 그 나름의 기풍을 만들었다.

섭천여는 이전에 나를 위해 〈목계영이 장수의 인장을 손에 넣다〉 속사화를 그려주었다. 내가 짠 무대연습 중에는 목계영이 사상적인 갈등을 겪고 장수의 인을 받기로 결정한 뒤에 인장을 받드는 양상의 자세가 있었는데 나는 이 대목의 연기에 많은 시간과 정력을 쏟았고 여러 양식들 가운데서 몇 개를 선택했다. 그런데 섭천여는 목계영이 정면에서 인장을 받든 양상을 간결하고 정확한 필치로 고요함 가운데 움직임이 있게 그려 목계영이 적 섬멸에 대한 믿음을 가진 뒤의 낙관적인 감정을 더 훌륭하게 표현해냈다.

1960년 봄에 나는 일본 '젠신자'에서 들고 온 4편의 극을 보고 『문회보文匯報』에 감상을 쓴 적이 있다. 장정우가 그린 슌칸俊寬은 나카무라 간에몬中村翫右衛門이 연기한 고독하고 격정에 찬, 타인을 구하기 위해 스스로를 희생하는 노인의 내면 정서를 그림으로 펼쳐낸 것이다. 그리고 카와라사키 쵸주로河原崎長十郎가 연기한 악한 승려 나루카미鳴神가 속임수에 당한 뒤 부끄러워하며 후회하는 표정도 화가의 필봉으로 종이 위에 펼쳐졌다. 나는 무대에서 이 부분이 공연될 때 통쾌했던 기억이 있다. 공연을 보지 않은 독자도 나와 마찬가지로 문자와 그림을 통해 악인이 스스로 불구덩이에 빠지는 낭패한 모습을 볼 수 있다. 장정우는 무대 설계는 뛰어나지만 속사화는 흥이 날 때만 작업했다. 반면, 그의 형 장광우는 무대속사화를 주로 그린다. 그의 무대속사는 과장되지만 힘있고 정제된 필치로 인물의 특징을 살려서 풍부한 민간 예술의 풍격을 지니고 있다. 꽃들이 만발한 정원에서 산앵두나무가 서로 미모를 다투는 모습은 참으로 아름답다.

나는 관량關良의 희극 인물 수묵화전을 관람한 적이 있다. 그는 그림의 표현법에서 중국화의 우수한 전통을 계승하여 스스로 하나의 유파를 이루었다. 그는 외형의 모사보다는 본질에 주력했다. 그의 희상은 앞서 말한 문인들이 그린 곤곡의 희곡 인물상과는 좀 다르지만 그것들과 마찬가지로 뛰어나다. 어떤 사람은 관량의 그림이 '시정의 통속적인 기운'도 없고 '무력으로 남을 누르는 패도의 기운'도 없다고 평가한다. 간략하고 정제된 선으로 담담하게 묘사하는 방식은 가공되지 않은 자연에 가까우며 다소 유치하고 서투른 부분이 있기는 하지만 전혀 유약하거나 무력하지 않으며 더구나 부자연스런 흔적이 없다는 것이다. 나는 이 평가가 매우 적절하다고 생각한다.

신중국의 예원藝苑에서 무대속사 예술은 건강하게 성장하며 발전하고 있다. 이는 당과 모 주석의 백화제방과 백가쟁명 방침의 정확한 지도로 인한 것이다. 이러한 지도에 따라 무대예술은 각 방면에서 전에 없는 번영을 누렸고 사람들의 예술 생활은 풍부해졌으며 화가들은 자신의 재능을 펼칠 광대한 영역을 개척하고 있다.

적에 대항하는 내용의 극을 창작하다 [2)]

나와 양 라오반은 두 번 같이 공연했다. 우리는 이번에[3)] 두 사람 다 동형사의 소속 배우로 공연에 참여했다. 동형사에 소속된 기간이 짧아 여기서 신희 〈목란종군〉과 〈춘추배春秋配〉를 만든 것 외에 다른 것은 이야기할 만한 것이 생각나지 않는다. 먼저 〈목란종군〉을 만든 과정을 말해보자.

〈목란종군〉

〈목란종군〉을 만들게 된 동기는 두 가지이다. 우선, 이전에 내가 신희들을 연이어 연출했다는 사실에 대해서는 앞에서 이미 소개했다. 나는 이 작품들이 어느 정도 세상을 놀라게 할 만한 의의를 내포하고 있지만 어떻게 만들든 가정 내의 소소한 사건이나 남녀 간의 사랑에서 벗어날 수 없는 진부한 이야기가 될 수밖에 없다고 느꼈다. 목란은 고대 전설 속의 여성 영웅이다. 그녀의 상무정신과 행동으로 표현된 애국사상을 무대 위에서 생생하게 연기해낸다면 사회적으로 커다란 작용을 한다고 단언은 할 수 없지만 이로우면 이롭지 손해는 되지 않을 것이라 생각했다. 두 번째, 그때 나는 주사야朱四爺(주소운(朱素雲))에게 〈원문사극轅門射戟〉 한 출을 배우고 집에서 노래와 동작 등을 연습하며 노는 재미에 푹 빠져 있었다. 목란은 남자로 분장해야 하는 것이 아니던가? 나는 이 점을 이용해 소생의 자태를 만들어 관객에게 보이고자 했다. 이 역시 내가 무대에서 새롭게 시도한 것들 중의 하

2) 본문은 『무대생활 40년』에서 뽑았으며 제목은 원서 편집자가 붙였다.

3) 민국 6년(1917)을 가리킨다.

나였다. 그때 마침 교육연구회가 〈화목란花木蘭〉 극본을 편찬해서 우리는 그것을 이용하여 다시 정리하였고 무대 위의 여러 기술적인 원칙에 맞추어 침략에 대한 저항 분위기를 강화한 무대 극본 〈목란종군〉을 만들었다. 왕대야는 일찍이 〈화목란〉 1, 2본을 이틀에 걸쳐 공연한 적이 있다. 나는 그중 1본만 보았는데 그것의 대사와 장면, 삽입된 내용들은 내가 개작한 대본과 달랐다.

〈목란종군〉은 영웅의 이야기로 일찍이 민간에 널리 유행하였다. 그 출처를 조사해보면 고악부에 「목란사」 한 수가 있는데 그것이 유일한 근거이다. 이 시의 인물에 대한 묘사는 실로 "감정과 문채가 풍부하고 뛰어나며 소리와 모습이 마치 눈앞에 펼쳐지는 듯 생생하다"라고 평가할 만하다. 하지만 안타깝게도 작가의 이름이 남아 있지 않아 우리는 지금까지도 그것을 무명씨의 뛰어난 작품이라고만 알고 있다.

「목란사」에서 묘사된 인물의 수는 적지 않지만 현재는 주인공 목란의 이름만 남아 있다. 그의 성씨나 본적, 이야기의 발생 연대 등에 대해 분명하게 설명된 것이 없다. 여러 사람들이 고증한 결과도 각자 의견이 달라 어느 하나를 따르기가 어렵다. 성씨에 대해서도 주朱씨, 위魏씨, 화花씨, 세 가지 서로 다른 주장이 있다. 본관은 전해지는 얘기가 더 많아 고증된 것만 해도 일곱 종류나 된다. 첫째는 호북성 황주黃州 황강黃岡, 둘째는 하남성 광주光州, 광산光山, 셋째는 직례直隸* 보정保定, 넷째는 안휘성 호주亳州, 다섯째는 하남성 귀덕歸德 상구商邱, 여섯째는 감숙성 양주涼州 무위武威, 일곱째는 섬서성 연안延安이다. 시대도 양梁, 북위北魏, 수隋라는 세 가지 다른 추정이 있다. 이상에서 언급한 주장들은 사실상 모두 근거가 부족하다. 근본적으로 목란이라는 이름이 다른 책에서 언급된 바가 거의 없기 때문에 고증이 매우 어려웠다. 나는 극본을 쓸 때 위의 세 가지 문제를 이렇게 해결했다. 우선, 민간에서 그녀가 일반적으로 화목란이라는 이름으로 불렸으므로 우리도 그에 따라 '화'씨 성을 썼다. 둘째, 지리적으로 섬서성은 서북 지역에 위치하여 이민족과 거리가 가까웠으므로 연안부로 정했다. 셋째, 시대

*
직례:
청대 성(省)의 명칭으로 지금의 하북성

는 북위로 했다. 그 이유는 하승천何承天이 지은 『성원姓苑』에 목란에 대한 언급이 있기 때문이었다. 하승천은 수당 이전의 사람이니 어쨌든 목란이 수 왕조의 사람일 수는 없었다. 또한 「목란사」의 시구에 '칸'이란 용어가 두 번 사용되어 목란이 몽고인이라고 주장하는 사람들이 있지만 이러한 추측은 근거가 부족하다. 원작 시에는 '천자'가 두 번 사용되었다. 몽고인에게 이러한 호칭이 있었단 말인가? 이 이야기가 영웅적인 내용이라 억지로 그녀를 한인漢人으로 끌어와 중국인의 체면을 세우려는 것이 아니다. 이전 사람들의 고증과 민간전승에 의하면, 천년이 넘도록 그녀는 중국 고대의 여성 영웅이었다. 그래서 극중에 '칸'이란 용어가 언급되는 것은 전혀 상관없지만 절대 이 글을 몽고인의 이야기로 고칠 수는 없었다.

이 극의 줄거리는 요약하면 대략 이러하다. 돌궐이 난을 일으켜 중원을 침입하자 위나라 군주가 하정옥賀廷玉을 원수로 파견하고 사방에서 징병을 하여 적에게 맞설 준비를 했다. 섬서 연안부 상의촌尙義村에 화호花弧라는 노인이 살고 있었다. 그는 어릴 적에 징병되었다가 제대하고 돌아와 농사를 지으며 생활하고 있었다. 그는 안씨를 아내로 맞아 아들 하나와 딸 둘을 낳았다. 목란이란 이름을 가진 작은 딸은 무예에도 능했고 길쌈 일도 부지런히 했다. 화호가 병이 들었다가 막 나아서 집안 식구들과 이야기를 나누고 있는데 갑자기 징집 명령이 떨어진다. 화호는 애국심이 들끓어 즉각 징병에 응해 길을 떠나려 하고 목란은 아버지가 병이 나은 지 얼마 안 되어 이런 고생을 감당하지 못할 거라고 생각하고 아버지 대신 종군하겠다는 뜻을 밝힌다. 그때 어머니와 언니가 가로막으며 여자인 목란이 어떻게 전쟁터에 나가 싸울 수 있겠느냐며 만류한다. 목란은 군대를 이끌고 적과 싸웠던 고대 여성 몇 명을 예로 들며 가족 모두를 설득하고 곧바로 말 잔등에 마구를 얹고 화호가 젊었을 때 입었던 군복을 걸치고 당당한 군인의 모습으로 나선다. 화호가 군영의 여러 규율에 대해 가르치자 그녀는 아버지, 어머니, 언니와 남동생에게 작별을 고하고 밤길을 떠난다. 가는 내내 바람과 이슬을 맞으며 달과 별을 이불 삼아 행군하고 황하를 멀리하면서 곧장 하정옥의 군영으로 달려간다. 그녀는 도중에 몇몇의 동향 사람을 만나 정의감으로 그들을 격려한다. 그들이 대화를 하고 있을 때 갑자기 쇠북 소리가 들려오자 전방에서 적과 교전 중인 것을 알게 된 그들은 모두 말을 재촉하여 앞으로 달려간다. 돌궐의 대군이 변경을 넘어 첫 번째 관문까지 공격해 온 것이다. 하정옥은 먼저 관문으로 달려가 적의 동정을 살핀 뒤 장씨와 이씨 두 장수를 보내 적과 대적하지만 크게 패하고 돌아온다. 하원수가 직접 출전하지만 마찬가지로 돌궐 장수에게 패하고 낙마한다. 이 위급한 순간에 목란이 탄 말이 도착하고 그녀는 용감하게 싸워 돌궐 군을 물리치고 하원수를 구해서 돌아온다.

두 나라 군대는 12년 동안 서로 대치한다. 돌궐 왕은 힘겹게 군대를 일으켜 오랫동안 나라 밖에 머물면서도 공을 세우지 못하자 자기 나라로 돌아가 훗날을 다시 도모하고자 한다. 돌궐 장수 하나가 적이 방비하지 않는 틈을 타 기습적으로 적의 진영을 빼앗자는 계책을 올리고 모두가 그 계책대로 움직이는 데 동의한다. 이때 목란은 이미 장군의 관직을 제수받고 명을 받들어 군영을 순찰하며 보초를 서고 있다가 돌연 새가 북쪽에서 날아오는 것을 보고 돌궐 군이 밤에 습격하려는 음모가 있음을 예측하고 즉각 병영으로 돌아가 하원수에게 보고한다. 원수는 이 정보를 듣고 급히 장수들을 소집해 병영 밖 사면에 매복시킨다. 돌궐 왕이 군대를 이끌고 밤에 습격해 와 빈 병영을 덮칠 때를 기다렸다가 사면에서 복병을 일으켜 그들을 무찌르자 적군은 대패하고 돌아간다. 그 뒤로 돌궐은 다시는 중국의 변경을 침략하지 못한다.

하원수는 군대를 이끌고 조정으로 돌아와 목란과 함께 위나라 군주를 배알하니 황제가 상을 내리고 관직을 제수한다. 목란은 상서랑尙書郎의 관직을 끝내 사양하고 집으로 돌아가 양친을 모셔야 한다고 아뢴다.

"저의 종군은 나라를 수호하고자 함이었지 절대 공적을 탐하거나 상을 받으려 한 것이 아닙니다."

위나라 군주는 그녀의 사의가 굳은 것을 보고 하는 수 없이 그녀의 뜻에 따른다.

화호는 돌궐 군이 패해서 물러나고 대군이 개선가를 울리며 조정으로 돌아왔다는 소식을 전해 듣고 딸이 곧 돌아올 것을 예상한다. 그는 이 소식을 가족들에게 전하며 서둘러 목란이 쓰던 방을 치우게 하고 자신은 큰길 쪽으로 가서 목란이 돌아오길 기다린다. 목란은 멀리 노인 하나가 길가에 앉아 있는 것을 보고 자기의 부친이라고 생각한다. 그녀가 말에서 내려 서로 분명하게 알아볼 수 있게 되었을 때 다시 만난 부녀는 희비의 감정이 교차한다. 집으로 돌아와 어머니와 언니, 남동생을 만나지만 모두가 선뜻 그녀를 알아보지 못한다.

하정옥이 어명을 받들어 화장군을 위로하기 위해 금은과 채색 비단을 호송하여 상의촌에 이르자 화호는 하는 수 없이 목란을 부른다. 이때 난을 평정하고 공을 세운 화장군은 이미 군복을 벗고 옛날 옷으로 갈아입고 있었고 하정옥은 화장군이 여자인 것을 보고 깜짝 놀란다. 나중에 목란이 사연을 설명하고 12년 동안 남장을 했던 비밀을 밝히면서 희극喜劇의 형식으로 극이 마무리된다.

〈항금병〉

9.18사변 이후 나는 북경에서 가족을 이끌고 남쪽으로 이주했다. 처음에 살 집을 찾지 못해 잠깐 창주반점滄州飯店에서 묵었다. 오랜 친구 여럿이 나를 보러 와서 우리는 적에게 대항하는 내용의 신희新戲[신극]를 하나 만들기로 했다. 그때 마침 섭옥보葉玉甫[4] 선생도 한담을 나누러 왔다가 우리 계

4) 섭공작(葉恭綽, 1881-1968)의 자는 옥보, 옥호(玉虎)로 광동(廣東) 번우(番禺) 사람이다. 신해혁명 당시 내각 의회처의 참의를 역임했고 1913년에는 교통 총장을 역임했다. 1918년에는 유럽을 시찰했고 1931년에는 인민정부 철도부 부장을 역임했으며 1939년에는 홍콩에서 중국문화협진회 조직을 발기했다. 1941년 12월 홍콩이 함락된 뒤 상해로 돌아와 서화를 즐겼으며 매란방과 함께 그림 전시회를 열기도 했다. 해방 후에는 중앙문사관 부관장, 북경 중국 국화원 원장을 역임했다.

획을 듣고 말했다.

"관객을 자극하려면 양홍옥梁紅玉의 이야기를 개작하는 게 좋을 걸세. 이 이야기라면 목전의 시사에 더없이 들어맞을 테니."

나는 그에게 오래된 극 가운데 낭자군 이야기가 있는데 줄거리가 단순하여 양홍옥이 북소리를 울리며 금산에서 전투하는 대목만 겨우 무대에서 연출된다고 말해 주었다. 이것을 근거로 하여 좀 더 내용을 확충하여 비교적 완성된 신희를 창작해도 괜찮겠다고 생각했다. 섭옥보 선생은 극의 제목을 〈항금병〉으로 짓자고 했다. 모두 그의 의견에 찬성하면서 우선 그에게 자료의 수집을 부탁했다. 3개월이 지나 〈항금병〉이 집단 창작으로 탈고되었다. 이 이야기는 금나라의 올출兀朮이 윤주潤州를 공격할 계책을 꾸미는 장면에서 이야기가 시작되어 유예劉豫와 두충杜充이 참수되면서 막이 내린다. 극의 줄거리는 다음과 같다.

금나라의 올출이 군사를 이끌고 국경을 침범해왔다. 장방창張邦昌은 나라를 팔아 부귀영화를 도모한다. 주周 대부는 수도를 떠나 피난을 가고 주朱 의사는 주점을 버리고 종군한다. 양홍옥이 한 마디로 군웅을 설득하여 계책을 정하고 외환을 막기 위해 네 진鎭의 장수들이 뜻을 모았다. 적군이 소주를 격파하자 백성이 도탄에 빠지고 올출은 금산을 정찰하기 위해 배를 띄운다. 어부로 변장한 완량阮良이 소식을 전하고 아버지의 명을 받든 두 아들이 침략자 수장을 잡는다. 한세충과 양홍옥은 장수들에게 희생을 맹세하고 뒤채에서 아들에게 훈계를 하며 장수와 군사들을 격려하여 달밤에 순행한다. 금의 진영에 뛰어든 주귀朱貴는 거짓으로 항복하고 지도를 바쳐 올출을 유인한다. 여장부가 단에 올라 장수들에게 일일이 할 일을 일러주고 영웅호걸들은 길목을 나눠 진군한다. 금산 전투에서 양홍옥이 북을 두드리며 진두지휘를 하니 강북으로 퇴각한 올출이 장수를 잃는다. 군량을 푼 우고는 공을 세우고 충혼에게 제사를 지내기 위해 유예와 두충을 법에 따라 참수한다.

첫 번째 공연[5]은 상해 천섬무대에서 있었다. 임수삼이 한세충, 강묘향이 주방언周邦彦, 금소산이 우고, 소장화가 주귀, 유연영劉連榮이 금나라 올출, 주계방과 고설초高雪樵가 각각 한세충의 두 아들 상덕尙德과 언직彦直 역을 맡았고 왕소정王少亭이 악비岳飛를 맡아 진영의 짜임새가 상당히 깔끔했다. 특히 임수삼이 분장한 모습은 체격이 건장하고 목소리가 우렁차서 관객들에게 인기가 있었다. 병영을 순찰하는 대목의 이황 원판原板에서 그는 고음을 꺾으며 노래하는데 그것은 정말로 쉽지 않다. 우고라는 각색은 〈항금병〉에서는 중요하지 않은 배역이지만 금소산을 위해서 배치했다. 그가 무대에 등장하는 것은 수전水戰을 치른 다음이다. 이처럼 시끌벅적한 장면이 지나가고 난 다음에는 높고 맑으면서 듣기 좋은 그의 목소리가 아니면 아무도 공연장 안의 모든 관객을 압도할 수 없다.

이 작품에서 사용한 무술 전문 배우는 정말 많았다. 송나라 군영과 금나라 병사 양쪽을 합해 여덟 명이 갑옷을 입은 장수였다. 양홍옥은 열여섯 명의 낭자병을 거느리고 출병했으며 보조로 일하는 사람까지 포함해 극 전체에 등장하는 배우는 총 육십 명 이상이었지만 천섬무대가 컸기 때문에 그런대로 연기를 펼칠 수 있었다. 나중에 나는 홍콩 이무대利舞臺에서도 〈항금병〉을 공연했다. 그 무대는 확실히 비좁고 붐벼 무대에서 돌 수 있는 여지가 거의 없었다. 이는 내가 전반부에 〈항금병〉 무대연습을 하던 상황이다.

이번[6] 〈항금병〉의 재공연은 내가 북경에서 결정한 것이다. 나는 몇 가지 연기를 수정했는데 그 내용은 다음과 같다.

첫째, 종전에는 황병노黃柄奴가 소주 사람들을 도살하는 장면을 실제로 연기하지 않고 음향이나 대사를 통해 관객으로 하여금 상상하게 하는 암장暗場으로 처리했다. 그런데 이번에는 무대에서 실제로 연기하는 것으로 바꾸었다. 이는 금이 중국을 침입한 것이 얼마나 잔혹했는지 보여주고자 한 것이다.

5) 1933년을 가리킨다.

6) 1951년을 가리킨다.

둘째, 전에는 주방언과 주귀가 주점에서 만나는 대목에서 둘이 대화하는 대사가 많았다. 그들의 입을 통해 당시의 군주가 어리석고 신하가 무능하여 조정이 날로 기울어져가는 것이 여러 실패의 원인이라는 것과 백성이 생활고로 떠도는 상황을 서술했다. 나는 강묘향과 소장화 두 분이 주방언과 주귀를 연기하면서 아주 힘들여 이 긴 대사를 외웠던 것을 기억한다. 그럼에도 언어는 너무 전아했고 무대도 너무 조용했다. 무대 아래 관객이 내용을 완전히 이해하지 못했던 것이었다. 이번에 나는 주방언 역을 없애고 네 명의 의민이 주귀의 주점으로 와서 술을 마시며 어떻게 군에 들어가 적에게 대항하고 나라에 충정을 다할 것인지 의논하는 것으로 바꾸었다. 주귀는 그들을 첩자로 오해하고는 한상덕에게 보고하여 체포한다. 후에 의민이 신분을 밝힌다. 모두가 양산梁山의 후예이기에 주귀가 그와 관련된 내용을 물었고 모두 막힘없이 대답하여 오해가 풀린다. 한상덕과 주귀는 그들과 함께 한원수를 알현하고 한세충이 그들을 파견하여 강 중앙과 강기슭으로 나누어 활동하게 한다. 뒷부분에 올출이 금산을 정탐할 때 그들은 모두 공을 세워 나라에 보답한다.

셋째, 종전에는 세 진鎭의 장수가 함께 한세충의 군영에 모여 회의하는 대목에서 그들의 의견이 서로 엇갈려 대치할 때 양홍옥이 비로소 등장하여 대의를 논하고 장준張俊과 유기劉琦를 설득하여 힘을 합해 금 군대를 무찌르기로 결의했다. 이번에는 한세충과 양홍옥이 동시에 무대에 등장하여 세 진의 장수를 맞이할 뿐 아니라 대사의 층위에도 변화를 주었다.

넷째, 아들을 가르치고 병영을 순찰하는 장면이 종전에는 한 대목 안에서 공연되어 이야기가 너무 급박하게 돌아갔다. 때문에 이번에는 그것을 두 대목으로 나누었다. 또한 양홍옥이 단에 올라 장수들에게 호령하려면 총사령관인 한세충의 위탁을 받아야 한다. 나는 그것을 이렇게 고치기로 했다. 먼저 양홍옥이 묻는다.

"내일은 금 병사와 교전하는데 제반 사항은 모두 준비되었습니까?"

한세충이 답한다.

"모든 준비가 다 끝났소. 내일 내가 상덕과 언직의 병사들을 이끌고 직접 적진을 칠 것이오. 부인께서는 군단에서 장수들에게 할 일을 일러주고 삼군을 통솔하여 뒤에서 호응해주시오."

다섯째, 주귀가 금 진영으로 잠입해 들어가는 내용은 종전에는 거짓 투항의 방식을 써서 너무 전형적이었다. 그래서 주귀가 길을 잘 아는 백성인 척하고 합미치哈迷蚩(금나라 올출 군대의 장수)를 찾아가 그들의 길잡이가 되게 했다.

여섯째, 아들을 가르치고 병영을 순찰하는 내용을 두 대목으로 나누고 병영 순찰 대목에서 '군영'을 배경으로 사용했다. 그래서 나는 무대막 밖에 막간 장면을 하나 더했다. 무대에 올라 순찰을 돌며 야간 경비를 서는 네 명의 군졸을 통해 그들이 모두 애국심에 불타 적에게 대항하겠다는 결심을 하고 있다는 것을 설명한다. 종전 판본에서 이 군졸 네 명은 한세충과 양홍옥이 순찰을 돌며 긴 단락의 이황의 창을 다 부르고 나서야 비로소 출현했다. 과거의 무대 관습에서 군졸의 등장은 우스갯소리나 익살스런 동작을 연기하기 편하도록 흔히 소축小丑이 분장하고 나왔다. 지금은 그들의 대사를 엄숙하게 바꾸었기 때문에 그들의 얼굴 또한 준수하게 분장해야 한다.

이상은 우리가 북경에서 수정한 몇 가지 사항이다. 한구漢口에 가서 그 지역 희곡 개량 담당자와 연극을 좋아하는 동지들을 초청해 〈항금병〉에 관한 좌담회를 개최하여 수정한 극본을 처음부터 끝까지 낭송하고 거기에 모인 사람들의 의견을 들었다. 다 함께 토론을 거듭한 결과 두 가지 가치 있는 의견이 수렴되었다.

첫 번째는 극중 인물의 생략에 관한 것이다. 악비는 금에 대항하는 입장에서 언제나 일관적으로 항전을 주장한 인물이라는 데 모두가 의견을 같이 했다. 만약 그를 삼진회의에 참석하게 한다면 장준이나 유기의 입장과 뒤섞여 그다지 중요한 작용을 일으키지 못할 것으로 보았다. 반드시 다른 대목을 하나 더해서 한세충과 악비 두 사람의 대화를 통해 그의 적극적인 항전의 입장을 드러내야 한다는 의견이었다. 이 점은 나도 동의하는 바였다. 당시 극을 개작할 때 나는 악비와 한세충의 지위와 분장, 특히 항전을 주장하는 정치적 견해가 서로 다르지 않다고 생각했다. 이 극에서 악비가 장준과 유기, 두 장수와 함께 무대에 잠깐 등장할 뿐 아무 역할도 없다면 당시 가장 적극적으로 항전을 주장했던 명장에 대한 안배로 적합하지 않았다. 그래서 이번에 그들의 제안을 받아들여 악비의 등장 자체를 취소하고 한세충의 입으로 악비가 금에 대항하는 그의 정책을 찬성하고 동참하고 있다는 사실을 밝히기로 했다.

두 번째는 극중 장소의 변경이다. 금 군대가 소주의 일반백성을 도살한 것은 역사적으로 금이 송을 몇 차례 침략한 사건 가운데 죄상이 가장 큰 것이었다. 우리가 처음에 소주의 이야기를 채택한 것은 그것이 실제 있었던 일이었기 때문이다. 암장으로 처리했던 것을 이번에 우리가 실제 무대에서 연기로 표현하다 보니 소주는 진강鎭江에서 비교적 멀기 때문에 지형으로 보면 쉽게 관객들의 의심을 살 수가 있었다. 이 점은 토론할 만한 가치가 있는 것 같았다. 좌담회에서 어떤 사람이 소주를 양주로 고치자고 주장했다. 양주는 진강과 인접해 있어서 이것을 삽입하는 것은 비교적 합리적이라고 할 수 있었다. 양주에서 금 군대의 살육이 있었는지는 우리가 외지에 객으로 있던 상황이라 참고할 만한 사료가 없었다. 다행히 공소람龔嘯嵐이 우리를 위해 금인이 송 건염建炎 3년 2월에 양주에서 방화했던 사건이 확실히 있었다는 사실을 찾아냈다. 금산 전투는 건염 4년 4월에 발생하였으므로 시간상 차이가 별로 나지 않아 그 이야기를 인용할 수가 있었다. 우리는 그렇게 고치기로 했다.

〈항금병〉의 내용은 북경과 한구에서 몇 차례 토의를 거쳐 불필요한 몇 대목을 빼고 최종적으로 다음과 같이 연출하기로 결정했다.

첫째, 극의 줄거리를 요약하면 이러하다. 금의 올출이 장강을 넘어 침입해오고 황병노는 양주 사람들을 살육한다. 의민들이 주점에 모여 뜻을 모으고 한상덕이 그들을 데리고 가서 참군에게 소개한다. 한세충은 적군과 맞서 싸우기로 결심하고 양홍옥은 정의를 명분으로 장준과 유기를 설득한다. 금의 올출은 밤에 금산을 정탐하고 완 의사는 병노를 산 채로 잡는다.

한세충은 기강을 세우고자 아들 형제에게 가르침을 따르게 했다. 또한 한세충, 양홍옥 부부는 군대의 사기를 진작하기 위해 병영을 순시한다. 주 의사는 한세충 군영과 은밀히 내통하고 양 도독은 단상에 올라 장수들을 호령한다. 양군이 대치하니 하늘과 땅이 뒤집히고 금산에 북이 울리니 사기가 하늘을 찌른다. 낭자군은 수전으로 위엄을 떨치고 주 의사는 적을 사지로 유인한다. 황천탕에서 올출이 포위되고 금군에 대항한 사적은 천고에 이름을 남긴다.

둘째, 배역은 내가 양홍옥 역을 맡고 고성린高盛麟이 한세충 역을 맡는 것으로 했다. 소장화가 주귀를, 유연영이 금의 올출을, 강묘향이 한상덕을, 양성춘楊盛春이 한언직을, 왕소정이 유기를, 곽원분郭元汾이 장준을, 동소봉이 황병노를, 정중덕程仲德이 하흑달何黑闥를, 반홍규潘洪奎가 하미치를 맡았다, 양홍옥이 탄 배의 사공은 위연방魏蓮芳이, 대독기大纛旗를 가진 사람은 기운란冀韻蘭이 맡았으며 나라를 위해 종군하는 네 명의 의민으로는 위삼규偉三奎가 비보費保 역을, 주홍량朱洪良이 고청高青 역을, 고세태高世泰가 완량 역을, 진소천陳少泉이 적성狄成 역을 맡았다. 순찰을 돌며 야간 경비를 서는 병사 네 사람은 이경산, 장소장張嘯莊, 동소신董少臣, 조여천趙如川이 각각 배역을 맡았다.

이 극의 열아홉 번째 대목에서는 주귀가 금 올출이 패배하고 퇴각하면서 이미 사지인 황천탕으로 유인되었음을 보고한다. 한세충과 양홍옥은 보고를 듣고 즉각 황천탕을 포위하고 올출을 잡아들이라는 명령을 내린다. 전체 극은 여기서 일단락된다. 우리는 마지막 대목의 처리를 두고 많은 친구들과 여러 차례 논의했다. 모두들 극 내용은 올출의 군대가 황천탕에서 패배하는 데까지 가면서 이미 최고조에 이르렀기 때문에 극이 더 이상 이어지는 것은 적합하지 않다는 데 의견을 모았다.

나는 젊은 시절부터 목계영이라는 인물을 좋아했고 반복해서 공연하는 과정에서 이 각색과 깊고 두터운 감정이 쌓이게 되었다. 7.7사변 이후 나는 일본의 침략에 반대하기 위해 〈항금병〉의 양홍옥을 연기했다. 내가 북을 울리며 산에서 내려가 금 군대와 교전을 벌일 때 나는 마치 항일 전선의 선봉에 서서 조국을 수호하기 위해 뜨거운 투쟁에 몸을 던진 듯했다.[7)]

내가 도마단을 연기한 것은 상해에서부터였다. 도마단으로 연기한 첫 번째 극이 〈창도목천왕〉의 목계영이었고, 그 후 〈목가채〉, 〈파홍주破洪州〉, 〈연안관延安關〉, 〈간삼관赶三關〉, 〈은공산銀空山〉, 1본 〈홍예관〉, 〈항금병〉을 연기했다.

〈목가채〉의 목계영과 〈항금병〉의 양홍옥은 같은 도마단이라 분장한 모습에서 별 차이가 없다. 둘 다 칠성액자를 쓰고 화령*을 꽂았으며 망포를 걸치고 갑옷을 입었다. 하지만 연기는 다르다. 목계영은 산채대왕의 딸이고 나이도 젊다. 그녀는 전투에서 마음에 드는 대상을 만나기 때문에 두 사람 사이에 연애 이야기도 발생한다. 그래서 그녀의 천진, 발랄, 총명, 용감한 성격들을 표현해야 한다. 양홍옥은 외구에 저항하며 조국을 수호하는 군대 통솔권을 쥔 여자 원수이므로 무대에서 그녀의 신분은 목계영과 다르다. 그녀의 충성과 용맹, 지모를 형상화해야 하는 것 이외에도, 특히 그녀의 진중하고 노련한 성격을 중점적으로 묘사해야 한다. 그래야 여 원수의 신분에 부합하는 모습을 연기할 수 있다.

*
화령:
청대(淸代)관리가 쓰던 모자에 장식하여 품계를 표시하던 공작의 깃털

이들은 모두 영자翎子**를 꺼내는 신단을 쓰지 않는가? 이 신단으로 두 가지 서로 다른 인물의 성격을 구별해서 드러낼 수 있다. 목계영은 영자를 빨리 끄집어내고 자태도 다소 유동적으로 하여 젊고 발랄한 특징을 드러낸다. 양홍옥은 천천히 끄집어내고 동작도 무겁게 해서 태산과 같이 흔들림 없는 그녀의 성품을 표현한다. 또한 요자번신과 같은 신단은 여자 원수에게는 쓸 수 없다.[8)]

**
영자:
꿩의 긴 꼬리로 치계(雉鷄)라고도 하며, 고대 무사들이 갈관(鶡冠)을 쓰고 양 옆에 꽂았던 것으로 용맹한 무장 혹은 문무를 겸비한 청년 장수를 표현함

7) 이 단락은 매란방이 쓴 「중국 경극의 공연예술」이라는 글에서 발췌한 것이며 이 글은 1958년 1월 24일과 2월 24일에 작가가 소련 전문가 친구에게 보고한 내용이다.

8) 이상 몇 단락의 글은 매란방이 쓴 「공연예술에 대한 강화」라는 글에서 발췌한 것이며 이 글은 원래 1962년 2월 28일자 『문회보』에 실렸던 것이다.

〈생사한〉

9.18사변 이후, 일본 제국주의는 중국에 광란의 침략을 감행했고, 나는 당시 더없이 분노하면서 〈항금병〉과 〈생사한〉 두 극을 써서 공연했다. 이 두 극은 주제가 침략에 저항하고 민심을 고무하는 것이었으며 각지의 공연에서 관객의 열렬한 지지를 받았다. 이는 당시 사람들의 민족의식이 고조되었음을 반영하는 것이었다. 관중들이 내게 준 교훈과 격려는 대단히 인상 깊은 것이었다.[9)]

〈생사한〉의 초고는 제여산이 명대 동응한董應翰이 쓴 전기 『역혜기易鞋記』에 의거하여 각색한 것이다. 초고는 원래 제목을 그대로 따라 극명을 〈역혜기〉라 했고 서른아홉 개 대목으로 되어 있었다. 9.18사변 후 상해로 집을 옮기고 나서 나는 이 대본을 찾아 공연하기로 마음먹었다. 그래서 다 같이 극본을 한번 다듬었다. 극본이 너무 길고 늘어지는 감이 있어서 불필요한 장면들을 없애고 대단원의 결말을 비극으로 바꾸었다. 우리의 뜻은 이 극을 통해서 적에게 포로가 되는 비참한 상황에 대해 얘기하고 그것을 빌려 꿈에 취한 듯 술에 취한 듯 의미 없는 삶을 살거나 눈앞의 안일만을 탐내는 보통 사람들에게 자극을 주고자 하는 것이었다. 그래서 대단원의 상투적인 틀을 변경하고 제목을 〈생사한〉으로 바꾸었다. 우리 모두 개작에 대해 의견을 내고 허희전許姬傳이 초안을 잡고 정리해서 스물한 개 대목으로 고쳐 썼다. 그중 '야소夜訴'부터는 완전히 새로 쓴 것이며 원본에는 없는 것이었다. 우리는 먼저 무대를 생각하고 그런 뒤에 서피로 부를지, 이황으로 부를지 또 어떤 박자를 쓸지 고민하고 마지막으로 가사를 쓰고 소리를 안배하는 방식으로 개작했다. '야소' 대목은 서란원 선생이 기획했다. 그는 한옥낭韓玉娘이 무대의 막 안쪽에서 규두를 한 후 이어서 '도판'과 '요판'으로 창을 하고 막이 열리면 '회룡回龍', '만판', '원판'으로 창을 해야 한다고 주장했

9) 이 단락의 글은 매란방이 쓴 「인민을 위해, 조국의 아름다운 미래를 위해, 우리의 모든 것을 바친다」(1955)라는 글에서 발췌한 것이다.

다. 모두 이런 무대는 새롭고 독특하다고 생각했고 아직 아무도 이런 무대를 사용한 적이 없었기 때문에 그 의견에 모두 찬성했다. 집필하는 사람이 가사를 쓰기로 했고 소리는 서란원과 왕소경이 고민해서 안배했다. 한옥낭이 죽음에 임할 때 왕소경은 '사평조四平調'를 써야 한다고 했고 누군가 그것은 비극에 어울리지 않는다고 하여 논쟁이 일어났다. 왕소경이 말했다.

"나에게 그것을 슬프게 부르게 할 방법이 있어요. 하지만 노래 가사의 장단이 일정하지 않아야 좋은 소리가 나올 수 있어요."

결과적으로 이 '사평조'를 이용해 한옥낭이 위기에 직면했을 때 정붕거程鵬擧를 만나 지난 일을 털어놓으며 희비가 엇갈리는 복잡한 심정을 잘 표현할 수 있었다. 몇 년 동안 우리가 극본과 연기를 토론하고 연구할 때 거기에 참여한 사람들은 모두 자기 의견을 자유롭게 주장할 수 있는 발언권이 있었다. 그래서 가끔 견해가 서로 달라 논쟁이 일어나는 일도 있었다. 얼굴을 붉히고 날카롭고 격렬한 언쟁을 벌이며 서로 반박하는 일이 있었지만, 결국에는 작품을 반복 수정하면서 좋은 결론을 얻었기 때문에 서로 마음에 응어리가 남지 않았다.[10)]

이 극은 1936년 2월 26일 상해 천섬무대에서 관객과 만났다.[11)]

1937년 봄, 일본 제국주의가 상해를 점령한 이후 조계는 고도孤島가 되었다. 마침 홍콩 이무대에 공연 계약이 되어 있어서 나는 1938년 말에 가족들을 데리고 상해에서 우편선을 타고 홍콩으로 갔다. 이무대에서 20일의 공연을 마친 뒤 극단의 동료들을 모두 북경으로 보내고 나는 원래 예정된

---

10) 이 단락의 글은 매란방이 쓴 『나의 영화 생활』이라는 책의 「첫 번째 컬러 희곡 영화 〈생사한〉의 촬영」에서 발췌하였다.

11) 왕장발(王長發)과 유화(劉華)가 엮은 『매란방 연보』에는 다음과 같은 글이 실려 있다. "이 작품은 공연 뒤에 반응이 강렬했기 때문에 상해 사회국의 일본 고문 구로키(黑木)를 격분케 했다. 그는 사회국 국장이 나선 교섭을 통해서 비상시기 극목을 허가받지 않았다는 등의 이유로 공연을 금지했고 매란방은 관객의 요청을 이유로 이를 엄중하게 거절하며 공연을 강행했다. 2월 29일 〈생사한〉은 상해에서 사흘 공연된 뒤 남경 대화희원에서 연달아 사흘 동안 공연되었다. 관객이 특히 많이 몰려들어 표를 사려는 사람들로 인해 매표소 창구가 망가져버렸다." 왕장화/유화 엮음, 『매란방 연보』, 하해대학출판사(河海大學出版社), 1994, 133쪽.

계획에 따라 홍콩에 머물렀다.[12)]

12) 이 단락의 글은 매란방의 『나의 영화 생활』이라는 책 가운데 「채플린과의 재회 및 〈위대한 독재자〉에 대한 감상」이라는 글에서 발췌하였다.

무대에 다시 오르며 [13)]

8년을 침묵으로 보낸 후 나는 이제 다시 무대에 오르려 한다. 독자 여러 분도 아마 상상할 수 있을 것이다. 연기를 하는 사람에게, 특히 내 나이의 사람에게, 8년의 공백이 인생에서 얼마나 커다란 손실인지! 이 손실은 영원히 보상받을 길이 없다. 지나간 이 긴 세월 동안 내 마음은 멈춰버린 물과 같았다. 수염을 기르고 굳게 입을 다문 채 조용하고도 답답한 삶을 살아왔다. 이 문제를 생각하면, 나는 이 전쟁이 나를 늙고 쇠약하게 만들었다고 느낀다. 그러나 승리의 소식이 전해졌을 때, 나는 너무도 기뻐서 더 이상 숨죽이고 있을 수가 없었다. 나는 갑자기 다시 젊어진 것만 같았다. 내 마음은 그대로 둥실 떠올랐고 온 몸에 활력이 넘쳐흘렀다. 어디서 왔는지 모르는 자신감에 나는 내가 영원히 늙지 않으리라 확신했다. 영원히 청춘으로 남아 늙지 않을 우리의 조국과 마찬가지로 말이다. 며칠 전 몇 명의 외국 기자들이 찾아와 이야기를 나누었다. 그들이 앞으로 몇 년을 더 연기하고 싶으냐고 물었을 때, 나는 나도 모르게 이렇게 말하고 말았다.

"아주 오래요, 저는 아주 오래오래 연기할 수 있기를 바랍니다."

연기를 하고 싶었기 때문에, 근래에 나는 그 생각으로 마음이 벅찼다. 목청을 가다듬고 신단을 연습하며 매일 신이 나서 바쁘게 움직였다. 이런 감정은 내가 과반에서 처음 무대에 섰을 때 가졌던 옛날 꿈을 되새기게 했다. 그것은 한편으로는 두려움이었고 다른 한편으로는 기쁨과 설렘이었다. 이런 흥분을 다시 느끼게 되다니! 8년이다. 기예를 오랜 시간 쓰지 않고 묵히고 있어 늘 숨이 막혔다. 사람들이 들을까봐 목을 풀 수 있는 기회도 없

13) 이 글은 원래 1945년 10월 10일 상해 『문회보』에 실렸던 것이다. 가령(柯靈)의 『백년비환(百年悲歡)』(상해 원동출판사(遠東出版社), 1996)이라는 책의 부록에서 가져왔다.

었다. 전쟁에서 승리한 후 내가 대기 중에 창사의 첫 마디를 내뱉었을 때 그 유쾌한 심정은 참으로 형용할 수가 없다. 나는 여전히 노래할 수 있었다. 40년 동안 조석으로 연마했던 기예를 아직 완전히 잊지는 않은 것이다. 그러나 어떤 기예는 낯설었다. 관객들이 나를 너그럽게 봐줄까? 어떻게 관객들의 기대를 만족시킬 수 있을까?

그러나 나는 이 모든 것이 문제가 아님을 알았다. 내가 이번 무대에 서는 더 중대한 의의는 항전의 승리를 축하하는 것이었기 때문이다. 항전 기간 동안 나 스스로 다짐한 일이 있었다. 승리하기 전에는 절대로 연기를 하지 않겠다는 것이었다. 승리 후, 나는 또 새로운 다짐을 했다. 첫 무대는 반드시 조국과 우리의 정부를 위해 바치겠다는 것이다. 그때 나는 정부가 수도로 귀환하면 경축 행사에서 사람들이 환호하는 가운데 무대에 헌신하고 싶다고 생각했다. 지금 나는 그 정열을 상해에 바친다. 이 도시의 새로운 탄생을 경축하기 위해 나는 무한한 즐거움으로 나의 소망을 실현할 것이다.

나는 내게 관심을 가져준 전국의 모든 인사들에게 감사를 드리고 싶다. 요 몇 년 동안 여러분이 내게 해준 격려는 너무 큰 것이었다. 여러분은 나의 자존심을 높여주었고 민족에 대한 나의 충정을 더 강하게 만들어주었다. 나의 솔직함을 용서해주기 바란다. 정치 문제에 대해 나는 지금까지 무엇을 크게 깨달은 것이 없다. 하지만 애국심은 누구에게나 다 있는 것이라고 생각한다. 나 역시 예외가 아니다. 내가 희극 예술에 있어서 어느 정도 성취한 것이 있다면 그 성취는 마땅히 국가의 것으로 돌려야 한다. 평상시 나는 이 기예에 의지해 생활하면서 내 사업을 발전시킬 권리가 있지만 전시에는 내 사업이 조국에 적대적인 위치에 서게 되는 그런 상황에서 내 마음대로 민족의 존엄을 잃게 할 권리는 없다. 이는 내 단순한 믿음이다. 어쩌면 한 사람의 국민으로서 가져야 할 최소한의 신념이라고 말할 수 있겠다. 사회 인사들이 내게 보내는 찬사는 사실 내가 감당할 수 있는 한계를 넘어선다. 『자유서보自由西報』의 기자가 내게 말했다.

"줄곧 개인적으로 항전을 실천해왔다."

그 말은 나를 감격시켰지만 또한 부끄럽게도 만들었다. 영광은 우리의 현명한 지도자와 비할 수 없는 고생을 한 전국의 군인과 국민들에게 돌아가야 한다. 그들만이 우리의 가장 큰 경례를 받을 자격이 있다. 이 이중의 국가 경축의 날에 즐거운 공연으로 민족에 대한 작은 충정이나마 바칠 수 있기를 바란다.

민국 34년 쌍십절 저녁

『문회보』의 편집자[14)]는 다음과 같이 썼다.

매란방 선생은 상해에서 3년 넘게 칩거하고 열악한 환경에서 생활하면서도 개인의 맑고 깨끗함을 유지하는 동시에, 중화민족 예술가의 존엄을 굳건히 지켰다. 혼탁하기 그지없는 도시에 처해 있었기에 그의 숭고한 정신은 더더욱 찬미할 가치가 있다. 매란방 선생이 항전 승리 후 처음 무대에 오르던 그 즈음, 본 신문의 요청으로 이 글을 써 주었다. 그의 겸허한 태도와 정성은 사람을 감동시켰다. 오늘날 각 분야에서 매국노를 처단하는 마당에 공을 세운 자는 반드시 상을 받고 죄를 지은 자는 반드시 벌을 받아야 하니, 매란방 선생과 같이 꺾이지 않는 굳은 절개를 지닌 예술가는 우리 사회가 경애하는 바로 삼아야 할 뿐 아니라 또한 정부의 치하를 받는 것이 마땅하다고 믿는다.

14) 편집자는 가령 선생이다.

내 이상 속의 신중국[15)]

문을 닫아걸고 손님을 맞지 않은 채 8년을 보내고 난 후에 나는 오늘 다시 무대 위에서 관객들과 만났다. 승리 후의 첫 번째 국경일이기에 나는 무한한 기쁨으로 사회 인사들과 함께 경축의 뜻을 표했다.

지난 8년을 돌이켜 보면, 우리가 얼마나 암담한 세월을 지내온 것인가! 중국은 유구한 역사와 우수한 전통을 가진 나라다. 항전 기간 중 국민 개개인이 모두 조국을 위해 고통을 참아냈다. 지금은 고통의 날들이 이미 지나갔으니 미래에 영원한 평화와 행복이 있기를 소망한다.

나는 한 사람의 연극인으로서 필생의 심력을 모두 무대에 쏟을 것이다. 만약 내게 신중국에 대한 이상을 꿈꾸는 것이 허락된다면 나는 내 사업에서부터 생각하고 싶다.

나는 미래의 신중국을 이렇게 상상한다. 신중국에서 희극은 신 · 구 희극을 막론하고 문화사업의 일환이자 사회교육의 유력한 분야로서 단순한 오락에 그치지 않는다. 희극 종사자들은 모두 민중을 위해 봉사하는 예술가, 신중국을 건설하는 전사이며 국가가 그들의 생활을 보장하고 사회가 그들의 지위를 존중한다. 그들 자신도 한가한 사람들이 시간을 보내도록 즐길 거리를 제공하는 도구의 역할을 하지 않는다. 국가가 경극 부문의 학교를 설립하여 완비된 수업 과정을(일반적인 교육을 포함하는) 갖추고 인재를 훈련하는 한편, 전문가를 초청하여 어떻게 그것을 풍성하게 보존하면서 발양시켜 빛내고 성대하게 발전시킬 수 있는지 실험 연구한다. 사회의 진보로

15) 이 글은 원래 상해 『주보(週報)』 제6기 '경축승리호'에 실린 글로 1945년 10월 13일 출판되었다. 가령의 『백년비환(百年悲歡)』(상해 원동출판사, 1996년)의 부록에 실린 것을 뽑은 것이다.

인해 경극이 결국 도태될 것인지 아닌지의 문제에 대해서는 나는 지금 상상할 수가 없다. 그러나 이 예술형식의 존재는 그 자체의 역사와 사회적 근거를 가지고 오늘날에 이르렀을 뿐 아니라 가장 폭넓은 관중들에게 받아들여져온 것이니 개혁과 추진을 통해 유의미한 교육 도구로 탈바꿈되어야 한다.

물론 이런 이상을 실현하려면 우리는 반드시 부강한 국가가 되어야 하며 진보하고 문명화되고 빛과 생기가 넘치는 사회가 되어야 할 것이다.

5 추억 속의 예술인

소장화 선생의 예술 작업과 도덕적 품성

왕요경 선생의 정신을 계승해야 한다

연추의 예술생활을 추억하며

왕파 계승자 왕봉경을 추모하다

왕소경을 추모하다

소장화 선생의 예술 작업과 도덕적 품성 [1)]

소장화 선생은 올해 80세이다. 12월 28일이 그분의 생신이다. 내가 유년기 때 '희련성'에 임시 소속된 학생으로 그를 만났으니 그분과 알고 지낸 지가 어언 50년이 넘었다. 당시 소장화 선생은 '희련성'에서 연기를 가르쳤고 나는 거기서 연기 훈련을 받았다. 그때를 기억하건대 소장화 선생은 매일 학생들과 함께 관자로 가서 학생들이 분장하고 연기하는 것, 무대에 오르는 것, 분장 지우는 것 등의 일에 온 정신을 집중했다. 분포分包 공연이나 저녁의 당회堂會 공연이 있으면 그도 공연이 다 끝날 때까지 기다렸다가 학생들과 함께 돌아갔으며 학생들이 무대에서 연기할 때 틀린 부분이나 부족한 부분이 있으면 꼼꼼하게 지적해주고 바로잡아주었다. 그는 가르치는 영역이 넓어서 각 항당의 학생이 다 있었다. 우리 구희반의 교사들 가운데서 소장화 선생은 문화 수준이 비교적 높은 편이었다. 그는 일상생활에서 보고 들은 희극 관련 재료들을 모두 일지에 기록해 두고 수시로 그것을 참고해 운용했다. 그는 독서와 역사적 인물에 대해 연구하는 것을 좋아해서 『삼국지연의三國志演義』는 내용을 다 꿸 정도로 많이 읽었다. 삼국희의 무대연습을 할 때는 학생들의 창唱[노래], 념念[대사], 주做[동작]를 지도하면서 자신이 『삼국지연의』를 읽으며 체험했던 것들을 결합시켰다.

'희련성' 시기에 소장화 선생은 과반에 소속된 배우가 아니어서 자기 시간의 전부를 학생을 가르치는 데 쏟았다. 당시 나는 '희련성'의 학생이 아니었음에도 연기할 때 소장화 선생은 나를 동료로 대해주었다. 그때 내가 받은 인상으로는 그는 아침부터 저녁까지 쉬는 시간이 없었고 긴장해서

---

1) 이 글은 원래 1957년 제24기 「희극보」에 실렸다. 『매란방 문집』(중국희극출판사, 1962년)에서 뽑은 것이다.

당황하거나 허둥대는 일이 없었다. 그가 미친 듯이 기뻐하는 것도 본 적이 없고 다른 사람을 겁에 질리게 할 정도로 화를 내는 것도 본 적이 없었다. 항상 조심스러워 하고 엄숙했으며 단정한 태도를 취했지만 유머가 넘치는 분이었다. 그는 가끔 연극계에서 있었던 재미있는 이야기들을 우리에게 들려주었다. 그는 특히 기억력이 좋았다. 선배들의 정밀하고 깊은 연기에 대해 소리와 표정까지 묘사하면서 생생하게 학생들에게 들려주었다. 몇십 년 전의 일인데도 시간이나 장소 등을 잘못 기억한 적이 없었다. 그는 '부련성'에서 경극계의 수많은 명배우와 무수한 주력 연기자들을 키워냈다. 이는 장화 선생이 희곡 사업에서 이룩한 가장 큰 공헌이라 하겠다.

30년 전에 우리 '승화사承華社'의 축 각색 이경선李敬仙이 세상을 떠났다. 당시 승화사에는 축 역의 연기자로 곽춘산郭春山, 자서전慈瑞全, 조삼경趙三慶, 나문규羅文奎 등이 있었다. 이분들은 모두 특기를 가진 축 각색의 배우들이었다. 그때 희반은 각 항당마다 역할이 매우 세분화되어 있었다. 이경산이 연기했던 각색을 나는 장화 선생에게 맡아달라고 부탁했다. 그때부터 시작해서 1955년 〈귀비취주〉 기록 영화를 함께 찍을 때까지 그는 줄곧 우리 극단의 중요한 일원이었다.

소장화 선생은 문희의 축각은 못하는 것이 없을 정도였으며 방건축方巾丑*과 파자희婆子戲**는 그가 가장 뛰어나게 잘 하는 분야였다. 당시 유명한 소생 왕릉선王楞仙 선생이 〈군영회〉를 연기할 때 관사官事는 육금계陸金桂에게 장간蔣干 역을 맡길 생각이었다. 그런데 왕릉선 선생은 여태껏 중요한 각색을 한 번도 맡아본 적이 없던 일반 연기자 중에서 소장화 선생을 선발하여 그에게 장간 역을 맡길 것을 관사에게 요구하였다. 이는 물론 노선생만이 지닐 수 있는 안목으로 후진을 발탁한 사례라 할 것이다. 후에 이 극은 과연 소장화 선생의 명작 가운데 하나가 되었다. 또한 〈심두자탕審頭刺湯〉의 탕근湯勤도 그가 연기한 뛰어난 각색 중 하나였다. 방건축은 축항 가운데서 비교적 어려운 연기이고 분장, 대사, 동작 방면에 모두 특수한 풍격이 있다. 이 배역은 책 꽤나 읽은 지식인으로 구시대 문인의 학자 티가 나도록 표현

*
방건축:
머리에 두건을 써서 얻어진 이름이며 주로 유생이나 문인 관리 등의 희극인물을 연기함

**
파자희:
여기서는 축이 중(노)년의 여자 역을 연기하는 극을 말함

해야 한다. 하지만 그게 너무 지나치게 표현되어도 안 된다. 만약 이 연기를 잘하면 대단히 시적이고 그림 같은 정취를 만들 수가 있다. 소장화 선생은 이러한 특징을 잘 파악해서 그에 딱 들어맞는 연기를 하여 각색에 깊게 들어갈 수가 있었다.

소장화 선생은 나와 함께 많은 작품을 공연한 것 이외에도 〈정계화연定計化緣〉, 〈연승삼급連昇三級〉, 〈할자광등瞎子逛燈〉, 〈노왕청의老王請醫〉 등 소화검의 단공희單工戲를 연기했으며 때로는 제여향諸茹香과 함께 〈소과년小過年〉, 〈입후부入候府〉, 〈변양계變羊計〉, 〈융화계絨花計〉, 〈하주배荷珠配〉 등 화단과 소축이 함께 등장하는 발랄하고 재미있는 소희를 공연하기도 했다.

'승화사' 시기에 내 공연 앞에 왕봉경 선생의 노생희老生戲와 상화옥尙和玉 선생의 무희武戲가 있었다. 이 두 공연은 내가 분장을 하기에 충분한 시간을 벌어주었기 때문에 분장하러 가기 전에 주계방의 무단희와 소장화 선생의 연기를 즐겨 보았다. 그때 희반의 관사는 항상 반년간은 '번두翻頭하지 말 것'(장기간 중복되는 극을 연기하지 말 것을 의미한다)을 강조했다. 소장화 선생의 극 또한 당연히 예외가 아니었다. 나는 그 시절에 소장화 선생이 연기하는 극을 거의 다 보았다. 전반적으로 장화 선생은 연기에 진지했고 정신적으로 충만했으며 관객에 대해 책임감이 있었고 단순하게 정식화된 기예에 따라 연기하지 않았다.

장화 선생의 희곡교육사업 성과와 예술 표현의 성취는 사람들이 모두 다 아는 것들이다. 그러나 그의 고상한 도덕적 품격에 대해서는 일반 관중들이 잘 모를 것이기에 이야기할 가치가 있다고 생각한다. 오랫동안 그는 희곡에 종사하는 동료들이 생활에서 겪는 여러 어려움에 관심을 기울였다. 그는 한 마디 불평 없이 자신에게 아무 도움도 되지 않는 어려운 일들을 허다하게 처리했다. 때로는 하루 종일 고생스럽게 쫓아다니기도 하고 자기 돈을 써서 다른 사람이 난관을 극복하도록 도와주기도 했다. 한 가지 예를 들자면, 예전에 '삼경반三慶班'*, '사희반四喜班', '춘대반春臺班' 등은 각각 자신이 출자해서 만든 공공 묘지를 소유하고 있었다. 신해혁명 이후 이 공공

*
삼경반:
청대 중후기 북경에서 활발하게 활동했던 휘반(안휘성 극단) 중의 하나로 사희반, 춘대반, 화춘반(和春班)과 함께 '사대휘반'으로 불림

묘지들은 점점 매장할 공간이 남지 않게 되어 일부 가난하고 연로한 연기자들이 묻힐 곳이 없었다. 소장화 선생은 몇 차례 경제적으로 능력이 있는 배우들과 성금을 모아 땅을 샀다. 그는 돈을 보탰을 뿐 아니라 인맥까지 동원했다. 구사회에서 배우는 멸시받는 신분이었기 때문에 같은 일에 종사하는 사람들의 상호부조에 의지해서만 이러한 어려움을 해결할 수 있었다.

소장화 선생은 희극계에 도움이 되는 일들을 많이 했지만 자신의 공로를 드러낸 적이 없었다. 한번은 한구에서 공연할 때 한 무희 배우가 무대에서 넘어져 부상을 당해 모두 돈을 모아 이 배우의 뒷일을 처리해준 일이 있었다. 소장화 선생이 연기를 막 마치고 내려와 무대의상을 벗으려고 할 때 이 배우의 가족이 분장실을 나가고 있는 것이 보였다. 그러자 그는 머리에 썼던 망사를 떼어내면서 그 뒤를 좇아가 지폐 한 묶음을 그녀의 손에 쥐어 주었다. 그녀가 급히 감사하다고 말하며,

"함자가 어찌 되십니까?"라고 묻자 장화 선생은 손을 흔들며 말했다.

"어서 가서 일을 보시는 게 중요하지요. 내 이름 같은 건 신경 쓰지 마십시오."

그의 그러한 지극한 정성에서 나온 열정이 얼마나 사람을 감동하게 하는지!

소장화 선생은 다른 사람을 돕는 데는 그처럼 열정적이었지만 자기 자신은 매우 검소하고 소박했다. 그는 오랫동안 일하는 것을 즐기며 매일 아침 일찍 일어나 집 안팎을 치우는 일을 몸소 하였으며 집밖에 나설 때도 대개는 걸어 다니며 쉽게 차를 타지 않았다. 나이가 많았지만 몸은 여전히 건강한 편이었다. 이는 노동으로 단련된 것이 분명하다.

해방 이후에 소장화 선생은 특히 흥분해 있었다. 그가 우리 극단에서 한참 일을 하고 있을 때 이미 나이가 일흔이 넘었었다. 그는 여전히 연기에 많은 노력을 기울였고 가는 곳마다 관객의 인기를 끌었다. 정부가 그를 중국희곡학교 부교장으로 초빙한 후에는 예전 '부련성' 때보다 연기를 가르치는 일에 더 열을 올렸다. 직접 자신이 어린 신입생들을 위해 수업을 하기

도 했는데 조금도 힘들어 하거나 피곤해하지 않았다. 그는 말년에 사회의 대변혁을 경험하면서 모든 새로운 일들에 대해 아주 분명하게 인식했다. 그는 조국과 당을 뜨겁게 사랑했고 노익장을 과시하며 사회주의 문화 건설에 크게 이바지했다.

소장화 선생의 교학과 연기, 고상한 품격은 모든 사람들이 존경해 본받을 만하다. 이상의 감상들을 간략하게 적어보았다. 이것을 소장화 선생의 80세 생신을 위한 축사로 삼고자 한다. 선생의 젊음이 무궁하여 남산보다 오래도록 장수하길 바란다.

왕요경 선생의 정신을 계승해야 한다[2)]

유명한 희극가[연극인]이자 우리의 스승이신 왕요경 선생이 별세한 것은 전국 희극계의 커다란 손실이다.

왕 노선생은 60년간 희극계에 종사하며 선배들의 우량한 전통 공연예술을 계승하고 그 기초 위에서 끊임없이 창조와 발전을 이루었다. 그는 가르치는 데 열정이 있어 자신을 잊을 만큼의 정성과 심혈을 다 쏟아서 수많은 희극 종사자들을 키워냈다. 그의 탁월한 성취는 전 희극계가 공인하는 바이다.

나는 40여 년 전부터 이미 왕 노선생과 함께했으며 무대생활을 같이 해왔다. 희극을 깊이 연구하는 과정에서 그의 깨우침과 지도를 받아 내 무대예술은 점진적으로 발전할 수 있었다. 내가 오늘날 약간의 성취를 이룬 것 또한 왕 노선생의 도움이 컸다.

내가 그에게서 배운 과정은 무대에서 그의 연기를 보는 것에서 시작했다. 그와 담흠배 노선생이 함께 공연할 당시 나는 시간이 날 때마다 그들이 연기한 극을 보면서 깊은 영향을 받았다. 어떤 극들은 나도 모르는 사이에 따라할 수 있었다. 이 극들을 연기할 때 그는 늘 끊임없이 많은 요령들을 가르쳐주어 나를 예술의 깊은 경지로 이끌어주었다. 그 외에도 2본 〈홍예관〉의 계집종 역할의 연기는 그가 직접 가르쳐준 것이다. 이 각색의 학습을 통해 어떻게 이런 유형의 인물의 성격을 파악해야 하는지 알 수 있었다. 그 후 신희를 창작하면서 그분의 도움을 받았다. 〈서시西施〉와 같은 극은 극본과 노랫가락 및 무대 삽입까지 모두 그분의 세심한 정리와 편집을 거치고 나서 연출된 것이다. 나는 이 극의 극본이 탈고된 뒤 왕 노선생께 가지

2) 이 글은 원래 1954년 6월 25일 『광명일보』에 실렸으며 『매란방 문집』에서 뽑은 것이다.

고 가서 가르침을 구했던 것을 기억한다. 그가 말했다.

"여기서 펼쳐 놓고 네게 세세하게 보여주마."

그는 사흘 동안 밤낮없이 수정을 해서 〈서시〉 극본을 정리해주었다. 무대연습을 할 때도 직접 우리 집으로 와서 각각의 배우들에게 중요한 것들을 지도해주었다. 지금도 이 극을 공연할 때마다 왕 노선생의 도움이 생각난다.

해방 이후 나와 왕 노선생은 함께 중국희곡연구원에서 일을 했다. 왕 노선생은 희곡학교 교장의 직무를 담당했다. 그는 청년과 같은 패기를 가지고 유쾌하게 일을 했다. 학생들은 자애로운 아버지를 대하듯 그를 친근하게 대하면서도 매우 존경했다. 또한 그는 친자녀나 손자를 대하는 것처럼 학생들을 보호하고 사랑했다. 그는 말년의 모든 정력을 국가를 위해 인재를 육성하는 일에 바쳤다. 내가 가장 감동받았던 것은 그가 병으로 드러눕기 전날 밤에도 여전히 학생들에게 극에 대해 설명하고 〈천하배〉 극본을 심사했던 것이었다. 이와 같은 선생의 예술에 대한 충정은 우리가 모범으로 삼고 배울 만한 가치가 있다.

가장 잊을 수 없는 것은 1953년 9월 14일 오후 3시, 내가 북경 병원으로 왕 노선생의 병문안을 갔던 그날의 일이다. 그의 병상 근처에서 시선이 마주치자마자 우리는 동시에 눈물을 흘렸다. 그는 나의 손을 꼭 붙잡았고 나와 이야기를 나누려 애를 썼지만 말을 하지 못하고 겨우 약간의 소리만 냈다. 그는 눈으로 나를 보면서 손가락으로 자신의 입을 가리켰다. 그리고 계속해서 양손을 쫙 펼치더니 긴 한숨을 내쉬었다. 그 의미는 당신의 가슴 가득한 기예를 이제 가지고 갈 수밖에 없다는 말씀이었다. 그의 처량한 표정에서 그가 직접 키운 학생들을 버리지 못하고 문예계의 사랑하는 친구들을 버리지 못하고 찬란하게 꽃피는 신중국을 버리지 못하는 마음을 읽을 수 있었다. 나는 그의 이런 고통스런 모습을 보면서 눈물이 멈추지 않아 온 얼굴이 젖었지만 그를 위로할 말을 찾을 수가 없었다. 결국 나는 그의 몸 위로 몸을 구부려 귓가에 대고 말했다.

"제가 보기에 선생님의 병세는 심각한 것이 아니니 마음을 평안하게 잡수시고 요양하시면 좋아지실 거예요. 이틀 후에 다시 뵈러 오겠습니다."

그는 내가 간다는 말을 듣고 정신을 바짝 차리고 나를 힘껏 껴안으며 손으로 내 등을 몇 차례 두드렸다. 그는 이미 눈물을 흘리지 않았고 다만 몇 차례의 신음 소리만 냈다. 그때 의사가 내게 눈치를 주어 나는 무거운 마음으로 천천히 병실을 빠져나와야 했다. 내가 의사에게 선생이 건강을 회복할 수 있겠느냐고 묻자 그가 말했다.

"왕 선생님은 언어 신경이 조절 능력을 잃고 왼팔의 움직임이 자유롭지 못한 상태이니 장기 요양이 필요합니다."

나는 그의 말을 듣고 머릿속이 한층 더 어두워졌다.

북경을 떠난 후에 북경에서 온 편지를 통해 왕요경 선생의 병세가 호전되었지만 예전처럼 말을 할 수는 없다는 사실을 알게 되었다. 그리고 올해 6월 3일 밤 갑자기 북경에서 온 전화를 받고 왕 노선생이 별세했다는 소식을 들었다. 마른하늘에 날벼락을 맞은 것처럼 내 신경이 모두 크게 떨렸다. 그때 병원에서 뵌 것이 마지막이 될 줄은 상상도 하지 못했다. 지금 나는 눈물을 머금고 왕 노선생을 기념하는 이 글을 쓴다. 그저 그에게 배웠던 과정과 그가 내게 준 평생 지워지지 않을 깊은 인상에 대해서만 간략하게 서술했을 뿐이다. 그의 예술적 창조와 불후의 성과에 대해서는 이런 급작스런 상황에서 도저히 써 내려 갈 수가 없다.

왕 노선생은 비록 세상을 떠났지만 희극계의 모든 사람들 마음속에 영원히 살아 있다. 우리는 반드시 그분의 정신을 계승해 희곡예술을 발전시키고 다음 세대 희곡 종사자들을 배양하는 데 더욱 노력을 기울여야 할 것이다.

연추의 예술 생활을 추억하며 3)

정연추가 세상을 떠난 지 벌써 1년이 되었다. 문예계가 대약진하며 바람과 구름이 일고 기상이 새로워지고 있는 이때, 우리 희곡계 동료들 가운데서 이렇게 사상과 예술적 수준이 높은 홍색 전사를 잃었다는 것은 참으로 가슴 아픈 일이다. 나는 지금 그의 예술과 그 성과에 대해 이야기를 하고자 한다. 청년 희곡 종사자들에게 영감을 줄 뿐 아니라 귀감이 되는 바가 있을 것이다.

연추의 사람됨은 정직하고 강직했다. 그는 고난을 두려워하지 않았으며 나쁜 일이나 나쁜 사람을 원수처럼 증오했다. 특히 해방 후에는 마르크스주의 사상의 영향을 받아 계급에 대한 입장이 더 견고해졌고 태도도 분명해져 수많은 관중의 뜨거운 사랑을 받는 인민 예술가가 되었다.

연추는 예술 수양에 있어서 전통을 잘 계승했지만 전통에 속박되지는 않았다. 정련된 것과 거친 것, 아름다움과 추함을 감별하는 능력이 뛰어났고 경극 선배들과 다른 극종들로부터 배우고 타인의 장점을 흡수하여 자기의 방식으로 운용할 줄 알았다. 그는 남의 장점을 그대로 가져다 사용하거나 기계적으로 모방하는 것에 반대했다. 그렇게 하는 것이 예술을 정체시키고 발전을 저해한다고 생각했다. 그는 연극 재능만 갖춘 것이 아니었다. 더 중요한 것은 각고의 노력으로 연구하고 보다 높은 목표에 도달하기 위해 애쓰는 사람이었다는 점이다. 음운, 노랫가락, 신단, 표정 등에 많은 시간과 정력을 쏟아 갈고닦았다. 자신만의 독특한 풍격을 창조해내어 경극 청의의 주요 유파 가운데 하나가 되었다.

우리가 처음 만났을 때 연추는 겨우 열일곱 살이었다. 그때 그는 막 변

---

3) 이 글은 원래 1959년 제5기 『희극보』에 실렸으며 『매란방 문집』에서 뽑은 것이다.

성기를 맞아 집에서 쉬고 있던 중이었다. 나영공羅癭公 선생이 내게 그를 데려와 스승이 되어 달라 부탁하면서 내가 그를 도와주기를 원했다. 나는 그에게 〈홍예관〉, 〈여기해女起解〉, 〈옥당춘〉 등의 극을 이야기해주었고 매일 자리 하나를 내주어 내가 연기하는 극을 보게 했다. 그는 매번 극을 보고 난 후에 공연예술에 대한 문제들을 제기했다. 그래서 우리는 토론하고 연구하면서 서로 발전할 수 있었다. 조용하고 말수가 적은 이 청년은 사람이 많은 자리에서 큰 소리로 떠드는 것을 좋아하지 않았지만 우리가 마주 앉아 이야기를 할 때는 합리적인 견해들을 피력하고는 했다. 그는 다른 사람이 말하는 대로 말하고 자기주장 없이 남의 의견을 덮어놓고 따르는 그런 사람이 아니었다. 구사회의 비정상적인 현상들에 대해 자주 풍자나 질책의 의미를 담아 이야기했지만 직설적으로 매도하지는 않았으며 예술가다운 유머 감각도 지니고 있었다.

우리 두 사람은 예술의 수련 과정이나 사사한 스승 관계에서 공통점이 많았다. 두 사람 다 진덕림, 왕요경, 교혜란 등 몇몇 노선생들에게 기예를 배웠지만 서로 가진 자질이 달랐기 때문에 각자가 가진 특성에 따라 자신의 기예를 발전시켰다. 그래서 부르는 곡은 달라도 정교한 솜씨는 같고 추구하는 길은 달라도 목적지는 같았다. 연추는 연기할 수 있는 극이 많았다. 문희, 무희, 곤곡, 경극 모두 다 할 수 있었다. 그가 연기한 뛰어난 각색 유형도 적지 않았다. 그러나 그는 상대적으로 비극적인 각색을 좋아했고 그런 쪽의 연기 역시 대단히 성공적이었다. 이것은 단순히 풍격의 문제가 아니고 그가 희곡을 연기하는 목적이 몇천 년 동안 봉건통치 하에서 억압을 받아온 일반 사람들이 겪은 고난을 무대예술의 과장과 가공을 통해 형상화하여 관객들에게 전달하는 데 있었기 때문이라는 것을 꼭 지적하고 싶다.

천재적인 배우는 생활 속에서 경험한 감정을 무대 표현을 통해 풀어내 관객들에게 감동을 준다. 연추는 봉건사회 말기에 태어났다. 어려서 부모를 잃어 가정환경이 어려웠다. 스승에게 기예를 배우기 시작한 후에도 온갖 학대를 받았다. 사람들에게 있어서 유년기의 기억은 그의 인생 전체에 대단히 깊은 영향을 미친다. 그는 자신의 기억에 담겨 있던 감정을 무대에서 발산하면서 억압받았던 그 시대 민중의 소리를 너무나 잘 반영했기 때문에 수많은 관객들에게 사랑을 받았다. 지금부터 나는 그가 두아라는 각색을 연기하면서 거둔 성과를 중점적으로 이야기하고자 한다. 이 인물은 그가 창조한 많은 생동하는 인물 형상 가운데 한 전형에 불과하다.

연추가 무대에서 연기한 두아와 관한경이 쓴 두아는 모두 뚜렷한 개성을 지녔고 살아 있는 듯 생생하면서도 진실한 인물이다. 관한경의 원작 『감천동지두아원感天動地竇娥寃』 첫 구절의 첫 번째 곡자 【선려 · 점강순仙呂 · 點絳脣】* 은 "가슴 가득한 시름, 몇 년이나 앉아서 겪었던가. 항상 서로 지키며 끝도 없고 쉼도 없네. 아침이나 저녁이나 여전히 시름뿐이네滿腹閑愁, 數年坐受, 常相守, 無了無休, 朝暮依然有."이다. 여기서 극작가는 극중의 주인공이 등장하자마자 이 인물의 대략적인 윤곽을 그려낸다. 한번은 제일무대에서 우리 모두 무료로 공연을 했다. 그때 내 앞 공연이 연추의 〈유월설六月雪〉이었다. 그가 연기를 다 마치고 아직 퇴장하기 전에 내가 마침 무대 뒤로 가있었기 때문에 그가 그 "가슴 가득한 시름"의 신들린 표정 연기를 하며 무대 뒤로 물러 나오는 모습을 볼 수 있었다. 배우가 이러한 수준의 연기를 보이는데 관객이 어떻게 감동받지 않을 수 있겠는가! 피황희의 옛날 극본 〈유월설〉과 연추가 결미 부분을 더한 〈금쇄기金鎖記〉, 그리고 그가 마지막으로 관한경의 원작에 근거해서 개작한 〈두아원〉은 무대와 노래 가사가 비록 관한경의 원작과 다르지만 극본의 정신이나 각색의 성격은 본질적으로 같았다. 관한경의 원작에서는 재판을 받는 대목의 창사가 다음과 같다. "훌쩍대며 목 놓아 울고, 속을 끓이며 괴로워하며, 원망이 하늘을 찌를 듯한데, 나는 분명히 말을 할 수가 없네. 얼렁뚱땅 억울한 죄를 뒤집어쓰는구나" 연추는 재판 대목의 노래, 대사, 표정 연기 속에서 원작의 생동감 넘치고 간략하면서도 정련된 언어와 내재하는 정감을 남김없이 다 표현해냈다. 그뿐이 아니다. 원작에서는 재판장에서 형을 받고 죽은 후 귀신이 되어 억울한 누명을 벗는 등의 장면이 있는데 피황희에는 없다(〈금쇄기〉는 재판장에서 형을 받지 않는다). 그

* 【선려 · 점강순】: 왕계사(王季思) 주편, 『전원희곡(全元戲曲)』(인민문학출판사, 1999)에 수록된 관한경의 『감천동지두아원』 제1절의 첫 번째 곡사【선려 · 점강순(仙呂 · 點絳脣)】은 "가슴 가득한 수심, 몇 년을 견디어 왔는지, 하늘은 아는지 모르는지? 하늘이 내 사정을 안다면, 하늘도 수척해지리(滿腹閑愁, 數年禁受, 天知否? 天若是知我情由, 怕不待和天瘦)"로 되어 있음

러나 연추는 원작의 재판장에서 형을 받은 후에 나오는 가장 힘 있는 창사, 예를 들면 "곤장 한 대에 피 한줄기 튀고 살 한점이 터지네"라든가 "푸른 하늘은 속일 수 없고, 사람의 마음도 속일 수 없다 생각했거늘. 억울한 일은 하늘이 알고 땅이 아느니, 죽기로 싸우며 끝까지 맞섰거늘, 이제 이토록 심한 말을 듣는구나"와 귀신이 된 후의 "만 번을 찢어 죽여도" 등의 구절이 가진 함의를 모두 형체 동작과 내면의 감정 모사를 통해 인상 깊게 표현해냈다.

연추의 〈유월설〉에서는 두아가 등장할 때 두 망나니에 붙들려 몸이 축 늘어진 상태에서 그들이 이끄는 대로 완전히 몸을 맡기고 고개를 숙인 채 느린 걸음으로 끌려 나오는 모습을 연출한다. 그러다가 무대 중앙에 이르러 사납게 고개를 번쩍 쳐들며 급하게 몇 발을 내디디며 대변대大邊臺[퇴장문 쪽의 무대] 쪽으로 가로질러 가서 대사를 읊는다. "하늘에 올라와 봐도 길이 없구나." 또 고개를 숙인 채 급하게 몇 발을 내디뎌 소변대小邊臺[등장문 쪽의 무대] 쪽으로 가로질러 가서 대사를 읊는다. "땅으로 들어가도 나갈 문이 없구나." 이 몇 걸음과 단순한 몇 마디 대사는 고통스런 내면의 표정, 특히 보기에는 연약해서 숨이 금방이라도 넘어갈 것 같으면서도 실제로는 강렬하게 빛나는 눈빛과 서로 호응한다. 이 전통적인 연기 규범은 연추의 재창조를 통해 그 순간 두아의 복잡한 심리를 더욱더 생생하면서도 사실적으로 표현해냈다.

경극의 반이황 창사는 이러하다. "이유도 없이 형벌을 받고 이처럼 큰 재난을 당하다니. 보아하니 하늘은 옳고 그름도 모르는 것 같구나. 선량한 사람이 어째서 하늘의 벌을 받는단 말인가? 나쁜 짓을 한 사람은 어째서 천수와 복을 누린단 말인가?" 이는 다음과 같은 관한경의 원작 창사에서 나왔음이 분명하다. "착한 사람은 가난하고 명도 짧은데, 나쁜 놈은 부귀와 장수를 누리는구나. 하늘아, 땅아! 강한 자를 두려워하고 약한 이를 업신여기는 것을 이리도 쉽게 한단 말이냐! 땅아! 너는 좋고 나쁨도 분별하지 못하면서 어찌 땅이 되었단 말이냐! 하늘아! 너는 좋은 사람과 나쁜 사람에 대한 판단도 못하면서 어찌 하늘이 되었단 말이냐!" 그러나 연추의 반이황은 오히려 두아 마음속에 깃든 억울함과 원통함, 분노와 불평의 감정을 한 맺힌 설움을 실은 처량한 노랫가락에 절절하게 풀어내 마치 천 길 폭포가 날아 떨어지듯이 쏟아냈다. 연추는 뇌후음腦後音*을 특히 잘 냈다. 이는 우리 경극의 단 항당 배우 가운데서도 독특한 풍격을 갖춘 것이었다. 그는 천부적인 창법으로 타고난 재능의 모든 우수함을 충분히 잘 발휘하고 발음에서 약한 부분은 능숙하게 피하면서 투기偸氣, 환기換氣를 운용했으며 기교가 다양했다. 소리를 쓰는 데도 어떤 때는 높이 격앙되는 소리를 쓰고 또 어떤 때는 끊어질 듯 이어지며 흐느끼듯 말하는 듯했다. 이러한 음색과 성조는 비극을 연기할 때 극도의 호소력을 갖는다. 그래서 연추가 두아 같은 유형의 각색을 연기할 때 유달리 사람을 감동시키는 것이다. 〈유월설〉은 나도 몇 번을 공연했는지 모를 정도로 공연을 많이 했지만 연추와 비교하면 미치지 못함에 부끄러울 따름이다.

* 뇌후음: 경극 연창 용어. 두강(頭腔) 공명과 비강(鼻腔) 공명을 결합해서 소리를 내는 연창 방법

연추가 일찍이 내게 말했다.

"제가 연기하는 두아와 관한경이 쓴 두아는 선량하고 정직하며 남을 위해 자신을 희생하는 성품이 같습니다. 다른 점이라면 제가 연기한 두아는 비교적 단정하고 장중하며 함축적이고 원작에서 묘사된 두아의 성격은 좀 더 사납고 밖으로 드러내는 성격이라는 것입니다."

나는 남을 위해 자신을 희생하는 두아의 전통적인 미덕에 대해서는 연추의 연기와 관한경의 원작이 일치한다고 생각한다. 이것은 두아라는 배역이 표현해야 하는 가장 중요한 면이고 연기 부분에서 두아의 개성을 표현하는 것에 대해서는 배우가 자신의 특기에 따라 적절하게 발휘할 수 있다. 이는 예술 창조에서 허락되는 부분이다. 억울한 상황에 정면으로 맞서는 것이든 혹은 심층적으로 내재된 사무친 감정의 표현이든 모두 형식적 차이를 나타내는 것일 뿐 본질적으로 '저항'이라는 측면에서는 전혀 차이가 없다.

연추의 연기는 이미 최고의 경지에 도달했다. 더 중요한 것은 그는 자

신이 연기하는 배역 안에 몰입하여 인물을 분석하고 생활 속에서 자신이 체험한 것들을 정리해서 기억해 두었다가 극중 인물과 공통점이 있을 때 그것을 충분히 발휘하여 그 인물 성격의 기본 특징을 잡아내는 데 뛰어났다. 이는 사실주의의 연기 원칙이며 또한 오늘날의 젊은 배우들이 반드시 그에게 배워야 할 점이다.

요 몇 년 연추는 몸이 붇고 병이 들어서 공연을 자주 하지는 못했지만 학생들을 가르치고 연구하는 일에서는 여전히 열심히 노력했다. 그는 일찍이 중국희곡학교에서 강의를 담당했고 각지를 돌아다니며 희곡의 상황을 고찰하기도 했다. 희곡계의 청년들을 위해 보고서를 작성하고 신단을 설명하고 자음字音과 노랫가락을 강의하며 학생들을 가르치는 데 지칠 줄 몰랐으니 이것은 그가 후진 양성과 교육에도 특별한 관심을 가지고 있다는 것을 말해준다.

연추를 생각하니 나도 모르게 그가 가장 잘했던 〈유월설〉이 떠올라 붓 가는 대로 내 감상을 적어보았다. 사실 그가 남긴 극목은 많다. 〈문희귀한文姬歸漢〉, 〈청상검青霜劍〉, 〈원앙총鴛鴦冢〉, 〈춘규몽春閨夢〉, 〈황산루荒山淚〉, 〈쇄린낭鎖麟囊〉 등이 있다. 이 극들은 모두 수없이 다듬고 훈련해서 만들어진 것이다. 이 극목들은 희곡 배우와 관객들의 마음속에 아직도 살아 있다. 연추는 비록 세상을 떠났지만 그의 공연예술은 중국희곡사에서 중요한 한 페이지로 영원히 남을 것이다.

왕파 계승자 왕봉경을 추모하다 [4)]

왕봉경 선생은 중풍에 걸린 후 행동이 불편하고 언어적으로 장애가 심했다. 그는 몇 년이 지나도록 병세가 호전되지 않아 불편한 상태로 지내고 있었다. 작년에 그의 아들인 소경이 세상을 떠난 뒤로 그의 병환이 더 악화될까봐 걱정되었다. 10월 26일 새벽에 봉경 선생이 세상을 떠났다는 비보를 들었다. 오랫동안 함께 했던 동료와 하루아침에 영영 이별을 하니 눈물이 절로 나고 비통한 마음을 주체할 수 없었다.

46년 전 우리가 함께 상해로 가서 공연했을 때 그는 예술적으로 나를 격려하고 키워주었으며 문예계에 나를 자랑하고 소개해주는 일에 성심성의를 다했다. 가장 잊을 수 없는 일은 언젠가 그가 내 손을 잡고 "란방 아우, 지금부터 우리는 영원히 함께 하면서 누구도 서로를 떠나지 않기로 해"라고 말했던 일이다. 그는 이미 이름난 배우였고 나는 이제 겨우 무대에 선 배우 초년생이었는데 그 말을 듣고 어떻게 감동하지 않을 수 있었겠는가! 그 뒤 오랫동안 함께 공연을 하면서 우리는 친혈육처럼 허물없이 수십 년을 하루같이 지냈다. 9.18사변 이후 내가 북경에서 상해로 옮겨갈 때 봉경 선생은 몸이 예전 같지 않았고 귀도 잘 들리지 않았기 때문에 함께 가지 못했다. 하지만 그의 두 아들은 나와 함께 갔다. 소경은 나를 위해 반주를 했고 유경은 내 아들 보구에게 희곡을 가르쳤다.

해방 후 북경에서 봉경 선생을 만났다. 그는 몸이 많이 불어 있었다. 그가 내게 말했다.

"나는 지금 좋지 않은 습관들을 버려 몸은 좋아졌는데 갈수록 귀가 잘 안 들려. 그래서 무대를 떠날 수밖에 없었지. 다행히도 정부가 나를 희곡학

4) 이 글은 원래 1959년 제22기 『희극보』에 실렸던 것이며 『매란방 문집』에서 뽑은 것이다.

교 교수로 초빙했다네. 대우가 좋아. 학교에서 내 건강을 배려해줘서 수업을 하지 않아도 되지만 하는 일 없이 녹을 받으면 마음이 불편하지. 공산당이 나이 든 예술인을 존중해주니 감격스럽네. 구사회로 말할 것 같으면 우리 같은 직업을 가진 사람들은 늙어도 봉양을 받지 못하고 어린 아이들도 부양할 길이 없었지. 나 같은 사람은 생활이 문제였을 거야."

1950년 겨울에 나는 『무대생활 40년』이라는 책을 쓰기 시작했다. 옛일들이 잘 기억나지 않을 때면 나는 항상 봉경 선생 집으로 가서 화로 앞에 둘러앉아 밤을 새며 이야기를 나누었다. 내가 기억하지 못하는 것들을 그가 기억해내었고 내가 기억하고 있는 것과 그가 기억하는 것을 서로 맞춰보기도 했다.

청 왕조 말기에 경극 노생에는 3대 유파가 있었다. 왕계분, 담흠배, 손국선이다. 그들은 예술적으로 모두 정장경程長庚 노선생에게 가르침을 받았으며 또한 모두 자신이 가진 조건을 근거로 예술을 파고들었기 때문에 같은 곳에서 나왔지만 서로 다른 유파를 이루어 각각의 특색을 가지고 발전하였다. 이른바 유파를 계승한다는 것은 주어진 대로 답습하고 찍어내듯이 모방하는 것이 아니다. 공연예술의 특징과 정신적인 면모를 장악해서 겉모습과 그 안에 내재된 정신까지 모두 갖추는 경지에 이르러야 하는 것이다. 나는 왕계분 선생의 노래는 들은 적이 있지만 정장경 노선생은 앞 세대 분이라 이미 돌아가셨기 때문에 그분의 노래는 들어보지 못했다. 선배들의 말에 의하면 왕계분의 목소리는 장경 선생과 매우 닮았으며, 그는 또 일찍이 장경 선생을 위해 금琴을 연주했기 때문에 정장경의 노래와 대사, 동작과 표정 연기 등을 모두 철저하게 익히고 그것을 자기 것으로 만들어 연기가 최고조에 달하게 되었으며 마침내 독립된 유파를 세우고 스스로 그 우두머리가 되었다 한다. 하지만 그는 할 줄 아는 극이 많지 않았고 무공도 그의 장기가 아니었다. 나는 일찍이 봉경 선생의 집에서 정장경 파의 이름난 아마추어 배우 주자형周子衡 선생이 정장경과 왕계분의 예술에 대해 논하는 것을 들은 적이 있다. 그가 말했다.

"왕계분이 정장경에게 배운 것은 적지 않았지. 그런데 그가 배운 것은 대부분이 정장경 말년의 창법이야. 정장경의 창법은 단단함 가운데 부드러움이 있고 무겁게 가라앉으면서도 맑은 기운이 있는데, 왕계분의 창법은 단단함이 많고 부드러움이 적어서 맑은 소리에 아주 약간의 손색이 있었다고 할 수 있지. 그것은 바둑 고수 두 사람이 대국을 하는데 그 차이가 겨우 한 수에 불과한 것과 같네."

주자형 선생도 정장경 선생에게 배웠는데 정장경 선생과 구별이 어려울 정도였다. 진덕림 선생이 일찍이 내게 주자형은 어려서 삼경三慶의 과반에서 기예를 익혔으며 정장경의 아들인 정장포程章圃의 제자였다고 말해주었다. 정장경 선생은 후배들을 감독하고 지도할 때 늘 엄격했기 때문에 모두가 그를 두려워했다고 한다. 한번은 어느 당회의 공연에서 주자형이 객천客串*으로 무대에 섰다. 그는 장경 선생이 무대에서 노래를 하는 줄 알고 같은 또래의 동료들과 서로 쫓아다니며 놀고 있었다. 갑자기 누군가 그의 뒤통수를 세게 후려쳐서 돌아보니 스승의 부친인 정 큰라오반大老板[5]이었

*
객천:
게스트로 출연하는 것

5) 당시에는 희곡 배우들을 일반적으로 라오반이라고 불렀다. 서소향은 소생의 권위자였기에 서 큰라오반이라고 불렸고 정장경은 같은 일에 종사하는 동료들이 그를 존칭하여 '큰라오반'이라고 불러 성을 따로 붙이지 않아도 그인 줄 알았다. 정장경은 예술적으로 뛰어났을 뿐 아니라 인품도 훌륭했으며 의리를 중시하고 일 처리가 공정했다. 그는 또 희곡계의 불량한 습관을 바로잡기 위해 애를 써서 희곡계의 좋은 본보기가 되었기에 모두가 그를 경외하면서도 우러러 받들었다. 과거에는 당회희로 명배우를 불러 단독 공연을 시키는 관습이 있었는데 그것을 '외천(外串)'이라고 불렀다. 정장경이 이끈 삼경반은 누구든 단독으로 '외천'에 응할 수 없도록 원칙을 정했다. 전하는 얘기로, 어느 도찰원의 당회에서 사희반의 배우를 불러 공연을 하는데 모 어사(御史)가 그 공연의 책임을 맡았다. 그는 정장경과 서로 잘 아는 사이라 '외천'으로 정장경의 〈전장사(戰長沙)〉 공연을 요청했다. 장경 선생은 병을 핑계로 가지 않았고 어사는 곧바로 사람을 보내 그를 붙잡아다가 사람들이 보는 앞에서 기둥에다 묶어두었다. 그는 모욕을 감내하면서도 노래를 부르지 않았다. 그가 말했다. "만약 내가 이번에 노래를 부른다면 이후에는 어디서 외천을 부탁하든 거절할 수 없게 됩니다. 그러면 우리 희반의 규정은 깨질 거예요. 나 혼자만 배를 불리는 것은 삼경반의 여러 형제들에게 미안한 일이지요." 진덕림, 전금복, 이수산 등은 모두 정장경이 길러낸 배우들이다. 그들은 늘 내게 큰라오반이 학생을 지도할 때 엄숙하고 진지하셨으며 대사 한 마디 신단 하나도 쉽게 지나가지 않았다고 했다. 이 노선생들은 모두 내게 희곡을 가르쳐주었는데, 조금도 소홀함이 없는 그들의 그 정신은 확실히 정 노선생의 교학 전통을 계승한 것이었다. 그분들은 또 정장경 선생의 예술이 그처럼 정밀하면서도 폭넓은 이유는 곤곡에서 도움을 받았기 때문이라고 했다. 그래서 삼경 과반의 학생은 모두가 곤곡부터 시작했다고 한다. 나는 진덕림 선생에게 〈유원경몽〉의 신단을 배웠고 〈춘향료학〉의 신단은 이칠(李七) 선생(이수산)이 내게 무대연습을 해준 것이다. 이수산 선생은 과반에서 첩단(貼旦)을 배웠는데 나중에 키가 너무 커지는 바람에 가자화검으로 바꾸었다.

다. 어느 날 주자형 선생이 청창淸唱으로 〈천수관天水關〉을 부르고 있는데 장경 선생이 창 밖에서 몰래 엿듣고 계속 고개를 끄덕였다고 한다. 선배 어른들의 말씀에 의하면 주자형 선생의 목소리는 장경 선생을 닮았고 또 그는 몇십 년 동안 정장경 선생의 창법을 깊게 연구했다고 한다. 그래서 왕계분, 담흠배, 손국선이 모두 그에게 가르침을 구했다. 그와 봉경 선생은 평소에 왕래하며 지내는 사이여서 봉경 선생도 그에게서 많은 도움을 받았다.

봉경 선생은 무생의 기초 위에서 노생을 배웠고 더 나아가 왕파汪派의 연기 기예를 배워 그와 왕계분이 걸었던 예술 방향은 완전히 같지는 않았다. 그래서 그는 왕파를 계승하는 가운데 또 새로운 발전을 이루어낼 수 있었다. 그는 어릴 때부터 과반에서 훈련을 받은 과반 출신이 아니고 집에서 사부를 모셔다 배운 사람이었다. 숭고귀崇高貴 선생에게 담자공毯子功*을 배웠고 진춘원陳春元 선생을 모시고 단타희** 〈오공령〉, 〈탐장探莊〉, 〈사문공史文恭〉을 배웠으며 전금복 선생을 모셔다 파자[무술격투 연기]를 배웠고 명사부名師 가려천賈麗川 선생에게 노생을 배웠다. 목소리가 높게 올라가는 것이나 낮게 가라앉는 특성이 왕계분 선생에 가까웠다. 그는 또 왕파를 깊이 파고들어 연구했다. 청나라 궁정에 들어가 공연한 후에 이순정李順亭 선생에게 고파노생희靠把老生戲***를 배웠으며 당시의 명배우들과 끊임없이 토론하고 연구하면서 도움을 많이 받았기에 문희, 무희, 곤곡, 난탄을 두루 잘한다는 평을 받았다. 예술에 대해서도 독창적인 견해가 있었다. 그가 말했다.

"탄탄하게 기초를 다지고 극의 이치와 정감에 대해 이해하며 선생님이 가르쳐주시는 것 이외에 또 스스로 부지런히 갈고 닦으며 책에서도 이익이 되는 것을 얻어야 해. 유명한 선생님과 도움이 되는 친구들을 만나면 절대로 기회를 놓치지 말고 반드시 최선을 다해 그들의 좋은 점을 배워야 해."

그는 〈웅주관〉을 예로 들어 말했다.

"〈웅주관〉을 배우면서 왕릉선이 담흠배의 〈웅주관〉을 표준으로 삼을 만하다고 말하는 것을 들었었네. 때마침 기회가 있어서 담흠배와 왕릉선을 추천하여 두 사람이 함께 공연을 했었지. 담흠배가 한세충 역을 맡고 왕릉

*
담자공:
배우들이 훈련하는 구르기, 물구나무서기, 공중제비, 다리 벌리고 앉기 등 각종 기예의 기본공

**
단타희:
단타무생을 중심으로 하는 극

***
고파노생희:
노생이 갑옷을 입고 칼창으로 무술격투를 주로 연기하는 극

선이 한언직 역을 맡았는데 두 사람의 연기가 막상막하인지라 공연이 너무나 훌륭해 내가 보고 얻은 게 많았지."

그는 또 이어서 말했다.

"왕릉선과 함께 〈웅주관〉을 공연할 계획이었는데 그가 그때 한언직 역을 하면서 손에 쌍추를 들고 재주넘기를 하는 '파랑고波浪鼓(손에 든 은추와 흰 장화 바닥이 정확하게 함께 뒤집어 원을 그리는 모습이 매우 보기 좋다)'를 연기하다가 허리를 다쳤지. 그 뒤로 병을 얻고 얼마 안 있어 그가 세상을 떠났네."

나중에 정계선이 내 승화사承華社에 참여하게 되자 나는 특별히 계선과 봉경에게 부탁해 두 사람이 함께 〈웅주관〉을 공연하게 했다. 정계선이 왕릉선에게 배웠기 때문인지 그 두 사람의 공연은 완벽하게 합이 맞아 흠잡을 데가 없었다.

나와 봉경 선생은 함께 공연할 수 있는 공연 극목(레퍼토리)이 많았다. 우리는 한두 달 사이에는 같은 극목을 반복해서 공연하지 않으려고 신경을 썼다. 우리의 청의와 노생이 짝을 이루는 극이나 새로 만든 극, 곤곡에는 모두 그가 있었다. 지금 몇 가지만 예를 들어 이야기하려 한다.

〈분하만汾河灣〉과 〈보련등寶蓮燈〉은 우리가 연기할 때 가장 의기투합했었던 작품이었다. 그는 〈분하만〉의 설인귀薛仁貴 역을 맡았다. 품위 있는 표정과 태도로 평요왕平遼王의 신분을 표현했다. '요요鬧窯' 대목의 신단과 대사는 모두 정확하고 엄밀하여 충분히 신축성 있게 규범화된 양식에 맞추어 생활을 표현해냈다. 〈보련등〉에서 그는 두 이복형제에 대한 류언창劉彦昌의 복잡하면서도 모순되는 심리를 가장 잘 표현해냈다. 이 극의 신단과 대사는 곳곳에서 대칭을 중시하며 왕계영과 류언창이 똑같은 신단을 하고 똑같은 말을 하지만 상이한 두 마음이 팽팽하게 맞서야 하고 힘도 서로 필적되어야 했다. 봉경 선생의 장점은 자신의 연기를 잘 해내는 것뿐 아니라 같은 대목을 연기하는 상대도 잘 받쳐주는 데 있다. 이는 이쪽 일을 하는 사람들 사이에서 이른바 '힘을 준다給勁'고 하는 것인데 그렇게 해주면 관객이 훨씬 더 극에 몰입할 수 있게 된다.

그는 〈서시西施〉에서 범려範蠡 역을 맡았다. 처음 서시를 만난 장면에서 나라를 구하려고 궁리하고 계획하는 충정과 큰 안목으로 사람을 알아보는 지혜를 가진 범려의 모습을 표현해냈다. 나중에 범려가 군막에서 오왕 부차의 여섯 가지 대죄를 낱낱이 밝힐 때의 표정은 엄숙하면서도 시원스럽고 거침이 없어 범려의 기지와 부차의 우매함이 강렬하게 대비된다. 마지막 대목 '오호五湖'에서는 범려와 서시가 모두 어부로 분장하고 등장하여 노래와 신단을 통해 그들이 처음부터 한마음으로 나라를 구하고자 했고 마침내 뜻을 이루고 물러나 함께 강호를 떠도는 즐거운 심정을 드러낸다. 사람들은 그것을 보면서 이 영웅과 미인의 이야기에 시적인 의미가 풍부하다고 느낀다.

〈태진외전太眞外傳〉에서 봉경은 당 명황 역을 맡았다. 그는 '황모皇帽' 연기에 특히 뛰어났다. 외형적으로도 이 풍류 황제의 신분에 꼭 맞았다. 당 명황은 비록 말년에 실정을 해서 안록산의 난을 초래했지만 어쨌든 개원과 천보의 태평성대를 이끈 주역이었다. 그는 음률에도 정통하여 친히 이원제자들을 가르칠 정도로 음악적 재능이 있는 사람이었기에 만약 그를 단순히 가무와 여색에 빠진 인물로만 묘사한다면 이는 그를 전면적으로 표현하지 못한 것이다. 봉경은 이 인물을 창조하면서 주도면밀하게 고민했기 때문에 연기가 아주 적절했다.

그는 곤곡에도 공력이 있었다. 그는 조심천曹心泉과 함께 곤곡을 연구했고 내 극단에서는 〈장생전〉의 '탄사彈詞'를 연기했다. 나는 또 그가 연기한 〈사후기獅吼記〉의 '궤지삼파跪池三怕'에 등장하는 소동파蘇東坡를 매우 좋아한다. 그는 문학적 소양을 갖추어 품위가 있고 풍류가 넘쳤으며 행동거지가 반듯했다. 봉경은 문인이나 금석가, 서화가들과 친분 맺기를 좋아했고 고전문학과 사서에 대해서도 흥미가 있어 『자치통감資治通鑒』을 즐겨 읽었다. 그리고 평소에 시사적인 문제에 관심을 기울였다. 예를 들면 무술변법, 의화단운동, 신해혁명 등의 주제에 대해 그는 모두 논할 수 있었다. 또한 소설 및 희곡과 관련된 일화들을 기록한 필기 산문을 즐겨 읽었으며 비첩碑帖

을 수집하기 좋아해서 집 안의 네 벽이 모두 책으로 둘러싸여 집안의 분위기가 매우 고상했다. 요경 선생이 내게 이런 말씀을 한 적이 있다.

"무대 경험을 얘기하면 내가 아는 것이 적지 않지만 책으로 공부한 것은 둘째老二 봉경이 나보다 깊지."

모두들 왕봉경 선생이 왕계분 선생의 제자라고 알고 있었다. 내가 한번은 봉경에게 물었더니 그가 말했다.

"나와 왕대두汪大斗(왕계분은 키가 작은데 머리가 특별히 커서 이쪽 일을 하는 사람들은 모두 그를 대두라고 불렀다)의 관계를 얘기하자면 무척 재밌지. 내가 당시 복수반福壽班에서 효력效力(효력은 공연에 참여하면서 그 무대를 빌려 연기를 연습하는 것을 목적으로 하므로 보수를 받지 않는다)을 할 때 내 큰형 요경과 왕계분은 함께 청 황실의 궁정에서 공연을 했었네. 어느 날 왕계분이 복수반에 공연을 보러 왔었네. 그때 마침 내가 노래를 부르고 있었지. 나중에 그는 궁에서 내 형을 만나 이렇게 말했다네. '어제 복수반에서 한 아이를 보았는데! 목소리도 분장도 아주 훌륭하더군.' 내 형이 말했지. '그럼 내 아우일 걸세.' 왕계분이 이어서 말했어. '자질이 훌륭하니 시간이 있으면 내가 그를 가르쳐보겠네.' 과연 그 후로 그는 자주 우리 집으로 와서 내게 적지 않은 극을 가르쳐주었어. 〈문소관文昭關〉, 〈취성도〉, 〈주사지〉, 〈취수인取帥印〉, 〈전장사戰長沙〉, 그리고 노단희老旦戲*인 〈조금구〉까지 모두 가르쳐주었지. 〈주사지〉는 처음부터 끝까지 가르쳐주었고 어떤 극은 먼저 그의 연기를 보고 그 다음에 내가 하는 것을 보고 지적해달라고 청했네. 우리 관계는 사제 관계에 가까웠지만 처음부터 끝까지 서로 형 동생으로 불렀지. 이 사람은 성격이 매우 특이해서 정중하게 스승으로 모시려 했다면 아마 그대로 가서 돌아보지도 않았을 거야."

왕계분 선생의 특이한 성격까지 얘기하고 봉경은 말했다.

"그가 한번은 모 왕부王府의 당회 공연에 응했는데 공연 종목은 〈문소관〉이었어. 그는 늘 공연이 임박해오면 도망을 갔기 때문에 당회 책임자가 두 사람을 파견해서 그를 지켰어. 그가 머리에 망사를 쓰고 무대용 신을 신은 것을 보고 나서야 그를 지키던 사람은 비로소 쉬러 갔어. 〈문소관〉을 상

*
노단희:
노단은 노년의 여성 역할이며 가창이 중시됨. 노단의 기예가 중심인 극목을 노단희라 함

연할 차례가 되었는데 그가 안보일 줄 어떻게 알았겠나. 왕부의 관사가 그를 잡기 위해 사람을 사방으로 풀었는데 뜻밖에 한 주점에서 찾았다네. 그 혼자서 술을 마시고 악기를 연주하며 노래를 부르고 있고 주점 입구에는 사람들이 둘러서서 듣고 있었다는 거야. 왕부 어른이 왕계분을 잡았다는 소식을 듣고서는 우선 공연을 하게 하고 공연이 끝난 후에 그를 처벌하겠노라고 말했다고 해. 그런데 〈문소관〉 공연이 다 끝나자 어른께서는 화가 다 풀려 아무 말 없이 자리를 뜨셨다네. 그는 궁정에서 공연을 할 때도 진지하게 하지 않아 태감들이 늘 그 때문에 질책을 받았다고 해. 성가신 일이 생길까봐 나를 데려다 왕파의 연기를 대신하게 했다네."

봉경이 또 말했다.

"왕계분의 뛰어난 점은 음을 내고 소리를 거두는데 특히 신경 써서 음을 길게 뽑으며 노래를 하기 때문에 소리가 우렁차면서 거침이 없다는 거야. 순수하게 단전의 기운과 비강과 뒷골이 울리는 뇌후음을 써서 노래를 한다는 거지. 그의 목소리는 높은 곳에서는 높은 하늘에서 학이 우는 듯했고 넓은 곳에서는 끝도 없이 펼쳐지는 듯했으며 낮은 곳에서는 옛 절의 저녁 종이 울리는 듯했네. 정말 대단했어. 옛 사람들은 '여음이 오래도록 맴돌며 심금을 울린다'든지, '진한 술에 취한 듯하다'라든지 하는 표현들을 쓰는데 그것들은 모두 그에게 해당이 되는 말이야. 그가 자주 부르는 극은 결코 많지 않았어. 다 합해야 20출 정도였지. 그 가운데 두 작품 〈조금구〉과 〈유육전游六殿〉이 노단희야. 왕계분은 노단희를 잘 불렀어. 한번은 궁에서 〈쌍육전雙六殿〉을 불렀다고 하는데 무대로 등장하는 문과 퇴장하는 문에 각각 성루를 설치해 놓고 왕계분과 공운보가 유청제劉青提 역을 맡아 한 무대에서 두 사람이 노래를 불렀다네. 왕계분이 노단의 노래를 부르는 방법은 노생 때와는 달랐어. 소리를 내고 거두는 데 고음을 많이 사용했고 관음寬音은 적게 써서 노단에 아주 적합했다네."

내가 말했다.

"선배들께서는 장점을 잘 활용하셨고 자신이 없는 극은 노래하지 않으시는 것 같네요. 왕계분의 극은 적은 극목으로 많은 극목을 할 줄 아는 사람들을 훨씬 뛰어넘은 것이죠. 제가 듣기로 그분이 두각을 나타냈을 때 담흠배와 손국선 두 분의 명성이 자자했는데 그런데도 사람들을 놀라게 할 수 있었다는 것은 그분의 기예가 완벽했다는 거죠. 어떤 극을 연기하든 모두 관객들을 사로잡을 수 있으니까요. 그가 일가를 이룰 수 있었던 것도 우연이 아니에요."

나는 봉경 선생과 한 무대에 오랫동안 섰다. 때문에 그의 노래와 무대 동작에 대해 잘 알고 있다. 그의 목소리는 높이 올라가면서도 약간 좁은 느낌이라 폐구음閉口音이 장취음張嘴音보다 나았다. 그래서 노래 가사에서도 '인진人辰과 의제義齊 철轍*'을 많이 썼다. 이러한 철운들의 창법은 입모양을 오므리고 비강과 뒷골이 울리는 뇌후음의 작용을 충분히 발휘할 수 있다. 그의 '희噫'자 음은 왕계분에게 배운 비결이지만, '아啊'음은 왕계분만 못했다. 이것도 그의 타고난 조건과 관련이 있다. 봉경의 소리는 단단하게 가라앉아 있으면서 4성이 정확하고 노래나 낭송, 대사를 할 때 과장하거나 꾸미지 않는다. 이는 왕계분파 창법의 특징을 장악한 것이다. 〈문소관〉 연기의 한 부분을 가지고 이야기해보자.

* 철: 중국 전통희곡이나 가사(歌詞) 등을 압운한 운

오자서가 무대 막 안쪽에서 먼저 '말이 온다馬來'라고 대사를 읊는다. 봉경은 이 대사를 운치 있고 기백이 넘치는 소리로 외쳐서 사람들에게 먼 길에서 온다는 느낌을 주었다. 무대에 등장한 뒤 산판散板으로 "오원伍員이 말 위에서 노기충천하여"라고 노래하는 데서는 긴장이 고조되어 풀어지지 않는다. "위기 가운데서 도망쳐逃出龍潭虎穴中"에서는 '호虎'자를 길게 늘이고 '혈穴'자에서는 소리를 강하게 사용하며 '중中'자에서는 음을 짧고 힘 있게 노래하여 오자서의 슬프고 분하고 초조한 감정을 잘 살렸다.

"한 마디 말로는 어려우니一言難盡"의 규판叫板 대사에서 '일언一言' 두 글자는 비교적 천천히 발음하는 동시에 동고공東皐公을 바라보며 주먹으로 탁자를 친다. 다시 비교적 빠른 장단으로 '난진難盡 두 글자를 발음한다. 이렇게 해서 다음 단락의 원판 장단과 속도를 북 연주자에게 확실하게 주문한

다. "평왕을 미워하고……" 단락의 서피원판西皮原板은 〈문소관〉 가운데서도 인구에 회자되는 명창이다. 그는 힘 있고 간결하면서도 세련되게 불렀으며 기력이 넘쳐흘렀다. "피로 붉게 물들어血染紅"의 '염染'자와 '홍紅'자는 모두 단음을 사용해서 부르지만 정취가 고아하고 순수하면서 고풍스러워 마치 서예 연습용 서책이나 옛날 비석을 읽을 때처럼 통쾌하기 그지없었다.

만판을 노래할 때는 무대로 오르는 문의 모서리를 마주하고 비스듬히 앉아 부르는 "밝은 달이 창가를 비추니 수심에 찬 이의 마음을 화살이 뚫고 지나가는 것 같구나."의 노랫가락과 감정이 너무 밖으로 드러나지 않게 억제하면서 '시름愁' 자를 중심으로 표현하는 방법을 썼다. 몸의 움직임은 적게 하면서 창과 창 사이 음악이 연주되는 동안 때때로 가볍게 다리를 문지르거나 눈을 떴다 감았다하며 살짝 미간을 찌푸리고 눈과 손을 동시에 아주 희미하게 움직여 당시 오자서의 우울하고 답답하고 무겁고 초조한 심사를 표현해냈다.

"나 오원은 마치 상갓집 개와 같구나俺吳員好一似喪家犬"라는 가사는 힘을 주어 노래하는데 '가家'자는 음평陰平*의 높은 음의 특징을 이용하여 감정의 흐름에 따라 노랫가락을 밖으로 뽑아낸다. "가슴 가득한 억울함을 누구에게 말하리滿腹含寃向誰言"에서는 힘을 주었다가 다시 늦춘다. 네 번의 "내가 마치我好比" 가운데 앞의 세 번의 소리는 변화가 작고 모두 낮게 내려가는 음이지만 듣기에 중복되는 느낌이 없다. 이는 그가 올렸다 내렸다 멈추었다 꺾었다 하면서 가볍게 불렀다 무겁게 불렀다 빨리 불렀다 천천히 부르는 방식으로 오자서가 관내關內에 갇혀 억눌려 있는 정서를 풀어냈기 때문이다. 마지막 네 번째 "내가 마치"에서 '비比'자를 다소 길게 늘이는 것은 다음의 "파도 가운데 키를 잃은 배와 같아서波浪中失舵舟船"라는 일곱 글자의 가사를 단숨에 이어가기 위함이다. 이렇게 앞에 있는 세 번의 "내가 마치"의 감정을 모두 모아 음을 길게 뽑으며 기복을 드러낸다. 이어서 "생각하니 애간장이 끊어지는구나思來想去肝腸斷"의 구절에서 감정을 서서히 밖으로 드

*
음평:
현대 중국어의 제1성

러내며 나라와 가문의 원수에 대한 원한이 뼛속 깊이 사무침을 표현한다. 그러나 두 글자마다 여전히 감정을 드러내지 않도록 통제하면서 노래하기 때문에 '단斷' 자에서 가락을 취할 때는 단지 두 박자만 사용한다. "오늘 밤이 아직 지나지 않았는데 또 내일을 기다리네"라는 구절은 위아래를 이으며 만판에서 원판으로 건너가는 작용을 하는데 만판의 격식에서 관건은 음을 길게 뽑으며 노래하는 것과 노래할 때 장단과 속도를 장악하는 것이다.

이 단락에서 호금이 어떻게 받쳐주느냐가 매우 중요하다. 왕소경이 절묘하면서도 원활하게 받쳐주어 수십 년 동안 봉경은 소경의 호금과 떨어지지 못했다. 예를 들어 앞의 세 번의 "내가 마치"의 소과문小過門*과 "생각해봐도" 뒤의 소점두小墊頭**에서 소경은 모두 노랫가락에 따라 그 장단과 속도, 표현되는 정서를 장악할 수 있었다. 여기서 북과 박판의 중요성도 잊어서는 안 된다. 북과 박판의 박자나 장단, 속도는 배우의 노래와 몸을 움직이는 동작에 의해서 결정된다. 결국 노래와 몸짓, 북소리와 호금 소리가 반드시 하나로 완전하게 어우러져야만 상응하는 무대 효과를 얻을 수 있는 것이다.

그 다음 부분에서는 창공唱工이 서서히 상승하는데 긴장하면서도 급해지지 않고 험하면서도 위태롭지 않으며 무거우면서도 막히지 않는다. 가락은 단순하지만 드러나는 감정은 두터웠다. 서피로 바꾼 후에는 경쾌하면서도 막힘이 없이 오자서가 위험을 벗어나 관문을 통과할 수 있는 희망이 있음을 표현하였다. 이 모두 각색에 깊이 들어갔고 극의 내용에도 부합했다.

일반적으로 봉경의 〈문소관〉을 이야기할 때 종종 신단과 표정에 대한 것은 소홀히 하는 경향이 있다. 사실 그의 신체 연기의 공력도 창공에 비해 전혀 손색이 없다. 예를 들어 앞에서 말한 바의 "밝은 달……" 만판을 노래할 때 의자는 비록 퇴장하는 문 쪽 무대에 놓여 있지만 몸은 비스듬히 맞은편 무대 모서리를 마주하고 앉아 있어서 딱딱한 느낌을 피할 수 있다. 또 정감을 잘 표현하기 위해 마치 창 너머로 달을 바라보는 듯한 동작을 취하여 관객을 시와 그림의 경지로 끌어들였다.

*
소과문:
노래하는 구절에서 가사의 마디와 마디 사이를 연결해주는 음악

**
소점두:
노래 가사의 마디 혹은 글자 사이를 연결하는 선율로 반 박자 혹은 한 박자 정도의 길이. 두 박자가 넘어가면 소과문이라 함

보검을 처리하는 문제를 보면, 첫 번째 대목에서 동고공을 만나 "제가 바로 오원입니다"라고 말할 때 얼굴에 경계하는 모습을 드러내면서 가만히 검을 어루만진다. 예측할 수 없는 만일의 일을 대비하는 심정이 이 작은 동작을 통해 자연스럽게 표현되었다. 첫 번째 야경을 돈 후의 '수점搜店'(수점은 무대 용어로 극중 주막에 머무르는 나그네가 누군가 자신을 해칠까 두려워서 사방을 살피는 동작이다. 여기서는 이 명사를 빌려 썼다)에서 그는 조용히 검을 뽑아드는데 이는 소리에 놀란 주인이 뛰어나올까 두려워 취한 행동이다. 그의 숙련된 자세에서도 무장武將의 본색이 드러난다. 방 안팎의 상황을 살필 때는 보검을 등잔 뒤에서 가로로 받쳐 들어 눈동자가 흔들리는 것을 피했고 몸을 돌릴 때 칼끝으로 촛불을 가려 바람을 막는다. 이러한 신단은 〈문소관〉을 부르는 배우라면 누구나 할 줄 아는 것이지만 봉경 선생은 아주 세밀하고 분명하면서도 오자서의 기풍과 어울리게 연기를 했다. "내 원래 보검을 뽑아들고 목숨을 끊으려 했지만"을 부를 때는 노래를 하지 않고 소리를 내어 운다. 이때는 나鑼[징]도 자주 울리지 않고 '과문過門'*에서만 대라와 소라를 각각 한 번씩 울렸다. "보검을 뽑아들고"를 부를 때 보검을 뽑아들 준비를 하고 "끊으려 했지만"까지 불렀을 때는 이미 검이 반쯤 뽑혀 금방이라도 자결을 할 것 같은 모습을 보여준다. 턱수염을 제치고 목 쪽으로 비스듬히 검 끝이 살짝 닿을 듯 스쳐 지나갈 때 바로 이 시점에서 대라가 한 번 울린다. 이어서 오자서는 심경이 돌변해 자살은 나약한 짓이라고 생각하면서 곧 기운을 차리고 보검을 칼집에 넣는다. 이때 두 번째 소라가 울리지만 이번에는 턱수염을 제치지 않는다. 생각의 전환이 빠르고 노랫가락의 장단과 속도도 빠른 데다 동작과 나고 소리까지 더해져 오히려 긴장된 정서가 누그러진다. 이 예에서 알 수 있는 것은 배우는 노래와 신체 연기를 잘해야 하는 것뿐 아니라 동시에 반드시 음악의 반주에도 익숙해야 한다는 사실이다. 봉경 선생은 이러한 부분을 매우 중시했다. 소경이 자주 말했다.

"아버님의 연기에 맞추려면 계속해서 정신을 집중하고 있어야 해요. 한 번이라도 틀리면 안 되거든요."

*
과문:
노래가 시작되기 전의 연주 또는 창과 창사의 연주

소장화 선생이 "한 무대에서 두 번의 연기는 없다"고 자주 말씀하셨는데 이 말은 배우와 악대, 그리고 무대에서 일하는 모든 사람들에게 적용되는 것이다.

경극에서 관우희를 연기하는 것은 모두 휘파徽派를 종주로 삼는다. 예전에는 미희자米喜子, 정장경 선생이 있었고 그 후에는 왕홍수王洪壽 선생 즉, 삼마자三麻子를 손꼽았다. 봉경 선생의 관우희 〈전장사〉와 〈화용도華容道〉는 정장경 선생을 주종으로 한다. 노래와 대사 방면에서는 왕계분 선생보다 좀 떨어지지만 무대 동작과 자세는 왕계분 선생보다 훨씬 보기가 좋았다. 이는 봉경 선생에게 무공의 기초가 있었기 때문이다. 봉경 선생은 일찍이 담흠배 선생과 〈전장사〉를 함께 연기한 적이 있다. 봉경 선생이 관우 역을 했고 담흠배 선생은 황충 역을 맡았었다. 담흠배 선생의 〈전장사〉도 정장경 선생을 주종으로 해서 행동거지가 진중하고 위풍이 넘쳐 담흠배 선생의 다른 극과 풍격이 다르다.

봉경 선생이 돌아가신 것은 희곡계의 큰 손실이다. 전국이 해방된 후 그의 몸이 건강했더라면 그는 그의 예술적 조예로 큰 공헌을 하면서 더 많은 연기를 보여주었을 것이고 후대에 예술을 전하는 일도 활발히 했을 것이다. 오랫동안 병석에 누워 지냈기 때문에 결국 이런 꿈을 실현하지 못했으니 이는 자신에게는 너무나 한스러운 일이었고 우리에게도 매우 안타까운 일이었다. 비록 그는 생전에 제자를 받지 않았지만 그의 친구들 가운데 그와 더불어 왕파를 연구한 이가 있고 그에게 가르침을 받았던 사람들도 아직 남아 있다. 그의 아들 왕유경王幼卿은 그의 연기를 보고 들으며 자랐기 때문에 왕파의 연기를 잘 이해한다. 이 유파는 예술적으로 매우 가치가 높으므로 백화제방百花齊放의 오늘날 우리는 그 유파가 실전되지 않도록 계승하고 발전시켜야 한다. 그러려면 더 많은 노력을 기울여 왕파의 노래와 신체 연기 예술의 자료를 수집하여 분석하고 연구하여 무대에서 다시 볼 수 있도록 해야 한다. 동시에 봉경 선생이 이루지 못한 뜻을 이루는 것이 우리가 앞으로 해야 할 일이다.

왕소경을 추모하다[6)]

1957년 10월에 나는 서안에서 낙양까지 순회공연을 했다. 그때 호금을 연주하던 왕소경이 갑자기 토사병吐瀉症에 걸렸다. 의사를 모셔다 진료를 하고 약을 먹고 난 후에야 겨우 구토와 설사가 멎었다. 순회 기간 중에 나는 중국 노동인민대표단으로 소련의 10월혁명 경축 행사에 참석해야 했기 때문에 순회공연을 중단하고 북경으로 돌아와 대표단과 함께 출국했다. 소경은 이 휴식의 기회를 틈타 의사를 찾아가 위장병을 치료하였다. 한약도 먹고 침도 맞았지만 결국 효과를 보지 못하고 오히려 구토와 설사가 더 심해졌다. 내 아내 복지방福芝芳은 그의 병세가 걱정되어 수차례 협화協和병원에 가서 검사를 받아보라고 그에게 권했다. 검사하고 엑스레이를 찍어본 결과 장 내부가 완전히 막혀 있는 것이 발견되어 절개수술이 필요한 상황이었다. 당시 왕소경은 이미 음식을 거의 먹을 수 없을 정도로 증상이 악화되어 있었다. 협화병원 외과 의사의 집도로 절개수술을 하고 보니 심각한 악성 종양이었다. 의사가 특별히 우리를 불러 말했다.

"제거할 수 있는 종양은 모두 제거했지만 암세포가 이미 다 퍼져 있어 재발할 가능성이 큽니다. 우리가 환자에게 직접 전하기 어려우니 여러분이 가족에게 알려주십시오."

우리는 그 말을 듣고 너무나 괴로웠다. 올 봄에 내가 북경을 떠나 순회공연을 갈 때도 그는 같이 가겠다고 우겼다. 우리가 하는 수 없이 집에서 정양을 좀 한 뒤에 몸이 나아지면 나중에 따라오라고 그를 설득했다. 6월 하순에 우리가 북경에 돌아왔을 때 그는 이미 너무나 여위고 약해져서 자

---

6) 이 글은 원래 1958년 제9호 『인민음악(人民音樂)』에 실렸고 『매란방 문집』에서 뽑은 것이다.

리에서 일어나지 못했다. 7월 1일 13릉 댐 낙성식이 있던 날 모범 노동자들을 위한 위문 공연을 마치고 집으로 돌아왔을 때 우리는 왕소경이 세상을 떠났다는 비보를 접했다. 나와 40여 년의 세월을 함께했던 오랜 전우가 결국 극악한 암 때문에 목숨을 잃고 말았으니 비통한 마음은 이루 말할 수가 없었다! 침통한 심정으로 지금 그가 남긴 예술 분야의 탁월한 성과를 소개하려고 한다.

소경은 어려서 가학家學을 계승하여 노생을 노래했다. 유명한 교사인 가려천의 학생이었다. 하지만 나중에 호금을 좋아하게 되어 호금을 연구하고 선배들의 가르침을 받았다. 희곡예술의 분위기가 매우 농후한 환경에서 자랐기 때문에 소경은 보고 들은 것이 많았다. 또 접촉하는 사람들도 모두 희곡계의 명배우와 명악사들이었기 때문에 호금을 배울 때 처음부터 좋은 환경에서 단단한 기초를 다질 수 있었다.

그는 열아홉 살에 정식으로 무대에 올라 부친 왕봉경 선생을 위해 호금을 반주했다. 봉경 선생이 부른 창법은 왕계분 선생의 유파로 〈문소관〉과 같은 극은 반주하기가 결코 쉽지 않다. 복수를 하고 나라를 구하려는 오자서의 심정은 배우의 비장한 노래 소리와 격정적인 표정으로만 전달되는 것이 아니라 호금의 친衬[바쳐주기], 탁托[두드러지게 하기], 점墊[공백 메우기], 보補[보완하기]가 배우의 연기와 노래에 맞추어 강렬한 분위기를 더해주어야 그 심정을 완전하게 표현할 수가 있다. 일반적으로 경험이 많은 금 연주자들도 이 극은 반주하기가 쉽지 않다고 느낀다. 그런데 소경은 처음 무대에 서는 어린 연주자였음에도 귀도 빠르고 마음도 빠르며 손도 빨랐고 의외로 아주 침착하게 반주를 했다. 당시 악대에서 연주하는 선배들은 모두 그를 뛰어난 후배라고 칭찬하며 무한한 전도前途가 펼쳐질 것이라고 점쳤다.

1923년 나는 〈서시〉의 무대 연기를 연습했다. 그때 나는 경극의 주요한 반주 악기가 호금 하나뿐이라 다소 단조롭다고 느꼈다. 그것을 보다 풍부하게 하고자 고대 음악의 대소홀뢰大小忽雷 및 우리가 자체적으로 창작해서 만든 각종 현악기를 응용하여 실험해봤지만 효과가 그리 좋지 않았다.

마지막으로 '이호'라는 악기만 비교적 부드럽게 잘 어울렸다. 이호는 남방 악기로 과거 경극 무대에서는 〈탕호선蕩湖船〉과 같은 탄황灘簧* 계통의 소희에서만 반주를 했고 일반 경극에서는 사용된 적이 없었다. 우리는 그것을 집어넣기로 하고 소경에게 이호 반주를 맡겼다. 그때는 악대에 악기 하나를 더 집어넣는 것도 사람들의 이목을 끄는 일이었다. 소경과 내 금 연주자였던 서란원 선생이 함께 연구한 끝에 이 두 악기의 연주 방법에 대해 아주 치밀하게 배치하고 조직했다. 예를 들어 호금과 이호가 서로 8도 차이가 나는 상황에서 복잡할 때와 단순할 때, 각각 하나씩 연주될 때와 둘이 같이 연주될 때가 교차되도록 배합하는 문제를 끊임없이 실험하면서 두 악기가 서로 협력하고 보완하여 각각의 장점이 더 잘 부각되는 경지까지 도달하도록 한 것이었다. 〈서시〉를 공연한 후 당시 비교적 보수적인 관객들은 풍자하는 글을 써서 이 새로운 시도를 반대하고 '기존 원칙의 파괴'라든지 '저속한 음악'이라고 표현했다. 악대의 동료들도 이호의 소리가 현을 뜯어 연주하는 악기들의 소리를 덮어버린다고 생각했다. 그러나 이러한 논조들도 관객들이 나날이 그것을 좋아하게 되는 것을 막지 못했으므로 이 두 악기의 합주는 각 극단으로 빠르게 퍼져나갔다. 몇 년이 지나자 대부분의 단각희旦角戲에서는 모두 이호 반주를 응용했다. 이호를 경극 악대에서 운용한 것은 소경이 처음이었다. 그는 또 노래에 맞추어 현을 켜는 부분에서도 모범적인 역할을 했다. 항전 이전에 내가 녹음했던 레코드는 모두 서란원 선생이 켜는 호금과 소경이 켜는 이호 반주인데 지금까지도 이쪽 분야의 사람들에게 완벽한 합주라는 찬사를 듣고 있다.

모두들 내가 당시 신희 창작을 좋아했다는 사실을 알고 있다. 신희 하나를 만들 때마다 가장 먼저 해결해야 하는 문제는 노랫가락을 어떻게 안배하느냐 하는 것이다. 소경은 이 부분에서 내게 가장 큰 도움을 주었다. 우리가 집단으로 창작하는 과정에서 서란원 선생은 경험이 풍부하고 견문이 넓었으며 소경은 사고가 민활했으므로 종종 새로운 의견을 내고 그것을 대담하게 시도했다. 경험을 통해 우리는 어떤 노랫가락은 작은 소리로 불

*
탄황: 곡예의 한 종류. 청대 중엽 절강일대에서 형성되었으며 전탄(前灘)과 후탄(後灘)의 구분이 있음. 전탄은 곤곡 극목으로 이식되어 곤곡의 곡사를 통속화함. 후탄은 민간의 화고소희(花鼓小戲)에서 취함

러볼 때는 듣기 좋았는데 무대 위에 올리면 생각한 것만큼 이상적이지 않고 반대로 어떤 노랫가락은 낮게 부를 때는 그다지 좋지 않았는데 무대 위에서는 오히려 감동적으로 들린다는 사실을 알게 되었다. 어떤 때는 소경이 금을 연주하고 내가 방 안에서 노래하고 서란원 선생이 정원에 가서 듣는 방식을 써서 그 노랫가락이 아름다운지 여부를 판단하기도 했고 또 내가 노래할 때 발견한 문제들을 가지고 나중에 세 사람이 모여 다시 연구해서 고치기도 했다. 결론적으로 소경이 만들어낸 새로운 곡조들은 기본적으로 모두 활용할 수 있는 것이었다. 두드러지게 뛰어난 것들도 있었다. 예를 들어 〈생사한〉의 마지막 대목에서 그는 사평조를 쓰자고 주장했다. 이런 곡조는 비극이 고조되는 분위기에서는 적합하지 않다고 생각하는 사람도 있었다. 하지만 그는 자기의 주장을 고집하면서 극본을 집필하는 허희전에게 말했다.

"가사를 쓸 때 최대한 장단구를 많이 써주세요. 길고 짧은 구들이 섞여서 들쭉날쭉할수록 더 좋은 가락이 되니까요."

극본을 다 쓴 다음에 그가 배치한 곡조를 들어보니 반조反調와 정조正調가 교묘하게 교차되어 한옥낭의 흐느끼듯 하소연하는 듯 표현되는 억울하면서도 원망스러운 정서를 표현하는 데 아주 적합했다. 그 역을 하는 나조차도 그 처량하고 굽이굽이 이어지는 곡조에 감동을 받았다.

소경이 나를 위해 호금을 반주하기 시작한 것은 1948년부터였다. 나는 항전 시기에 8년 동안 공연을 중지했다가 나중에 다시 무대에 올랐다. 그 당시 나는 노래할 때 기력을 운용하는 것이 예전만 못하다고 느꼈다. 노래할 때 숨을 돌리거나 몰래 숨을 쉬는 환기, 투기에 공을 들여서 예전과 다른 부분이 많았다. 소경이 이 점을 이해하여 노래에 박자를 맞출 때 최대한 내가 힘들게 느끼지 않도록 해주었다. 1953년 봄에 내가 천진공인문화궁天津工人文化宮에서 공연할 때였다. 하루는 〈패왕별희〉를 공연했는데 그날따라 노래가 시원스레 불렸다. 공연이 끝난 후 내가 소경에게

"오늘은 음이 좀 높은 것 같았는데."

라고 했더니 그가 말했다.

"요즘 선생님 목소리는 제가 정한 음보다 높이 올라갈 여지가 충분히 많아서 조금 높였어요. 작년에 동북에서 돌아온 이후 지금까지 선생님은 음계가 하나 높아지셨어요. 하지만 저는 서서히 선생님에게 높여드려보는 겁니다. 선생님은 이미 예순이시니 더 조심을 하지 않으시면 안 됩니다."

이러한 것들에서 그가 내 연기에 대해 수시로 주의 깊은 관찰을 하면서 실제 상황에 맞춰 음악을 신축성 있게 운영하여 내가 순조롭게 연기를 할 수 있도록 해주었다는 것을 알 수 있었다.

소경의 연주는 손가락과 활의 놀림이 심후하고 날렵하였으며 힘이 넘치면서도 품격이 있었다. 그는 항상 내게 말했다.

"매 음마다 '통통하게 불룩 튀어 나오도록' 눌러야 탄성이 있어서 원만하게 듣기 좋은 소리가 나지요. 왜 어떤 사람들은 '쑥 들어가 기름기 없이 홀쭉'하게 음을 켜잖아요? 그것은 손가락과 손목의 힘이 중심을 잡지 못해서 딱딱하면서 단조롭게 들리는 거예요."

금을 켜는 사람들은 대자帶字*를 중시한다. 예를 들어 '공工'자를 켜면서 다른 음을 가지고 나올 수 있게 소리를 내면 확실히 풍부한 의미를 더할 수 있지만 자연스럽게 가져가야지 대자를 위한 대자를 하는 것은 진흙에 물이 섞인 것처럼 뜨고 부풀어서 의미가 없다. 소경은 이점에서 대자의 사용이 많지도 적지도 않아 깔끔하고 시원했다. 그의 반주 기교는 글자 하나, 음 하나 등의 사소한 부분에서 고려하는 것이 아니라 전체적인 관점에서 출발하여 노랫가락의 정취를 교묘하게 부각시켜 정력이 왕성하면서도 기세가 높은 풍격을 표현하였다.

* 대자: 노래 가사에서 중요한 의미를 가진 글자가 아니어서 노래할 때 빨리 넘어가는 글자를 말함

소경의 호금은 속도를 장악하는 방면에서도 독특한 점이 있었다. 그는 두 마디로 이 문제를 명확하게 잘 설명했다.

"느린 것은 '떨어지는 것墮'과 다르며 빠른 것은 '다급한 것慌'과 다르지요."

이것을 전문 용어로는 '노래의 장단과 속도를 앉힐 수 있다'고 하는 것

이다. 그는 노랫가락에 맞추어 현을 켰을 뿐 아니라 〈귀비취주〉의 【유요금柳搖金】과 〈패왕별희〉의 【야심침】과 같은 곡패를 반주할 때도 확실하게 보좌해서 돋보이게 하여 춤의 분위기를 북돋았다. 결론적으로 그는 빠를 때도 여유롭게 균형을 잃지 않았고 느릴 때도 장단의 치밀함을 유지했다. 특히 빠른 데서 느린 데로 느린 데서 빠른 데로 전환할 때 물이 흐르듯 매끄럽게 연결해 노래하는 사람이 실력을 최대한 발휘하면서 막힘없이 살과 피가 결합하듯 시원하게 조화를 이루는 경지에 도달할 수 있게 했다.

소경은 이전에 이런 말을 했다.

"우리가 무대에서 이토록 오랫동안 함께 공연을 했는데 가끔 노래하는 사람, 현을 켜는 사람, 타악기를 두드리는 사람들의 마음이 한데 어우러지는 때가 있어요. 그런 극을 공연하고 났을 때의 그 통쾌한 기분은 말로 표현할 수가 없습니다. 하지만 그런 경지는 매번 도달할 수 있는 게 아니에요. 간혹 전심전력을 다해서 맞추려고 하는데 오히려 어색하고 부자연스러운 때도 있어요."

그의 이 몇 마디 말은 즐거움과 고생을 모두 겪고 난 사람에게서만 나올 수 있는 것이다. 나라고 이런 느낌을 어찌 맛보지 않았겠는가? 경극의 다양한 노랫가락은 비록 박자의 위치로 엄격하게 관리되지만 그 안에서의 빠르고 느린 장단과 속도, 올렸다 내렸다 멈추었다 하는 것 등은 모두 배우가 극 내용의 요구에 따라 융통성 있게 운용하기 때문에 천편일률적이지 않다. 만약 북 연주자와 금 연주자가 배우의 연기와 가창에 익숙하지 않으면 극중 인물의 감정을 제대로 표현하기가 어렵다.

소경의 호금 예술은 매우전(내 백부)과 손좌신孫佐臣, 두 큰 스승의 예술을 계승하여 새로운 면모로 발전시킨 것이다. 그는 전통을 존중했지만 선배들이 이룬 것을 맹목적으로 따르지는 않았다. 그는 처음부터 독립적인 문파를 세우겠다는 의지를 가지고 끊임없이 난주영灤州影, 대고大鼓 등의 곡조를 흡수하여 경극의 호금 연주에 운용함으로써 호금 예술을 풍부하게 발전시켰다. 당시에는 같은 일에 종사하는 일부의 사람들에게 비난을 받기도 했다. 사실 그는 다른 것을 기계적으로 가져다 운용해 쓴 것이 아니다. 자기 것으로 소화한 후에 운용해 사용하면서 취사 선택을 통해 활용했던 것이다. 초기의 창작 가운데는 물론 재주를 뽐내며 제멋대로 한 부분도 있다. 그러나 그의 타고난 총명함과 깊이 있는 연구는 외부에서 온 곡조들을 점진적으로 자신의 것으로 만들었으며 청중의 귀에도 젖어들도록 만들었다. 희곡계에서 그는 수많은 학생들, 동호인들과 교류를 하면서 호금 예술을 전파하였기에 영향력이 적지 않다. 해방 이후 내가 녹음한 레코드와 방송국에 보관된 녹음테이프들이 많은데, 이 자료에서 그의 호금 예술이 이미 화려함에서 소박함으로 돌아가 최고의 숙련된 경지에 이른 것을 알 수 있다. 그처럼 창조력이 뛰어난 희곡 음악 종사자가 다음 세대를 육성하고 모범적인 공연을 보여주는 것을 비롯하여 여러 방면에서 많은 일들을 할 수 있음에도, 불행히 오늘 극심한 병환으로 귀중한 무대 생명을 끝내고 말았다. 이는 나 개인이 좋은 동료를 잃은 것에서 끝나는 것이 아니라 경극 음악계에도 보상받을 길 없는 큰 손실이다.

소경은 비록 세상을 떠났지만 청중들은 여전히 그의 정밀하고 깊은 예술을 그리워하고 있다. 나는 경극 음악 종사자들이 그의 유지를 계승하고 그의 대담한 창조 정신을 배워 예술을 발전시켜 나아가면서 사회주의 문화 건설의 절정을 맞이하도록 노력해주기를 바란다!

6 동서 문화 교류

스타니슬라브스키를 기념하다
스타니슬라브스키와 네미로비치 단첸코를 추억하며
처음 소련을 방문했을 때 만난 예이젠시테인과의 우정
울라노바와의 만남
처음으로 유성영화를 찍다
중국 희곡에 대한 미국 영화계의 평가
페어포드 별장에 초대받다
북경에서 페어뱅크스를 접대하다
채플린과의 첫 만남
채플린과의 재회와 〈위대한 독재자〉를 보고 난 소감
미국 포모나 대학 명예박사 학위 수여식에서의 답례사
일본인이 아끼고 사랑하는 예술의 결정체-가부키
일본 가부키 극단의 공연을 보다
텐류지에서 가나이 교코를 만나다
나카무라 자쿠에몬 부인 댁에서
이치카와 엔노스케 선생 댁에서의 만찬
와세다 대학 연극 박물관에서
도쇼다이지와 양주 고승
도쿄에 대한 인상을 이야기하다
고별연에서 마음을 나누다
타고르를 회상하며

스타니슬라브스키를 기념하다[1)]

1935년 처음으로 소련에 가서 공연했을 때 스타니슬라브스키Stanislavsky, Konstantin Sergeevich, 1863-1938를 만났다. 그때 그는 이미 일흔을 넘긴 나이였다. 그와 처음 만났을 때 나는 그의 정성스럽고 겸손한 태도와 심오한 예술가적 풍모에 매료되었다. 우리는 몇 차례 이야기를 나누면서 각자 예술에서 몸소 체험했던 즐거웠던 것과 어려웠던 것, 얻은 것과 잃은 것에 대해 의견을 교류하였다.

내가 모스크바에서 공연하는 동안 그는 자주 내 극을 들으러 왔다. 나도 모스크바 예술극장으로 가서 그가 감독한 극을 참관했는데 그는 아주 예의 바르게 내게 비평을 부탁했다.

그는 일관되게 사실주의 연기를 주장하면서 생활에서 유리된 형식주의에 반대했다. 소련 민족 예술형식의 우수한 유산을 매우 중시하는 동시에 외부에서 온 예술의 장점을 잘 흡수했다. 다음 세대를 교육하는 것을 중요한 임무로 여기며 후진에 대한 관심을 실제 행동으로 옮겼다. 내가 소련에 두 번째로 방문했을 때 그의 학생은 그가 임종 직전까지도 학생들과 예술적 문제들을 자세하게 논의했다고 내게 말했다. 온몸을 바쳐 예술을 파고들어 연구하는 이런 정신은 참으로 우리가 배워야 할 좋은 본보기이다.

그는 좋은 배우나 좋은 감독이 되려면 반드시 이론과 기술을 고되게 연구해야 하며 둘 중 어느 하나에 치우쳐서는 안 된다고 말했다. 배우는 무대 연출을 통해 끊임없이 관객의 검증을 받아야만 자신을 풍부하게 할 수 있고 그렇지 않으면 뿌리 없는 고목과 같다고도 말했다.

---

1) 이 글은 원래 1953년 1월 17일 『인민일보(人民日报)』에 실렸고 『매란방 문집』에서 가져온 것이다.

스타니슬라브스키가 내게 준 영감과 격려는 내 머릿속에 깊이 새겨져 있다. 귀국한 후 나는 가끔 심혈을 기울여 예술을 창조하고 각고의 노력으로 연구에 전념했던 그의 정신을 떠올리곤 했다.

그 후 17년이 지난 1952년 연말에 나는 빈에서 열린 세계인민평화대회에 참석했다. 중국 대표단은 귀국하는 길에 모스크바에 들러 소련 대외문화협회의 열정적이고 친절한 접대를 받았다. 1월 7일에 나는 스타니슬라브스키박물관을 참관했다. 이 경험은 이 위대한 예술가에 대한 인상을 더 강하게 만들어주었다.

박물관의 책임자는 스타니슬라브스키의 비서였다. 그는 먼저 우리를 침실로 인도했다. 방 안에 진열된 물건들의 위치는 14년 전과 마찬가지로 매우 소박했다. 방문 입구에 작은 책상이 놓여 있었다. 이 책상은 노선생이 스물여덟 살 때 셰익스피어의 극에서 사용했던 무대 소품인데 그 후 침실에 놓고 평소에 사용했다고 한다. 여행용 가방이 하나 있었는데, 그것도 연극을 공연할 당시 유행했던 무대 소품이었다. 창문을 마주하고 벽난로가 하나 있었고 그 옆에 진흙으로 쌓아올린 네모난 화로가 보였다. 노선생이 당시 연료를 아끼기 위해 따로 이 진흙 화로를 쌓았던 것이었다. 비서는 벽에 가로로 놓여 있는 1인용 나무 침대를 가리키며 말했다.

"노선생께서는 이 침대에서 돌아가셨습니다."

여기까지 듣고 나는 고개를 숙였다. 침대를 마주하니 눈가에 눈물이 고였다.

우리는 또 다른 전시실로 들어갔다. 거기에는 노선생이 젊어서 셰익스피어의 극을 공연할 때 사용했던 무대 소품들이 전시되어 있었다. 소품 가운데는 전신에 걸치는 강철로 된 갑옷과 투구도 있었다. 벽에는 그의 사진이 걸려 있었는데 모두 같은 시기에 공연했던 극들이었다. 다른 방에 걸려 있던 한 장의 공연 사진이 유난히 눈에 들어왔는데 그가 막심 고리키의 희곡 「밑바닥에서」의 한 역을 맡아 다락방에 엎드려 있는 사진이었다. 뒤로 한 발을 치켜들고 있었고 가죽 구두 밑창에는 구멍이 나서 안에 있는 발가락이 드러나 보였다.

「지혜의 슬픔」은 「총명의 잘못」이라고도 한다. 이 작품은 러시아 작가 그리보예도프의 명작이다. 스타니슬라브스키는 일찍이 이 극에서 노예주 역을 맡았다. 벽에는 세 장의 공연 사진이 걸려 있었는데, 그 세 사진의 분장이 모두 확연하게 달랐다. 들은 바에 의하면, 첫 번째는 일반 배우의 분장이고, 두 번째는 그의 창조와 수정을 거친 분장인데 두 번째 것이 풍자적인 느낌이 훨씬 더 농후하다고 느꼈다. 세 번째의 형상은 묘사가 더욱더 인상적이어서 보자마자 극중 인물에 대해 증오의 감정이 생겼다. 여기에서 우리는 스타니슬라브스키가 노예주를 증오의 감정을 가지고 묘사했다는 것을 알 수 있었고 동시에 노역을 하는 농민에 대해서는 얼마나 깊은 사랑과 동정을 품고 있었는지 알 수 있었다.

또 다른 전시실에는 수많은 문서들이 진열되어 있었다. 그 가운데 한 통의 편지는 그가 작업에 참여한 스태프들 전체에게 사과하는 내용이었다(한번 그가 공연장에 늦게 도착했기 때문에 쓴 것이다). 또 한 통은 자기비판을 하는 편지였다. 그가 어느 공연에서 대사를 잊어버려 2분간 침묵이 흘렀던 일이 있었기 때문에 쓴 것이었다. 이 문서들에서 이 위대한 예술가의 엄숙한 작업 태도와 자기 비평 정신을 엿볼 수 있었다.

진귀한 문헌으로 체호프가 직접 쓴 극본의 원고 위에 스타니슬라브스키가 친필로 첨삭을 한 것이 있었다. 듣기로는 그 당시 이를 둘러싼 논쟁이 있었는데 노선생이 모두에게 규율을 지킬 것을 요구하며 그에게 이 문제를 처리할 권한이 있다고 말했다고 한다.

한 유리 진열장에는 스타니슬라브스키가 턱수염을 깎고 있는 사진이 진열되어 있고 그 옆에 그가 부인에게 사과하는 편지가 한 통 놓여 있었다. 당시 러시아 남자들은 수염을 멋지게 기르고 꾸미는 게 유행이었다고 한다. 그는 편지에 이렇게 썼다.

"내 턱수염은 당신 것이오. 하지만 나는 지금 어떤 배역 때문에 턱수염을 밀지 않으면 안 되오. 당신에게 용서를 구하오."

이 편지 속에서 노선생의 유머를 엿볼 수 있었다.

이때 박물관 비서가 주인 두 사람을 데려왔다. 스타니슬라브스키의 아들과 딸이었다. 우리는 당시의 우정에 대해 이야기했다. 그들은 매우 친절하게 우리를 그들의 부친이 생전에 기거하던 서재로 안내했다. 나는 내 『무대생활 40년』을 박물관에 기증하면서 종이 한 장에 노선생을 기념하는 글 몇 줄을 적었다. 그들은 서가에서 당시 내가 모스크바에서 노선생에게 드렸던 책 한 권과 검보 모형, 중국 희곡 복장을 한 진흙 인형을 꺼내놓으며 내게 설명을 부탁했고 특별히 부친이 생전에 특히 좋아했던 진흙 인형을 골라서 우리에게 보여주었다.

또 다른 방 안은 온통 스타니슬라브스키 부인의 공연 사진으로 꽉 차 있었다. 그녀 역시 과거 명배우 중 한 사람이었다. 가족사진 한 장이 있었는데 그 속의 어린 두 아이가 바로 지금 우리 앞에 서 있는 중년의 두 사람이었다.

우리는 마지막으로 거실로 갔다. 거실에는 작은 무대가 있었고 벽 쪽으로 의자 세 개가 놓여 있었다. 나는 이 방이 눈에 많이 익어 전에 와본 적이 있는 것 같다고 말했다. 스타니슬라브스키의 가족들이 나와 노선생이 이 방 안에서 함께 찍은 사진을 가져와 보여주었다. 사진의 아래쪽에 노선생이 친필로 기록한 1935년 3월 30일이라는 날짜가 있었다. 나는 등받이가 높은 의자에 앉아 있었고 노선생은 오른쪽 의자에 앉아 있었다. 그들은 이 귀중한 사진을 정중하게 내게 주었다. 나는 그 두 사람에게 사인을 부탁해서 기념으로 남겼다. 박물관 비서가 사진 한 장을 더 꺼냈다. 이 방 전체의 풍경을 찍은 사진이었다. 화려하고 정교하게 꾸며진 것이 지금과 달랐다. 듣기로는 노선생은 이 집으로 들어와 살게 된 이후에 이렇게 말했었다고 한다.

"이렇게 화려한 거실은 내게 아무런 쓸모가 없어."

그는 곧바로 그것을 소형 극장으로 개조했다. 공연을 할 때 그는 직접 막을 열고 무대를 살폈다고 한다. 이 방은 백 년 이상의 역사를 가진 소련 정부가 스타니슬라브스키에게 헌정한 것이었다.

이번에 모스크바에 도착한 첫 날 명감독 코미사르제프스키가 내게 말했다. 스타니슬라브스키가 마지막 작품을 연출할 때 배우와 학생들 앞에서 내 이름을 언급했다는 것이다. 나는 그 말을 듣고 부끄럽기도 하고 더할 나위 없이 고무되기도 했다. 작년 가을에 나는 스타니슬라브스키의 명저 『나의 예술인생』과 『배우 수업』을 다시 읽으며 그의 '시스템'에 대해 좀 더 진일보한 이해를 할 수 있었다. 앞으로 나는 이 위대한 예술가에게 더 깊이 배우려 한다.

스타니슬라브스키와 네미로비치 단첸코를 추억하며 [2)]

-스타니슬라브스키를 위하여-
네미로비치 단첸코 음악극원 연감작

1954년 마침 중국인들이 국경절 5주년을 경축하고 있을 때 소련 박람회가 성대하게 개막되었다. 이 박람회에 호응해 소련 국립 모스크바 스타니슬라브스키와 네미로비치 단첸코Vladimir Ivanovich Nemiro'vich-Danchenko, 1858-1943 음악극장 360여 명의 인원이 극원장이자 러시아 소비에트 연방 사회주의 공화국 공훈 배우인 폴리아코프의 통솔 하에 북경을 방문하여 공연을 했다. 천교극장天橋劇場에서 앞뒤로 3편의 가극과 3편의 무용극을 공연하여 우리에게 소련의 가극과 무용극 예술의 놀라운 성과를 볼 수 있는 기회를 제공했다. 그들은 우리와 여러 차례 좌담을 개최해 그들의 진귀하고 풍부하며 혁신적인 경험을 우리에게 소개했다. 이는 우리 희극의 발전에 대단히 큰 도움이 되었다. 나는 그들의 공연을 모두 관람했다. 무용극 〈노틀담 성당〉은 계급 문제를 집중적이고 두드러지게 다루면서 새롭게 해석했고, 이번에 각색한 〈백조의 호수〉는 삭제되었던 차이코프스키의 많은 원작 악장들을 회복하여 백조의 형상을 더 의식적으로 창조했다. 나는 스타니슬라브스키가 그의 「창조적인 예술의 시스템과 방법」이라는 글에서 말했던 것을 기억한다.

"나는 모든 이들과 내 경험을 나누고 이러한 경험을 가극에 응용하고자 한다."

이번에 본 가극과 무용극에서 배우들이 무대에서 창조한 활동은 스타

2) 이 글은 1955년 3월에 쓰였으며 『매란방 희극 산론』(중국희극출판사, 1959년)에서 뽑은 것이다.

니슬라브스키의 이 말이 나날이 풍부하게 발전하고 있음을 느끼게 해주었다. 특히 내게 한없이 깊은 여운을 남긴 추억을 상기시킨 것은 가극 〈오네긴〉을 볼 때였다. 이 공연이 끝나고 나는 무대 뒤로 가서 음악극장의 배우들에게 감사 인사를 했다. 그들은 웃으며 내게 공연에서 사용했던 네 개의 기둥을 보고 어떤 느낌이 있었느냐 물었다. 내가 말했다.

"알아요. 저는 그 네 개의 기둥의 의미를 완전히 이해해요. 여러분이 스타니슬라브스키가 예술과 사상에서 이룩한 거대한 성과를 추모하기 위해 그것을 이 유명한 극 가운데 설계해 넣은 것이겠지요."

그들은 내가 하는 말을 듣고 일제히 나를 향해 "맞습니다"라고 말했다.

나는 1935년 극단을 이끌고 소련을 방문했을 때 소련 국민과 문예계의 열정적인 환영을 받았던 일을 기억한다. 그것은 역사적인 의의를 지닌 문화 교류였다. 우리를 초대했던 위원회 명단의 첫 번째 인물이 바로 스타니슬라브스키였고 두 번째 인물이 그와 가장 가까운 전우인 네미로비치 단첸코였다.

당시 나는 환영회장에서 두 노선생의 풍채를 보았고 그들의 환영 인사를 들었다. 다른 좌담회에서는 네미로비치 단첸코에게서 중국 전통극에 대한 평가와 격려의 말을 들었다. 그는 내게 그와 스타니슬라브스키 두 사람이 차르 시대 예술극장을 창립할 때 받았던 층층의 정치적인 압박과 구형 극장들의 갖은 방해 공작 등에 대해 이야기해주었다. 그는 또 그와 스타니슬라브스키가 얼마나 밀접하게 일을 함께 했는지와 민족 예술 전통의 기초 위에서 사회주의적 사실주의의 혁신과 창조를 진행했던 어렵고 힘든 과정에 대해 이야기해주었다.

어느 날 오후 우리는 스타니슬라브스키의 집을 방문하기로 약속했다. 그의 집은 오래된 건물이었고 집 주변은 조용했다. 우리는 자동차를 대로 입구에 세운 뒤 다시 한참을 걸어가서야 겨우 그의 집 정문에 도착했다. 노선생은 대문 앞에 나와서 우리를 맞이했다. 그는 보자마자 내 손을 꼭 붙잡더니 그렇게 일 분 동안 있었다. 눈에는 뜨거운 열정이 가득했고 직접 만난

적은 없지만 흠모한 지 이미 오래된 듯한 표정을 드러냈다. 당시 나는 너무 감격한 나머지 한마디 말도 생각나지 않았다. 우리 두 사람은 손을 잡은 채 그의 서재로 들어갔다.

서재는 매우 넓었다. 왼쪽에는 커다란 책상이 놓여 있었고 오른쪽 벽에는 일렬로 긴 서가가 놓여 있었으며 안에는 책이 가득했다. 나는 먼저 북경에서 가져온 중국 희곡 복장을 한 진흙 인형과 검보 한 세트, 그리고 내가 내 자신의 연기에 대해 쓴 논문집 한 권을 그에게 증정했다. 노선생은 매우 기뻐하면서 한참 동안 그것들을 들여다보았다. 그는 희곡 복장을 한 진흙 인형들이 등장하는 희곡 내용에 대해 물어보고 나서 정중히 자신의 서가에 늘어놓았다.

자리에 앉은 후에야 비로소 이 백발이 창연한 연극의 대가를 찬찬히 살펴볼 수 있었다. 이때 그는 벌써 일흔이 넘은 나이였고 병치레가 잦았지만 정신적으로는 아주 좋아 보였다. 태도는 엄숙하고 단정했지만 또한 온화하고 친절했다. 그의 감정이 풍부한 얼굴에서 공연 당시의 모습을 상상할 수 있었다.

우리는 먼저 중국 희곡의 원류와 발전 상황에 대해 이야기했다. 중간중간에 그가 내 공연을 보고난 다음 흥미를 갖게 된 문제들에 대해 언급했다. 노선생의 깊은 이해 수준은 놀랍고도 존경스러울 정도였다. 다른 국가의 민족 형식의 희곡 연기법에 대해 그는 언제나 날카롭고 깊이 있는 이해를 보여주었다. 예를 들어 그는 '중국극의 연기가 일종의 규칙이 있는 자유동작'이라는 점을 강조하며 지적했는데 지금까지 아무도 그렇게 말한 적이 없었다.

노선생은 다과도 준비했다. 우리는 다과를 즐기며 이야기를 나누었는데, 무척 즐거운 시간이었다. 서로의 감정 교류는 마치 타향에서 고향 친구를 만난 것과 다름없었다. 이야기를 한창 하고 있을 때 누군가 와서 스타니슬라브스키에게 그가 연출한 고전극 〈오네긴〉 가운데서 두 개의 막을 보고 다시 뭔가 해야 할 필요가 있는지 심사해달라고 했다. 노선생은 우리에게도 함께 아래층에 있는 그의 거실로 가자고 했다. 그곳은 아주 커다란 거실이었다. 안에는 네 개의 기둥이 있었고 거실의 끝에 소형 무대가 설치되어 있었으며 벽 쪽으로 등받이가 높은 의자 3개가 놓여 있었다. 연극 연습이 끝난 뒤에 우리는 거기서 사진을 한 장 찍었다.

우리는 무대 앞에 마련된 의자에 앉아서 공연을 보았다. 노선생은 정신을 집중해서 무대 위의 연기를 보았다. 그의 손짓이나 얼굴의 표정에서 작업에 대해 조금도 구속되지 않는 태도를 볼 수 있었다. 그는 만족스럽다고 생각한 부분에서는 자기 옆에 앉아 있는 비서를 향해 고개를 끄덕였고 만족스럽지 않다고 느낀 부분은 작은 소리로 수정에 대한 그의 의견을 자세하게 말했다. 비서는 그것을 모두 노트에 적었다. 연극의 무대연습이 다 끝났을 때는 이미 날이 저물어 우리는 작별 인사를 하고 나왔다. 스타니슬라브스키의 자상하면서도 엄숙한 얼굴과 예술에 열과 성을 다하는 태도는 내게 깊은 인상을 남겼다.

스타니슬라브스키와 단첸코 두 노선생은 우리 극단의 단원들을 그들이 연출한 명작 〈벚꽃동산〉, 〈갈매기〉 등의 극에 초대했다. 그때 소련을 방문한 기간 동안 내가 얻은 수확은 소련 인민과 당, 정부가 왜 그렇게 그들을 중시하고 존중하는가에 대해 초보적인 이해를 한 것이었고 또 전 세계의 진보적인 연극 예술 종사자들이 왜 모두 그들의 학설을 연구하고자 하는지를 이해한 것이었다.

17년 후인 1952년 연말 나는 빈에서 열리는 세계평화대회에 참가했다. 중국 대표단은 귀국 도중 모스크바에 들러 소련 대외문화협회의 접대를 받았고 1953년 새해를 소련에서 맞았다. 그때 스타니슬라브스키와 단첸코는 이미 세상을 떠나고 없었다. 인류를 위해 정신적인 유산을 창조한 이 두 대가는 안타깝게도 오늘날 세계의 평화를 사랑하는 인민의 위대한 성취를 그들의 눈으로 확인하지 못했다.

내가 스타니슬라브스키가 예전에 살았던 집을 참관했던 일은 그들에 대한 추억을 더 강렬하게 만들었다. 우리는 이제 다시 만나서 이야기를 나눌 수는 없지만 우리의 우정은 영원하다.

스타니슬라브스키의 연기 시스템은 지금 이미 전 세계의 진보적인 연극 종사자들이 모두 따르는 우수한 창작 방식이 되었다. 그러나 그가 살아 있는 동안 이 시스템의 형성과 발전은 오랜 시간 고난과 역경 속에서 투쟁을 통해 이룩된 것이다. 이 시스템은 자산계급 시대에서 시작해서 소련 사회주의 시대에 성숙했다. 그는 19세기의 고전 사실주의 전통을 받아들여 발전시켰고 러시아와 서구의 수많은 위대한 연극인들의 작품 가운데서 창작 요소를 찾아내어 연극 발전사에서 지금까지 없었던 완전한 시스템을 수립한 것이다. 이 시스템은 러시아와 서구의 유명한 연극인들의 창작 총화이자 연극 발전의 역사적 총화로서 연극을 최고 단계로 새로이 끌어올렸다.

그의 저작은 사람들에게 어떻게 현실 생활과 고전 예술의 성과 속에서 재료를 취해야 하는가를 가르쳐준다. 어떻게 무대에서 긴장하지 않고 기예를 펼치고 어떻게 같은 무대에 선 사람들과 정서를 교류하며 동작의 통일성을 파악하고 자신을 무의식의 경계까지 끌고 가느냐 하는 것들이다. 나는 이러한 창조 과정과 공연 원칙에 대해 어느 정도 연구를 했는데 과거 우리의 우수한 배우들이 말한 바와 같이 일하면서 마음으로 터득한 지식들은 암암리에 서로 일치한다는 것을 알았다. 내가 무대에서 평생 체험한 것도 스타니슬라브스키의 시스템과 서로 통한다. 그래서 나는 희극 종사자들이라면 반드시 진지하게 스타니슬라브스키의 공연 시스템을 공부해야 한다는 것을 절실하게 느꼈다. 그러나 나는 항상 우리 경극 배우들에게 말한다. 만약 스타니슬라브스키의 시스템에 맞춰 어떤 종류의 극은 적합하고 어떤 종류의 극은 부적합하다고 판단한다면 그것은 극단적인 오판이라고 말이다. 스타니슬라브스키 자신도 이렇게 말한 바 있다.

"내 시스템은 확정된 원칙이 아니다."

그는 또 말했다.

"내 시스템은 세계의 수많은 다른 시스템과 마찬가지로 단지 배우가 원래 가지고 있는 갖가지 역량을 발견할 수 있도록 돕고 이러한 역량들이 어떻게 활동하는지를 관찰하게 하며 그 자신의 감정과 사상이 야기한 혼돈에서 하나의 길을 찾아가게 할 수 있을 뿐이다."

따라서 이것은 규정된 원칙이 아니며 전 세계 배우들의 행동 지침이라고 말할 수 있다. 경극 배우라면 이러한 시스템을 배울 필요가 있다.

작년에 우리 문화부와 중앙희극학원은 감독 간부 훈련반을 창설하고 소련 희극가를 북경으로 초청해 스타니슬라브스키의 연극 시스템을 중국의 감독과 배우들에게 가르쳤다. 경극원의 감독 간부도 학습에 참여했다. 이러한 환경의 영향 속에서 수많은 경극 종사자들 또한 주동적으로 스타니슬라브스키와 단첸코 두 노선생의 연극 이론을 연구하기 시작했다. 나는 이것이 매우 좋은 시작이고 앞으로 두 노선생의 연극 이론은 중국 경극예술 영역에서 더 크게 발전하게 될 것이라고 생각한다. 단첸코는 그의 회고록에서 이렇게 말했다.

"전세계의 가장 큰 극장이 모두 이처럼 새로운 제도를 응용해 그들의 이상적인 원칙을 만들어낼 수 있다면 얼마나 좋을까!"

이 위대한 소망은 점진적으로 실현될 것이다. 스타니슬라브스키와 단첸코 두 노선생은 이미 세상을 떠났지만 그들의 이름, 그들의 사상 체계, 그들의 과업은 여전히 그대로 살아 있다. 모스크바 예술극장에 아직 살아 있고 소련의 모든 연극 예술 속에 살아 있으며 전 세계 연극인들의 대열 속에 살아 있다. 나는 계속해서 스타니슬라브스키 선생의 명저를 공부하면서 그의 시스템을 중국 희곡에 운용하여 우리 전통의 공연 예술이 새로운 자양분을 얻게 할 것이며, 동시에 우리의 희곡 유산도 과학적인 방법으로 정리하여 완성된 시스템을 만들어 사회주의 문화 건설 사업에 이바지하게 할 것이다.

처음 소련을 방문했을 때 만난 예이젠시테인과의 우정 3)

1934년 3월 하순에 나는 과공진戈公振 선생이 모스크바에서 보낸 편지 한 통을 받았다. 대략 소련 대외문화협회 쪽에서 내가 유럽 연극을 고찰하러 간다는 말을 듣고 모스크바에 먼저 들러 공연하기를 바라니 동의한다면 정식으로 초청 공문을 띄우겠다는 내용이었다. 나는 즉시 회답 전보를 보냈다.

"소련 문화예술을 오랫동안 흠모해왔으니 유럽 공연이 이루어지기만 하면 바로 가겠습니다. 먼저 저 대신 소련 대외문화협회의 호의에 감사를 전해주십시오. 가르침을 받을 날만 기다리겠습니다."

이후 전보로 몇 차례 협의를 했다. 12월 말에 남경의 주중 소련대사관의 한문참찬漢文參贊 악산음鄂山蔭이 소련 대외문화협회의 초청장을 가지고 왔다. 나는 즉시 그들의 초청에 응하는 회신을 보냈다. 1년간의 준비를 거쳐 1935년 3월 21일에 상해에서 출발했다.

우리 매극단이 소련을 방문해 공연하는 일은 앞서 일본이나 미국에서 몇 차례 공연했던 것과 성격이 달랐다. 소련의 인민과 정부는 문화대표단을 환영하며 친절하게 우리를 영접했다. 당시 소련 인민은 모두 의식衣食을 절약하며 제2차 5개년 계획을 조기 달성하기 위해 분투 중이었지만 멀리서 온 손님들인 우리에게 보여준 환대는 너무나 융숭했다.

소련 정부는 특별히 북방 함대의 전함을 상해로 보내 우리를 맞이했다. 우리와 함께 배를 탄 사람으로는 당시 주소 대사였던 안혜경顔惠慶 선생과 소련 국제영화제에 참석하는 영화계 스타 배우 호접胡蝶 여사가 있었다. 우리는 블라디보스토크에 도착한 뒤 연방주 대표의 성대하고 친절한 접대를

3) 이 글은 『나의 영화생활』(중국전영출판사, 1984년)에서 뽑은 것이다.

받았다. 여관에서 휴식을 취하고 있을 때 무심코 상해 2월 25일자 『시사신보時事新報』를 보게 되었는데 소련 문학 예술계 인사들이 우리의 소련 방문 공연에 대해 기자회견한 내용을 보도하는 글이 실려 있었다. 그 가운데 소련의 유명한 영화감독 예이젠시테인Sergei Eisenstein, 1898-1948의 인터뷰 기사가 있었다.

"사백 년 동안 중국극의 사실주의는 일본의 가부키 구극보다 더 순수했습니다. 그래서 그것은 소련 현대극의 잠재성에 큰 영향을 주었습니다. 그러나 분명 우리는 매란방 선생의 풍격을 모방하기를 바라지는 않습니다."

예이젠시테인이 인터뷰에서 이렇게 말하자 기자가 그에게 물었다.

"소련 연극인들은 매란방 선생에게 이처럼 깊은 관심을 가지고 있지만 일반 관객들의 태도는 또 어떠한지요? 그들이 매란방 선생의 창작 예술을 좋아할까요?"

예이젠시테인이 대답했다.

"언어 문제는 소련 관객이 매란방에게 관심을 갖는 데 전혀 장애가 되지 않을 것입니다. 그루지아 극단이 모스크바와 레닌그라드에 왔을 때도 관객들의 환영을 받았습니다. 그 밖에 유대, 아르메니아, 벨라루스 등의 연극이 이 두 대도시에서 공연될 때도 전혀 언어상의 어려움은 없었습니다."

이 인터뷰 내용에서 예이젠시테인은 아직 중국 전통극을 직접 본 적은 없지만 관념적으로 중국의 유구한 역사를 가진 고전 희곡예술을 매우 중시하고 있었음을 알 수 있었다.

우리는 블라디보스토크에서 하루 반을 머무르면서 휴식을 취한 다음 3월 2일 오후에 시베리아 횡단 열차에 몸을 싣고 모스크바로 출발했다. 가는 길의 차량마다 모두 제2차 5개년 계획의 도표가 걸려 있었다. 역에는 수확기, 경작기, 파종기 등 농업기계 및 대량의 목재와 철재, 무거운 짐을 실은 적재 차량 등이 쌓여 있었다. 이런 평화 건설의 정경은 내게 매우 깊은 인상을 주었다. 길에서 본 공장 노동자와 농민, 붉은 군대의 모습은 어렵고 고통스런 환경 속에서 분투하면서도 승리에 대한 낙관과 확신으로 가득 차 있음이 느껴졌다. 또한 역과 거리에 매란방 극단이 모스크바에서 엿새 동안 공연한다는 광고가 붙어 있는 것이 눈에 띄었다.

3월 12일, 열차가 모스크바에 도착했다. 플랫폼은 우리를 마중 나온 소련 친구들로 붐볐다. 소련 대외문화협회의 책임자가 먼저 우리에게 꽃을 건네주었고 이어서 소련 외교인민위원회, 소련 국가희극협회의 대표가 뛰어나와 꽃다발을 우리 품에 안겨주었다. 순식간에 석탄에 붙은 불처럼 강렬한 빛이 우리 얼굴로 쏟아졌고 촬영기사들이 바쁘게 그들의 카메라를 흔들며 신문에 실을 사진을 찍어댔다. 세차게 출렁이는 인파 속에서 우리는 사람들에 에워싸인 채 기차역을 빠져나왔다. 소련 대외문화협회 주석이 우리와 함께 차에 올라타고 대도회大都會 호텔까지 우리를 바래다주었다. 일부 단원들은 또 다른 사람들의 접대를 받으며 모스크바 여관으로 가서 투숙했다.

3월 14일, 소련 대외문화협회가 우리를 위해 오찬을 베풀었다. 오찬에 참석한 사람으로는 주중 소련대사 보고모로프, 소련 외교인민위원회 책임자 및 '매란방 환영 위원회' 전체 위원들이 있었다. 연극계에서는 저명한 연극인 스타니슬라브스키, 네미로비치 단첸코, 메이예르홀트, 타이로프, 트레티야코프가 있었고 영화계에서는 유명 감독 예이젠시테인 등이 있었다. 그 자리에서 소련 대외문화협회 주석이 환영인사를 했고 안혜경 선생의 인사가 이어졌으며 내가 답사를 한 후에, 환영위원회의 위원들이 제각기 발언을 했다. 예이젠시테인은 매우 열정적으로 말했다.

"……매란방 선생이 대표하는 중국 희극예술은 소련영화계에 귀감이 됩니다. 서로의 연극, 영화 예술 수준이 더욱 높아질 수 있도록 분발하기 바랍니다."

그는 또 말했다.

"소련과 중국 두 민족의 역량을 합친다면 반드시 신인류의 예술을 창조할 수 있을 것입니다."

식사 후 주최 측에서 우리에게 영화를 보자고 청해서 나는 예이젠시테인과 함께 앉았다. 그는 매우 열정적인 사람이었기 때문에 우리는 보자마자 오랜 친구처럼 말이 통했다.

우선 상영된 것은 우리 극단이 모스크바 역에 도착한 모습을 찍은 짧은 뉴스필름이었다. 예이젠시테인은 자신이 역에서 직접 촬영 지휘를 했다고 했다. 이어서 소련의 명작영화 〈차파예프〉(이 영화는 나중에 중국에서 상영할 때 〈샤보양(夏伯陽)〉이라는 제목으로 번역되었다)가 상영되었다. 우리가 러시아어를 몰랐기 때문에 그들은 특별히 중국어를 아는 소련 친구를 불러 통역을 해주었다. 영화가 상영되기 전에 예이젠시테인이 내게 말했다.

"이것은 소련에서 아주 성공한 영화입니다. 사상 내용이 깊이가 있을 뿐 아니라 연극성이 강하고 인물 성격도 선명하고 멋집니다. 당신도 보고 틀림없이 좋아할 거예요."

과연 〈차파예프〉의 첫 장면은 나를 긴장 속으로 끌어들였다.

영화를 다 보고 나서 나는 예이젠시테인에게 말했다.

"저는 이전에 소련 영화를 별로 본 적이 없어서 소련 영화의 진보가 이처럼 빠른 줄 미처 몰랐습니다. 이 영화는 이야기의 내용이 사람의 영혼을 감동시킬 뿐 아니라 편집, 연출, 배우들의 기교가 모두 뛰어납니다. 처음부터 끝까지 우리 모두를 영화 속으로 끌고 들어가는군요. 비록 우리는 저 존경스럽고 멋진 영웅이 전쟁터에서 죽는 장면을 보고 싶지 않지만 그럼에도 이 영화는 사람들에게 전혀 비관적인 느낌을 주지 않네요."

예이젠시테인이 말했다.

"이 영화는 두 사람의 바실예프Georgi Vasilyev, Sergei Vasilyev가 같이 연출한 거예요. 그들은 친형제가 아니지만 예술 창조의 파트너로 함께 일하기 때문에 친형제보다 더 가깝습니다. 그들은 모두 소련혁명 이후 육성된 예술가들입니다. 〈차파예프〉의 성공은 이 두 우수한 청년 감독들의 재능이 긴밀하게 결합한 결과이지요."

이 몇 마디 말은 영화 〈차파예프〉와 똑같이 내게 깊은 인상을 남겼다. 예이젠시테인은 또 내게 이 영화가 얼마 전 소련에서 개최한 세계영화제에서 대상을 받았다고 했다. 그리고 나에게 차파예프 역을 맡았던 바보치킨 및 소련 영화계의 다른 배우들을 소개해주었다. 나는 그들과도 사진을 찍었다.

우리 극단은 3월 23일부터 모스크바 음악극장에서 6일 동안 공연했다. 내가 주연을 맡아 여섯 출의 극 〈우주봉〉, 〈분하만〉, 〈자호〉, 〈타어살가〉, 〈홍예관〉, 〈귀비취주〉를 연기했다. 여섯 종류의 춤도 공연했는데 〈서시〉의 '우무羽舞', 〈목란종군〉의 '주변走邊', 〈사범〉의 '불진무拂塵舞', 〈마고헌수〉의 '수무袖舞', 〈패왕별희〉의 '검무', 〈홍선도합紅線盜盒〉의 검무[4]였다.

공연 닷새 째 되던 날 오후 나는 예이젠시테인을 만났다. 그가 말했다.

"저는 당신과 유성영화를 찍고 싶습니다. 이 영화를 소련 각지에 배포해서 당신의 공연을 본 적이 없는 소련 인민들에게 보여주고 싶어요. 제가 찍고 싶은 극목은 〈홍예관〉에서 동방씨와 왕백당이 대창 가무를 보여주는 장면입니다. 그 장면은 무용의 특징이 비교적 강하기 때문이죠."

내가 말했다.

"저도 당신의 의견에 동의합니다. 이번에 저는 모스크바와 레닌그라드 두 곳에서만 공연을 하고 공연 일정도 14일로 정해져 있어서 지방에 있는 수많은 관객들에게 미안함을 느끼고 있었습니다. 이렇게 하면 중국 희곡예술이 스크린을 통해 더 넓은 지역에서 소련 관객들과 만날 수 있으니 무척 의미 있는 일이 될 것입니다. 하지만 제가 공연을 마친 후에 영화를 찍는 것이 가장 좋겠어요."

예이젠시테인이 말했다.

---

4) 〈홍선도합〉은 당나라 때 두 절도사, 전승사(田承嗣)와 설숭(薛崇)에 관한 이야기이다. 이 두 사람은 친척이었는데 전승사가 세력 확장을 위해 대군을 이끌고 경계를 넘으려 했고 설숭은 대적할 수 없음을 알고 매우 울적했다. 시녀 홍선(紅線)이 자진해 나서서 혼자 밤중에 전승사의 군영으로 들어가 그의 침상 머리맡에 있던 보합을 훔쳐서 돌아온다. 설숭은 파발을 보내 보합을 전승사에게 돌려주고 전승사는 깜짝 놀라 곧바로 찾아와서 보합을 훔친 사람을 만나기를 원한다. 설숭이 홍선을 불러 나오게 하고 홍선은 그 자리에서 보합을 훔치던 상황을 자세히 설명한다. 전승사는 이 이야기를 다 듣고 나서 두렵고 기가 꺾여서 군대를 퇴각시켜 돌아간다. 이 극은 내가 처음 공연했을 때는 오래된 곤곡 극본이었는데, 나중에 내가 경극으로 바꾸고 홍선이 연회석에 나와 검무를 추는 장면을 첨가했다. 처음에는 단검으로 추고 나중에는 쌍검으로 춤을 추며 검무의 일련의 동작들과 음악의 곡패는 모두 〈패왕별희〉와 다르다. 내가 해외에서 〈패왕별희〉의 단락을 공연하면서 검무를 출 때는 패왕이 자리에 앉아 있는데 〈홍선도합〉을 출 때는 나 혼자 독무를 춘다.

"당신의 일정은 여기서 3월 28일까지 공연하는 것이니 제가 29일부터 찍으면 어떻겠습니까?"

내가 말했다.

"모두 당신이 안배하는 대로 따르겠습니다."

마지막에 그는 웃으며 말했다.

"지금은 우리가 좋은 친구이지만 영화를 찍고 나서 나를 미워하지 마십시오!"

나도 웃으며 그에게 말했다.

"어찌 그런 일이 있겠습니까!"

그가 말했다.

"당신은 모릅니다. 배우와 감독은 촬영 스튜디오에서 작업할 때 의견이 맞지 않아 때로는 원수지간으로 변하곤 합니다!"

29일 저녁을 먹고 난 9시쯤 나와 주계방(〈홍예관〉에서 왕백당을 맡았다), 서란원(호금), 하증복何增福(북), 나문전羅文田(대라), 곽문원霍文元(삼현(三弦), 이호), 손혜정孫惠亭(월금(月琴), 태평소), 당석광唐錫光(소라), 최영규崔永奎(생황(笙)), 한패정韓佩亭과 뇌준雷俊(화장), 유덕균劉德鈞(복장) 등이 함께 모스크바 영화제작소로 갔다. 예이젠시테인은 입구에서 우리를 맞이해서 안으로 들어갔고 바로 '대창' 장면의 신단과 부위를 찍는 것에 대해 연구하기 시작했다. 예이젠시테인이 말했다.

"이번 영화를 찍으면서 저는 중국 연극의 특징을 충실히 소개하고자 합니다."

내가 말했다.

"〈홍예관〉 같은 '대아희對兒戲'*에서 어떤 춤 동작들은 반드시 두 사람이 한 장면에 담겨야 합니다. 그렇지 않으면 너무 단조롭고 고립적으로 보일 테니까요. 그래서 저는 클로즈업이나 크로스샷을 적게 쓰고 미디엄샷이나 풀샷을 주로 사용하기를 건의합니다. 이렇게 하면 비교적 중국 희곡의 특징을 잘 살릴 수 있을 것입니다."

*
대아희:
극중 두 인물의 극 분량이 주인공과 조역의 구분이 없이 거의 비슷한 극목

예이젠시테인이 말했다.

"저는 당신의 의견을 존중합니다. 하지만 클로즈업은 그래도 중간에 들어가야 합니다. 당신도 아시는 것처럼 소련 관객들은 당신의 얼굴을 똑똑하게 볼 수 있기를 갈망하고 있으니까요!"

내가 말했다.

"영화를 찍는 데는 물론 감독님의 의견을 따라야 하겠지요. 우리는 당신의 지휘에 따를 겁니다."

우리는 화장을 끝내고 '대창' 부분을 먼저 예이젠시테인에게 보여주었다. 그가 말했다.

"병장기를 들고 춤을 추는 이 장면을 찍을 때는 단숨에 일을 끝내야 합니다. 그렇지 않으면 일관되지 않을 수가 있으니까요. 저는 어떻게 클로즈업 장면을 끼워 넣을지 생각해보겠습니다."

내가 말했다.

"〈홍예관〉의 '대창' 장면에서는 동방씨가 모두 여덟 구의 노래를 부릅니다. 그중에 한 구는 '도판'이고 일곱 구는 '원판'이지요.

> (서피도판) 군진 앞에 젊은 장군 백당이 얼핏 보이는구나. (원판) 당시 반안潘安의 용모를 뛰어넘는 인물이로구나. 위타韋陀와 같도다. 위타가 금강저降魔杵 막대가 없구나. 여포 같도다. 여포가 화극은창畵戟銀槍이 없구나. 그를 사랑하네, 그의 용모가 세상에 짝이 없을 만치 아름다움을 사랑하네. 몇 마디 속에 든 말을 당신과 의논하고 당신이 만약 와강을 버리고 나에게 항복한다면 나는 당신과 부부가 되어 하늘과 땅보다 더 길이 갈 것이네.

앞부분의 네 마디는 왕백당과 싸우면서 한편으로는 노래하며 상대와 짝을 이루어 춤 신단을 펼치는 부분입니다. 이 일련의 춤 동작들은 매우 엄밀하고 긴박해서 분리할 방법이 없습니다. '그를 사랑하네, 그의 용모가 세상에 짝이 없을 만치 아름다움을 사랑하네'부터는 동방씨가 왕백당을 향해 애모의 마음을 드러내는 부분이니 이때 클로즈업 장면 몇 개를 찍는 것을 고려할 수 있습니다."

예이젠시테인이 내 생각에 동의하며 말했다.

"그 원칙에 따라 장면을 나누겠습니다. 하지만 앞의 두 분이 무도舞蹈를 펼치는 곳이나 조각처럼 자세를 취하는 부분에서도 클로즈업을 사용할 수 있을 것입니다. 예술적인 완성도를 보존하면서 동시에 여러분의 얼굴을 부각시키려는 목적이지요."

유성영화를 찍는 것이었기 때문에 사전에 소리를 시험할 필요가 있었다. 마이크를 공중에 달고 녹음하는데 악기의 진동에 고저와 강약이 있어서 악단이 공연 때처럼 한데 모여 있을 수가 없었다. 예를 들어 소고라고도 불리는 단피고單皮鼓와 대라의 위치는 조금 멀어야 했고 호금의 위치는 좀 더 가까워야 했다. 이는 모두 현장에서 녹음을 진행하는 기술자가 안배했다.

조명의 위치를 정할 때, 트레티야코프가 '매란방 선생과 예이젠시테인의 이번 합작은 기념할 만한 일이니 사진으로 남기자' 라는 제안을 했다. 나와 예이젠시테인은 문발이 달린 수놓은 막 앞, 양쪽의 격자 창문 앞에는 궁등宮燈을 매달아놓고 바닥에는 양탄자가 깔린 공연구역 내에서 사진을 찍었다. 또한 트레티야코프에게도 같이 찍자고 해서 셋이서 함께 사진을 찍었다.

정식 촬영이 시작된 것은 자정이 다 되어서였다. 화면을 처리하는 방법이 미국에서 〈자호〉를 촬영할 때보다 훨씬 더 많이 복잡했다. 렌즈의 각도와 원근은 자주 위치가 바뀌었으며 찍다가 멈추고 멈추었다가 다시 찍으면서 위치를 조정하는 시간이 상당히 길게 소비되었기 때문에 배우들은 훨씬 더 힘이 들었다. 무대 위에서 '늑두勒頭'* 시간은 한정적인데 영화를 찍는 시간은 촬영이 제대로 진행되었는지 그렇지 않은지를 보면서 결정해야 하기 때문에 마음이 놓이지 않는 것은 피할 수 없었다. 나는 '위타와 같구나'에서 두 사람이 창을 팔꿈치 안쪽에 놓고 동시에 합장을 하고 쪼그려 앉는 신

*
늑두:
경극의 화장 수법. 천으로 머리를 단단하게 잡아매서 눈이 위로 올라가게 하는 화장법

단을 찍을 때 느낌이 아주 좋았다. 그런데 찍고 난 뒤에 카메라 각도가 정확하지 않았던 것이 발견되어 감독이 다시 찍으라고 했다. '화극은창'*의 신단에서도 창끝이 화면을 벗어났기 때문에 예이젠시테인은 말했다.

"이것은 큰 문제이니 다시 찍지 않으면 안 됩니다."

그때 모두의 감정이 점차 불안정해지기 시작했다. 마지막 장면을 찍을 때는 녹음에 문제가 생겨서 연달아 두 번을 찍었는데도 예이젠시테인은 만족하지 않고 한번 더 찍으려 했다. 이때 악단의 동료들은 더 이상 참지 못했다. 북을 치던 사람이 먼저 자단판을 정리해서 주머니에 넣기 시작했고 나도 당시 머리에 수사망자水紗網子**를 벌써 다섯 시간 넘게 쓰고 있었기 때문에 유달리 피곤함을 느끼던 터여서 빨리 화장을 지우고 쉬고 싶은 마음뿐이었다. 이때 예이젠시테인이 내 앞에 와서 친절하면서도 간절하게 말했다.

"매 선생님, 저는 당신이 모두에게 조금만 더 버티자고 말해주셨으면 합니다. 이 장면만 잘 찍으면 모든 것이 원만하게 다 끝나게 됩니다. 이것은 비록 극의 일부를 찍는 것이지만 저는 이것을 결코 평범한 뉴스필름으로 만들고 싶지 않습니다. 완벽한 예술 작품으로 만들고 싶어요."

그의 말을 듣고 그의 성실하고 진지한 태도와 일에 있어 조금도 빈틈이 없는 정신에 감동을 받아 바로 나는 기운을 내어 모두에게 말했다.

"여러분들 보세요. 얼마나 멋진 장면인가요. 곧 다시 촬영을 시작할 것이니 우리 촬영이 끝날 때까지 최선을 다합시다."

마지막 장면을 다 찍고 나서 내가 분장을 지우고 있는데 예이젠시테인이 와서 웃으며 말했다.

"그저께 제가 당신께 말씀드렸던 것이 지금 실증되었지요! 저는 이 짧은 몇 시간 동안 매란방 극단의 예술가들이 틀림없이 저를 욕하고 있었을 거라 믿습니다."

내가 말했다.

"좀 전에 저도 확실히 그런 생각을 했습니다만 지금 다시 잘 생각해보니 당신이 그렇게 하신 것이 옳다는 생각이 듭니다. 스크린에서 상영된 이

*
화극은창 신단: 미늘창과 창을 들고 싸우는 정식화된 동작

**
수사망자: 경극의 머리 분장에서 먼저 머리를 망으로 고정한 다음 가발을 대고 수사를 이용해서 단단하게 감아서 고정하므로 공연 시간이 길수록 이 분장으로 인한 고통으로 견디기가 힘들다고 함

후에 잘못이 발견되면 후회해도 소용이 없을 테니까요."

예이젠시테인이 말했다.

"이 짧은 하루의 촬영 동안에도 저는 이미 당신이 겸손하고 충고를 잘 받아들이는 배우라는 걸 알았습니다. 당신은 영화계에 투신한다 해도 틀림없이 뛰어난 영화배우가 될 것입니다."

나는 소련 영화배우들의 상황을 물었다. 그가 말했다.

"무성영화 시대 영화계에는 남녀 배우가 약 2천여 명이나 있었습니다. 그 가운데 일부 임시 배우들을 제외하고 대부분은 전문 배우였지요. 유성영화가 성행하기 시작한 뒤로는 어쩔 수 없이 무대 경력이 있는 배우들 속에서 영화의 주인공을 뽑아다가 쓸 수밖에 없게 된 상황이 되었습니다. 하지만 그들은 밤마다 무대공연이 있기 때문에 영화 생산의 속도가 감퇴하고 있어요. 지금 우리는 기본 배우들을 훈련하고 있고 이렇게 해서 연극계에 신세지는 상황을 변화시키려 하고 있습니다."

그가 또 말했다.

"소련의 당 정부 지도자들은 문화 사업을 매우 중시하며 영화가 선전과 교육에 가장 좋은 방식이라고 생각합니다. 그것이 충분히 보급될 수 있기 때문에 앞으로 더 많은 역량이 투입될 것입니다."

내가 말했다.

"영화 사업의 발달은 세계적인 추세이니 정말로 당신 말대로 될 것입니다. 1930년에 제가 미국에서 공연할 때 유성영화가 막 발전하기 시작해서 많은 연극배우들이 영화사에 스카웃되었고 무대극도 차례로 스크린으로 옮겨 갔습니다. 어떤 사람은 이 문제에 대해 걱정을 많이 하면서 이런 현상이 길게 이어지면 무대극이 영화에 의해 대체될 거라고 합니다. 저는 연극에는 유구한 역사와 전통이 있고 색채나 입체성, 감각과 같은 측면에서 영화와는 다르다고 생각합니다. 영화는 비록 편집과 수정을 거쳐 완벽함을 추구하지만 무대극은 매회 공연을 할 때마다 배우들이 모두 자신의 창조적인 능력을 발휘할 기회를 갖기 때문에 관객들에게 신선한 느낌을 줄 수 있지요. 예를 들어 우리가 소련에서 공연한 〈타어살가〉는 미국에서 공연한 것과 다릅니다. 환경이 변하고 관객이 변했기 때문에 배우들의 감정 역시 그에 따라 바뀐 부분이 있는 것입니다. 그래서 영화가 무대극을 '대체할 것이다'라는 의견에 저는 동의하지 않습니다."

예이젠시테인이 말했다.

"당신의 견해에 저도 깊이 공감합니다. 이 두 예술은 반드시 서로 영향을 주고받으며 함께 오랫동안 공존할 것입니다. 소련의 정책은 영화와 연극이 모두 광범위한 대중을 교육하는 책임을 함께 지도록 하고 있습니다. 그래서 이들의 내용은 반드시 사회주의적인 내용이어야 하고 그 대상은 반드시 노동자와 농민 대중이 중심이어야 합니다. 동시에 내용과 기술이 반드시 다 같이 중시되어야 자기도 모르는 사이에 관객들이 위안과 격려를 얻고 교육을 받아들이게 할 수 있는 것입니다."

나는 그의 말을 통해 비로소 소련 정부가 많은 경비를 들여 연극과 영화 및 기타 문화 사업을 제창하고 있으며 그 목적이 교육에 있다는 것을 기본적으로 이해할 수 있었다. 이 점은 구미 각국의 상업화와는 근본적으로 성격이 다른 것이었다.

영화를 찍은 그 다음날, 우리는 기차를 타고 레닌그라드로 갔다. 거기서 8일 동안 공연을 하고 다시 모스크바로 돌아와 4월 13일에 모스크바 대극장에서 또 하루 공연을 했다. 이날 공연은 소련 대외문화협회의 특별 요청으로 연장된 것으로 원래 일정에는 없었다.

4월 14일 모스크바를 떠나기 전날 우리는 소련 대외문화협회를 통해 소련 문예계 인사들을 초청해서 좌담회를 열어 그들에게 중국 전통극에 대한 견해와 비평을 부탁했다. 좌담회는 소련 연극계의 대가인 네미로비치 단첸코가 사회를 맡았다. 그가 먼저 간단한 감상을 말했다. 그러고 나서 좌담회에 참석한 사람들이 적극적으로 발언을 하기 시작했다. 수많은 문학가, 연극인, 음악가들이 열띤 토론을 벌였다. 예이젠시테인도 그의 감상을 이렇게 말했다.

“처음에 저는 동양의 연극이 모두 같다고 생각했습니다. 나는 일본극을 본 적이 있었고 지금 중국극을 보고 나니 비로소 그것들이 다르다는 것을 알게 되었습니다. 마치 로마와 그리스, 미국의 초기와 서부 유럽이 다르듯이 말입니다. 중국극에는 희로애락이 모두 일정한 규칙에 의해 표현되지만 전혀 생기 없이 막혀 있는 형태를 띠지 않습니다. 러시아 연극의 사실주의 원칙에 존재하는 모든 우수한 점이 중국극 속에 거의 모두 존재합니다. 제가 보기에 중국 전통극은 확실히 많은 장점이 있습니다. 그런데 왜 중국 영화에는 그것들을 흡수하지 않았을까요? 러시아 영화는 앞으로 중국극의 방법을 응용하여 연출을 풍부하게 할 것입니다. 나는 매란방 선생이 귀국한 후에 새로운 인재들을 많이 배출해서 이 아름다운 중국 전통극을 계속해서 발전시켜나갈 수 있기를 바랍니다.”

그는 잠시 멈추었다가 이어서 자신이 발표한 글의 일부 관점들을 요약 정리해서 다시 말했다.

“매란방 선생은 공연 예술가일 뿐 아니라 학자입니다. 그는 고대 무대 예술의 종합적 특징을 어떻게 발전시킬 것인지 연구하는 일에 종사하고 있습니다. 이 특징은 동작과 음악, 고대 복장을 듣기 좋고 보기 좋게 결합하는 것입니다. 하지만 매란방 선생은 복고주의자가 아닙니다. 그는 새로운 내용으로 전통의 형식을 풍부하게 하고 새로 창작한 극목과 제재에서 사회 문제를 언급했습니다. 금격림金格林 선생이 일찍이 이 점을 지적한 바 있습니다. 그는 매란방 선생이 창작한 많은 극본들 중에서 어떤 극이 여성의 사회적 지위 문제를 언급했는지, 어떤 극이 진부한 종교 미신, 편견에 대해 대항했는지 지적하면서 매란방이 전통 형식과 역사적인 이야기를 잘 운영하여 현대의 문제를 비유함으로써 고전적인 중국 전통극에 특수한 생명력을 불어넣었다고 평가했습니다. 예술가는 흔히 어떤 특정한 각색을 연기하는 데만 적합한데 매란방 선생은 여러 유형의 인물을 연기할 수 있고 실물처럼 생동감 있게 표현한다고 했습니다. 금격림 선생의 글에서 우리는 매란방 선생이 고대와 현대 각 시기의 역사적 배경과 풍속, 관습을 면밀히 주시하고 연구했으며 그가 가진 풍부한 생활 경험과 날카로운 관찰력과 정련된 예술로 수많은 전형적인 여성 형상을 창조하여 중국 및 국제무대에서 활약하고 있음을 알 수 있었습니다."

예이젠시테인은 마지막으로 말했다.

"전통적인 중국극은 반드시 보존되고 발전해야 합니다. 그것은 중국 연극 예술의 기초이기 때문에 우리는 반드시 연구하고 분석하여 그 규율을 체계적으로 정리해야 합니다. 이는 학계와 연극계의 귀중한 사업입니다."

예이젠시테인의 중요하고도 통찰력 있는 강연은 내게 무척 큰 격려가 되었으며 아주 깊은 인상을 남겼다. 그의 중국 전통극에 대한 견해와 평가는 날카로우면서도 정확했다. 지금 보아도 그가 지적한 문제들은 여전히 실제 상황에 부합하며 또한 우리가 애써 모색하며 나아가는 방향이기도 하다.

예이젠시테인과 그 외의 다른 친구들이 비록 세상을 떠난 지 이미 여러 해가 되었지만, 내가 이 회고록을 쓰고 있는 지금 추억할 가치가 있는 많은 옛일들이 아직도 눈앞에서 일어나는 것처럼 생생하다. 우리가 함께 모였던 날들은 겨우 한 달의 짧은 시간에 불과하지만 우리의 우정과 그에 대한 그리움은 오히려 깊고 두터워 끊어지지 않으며 영원할 것이다.

울라노바와의 만남[5)]

1935년, 내가 처음 소련을 방문했을 때 저명한 발레리나 울라노바Galina Sergeevna Ulanova, 1910-1998를 만나 그녀의 공연 〈백조의 호수〉를 관람했다. 17년 후인 1952년 중소우호中蘇友好의 달에 그녀가 중국을 방문해 나는 또 그녀의 멋진 발레 공연을 보게 되었다. 그때 그녀는 수도의 중국희곡학교를 참관했다. 학생들이 한참 무대연습을 하며 기예를 훈련하고 있을 때 나는 그녀에게 중국 고전 희곡배우가 기예를 배우는 과정을 구체적으로 소개했고 우리 학생들은 〈백사전白蛇傳〉 공연을 그녀에게 보여주었다. 마지막에 우리는 다 같이 무대에서 기념사진을 찍었다.

소련의 희극가들은 모두 중국 희극의 허구적 동작들, 즉 말 타기, 노 젓기, 위층으로 올라가기, 아래층으로 내려가기 등의 동작과 변화가 많은 손동작을 흥미롭게 감상했다. 중소우호의 친목 행사가 진행되는 중에 나는 소련의 문예계 접대를 위해 〈귀비취주〉를 공연했다. 내가 공연을 다 마치고 무대의상을 갈아입고 있을 때 울라노바가 무대 뒤로 와서 내게 수고했다는 인사를 하면서 말했다.

"나는 중국 연극의 손동작을 아주 좋아해요. 〈귀비취주〉에서는 궁정 복식을 입어 긴 소매가 두 손을 가리고 있지만 가끔씩 드러나는 손동작들이 어쩌면 그토록 강렬하면서 사람을 빠져들게 하는 흡인력이 있을까요."

그녀는 내 손을 끌어다가 자세히 들여다보면서 이렇게 말했다.

"당신의 손은 일반적인 배우의 손과 별다른 점이 없네요. 아무런 비밀도 없는 것 같아요."

---

5) 이 글은 1857년 12월 25일 『인민일보』에 실린 「매란방 희극 산론(梅蘭芳戲劇散論)」에서 뽑은 것이다.

1952년 말 나는 비엔나 세계평화대회에 참석하고 돌아오는 길에 모스크바에 들렀다. 소련 보위부와 평의원회의 초대를 받아 1953년의 새해를 거기서 보내기로 했기 때문이다. 차에서 내릴 때 가장 먼저 울라노바가 사람들 무리 속에서 내 앞으로 걸어오는 것이 보였다. 그녀는 나에게 오느라 수고했다고 말하고 또한 내가 세계평화대회에 참석하고 순조롭게 귀환한 것을 축하해주었다. 그들은 나를 자동차 타는 곳까지 배웅해주었다. 이 일이 있고 난 후 중국어를 할 줄 아는 한 소련 기자가 내게 말했다.

"최근에 울라노바는 연기하는 데 최상의 컨디션을 유지하기 위해 휴식에 특별히 주의를 기울이고 있지요. 그래서 좀처럼 기차역이나 공항에 나와 손님들을 맞이하거나 배웅하지 않습니다. 이번에 매 선생님을 맞이하려고 기차역에 나오신 것을 보니 두 분의 우정이 매우 두터우신 모양입니다."

1957년 11월에 우리 노동인민대표단이 모스크바를 방문했다. 일행은 비행기에서 내려 곧바로 10월혁명 30주년 경축 최고 소비에트 회의에 참가했고 소련의 지도자와 형제 국가의 대표들, 그리고 우리 모 주석의 축사를 들었다. 모두들 10월혁명의 '인류를 위한 행복 창조'라는 중대한 의의에 대해 날카로운 해석을 했으며 그들의 우렁찬 목소리는 모든 사람들의 심금을 울렸다. 붉은 광장의 관람석에서 모범적인 사회주의 선진 노동자들의 위풍당당한 행진을 지켜보았다. 행진 중 펼쳐지는 각양각색의 불화살들이 모든 관람객의 마음을 사로잡았다. 우리는 소련의 인공위성도 보았다. 이것은 최초의 인공위성과 비슷한 형식으로 만들어진 것으로, 지금은 천문관에 전시되어 있다. 이 웅장하며 기쁨에 넘치는 축제 속에서 회의에 참석하거나 참관하는 집단 활동 외에도, 우리는 바쁜 일정에서 시간을 내어 소련 문예계 친구들의 집을 방문했다. 손님을 맞이하는 것을 즐기는 목각인형극원의 원장인 오브라스초프Sergei Vladimirovich Obraztsov, 1901-1992의 집, 작가 폴레보이Boris Nikolaevich Polevoi, 1908-1981의 집에서 그들의 따뜻한 접대를 받았다. 시모노프Konstantin Milhailovich Simonov, 1915-1979는 바쁜 와중에도 폴레보이의 집으로 달려와 우리와 담소를 나누었으며 몇 차례 가졌던 시의詩意적인 문학과 술잔을 기울인 작은 모임들은 모두 우정과 기쁨으로 가득했다. 나는 이 짧은 글에서 내가 다시 울라노바와 만났던 일에 역점을 두어 이야기하려고 한다.

한 만찬 모임에서 나는 울라노바의 짧은 무용극을 관람했다. 그녀의 뛰어난 연기는 '밝은 달빛과도 같고 가벼운 바람과도 같았다.' 나는 그녀의 연기를 보면서 손바닥 위에서 춤을 춘다는 중국 고서 속의 조비연趙飛燕*이 떠올랐다. 볼 길이 없는 이런 고대의 춤사위가 지금 우리 눈앞에서 펼쳐지고 있는 듯했다.

다른 날 그녀는 대형 발레극 〈붉은 양귀비〉를 공연했다. 나는 그것을 사전에 알지 못했기 때문에 공연 당일 입장권을 구하지 못했다. 나는 우리를 접대하는 단체를 통해 그녀에게 방문하고 싶다는 의사를 전하고 연락을 취한 후에 모스크바 대극장에서 만나기로 약속을 잡았다. 나는 그녀가 대극장 무대에서 늘 연습을 한다고 들었다. 아마도 그녀는 하루도 연습을 놓치고 싶지 않아 거기에서 손님을 만나는 모양이었다.

나는 여기서 잠깐 발레리나들의 예술 생활에 대해 소개하고자 한다. 발레는 일종의 고된 예술 노동이다. 온몸의 힘이 모두 발가락 끝에 집중되어 중국 고전희곡 화단의 지교支蹻보다 더 고될 뿐 아니라, 먹는 것과 자는 것까지도 엄격하게 통제를 받으며 표준 체중을 유지해야 한다. 지난 몇 년 동안 중소우호의 달에 소련 문화 대표단이 중국을 방문할 때도 대부분의 단원이 기차로 왔지만 울라노바는 비행기를 타고 왔다. 연속해서 십여 일을 기차에서 생활하면서 먹고 자고를 되풀이하면 첫째는 체중이 늘게 되고 둘째는 연습을 할 수가 없어 그녀에게는 맞지 않았던 것이다. 발레리나의 예술 연령은 일반적으로 서른에서 마흔 사이다. 울라노바는 이미 이 나이를 넘긴 지 오래되었다. 그것은 하나의 기적이었다. 소련인들이 그녀를 국보로 존경하는 것도 우연이 아니다.

재작년에 또 다른 소련 발레리나 레페신스카야Olga Lepeshinskaya, 1915-2008가 중국을 방문했을 때 나는 북경 호텔에 머물고 있는 그녀를 방문해

*
조비연:
중국 한(漢) 성제(成帝)의 부인으로 미천한 신분에서 효성황후(孝成皇后)의 자리까지 올랐으며 중국 전통 미인으로 일컬어짐. 본명은 조의주(趙宜主)였으나 '날으는 제비'라는 뜻의 조비연으로 불렸음. 가냘픈 몸매와 뛰어난 가무는 당대 최고의 찬사를 받았음

발레의 연기 기술에 대해 이야기를 나누었다. 그녀는 내게 그해 문화대표단을 따라 중국을 방문한 것은 관광과 참관이 주요 목적이지 공연을 하러 온 것이 아니라고 했다. 그러나 그녀는 매일 아침저녁으로 몇십 분씩 발레의 기본 동작들을 연습하는 것으로 시간을 보냈다. 중국을 방문한 한 달이라는 기간 동안 연습을 하지 못하면 예술적으로 타격이 크기 때문이었다.

울라노바는 일찍이 이런 말을 했다.

"무용가로서의 삶을 막 시작했을 때, 나는 기술적인 부분에 주력하여 절대적인 시간과 정력을 쏟았다. 그러나 이러한 기술적 단련은 잡기의 발전을 지향한 것이 아니다. 기술을 향상시키고 더 많은 무대 동작의 장악력을 높여서 동작을 마치 물이 흐르듯 자연스레 연계하기 위한 것이다. 이러한 능력을 갖추어야 비로소 위대한 감정들을 표현해낼 수 있고 춤이 함축적이면서 시적이게 된다."

우리는 울라노바의 공연을 보면서 그녀의 탁월한 발레 기술을 감상했을 뿐 아니라 이러한 기술을 통해 인간의 진실하고 심오한 감정을 시적으로 표현한다는 것을 느꼈다.

구름 한 점 없이 맑은 어느 날 오후, 나와 전한田漢, 노사老舍, 양한생陽翰笙, 왕곤王昆을 포함한 몇 사람이 모스크바 대극장으로 갔다. 울라노바는 계단 입구에 서서 우리를 맞아 회견실로 들어갔다.

나는 가지고 간 컬러판 『중국희곡복장도안中國戲曲服裝圖案』을 그녀에게 주었다. 그녀는 대단히 기뻐했다. 책을 보면서 그녀가 내게 말했다.

"도안이 풍부하고 색채도 선명합니다. 중국의 인쇄술이 발전했군요."

그녀는 또 말했다.

"공연을 다 마치고 이런 희곡 미술 관련 서적을 보면 긴장도 풀리고 피로도 회복될 수 있겠어요."

나는 또 공연 사진 한 장을 그녀에게 주었다. 나와 강묘향, 보구 세 사람이 같이 찍은 〈단교〉였다. 그녀는 청아青兒로 분장한 보구를 가리키며 말했다.

"이 사람이 당신의 아들이지요. 나중에 당신 손자가 자라서 할아버지부터 손자까지 삼대가 같은 작품을 함께 연기하면 더 재미 있을 거예요. 새로운 시대의 예술가는 늙지 않으니까요."

전한은 그녀에게 붉은 접이식 부채를 선물했다. 그 위에 시 한 수가 적혀 있었다. 그녀가 공연한 〈붉은 양귀비〉 발레극을 노래한 것이었다. 그녀는 감사하다는 말과 함께 내게 이 극을 보았느냐고 물었다. 내가 말했다.

"그날 현장에서 입장권을 구할 수 없었기 때문에 당신의 최고 작품을 감상하지 못했어요. 매우 유감입니다."

그녀는 〈붉은 양귀비〉를 공연했던 경험을 이야기하면서 이 작품은 중국의 고사에서 제재를 취했으며 최근 다시 수정을 거쳐 공연했다고 전했다.

끝으로 우리는 그녀가 1959년 우리의 개국 10주년 기념일에 다시 중국을 방문해주기를 희망한다고 말했다. 그녀는 웃으며 답했다.

"저도 중국 인민들과 함께 그날을 경축하고 싶습니다."

처음으로 유성영화를 찍다[6)]

1939년 1월 18일, 나는 미국 공연을 위해 극단을 이끌고 상해에서 캐나다 엠프레스호를 타고 출국했다. 증기선은 일본의 요코하마에서 이틀 동안 정박했다. 일본의 유명한 가부키 배우 모리타 간야守田勘彌, 무라타 기쿠코村田嘉久子 등이 내가 선물한 중국 옷[7)]을 입고 손에는 매화 그림 위에 매란방 극단을 환영한다는 글이 쓰인 깃발을 들고 증기선이 정박하는 항구로 와서 우리를 맞았다. 일본 각계에서 환송회가 거행되었고 그 자리의 모든 이들이 우리 극단의 미국 공연이 성공하기를 기원했다.

캐나다 엠프레스호가 캐나다 빅토리아 이너 하버를 지날 때 저 멀리 부둣가에서 수천 명의 사람들이 이쪽을 보고 있는 모습이 보였다. 그들은 우리가 배에서 내리자 갈채와 환호를 보냈다. 이는 전혀 생각지도 못한 일이었다. 사전에 캐나다 쪽에 아무런 홍보도 하지 않았는데 이렇게 많은 친구들이 와서 환영해주니 참으로 감격스러웠다.

2월 8일에 뉴욕에 도착했다. 역에는 떠들썩하게 사람들로 가득 차 있었다. 질서유지를 위해 플랫폼에서부터 역의 문 밖까지 줄로 통로를 만든 뒤에 십여 명의 경찰관이 우리를 경호하여 겨우 인파를 헤치고 밖으로 나갈 수 있었다. 길 양쪽의 관중들은 모자를 벗고 인사했고 손수건을 흔들었으며 수많은 사람들이 꽃을 던졌기 때문에 나는 머리부터 발끝까지 모두 꽃

---

6) 이 글과 이어지는 다섯 편의 글은 모두 『나의 영화생활(我的電影生活)』에서 뽑은 것이다.

7) 1926년 8월, 일본의 모리타자 가부키 극단이 북경에서 공연을 했는데 매란방 선생이 같은 무대에서 조연을 맡아 성공을 거두었다. 매 선생은 성대한 환송회를 베풀었고 부인인 복지방(福芝芳)이 직접 북경 천문(天門) 밖 상가 거리인 다산란(大柵欄)의 겸상익(謙祥益) 비단 점포에서 고른 옷감으로 중국 옷을 지어 모리타자의 남녀 배우 50여 명에게 기념으로 선물했다. 얼마 후 도쿄 배우 조합의 나카무라 우타에몬 회장과 오노에 바이코(尾上梅幸) 부회장이 매란방 선생에게 편지를 써서 모리타자 중국 공연 성공을 지원한 점에 대해 감사를 표했다.

을 뒤집어썼다. 나는 걸어가는 내내 모자를 벗고 감사 인사를 했다. 또 많은 사람들이 꽃다발을 건네주었다. 나중에는 손에 다 들 수가 없어 모두가 대신 꽃다발을 들어주었다. 호텔에 도착해 세어보니 꽃다발이 모두 팔십여 개나 되었다.

역 플랫폼에는 수많은 카메라가 있었고 신문기자들이 여기저기서 플래시를 터뜨렸다. 그들은 계속해서 호텔까지 따라왔고 호텔 안에서도 각국의 기자들이 뉴스 인터뷰를 하고 있었다. 그날과 다음 날의 신문에 사진과 뉴스가 실렸다.

신문들마다 중국극과 매란방 극단의 공연에 대한 평론을 실었다. "5억 관중의 사랑을 받는 위대한 예술가 매란방이 뉴욕에 도착하다"라고 표제를 쓴 신문도 있었다. 이 의미는 중국의 4억 인구에 일본 관객을 더해 5억이라는 것이었다.

유명한 연극평론가 스타크 영Stark Young, 1881-1963은 공연 전후로 정확한 인식과 탁견이 돋보이는 논평을 몇 편이나 발표했다. 나와 단독으로 인터뷰를 하면서 매란방 극단의 공연에 대한 견해를 제기하기도 했는데 그의 날카로운 비평에 진심으로 탄복하지 않을 수 없었다.

30년 전의 옛일이지만 마치 지금 눈앞에서 일어나고 있는 것처럼 미국 친구들과 화교 동포들의 열정은 내 머릿속에 깊게 새겨져 있다.

뉴욕에서 우리는 영국식 플라자 호텔에 묵었다. 다음 날 파라마운틴 영화사의 뉴욕 대표가 호텔로 나를 찾아왔다. 우리는 그 자리에서 바로 그들의 영화관으로 가서 영화를 보고(미국의 규모가 큰 몇 개의 영화사들은 대도시나 중소 도시에 그들의 영화관을 가지고 있었다), 영화를 촬영하는 스튜디오로 가서 참관하기로 약속을 잡았다. 사흘 뒤, 우리는 그들의 영화 스튜디오를 방문했다. 스튜디오 책임자와 감독 등이 모두 우리를 따뜻하게 맞아주었으며 나와 영화를 하나 찍고 싶다고 했다. 내가 말했다.

"뉴욕에서 공연을 해야 해서 영화를 찍을 시간을 따로 내지 못할 것 같습니다."

스튜디오 책임자가 말했다.

"할리우드에도 가신다고 들었습니다. 우리의 메인 스튜디오가 거기 있습니다. 모든 조건이 여기보다 훨씬 좋아요. 거기 가시면 메인 스튜디오의 책임자가 당신과 영화를 찍는 일에 대해 상의하러 올 겁니다. 우리는 여기서 당신과 짤막한 뉴스필름을 찍었으면 합니다."

내가 말했다.

"그것은 가능합니다. 하지만 공연 후에는 지금보다 더 바쁠 터이니 여러분이 극장에 와서 찍으시는 게 좋겠습니다."

양측이 그렇게 하기로 합의했다.

2월 27일 우리는 뉴욕 49번가 극장49th Street Theatre에서 첫 공연의 막을 올렸고 2주 동안 여기에서 공연을 했다. 7일째 되는 날 파라마운트 영화사 사람들이 극장에 와서 뉴스필름을 찍었다. 그날 대축이 〈자호〉여서 우리는 비정아費貞娥가 나호羅虎 장군에게 술잔을 올리는 장면을 찍기로 했다. 이 극은 그들도 이미 여러 번 보았으므로 극 내용이 비교적 익숙할 것이기 때문이었다. 그날 저녁 공연이 다 끝나고 사람들이 돌아간 뒤 영화사에서는 사전에 이미 옮겨다 놓은 각종 조명과 촬영기, 녹음기 등의 광선과 소리를 배치했다. 나는 공연이 끝난 뒤 얼굴도 씻지 않고 화장만 살짝 다시 고쳤다. 영화를 찍기 시작한 때는 이미 새벽 2시가 지난 시각이었다. 첫 화면은 우리 극단의 공연을 소개하는 보막인報幕人 양수楊秀 여사가 영어로 극의 내용을 소개하는 장면이었다. 양수 여사는 화교인데 우리가 뉴욕에 도착한 이후에 임시로 고용한 사람이었다. 그녀는 성격이 시원시원하고 영어가 유창하고 발음이 분명한데다 감정도 풍부해서 관객들의 반응이 좋았다. 우리 극단이 미국 공연에서 성공한 것은 그녀의 열정적인 도움이 있었기 때문이라는 사실을 부인할 수 없다. 극 내용 소개에 이어 카메라 렌즈가 내게 옮겨졌다. 나는 반신 클로즈업으로 먼저 〈자호〉의 【탈포삼대도도령脫布衫帶叨叨令】 곡패 가운데 "당신은 무척이나 즐겁다고 말하는군요. 또 기쁘다고 말하네요"라는 두 마디의 가사를 노래했다. 마이크는 무대 중앙의 공중에 매달려 있었다. 그 다음 화면이 바뀌고 무대 전체가 드러났다. 유연영이 연기한 나호가 대사를 읊었다. "시녀들이 술을 가져오는 모습을 보네. 내가 공주에게 한 잔 올리리." 정아가 말한다. "장군께서 내리시거늘, 소녀 어찌 명을 따르지 않으리오. 장군께서도 소녀와 함께 한 잔 드시지요." 이 대사를 한 다음 두 손으로 술잔을 받쳐 들고 천천히 걸어 나호 앞으로 간다. 이때 카메라가 무대 전체의 화면에서 나와 유연영 두 사람에게로 옮겨온다. 유연영이 읊는다. "그러지요." 술잔을 들고 단번에 마신다. 계속해서 술에 취해 토하는 모습을 연기한다. 이때 화면은 또 다시 나 한 사람에게 집중되었다. 나는 이어서 '아' 하는 소리와 함께 노래했다. "참으로 남의 여자나 강탈하는 멍청한 변방의 장군이로군요. 점잖은 풍격도 배우시지요." 여기서 소라의 '장사두長絲頭(징과 북을 두드리는 장단의 명칭)' 소리가 울리며 뉴스필름이 끝났다.

촬영 전에 영화사 쪽에서 모든 각색이 다 등장하는 장면과 내 단독 클로즈업 장면이 몇 군데 나오는 단락을 찍었으면 좋겠다고 요청해왔고 나는 이 대목이 각색이 가장 많이 등장하는 부분이라고 생각했다. 비정아는 이 대목에서 봉황 모양의 관을 쓰고 망을 입고 옥대를 두르며 아주 화려하게 분장한다. 정아는 나호와 마주하고 있을 때와 등을 돌릴 때 두 개의 얼굴을 연기한다. 이러한 표정에서 관객들은 극중 인물의 복잡한 심정을 쉽게 읽을 수 있다. 그래서 이 대목을 찍자고 주장했던 것이다.

이 뉴스필름은 스크린에서 아주 짧게 겨우 몇분간 상영되었지만 그날 밤 시험 촬영과 반복 촬영 그리고 카메라 위치와 각도의 조정까지 아주 많은 시간을 들여 하루 밤을 새며 찍은 것이다. 이것이 내 평생의 첫 번째 유성영화를 촬영했던 경험이다.

해방 전에는 미국 영화가 중국에서 독점적인 위치에 있었다. 그래서 내가 뉴욕에서 찍은 이 유성 뉴스필름은 매우 신속하게 중국 전역의 대도시로 퍼졌다. 내가 미국에서 공연을 마치고 돌아오기도 전에 이미 이 유성 뉴스필름 〈자호〉는 북경에 도착해 있었다. 귀국한 후에 친구들이 북경에서 이 영화가 상영되던 때의 상황에 대해 얘기해주었다. 당시 진광眞光영화관에서 본편 영화를 상영하기 전에 이 뉴스필름을 상영했으며 신문에서는 영화 광고란에 '매란방의 〈자호〉'라는 다섯 글자를 눈에 띄는 위치에 넣고 그 옆에 〈자호〉 사진을 함께 실었다. 영화관 입구에도 대형 광고를 그려 붙였다고 한다. 상영 기간 동안 내내 극장은 만원이었다.

나는 그 당시 관객들이 이 뉴스필름에 이처럼 열렬하게 반응한 데는 몇 가지 원인이 작용했다고 생각한다.

우선 국내에서 상영된 유성영화는 모두 외국영화였고 중국 배우들이 나오는 유성영화가 없었기 때문이다.

그다음은 경극 배우가 최초로 유성영화에 출연했기 때문이다.

마지막으로 중국인들은 자기네 연극이 해외에서 성공했는지 실패했는지에 관심이 많았다. 한 가지 원인이 더 있다면, 아마도 북경 관객들이 몇 달 동안 내 공연을 보지 못했으므로 외국에서의 내 공연 상황에 대해 관심이 많았을 것이다.

최근에 나는 당시 어린 관객이었던 주가진朱家溍과 〈자호〉의 촬영에 관해 이야기했다. 그 역시 당시 영화를 보았을 때의 인상을 이야기해주었다. 그가 말했다.

"그때 저는 가족을 따라 진광영화관에 가서 〈자호〉 뉴스필름을 보았어요. 그 필름 속의 노래, 대사, 신단, 분장 등이 모두 좋다고 했습니다. 조명과 소리도 좋았구요. 특히 〈자호〉라는 극은 선생님께서 출국 전에 부르시지 않았던 작품이고 영화에서 처음 보았기 때문에 더 좋았던 것 같아요."

그때 미국에서 공연한 주요 극목은 〈자호〉, 〈분하만〉, 〈타어살가〉 세 작품이었다. 그중에서 〈자호〉의 공연 횟수가 가장 많았고 미국 관객들에게 인기도 가장 많았다. 극의 줄거리가 간명한데다 내용이 이해하기 쉽고 연출 수법이 상당히 정교하고 세련되었기 때문일 것이다. 그 후 이 극은 농민 기의와 연루되어 평가가 나뉘었기 때문에 더 이상 공연하지 않았다.

중국 희곡에 대한 미국 영화계의 평가

1930년 4월 중순, 우리는 미국 서부의 샌프란시스코에 도착했다. 그곳은 화교 동포들이 모여 사는 대도시이다. 시장이 기차역 밖 광장에서 수만 명의 사람들을 향해 환영사를 전했고 우리는 십여 대의 자동차에 나눠 타고 출발했다. 나는 시장과 함께 컨버터블 자동차를 탔는데 맨 앞에서 여섯 대의 호위 차량이 경적을 울리며 길을 열었다. 두 번째 대열에는 "위대한 예술가 매란방 선생을 환영합니다"라고 쓰인 커다란 깃발을 양쪽에 걸었으며 뒤에는 악대가 따랐다. 자동차는 양쪽에 빽빽하게 몇 겹으로 둘러선 사람들 사이를 천천히 달려 대중화희원大中華戲院으로 갔다. 문 입구에는 "위대한 예술가 매란방 선생과의 성대한 만남을 환영합니다." 라는 두 개의 커다란 깃발만 보였고 한바탕 우레와 같은 박수 소리가 우리를 회장 안으로 인도했다. 그때 내가 얼마나 감격했는지 말이나 글로는 형용하기 어렵다.

다음 날 답례로 시장을 방문했는데 그때 마침 시정회의가 열리고 있었다. 시장은 '매란방 환영회'로 회의 개정을 선포했다. 위원의 환영사와 나의 답례사가 영원히 시정 회의록에 보존될 것이다.

우리는 차에서 내려 페어몬트호텔에 묵었는데 많은 영화계 배우, 시나리오 작가, 감독, 사장 등이 찾아와 우리를 환영했다. 그들은 공연을 보고 난 뒤 다시 호텔로 찾아와 우리와 함께 중국 전통극의 희극 조직과 공연 예술에 대해 논의했다. 한 감독이 내게 말했다.

"이번에 미국에 와서 가장 고상한 동양극을 공연하여 미국 국민에게 환영받았을 뿐 아니라, 특히 우리 영화계의 환영을 받았습니다. 이는 결코 면전이라 듣기 좋은 말씀을 드리는 것이 아니고 이유가 있습니다. 지금 유성 영화가 추세인데 많은 부분에서 중국 전통극처럼 변화하고 있습니다. 그 안에는 대사도 있고 표정 연기도 있고 필요하면 노래도 부릅니다. 갖가지 정황들이 모두 중국 전통극 연기와 유사합니다. 이런 영화가 지금 가장 관객들의 환영을 받습니다. 영화사들은 모두 이 방향으로 있는 힘을 다해 길을 모색하고 있습니다."

내가 말했다.

"여러분께서 우리 공연을 보셨는데 상징적인 동작들에 대해 이해를 하시나요?"

어떤 영화배우가 이어서 말했다.

"몇몇 영화계 동료들은 일찍이 오직 당신의 연기를 보기 위해 뉴욕까지 갔었고 돌아와 이야기를 나누며 말했습니다. 매 선생이 미국에 와서 공연을 했는데 공연예술에서 우리 영화계에 지대한 영향을 주고 도움이 될 부분도 많다는 것이었습니다. 당시에는 모두들 이런 의견을 듣고도 반신반의했습니다. 지금 당신의 공연을 보니 그들이 했던 말이 전혀 틀리지 않다는 것을 알겠군요. 창사와 대사는 알아듣지 못했지만 그 나머지는 모두 알겠어요. 이런 연기 방식은 우리 영화계에 더없이 귀중한 참고가 될 것입니다. 우리가 어떻게 환영하지 않을 수 있으며 또 마음속에서 우러나는 감사를 드리지 않을 수 있겠습니까!"

파라마운트 영화사의 책임자가 이전에 했던 제안을 다시 꺼내며 내게 물었다.

"메인 스튜디오에서 영화 한 편을 다 찍을 수 있을까요?"

자리에 앉아 있던 다른 몇몇 영화계 인사들도 내게 물었다.

"언제 할리우드에 오실 수 있나요? 영화를 찍으실 생각은 있으신지요? 어떤 극을 준비하고 계신가요? 어떤 연기를 하십니까?"

내가 말했다.

"저는 확실히 유성영화 한 편을 찍고자 합니다. 하지만 미국에서 배급하고 상영하는 것이 주요한 목적이 아닙니다. 제 바람은 중국 변방 지역의 주민들에게 바쳐 그들이 우리 고전극을 감상할 수 있도록 하는 데 있습니다. 한 사람의 배우가 평생을 다 바쳐도 중국 국경 내 960만㎢를 다 돌면서 그 예술을 펼칠 수가 없습니다. 이번에 서양의 신식 기계를 이용해 유성영화를 찍으면 대대로 이어져온 중국 예술을 가까운 곳에서 먼 곳까지 전할 수 있을 것이니 그게 바로 제가 꿈꾸는 일입니다. 지금은 시간이 허락될지가 문제이니 모든 것은 로스앤젤레스에 가서야 결정할 수 있겠습니다."

내가 미국에 갔을 때 마침 유성영화가 막 시작되어 영화의 연기와 풍격에 큰 변화가 일어났다. 노래와 춤이 있는 영화가 크게 인기를 끌어 바로 그들이 말한 바처럼 "많은 부분에서 마치 중국 전통극처럼 변화"했다. 이런 말을 왜 한 걸까? 그들은 중국 전통극 공연이 춤과 노래와 대사를 이용해 집중적이고 세련되게 몇십 분 내에 멋진 레퍼토리를 함축적으로 표현한다는 것에 주목했다. 이러한 형식은 뮤지컬로 발전하는 당시 유성영화의 요구에 부응했기 때문에 그들이 흥미를 가졌던 것이다. 나는 영화가 이런 쪽으로 발전하는 것도 좋은 면이 있다고 생각한다. 노래와 춤이 영화예술 기법과 긴밀하게 결합하면 관객들이 무대에서 풍격이 다른 가무극을 감상할 수 있기 때문이다. 하지만 다른 한편으로는 영화와 가극은 결국 다르다. 어떤 영화에서는 사실 노래가 필요 없는데도 그 안에 노래를 배치하면 훨씬 인기를 끌 수 있으니까 영화사들이 장삿속으로 내용과 상관없는 노래를 더해 관객 심리에 영합하는가 하면 줄거리를 간략하게 하고 춤과 노래를 대대적으로 강화한 영화를 제작하기도 했다. 그런 영화 가운데는 재즈음악에 허벅지를 드러내는 춤이 나오는 것들도 있다. 동시에 거금을 들여 뮤지컬 배우들을 초청해 영화배우로 쓰는 풍조가 한때 유행하기도 했다. 뮤지컬 여배우 자넷 맥도널드가 주연한 〈러브 퍼레이드〉가 그 예이다. 이렇게 되면서 원래 연기 예술에 조예가 깊은 영화배우들은 영화를 찍을 기회가 없어 쉴 수밖에 없었다.

이런 가무 위주의 뮤지컬 영화는 한 시기를 풍미하다가 그 후 점차 사라졌다. 그리고 얼마 있지 않아서 스크린에는 유명한 소설이나 무대 극본을 각색한 영화들이 출현했다. 예를 들어 〈두 도시 이야기〉, 〈한 여름 밤의

꿈〉, 〈데이비드 카퍼필드〉 등 소위 문예편이라 불리는 이 영화들이 사람들에게 상당한 사랑을 받았다. 이와 같은 시기 스크린에 살인, 모험, 테러 등의 내용을 담은 영화도 출현했다. 이 두 유형의 영화가 서로 대비되는 가운데 나는 후자, 즉 미국의 폭력적인 영화들에 흥미가 없었다.

페어포드 별장에 초대받다

샌프란시스코에 도착한 다음날 액션영화로 유명한 영화배우 더글러스 페어뱅크스Dougles Fairbanks, 1883-1939의 전보를 받았다.

"로스앤젤레스에 공연을 오신다면 꼭 저희 집을 방문해주십시오."

나는 페어뱅크스와 전혀 알지 못했다. 예전에 단지 스크린에서 몇 번 보았을 뿐이다. 이렇게 갑작스런 전보를 받고 나니 그의 열의는 마음속으로 느꼈지만 분별없이 폐를 끼칠 수는 없었다. 그래서 곧바로 그에게 전보로 회신을 보냈다.

"이번 로스앤젤레스 공연은 동행하는 극단 사람들이 너무 많고 또 매일 공연을 하기 때문에 아마 불편함이 많을 줄 압니다. 너무 신경 쓰지 마십시오. 고마운 뜻은 마음으로만 받겠으며 마음을 써주신 점에 대해 감사의 마음을 전합니다."

하루가 지나서 나는 그의 두 번째 전보를 받았다.

"이미 집과 모든 것들을 다 준비했습니다. 꼭 와주시기 바랍니다. 저희 집은 당신 극단이 무대연습을 하는 데 쓸 수 있을 만큼 충분히 넓습니다. 제 전용 자동차도 당신이 사용하시고요."

우리는 그의 간곡한 글을 보고 요청을 거절하지 못해 곧바로 수락한다는 회신을 보냈다. 그의 전보를 또 받았다.

"급한 일이 있어서 영국에 가야 하기에 집 안의 모든 일은 아내인 메리 픽포드Mary Pickford, 1892-1979에게 전임하여 접대하도록 했습니다. 그녀의 접대는 틀림없이 당신을 만족시킬 것입니다. 영국에 가기 전에 몇 시간 정도는 시간을 낼 수 있으니 제가 샌프란시스코로 가서 당신과 만나려고 합니다."

나중에야 우리는 그가 오래전부터 영국에 가기로 예정되어 있었다는 사실을 알게 되었다. 그는 그 이야기를 먼저 하면 우리가 그의 집에 가지 않겠다고 할까봐 초청을 받아들이기를 기다렸다 그 말을 했던 것이다. 그 뒤를 이어 또 메리 픽포드가 전화를 걸어 왔다.

"남편이 떠날 때 여러 번 당부하면서 제대로 대접하라고 했으니 부디 누추한 집의 방문을 거절 마시기 바랍니다."

5월 12일에 로스앤젤레스에 도착하자 우리 화교 및 각국 영사들이 기차역으로 나와서 환영해주었다. 벨기에 영사가 영사단을 대표해 우리에게 꽃다발을 선사했다. 메리 픽포드가 역으로 두 사람을 보내 우리를 맞이했다. 또 촬영 팀을 보내 우리를 위해 유성 뉴스필름을 촬영하였다. 곧이어 메리 픽포드가 준비한 자동차를 타고 역을 나왔다. 그곳 시정부가 특별히 파견한 경호차 여러 대가 경적을 울리며 길을 열어주어 도로를 굽이굽이 돌아 달렸다. 양쪽 인도는 구경 나온 사람들로 빽빽하게 층층이 둘러싸여 있었다. 시장 포터가 샌프란시스코로 전보를 쳐서 우리를 환영했다. 전보 내용은 다음과 같다.

"나는 로스앤젤레스 시민들을 대표해 매란방 선생이 이곳에 와서 공연하는 것을 환영합니다."

그래서 우리는 차에서 내려 그를 방문했다. 그는 나를 보고 말했다.

"오늘은 일이 있어서 역까지 마중 나가지 못했습니다. 사과드립니다."

또 말했다.

"당신이 뉴욕과 다른 지역에서 공연을 성황리에 마치신 일을 이곳 시민들도 신문에서 모두 보았습니다. 그래서 모두들 당신의 공연을 고대하고 있어요. 환영 분위기가 무척 뜨거우니 공연의 성공은 더더욱 의심할 여지가 없습니다."

나는 시장에게 감사의 말을 전하며 로스앤젤레스 시민에 대한 깊은 감사의 뜻을 대신 전해달라고 했다. 그가 또 말했다.

"무엇이든 돕고 싶으니 제가 할 수 있는 일이 있으면 전화로 말씀해주세요. 언제든지 협조하겠습니다."

시장에게 작별 인사를 하고 차에 올라 '페어포드 별장'으로 향했다. '페어포드 별장'의 영문 이름은 'Fairford'로 페어뱅크스의 이름과 픽포드의 이름을 반씩 따서 지은 것이다. 당시 상해에서는 그를 판펑커范朋克, 북경에서는 페이라이보飛來伯라고 불렀다. '페어포드飛來福'라는 이름은 복이 날아온다는 뜻이니 그의 별장이 그들 두 사람의 행복한 결합을 의미하는 셈이었다.

'페어포드 별장'은 산타 모니카 해안에 있었다. 건축물이 매우 정교하면서 우아했고 뒤쪽으로 까마득한 절벽을 배경으로 하고 있었다. 절벽 위에는 둘레가 어마어마하게 큰 종려나무 등 큰 나무들이 몇십 리에 이르도록 이어졌다. 난간에 기대어 앞을 바라보면 태평양이 눈앞에 마주 보이고 그 위에 요트들이 점점이 떠 있으며 갈매기가 날아다녔다. 썰물이 밀려올 때는 거대한 파도가 벽처럼 우뚝 서서 마치 집으로 솟구쳐 들어올 것 같은 기세로 형용할 수 없는 장관을 이루었다. 담장 밖으로는 작은 산이 푸른 수풀을 이루며 버드나무가 겹겹이 늘어져 있었고 때때로 어부들이 거기서 낚시를 했다. 별장에도 낚싯대가 준비되어 있어서 우리도 그들에게 낚시를 한번 배웠다.

별장 건물은 작은 이층집이었고 나는 위층에 묵었다. 각 방마다 가구 배치가 모두 달랐다. 어떤 방은 새롭고 독특했고 어떤 방은 수수하면서 고풍스럽고 단아했다. 모두 주인이 수십 년 동안 영화를 찍으면서 사용했던 배경 소품들 중에서 골라온 것들이라고 들었는데 매우 신경 써서 배치했다는 것을 느낄 수 있었다.

음식에 대해서도 주인은 우리 입맛에 맞지 않을까봐 주방장에게 항상 여러 가지 요리를 바꾸어 가면서 상에 올리도록 했다. 사실 독일, 프랑스, 미국 음식은 우리가 먹기에 별 차이가 없었다. 그때 우리는 조국을 떠난 지 이미 몇 달이 지났던 때라 서양 음식만 봐도 질릴 정도였다. 모두들 설리홍 소두부雪裏蕻燒豆腐, 폭양육爆羊肉, 장채醬蔡같은 음식을 먹고 싶은 생각뿐이었다. 가을바람만 불어도 고향의 농어가 생각난다고 했던 서진西晉시대의 장한張翰 같은 심정이었다. 그러나 주인의 정성만큼은 감격스러울 정도여서 우리는 손님이지만 집에 돌아간 것처럼 즐겁게 지낼 수 있었다.

별장에서 일하는 사람들은 남녀 모두 우리의 생활 전반에 무척 관심을 기울였다. 듣기로는 주인이 임시로 우리를 돌보기 위해 부른 사람들이라고 했다. 메리 픽포드는 이틀에 한 번씩 별장에 와서 이것저것 살피면서 기거나 음식 등의 상황에 대해 물었다. 때로는 직접 화병에 꽃꽂이를 하거나 집 안의 배치를 바꾸기도 했다. 우리가 아직 자리에서 일어나지 않았을 때는 우리를 깨우지 않기 위해 조심했다. 거기서 이십여 일을 머무는 동안 주인의 정성스런 호의를 가슴 깊이 느꼈다.

로스앤젤레스에 도착한 다음 날 영화 스튜디오로 메리 픽포드를 만나러 갔다. 메리 픽포드는 나를 보자마자 이렇게 말했다.

"어젯밤에 남편이 런던에서 전화를 걸어와 말했어요. 매 선생님께서 오늘 여기 오시니 잘 대접하라고요. 일 때문에 돌아와서 직접 환영하지 못하는 것이 너무나 아쉽다고 하면서 제게 대신 사과의 말씀을 전하라고 하더군요."

내가 말했다.

"두 분의 열정적인 접대에 불편한 마음이 들 정도 입니다. 남편 분께 편지 쓰실 때 저희를 대신해 먼저 감사의 마음을 전해주시기 바랍니다."

잠깐 이야기를 나누고 나서 그녀가 말했다.

"이제 저는 세트장으로 가서 영화를 찍어야 하겠네요."

나는 자리에서 일어나 그녀에게 말했다.

"그러면 저희도 부인의 시간을 방해하지 않고 이만 가보겠습니다."

그녀는 내 손을 꼭 붙잡고 말했다.

"가지 마세요. 우리 함께 세트장으로 가요. 선생님이 제 분장을 봐주실 수 있잖아요."

내가 웃으며 말했다.

"부인의 일에 방해되지 않겠습니까?"

그녀도 미소를 지으며 말했다.

"원칙대로라면 세트장 분장실에는 담당 스태프들을 제외하고는 아무도 못 들어가지요. 하지만 선생님은 먼 곳에서 오신 귀한 손님이고 또 같은 일을 하시는 분이니까요. 저는 선생님께서 제 분장하는 모습을 보고 영화의 분장과 중국 전통극의 화장이 얼마나 차이가 있는지 비교해주시면 좋겠어요."

내가 말했다.

"명을 받드는 것보다 더한 공경이 없다지요. 부인께서 이런 기회를 주시니 감사드립니다. 이 경험들을 잘 배워서 중국으로 돌아가겠습니다."

그녀가 말했다.

"제가 안내하지요."

우리는 그녀를 따라 촬영 세트장으로 들어갔다. 감독과 카메라 기사가 마침 조명을 배치하고 영화 찍을 준비를 하느라 바쁘게 움직이고 있었다. 메리 픽포드는 나와 함께 분장실로 들어갔다. 함께 간 친구 몇 명은 스튜디오 사람의 안내로 다른 휴게실에서 이 영화 스튜디오의 조직과 발전 상황에 대해 이야기를 나누었다.

나는 분장실 소파에 앉아 그녀가 분장하는 모습을 지켜보았다. 이것은 내가 처음으로 외국 영화배우가 분장하는 모습을 지켜본 무척이나 흥미로운 경험이었다. 메리 픽포드는 당시 이미 중년의 나이에 가까웠다. 그녀는 여러 가지 색조를 이용해 얼굴 전체에 가볍게 펴 바르고 거울을 보며 섬세하게 가다듬고 나서 눈썹을 그리고 눈두덩을 칠하는 등 세밀하고 빈틈없이 화장을 했다. 나는 그녀가 화장을 마치고 옷을 입으려 하는 것을 보고 그녀에게 인사말을 건네고 분장실을 나와 세트장에서 기다렸다. 20분 후에 그녀는 아름답고 고귀한 고대 여인의 모습으로 우리 눈앞에 나타났다. 그날 그녀는 세 장면을 찍었다. 촬영을 마치고 나서 나와 메리 픽포드는 함께 사진을 몇 장 찍었다. 나는 푸른색 도포에 검은 마고자를 입었고 그녀는 고대의 복장을 하고 있었다. 이 두 종류의 복장은 시대적으로는 최소한 이백 년의 차이가 나고 중국과 미국 두 나라의 거리 또한 바다를 건너 몇 만 리가 되니 이렇게 한 자리에서 만난다는 것이 쉽지 않은 일이었다. 나는 떠날 때 메리 픽포드에게 말했다.

"오늘 당신의 환대는 제게 두 민족의 문화예술이 친밀하게 한데 어울리는 느낌을 주었습니다. 이 귀한 우정은 잊지 못할 겁니다."

나중에 내가 공연할 때 메리 픽포드도 극장에 와서 관람했다. 막이 내린 뒤 그녀는 두 조카와 함께 무대 뒤로 와서 내게 축하의 꽃다발을 주었다.

또 다른 날, 나는 메리 픽포드와 약속하고 스튜디오를 참관했다. 그녀는 몇 장면의 촬영을 막 끝내고 아직 의상도 갈아입지 않은 채 직접 우리를 데리고 세트장 안을 안내해주면서 유성영화 촬영 절차에 대해 자세히 설명한 뒤 이어폰을 끼게 하고 녹음을 들려주었다. 그날 내게 저녁을 대접하는 자리에 그녀는 멕시코 출신의 명배우 돌로레스 델 리오와 프랑스 출신의 배우 모리스 슈발리에 등도 초대했다. 그 자리에서 메리 픽포드는 우리 공연을 보았을 때의 인상을 이야기했다.

"당신이 연기한 왕비의 화려하고 고귀한 자태에서 그녀가 남편의 사업적 성패에 무척이나 관심을 기울이고 있다는 사실을 알 수 있었어요. 달빛 아래서 산책할 때의 모습은 처량하고 감상적이어서 시적인 분위기가 넘쳤죠. 저는 중국어를 모르고 무대에는 달빛의 배경이 없었지만 당신의 손동작과 눈빛에서 달을 바라본다는 사실을 알 수 있었어요. 이런 동작과 표정은 매우 강력한 암시와 사람을 감동시키는 힘이 있어요."

슈발리에가 내게 말했다.

"사람들은 모두 당신이 검을 들고 춤을 추는 모습을 좋아해요. 하지만 저는 사랑스러운 왕비가 노래하고 춤을 추는 동안 우울한 감정을 드러내는 모습에 무척 감동을 받았습니다."

또 다른 여자 스타가 말했다.

"왕비가 왕의 패검을 뽑아 자살할 때 저는 제 감정을 억누르지 못하고 눈물을 흘리고 말았어요. 그 왕비의 운명이 너무 비참했기 때문이죠."

나도 그들이 주연한 영화를 보고 느꼈던 감상을 이야기하면서 그들이 예술적인 측면에서 더 큰 성취를 이룬 것을 축하했다.

로스앤젤레스를 떠나려 할 때 페어뱅크스가 영국에서 돌아왔다. 그들 부부는 그들의 저택(별장이 아니다)에서 다과회를 열어 나를 환송했다. 페어뱅크스는 보자마자 가장 먼저 이렇게 물었다.

"제 아내의 접대가 만족스러우셨나요?"

내가 말했다.

"매우 만족스러웠습니다. 부인께서 그토록 바쁜 와중에 음식과 기거에까지 신경을 써주셔서 황송한 마음이었습니다. 두 분의 이런 호의에 답할 기회가 언제 있을는지 모르겠습니다."

그가 웃으며 말했다.

"그런 기회가 머지않아 올 거예요."

그날 차를 마시고 우리는 정원에서 골프를 쳤고 또 다큐멘터리 영화를 촬영했다.

미국에서 공연할 때 나는 수많은 미국의 문예계 친구들과 친분을 맺었고 미국 학술계의 지대한 관심도 받았다. 로스앤젤레스에서 공연하는 동안 포모나 대학과 사우스캘리포니아 대학에서 내게 명예 문학박사 학위를 수여했다. 포모나 대학은 우리의 귀국 일정이 정해지자 영국 수상 매카트니가 명예박사를 받았던 구관례에 따라 열흘을 앞당겨 1930년 5월 28일에 전교생의 졸업식을 거행했다. 그 다음 날, 사우스캘리포니아 대학에서도 수여식을 치렀다. 그날은 공교롭게도 사우스캘리포니아 대학의 개교 50주년 기념일이어서 명예 학위 및 본교 졸업장을 수령하는 졸업생이 모두 200여 명이나 되어 예식이 매우 성대했다. 참관하러 온 손님들은 3,000명이 넘었다. 총장이 내게 증서를 수여할 때 식장 안에서는 오랫동안 긴 박수 소리가 이어졌고 나는 너무 감격스러운 나머지 마음이 이상하게 흥분되었다. 나는 그때 귀국하면 조국의 희곡 사업에 더 많이 이바지해 나에 대한 미국 학계의 격려와 기대에 답해야겠다고 생각했다.

북경에서 페어뱅크스를 접대하다

할리우드에서 있을 때 페어뱅크스와 메리 픽포드 부부에게 융숭한 접대를 받았기에 나는 귀국한 후 곧바로 그들에게 감사의 편지를 썼다. 그리고 1931년 1월, 페어뱅크스가 보낸 전보를 받았다. 그가 다시 중국 여행을 오게 되었다는 내용이었다. 나는 곧바로 환영한다는 회신을 보내고 접대할 준비를 시작했다. 그들이 '페어포드 별장'에서 베푼 호의에 보답하고자 하는 한편, 손님 접대를 좋아하는 우리 중국인의 전통을 보여주기 위함이었다.

1931년 2월 4일 해질 무렵 나는 천문 기차역으로 페어뱅크스를 마중 나갔다. 진황도秦皇島에서 북경으로 오는 기차가 서서히 역에 들어왔다. 페어뱅크스가 만면에 미소를 띤 채 기차에서 내리며 마중 나온 사람들에게 일일이 손을 흔들었다. 나는 그와 함께 차를 타고 대방가大方家 골목에 있는 이씨 집으로 향했다. 이 집은 북경 건축의 풍격을 대표하기에 충분할 만큼 신경 써서 지은 주택이었다. 미리 집주인에게 빌려서 집 안의 배치를 다소 바꾸어 놓았다. 거실과 서재에는 명청 시대의 자단목에 조각을 한 가구들을 들여놓았고 벽에는 비단으로 꽃과 새를 수놓은 족자와 명청 시대의 서화를 걸었다. 다보격多寶格[8]에는 청조 강희, 옹정, 건륭 3대의 채색과 유약을 입힌 자기를 진열하였다. 친구에게 복건요리 전문 요리사 진의사陳依泗를 빌려와 페어뱅크스에게 중국 요리를 매일 접대하도록 했다.

다음 날(5일) 오후, 나는 무량대인無量大人 골목에 있는 내 집에서 페어뱅크스를 환영하는 다과회를 열었다. 초청한 손님들은 문예계 인사들 위주였다. 모두 약속한 시간에 맞춰 와서 이 스크린 속의 '외국 무생武生'을 호기심

---

8) '다보격'은 골동품을 늘어놓기 위해 만들어진 장식장으로 대부분 고귀한 목재로 조각하거나 칠기 상감 등의 기법으로 만든다.

어린 눈으로 살펴보았다.

그날 손님 접대는 세 장소에서 치렀다. 하나는 동쪽 거실인 '철옥헌綴玉軒'이고 하나는 북쪽에 있는 '보악루寶岳樓'[9], 나머지 하나는 남쪽의 '아란나보阿蘭那寶'였다. 이 세 곳의 실내 장식은 대방가 골목의 집과 거의 차이가 없었지만 오창석, 임금남, 제백석 등 당시의 유명한 화가들의 작품 및 유명한 선배 배우들의 초상화와 내 사진이 걸려 있었다.

5시 정각이 되자 페어뱅크스와 유명한 파라마운트 영화사의 감독 빅터 플레밍이 이화원을 유람하고 다과회 시간에 맞춰 도착했다. 페어뱅크스는 카메라 기자와 영화 촬영팀에게 에워싸인 가운데서 그 포위망을 뚫고 '아란나보'에 도착해 우리와 만났다. 나는 먼저 아내인 복지방과 두 아들을 소개했다. 페어뱅크스가 말했다.

"제 아내 메리 픽포드는 일 때문에 함께 오지 못했습니다. 제게 대신 매 박사와 매 부인께 안부를 전해달라고 하더군요."

이때 촬영팀이 우리 다섯 사람의 사진을 찍었다.

'철옥헌'에서 나는 페어뱅크스에게 양소루, 여숙암, 정연추, 상소운, 순혜생 등을 소개했다. 내가 말했다.

"오늘 내가 초대한 사람들은 대부분 동료들입니다. 그들은 당신이 영화 속에서 보여주는 스릴 넘치는 무술 연기에 흥미를 가지고 있지요."

페어뱅크스가 웃으며 말했다.

"내가 영화 속에서 보여주는 무예는 대부분 촬영사가 만들어내는 환상입니다. 여러분도 할리우드에 와서 한 달만 지내면 영화 촬영의 비밀에 대해 아시게 될 겁니다!"

그의 말에 모두가 웃었다.

6일, 나는 개명희원開明戲院(주시구(珠市口)에 있는데 지금은 민주극장(民主劇場)으로 이름이 바뀌었다)에서 〈자호〉를 공연하면서 페어뱅크스를 초대했다. 공연이 끝

9) 나는 악무목(岳武穆, 악비(岳飛))이 손으로 쓴 두루마리 하나를 소장하고 있었다. '보악루'라는 이름은 그를 기려서 지은 것이다. 안타깝게도 항일 전쟁 중에 이 두루마리를 잃고 말았다.

나고 그는 무대 위로 올라와 관객과 만났으며 몇 마디 이야기도 했다. 대략 이번에 중국에 와서 여행하며 중국의 고급문화를 알게 되었고 오늘은 또 매란방의 유명한 공연을 보았기 때문에 무척 만족스럽다는 내용이었다. 관객들은 열렬한 갈채로 답했다.

나는 페어뱅크스를 접대할 때 먹는 것과 생활하는 것을 살피면서 소파를 제외한 모든 것을 중국의 전통적인 형식에 따랐다. 심지어 난방도 서양에서 자주 보는 라디에이터나 스토브를 사용하지 않고 석탄 아궁이에 불을 지폈다. 대방가 골목의 집은 이런 설비가 잘 되어 있었다. 페어뱅크스는 침실의 푸른색 벽돌 바닥이 얼굴이 비칠 정도로 윤이 나고 온도도 고르며 매우 편안하다고 느껴 양탄자를 바닥에 깔고 그 위에서 잠을 잤다. 너무 뜨겁게 잤기 때문인지 다음날 그는 어지러움을 호소했다. 같은 집에 머물며 그의 건강을 돌보았던 양의 정하선鄭河先(정하선 선생은 내 오랜 친구로 내 주치의이기도 했다. 그의 아우인 정한선(鄭漢先)은 공산당원으로 1930년 한구(漢口)에서 인민당 반동파에게 살해당했다) 선생이 그에게 말했다.

"이것은 병이 아니니 약을 먹을 필요가 없습니다. 집 밖으로 나가 찬 공기를 마시면 금방 나을 겁니다."

의사가 그를 밖으로 데리고 나가 정원을 서른 바퀴 돌게 했다. 그가 의사에게 말했다.

"당신의 이런 치료 방법은 특별하네요. 온몸에 땀을 흘리고 났더니 머리와 눈이 맑아지면서 병이 사라진 것 같습니다."

7일 오후 나는 대방가 골목의 집으로 가서 그를 만나 짧은 유성영화를 찍자고 제안했다. 페어뱅크스도 흥분하며 동의했다. 빅터 플레밍이 임시로 감독을 맡았으며 페어뱅크스가 기술자 두 사람과 일본 출신의 고용인을 데려와 곧바로 작업을 시작했다.

첫 장면으로 나와 페어뱅크스가 만나는 상황을 찍었다. 내가 먼저 유창하지 않은 영어로 몇 마디 짧은 환영 인사를 건넸다. 페어뱅크스도 막 배운 중국어로 말했다.

"매 선생님, 북경은 좋습니다. 우리는 내년에 다시 오겠습니다."

두 번째 장면에서 페어뱅크스는 내가 선물한 희곡 의상을 입고 〈오공령蜈蚣嶺〉의 행자 무송으로 분장했다. 흐트러진 머리에 황금색의 머리띠를 두르고 푸른색 비단의 무공용 상하의를 입었으며 스님들이 입는 긴 조끼를 걸쳤다. 굽이 높은 비단 장화를 신고 요도腰刀를 찼으며 손에 총채를 들고 있는 그의 모습에서 무송의 기백이 느껴졌다. 페어뱅크스가 타고난 기질이 호탕하기 때문이었다.

〈무송타호武松打虎〉에서 무송의 복장은 청라모를 쓰고 푸른색 비단으로 만든 몸에 딱 붙는 저고리와 바지를 입고 허리에 굵은 띠를 매고 청습자를 걸치고 손에는 곤봉을 들고 있다. 이는 일반적인 단타무생의 모습이다. 나는 〈오공령〉의 분장 모습이 중국 전통극의 특색을 더 잘 보여준다고 생각해서 이 복장을 그에게 선물했던 것이다.

우리는 그 자리에서 페어뱅크스에게 몇 가지 신단 동작과 양상 자세를 가르쳤는데 그는 그럴듯하게 잘 따라했다.

약간 아쉬운 점은 페어뱅크스가 젊었을 때 낙마로 왼쪽 허벅지를 다쳐 왼쪽 다리를 구부리는 자세가 완전히 만족스럽지는 않았던 것이다. 외국 배우가 중국 전통극의 동작을 따라하면서 이만큼 해낼 수 있는 것도 사실 쉬운 일이 아니었다. 이는 아마도 페어뱅크스가 무술을 연마해 허리와 다리가 모두 기본적으로 단련되었고 무공을 단련하는 방법과 순서가 비록 우리와 같지 않을지라도 무술 훈련은 무술 훈련이므로 중국이나 외국이나 과거나 현재나 모두 총체적으로는 하나의 원리에서 벗어나지 않기 때문일 것이다.

그날 저녁 나는 대방가 골목의 집에서 동흥루東興樓(당시에는 동화문(東華門) 큰 길가에서 영업을 했으나 지금은 폐업했다)의 산동 요리를 준비시켜 페어뱅크스에게 송별연을 베풀었다. 술이 세 차례쯤 돌고 나서 페어뱅크스가 내게 건배하며 말했다.

"저는 진황도에서 북경으로 오는 길에 창밖으로 비옥한 토양과 부지런하게 일하는 농민들을 보았습니다. 말 그대로 땅은 비옥하고 사람은 순박한 느낌이었어요. 북경에서 수많은 문예계의 친구들을 알게 되었고 짧은 시간이지만 중국의 유구한 문화와 전통적인 미덕을 접할 수 있었습니다."

그가 또 말했다.

"고궁에서 삼천 년 전의 청동기가 지닌 정교하고 세련된 조각과 당송 왕조 이래 유명 도자기와 명화들을 보았을 때 중국 문화가 인류에게 위대한 공헌을 했다는 사실을 절감했어요."

그는 잠시 말을 끊었다가 다시 이어갔다.

"작년 매 선생이 미국에서 공연했을 때 공교롭게도 제가 영국에 갔기 때문에 어제야 비로소 매 선생의 연기를 보고 그 예술을 마음껏 즐겼습니다. 중국의 희극 예술은 지극히 간명하고 풍부한 두 가지 특징을 가지고 있습니다. 중국 고전 희극은 셰익스피어와 그리스 고전극에 견줄 만하지요. 저는 중국극이 자신의 고유의 특징을 영원히 보존하며 더욱더 발전해 나아가기를 바랍니다."

그는 계속해서 말했다.

"며칠 동안 저는 생활적인 측면에서 온갖 즐거움을 다 맛보았습니다."

그가 살구차 찻잔을 들어 올리며 말했다.

"이런 훌륭한 맛은 중국이 아니고서는 맛볼 수 없지요."

송별회 자리가 끝난 후 나는 그의 방으로 가서 차를 마시며 담소를 나누었다. 그가 말했다.

"매 선생님, 저는 이전에 중국에 와본 적이 있지만 중국에 대해 전혀 이해하지 못했었습니다. 이번에야 비로소 비교적 깊이 알게 되었어요. 예전에 제가 찍은 영화는 중국 사람들에게 무례한 부분이 있습니다. 저는 배우이니 어떤 일들은 시나리오 작가나 감독이 책임을 져야 하지만 저도 그 죄에서 벗어날 수는 없습니다. 당신과의 관계를 통해 중국의 인민에게 사과의 뜻을 전하고 싶습니다."

내가 말했다.

"당신이 이 일을 말씀하시니 저도 솔직하게 말씀드리지요. 당신이 주연한 영화 〈바그다드의 도적〉의 몇 장면은 중국 사람들이 보기에 아주 불만스러웠습니다. 그래서 당신에 대한 인상이 좋지 않아요. 지금 당신이 이런 태도를 보이시니 기회가 있다면 당신을 위해 이 말을 꼭 전하겠습니다."

2월 4일부터 8일까지 페어뱅크스는 북경에 나흘간 머물렀다. 떠날 때, 나는 그에게 몇 가지 중국 특산품과 문방 용품 및 중국식 흑단 단화 문양 마고자와 남단 단화 문양의 겹두루마기를 선물했다. 메리 픽포드에게는 꽃을 수놓은 분홍색 주단 가운과 상수湘繡 백자도百子圖 이불보를 선물했다. 그러나 페어뱅크스가 가장 마음에 들어 했던 것은 역시 그 무송 분장의 희곡 의상이었다.

페어뱅크스가 귀국한 뒤에도 우리는 자주 연락을 주고받았다. 1931년 9.18사변 이후 내가 북경에서 상해로 이주했을 때도 그가 보낸 사진과 이름이 새겨진 담배갑을 받았다.

페어뱅크스가 주연한 영화는 꽤 보았지만, 상대적으로 인상 깊게 본 것은 〈삼총사〉였다. 영화의 시나리오는 원래 프랑스 작가 뒤마의 원작을 각색한 것으로 나는 일찍이 상무인서관의 중문 번역본 『협은기俠隱記』와 『법궁비사法宮秘史』로 읽었다. 그때 나의 사유 수준에서 말하자면 확실히 이 책들은 매혹적이었다. 책에서 묘사된 협객들은 모두 성격이 분명하고 나름의 특징들이 있으며 하나하나 유머와 풍자가 돋보였는데 이는 오경재吳敬梓가 쓴 『유림외사儒林外史』의 필법과 비슷했다. 『법궁비사』에서 붉은 옷을 입은 추기경 마자랭이 죽기 직전에 신부 앞에서 참회를 하자 신부는 그에게 재산목록을 말하라고 한다. 하지만 그는 다 쓴 치약을 쥐어짜듯이 찔끔찔끔 말을 이어가고 더듬거리며 털어놓으려 하지 않는다. 두 사람의 대화는 탐욕스런 수전노 마자랭의 성격을 매우 생동감 있게 그려냈다. 이 장면에서 우리는 『유림외사』의 '엄감생嚴監生이 임종 시에 유언을 남기다'의 대목을 떠올리게 된다. 기름등잔에 심지가 하나 더 있어 죽어서도 차마 눈을 감지 못했다는 이 대목의 묘사는 확실히 『법궁비사』의 대화내용과 전혀 다른 내용인데도 묘하게 둘이 닮아 있다. 직접 프랑스 원문을 읽지는 못했지만 오광건伍光建의 생생하고 간결한 번역문(오광건의 필명은 군삭(君朔)이다)을 읽고 있으면 마치 달타냥과 아토스가 거기서 얘기하는 것을 듣는 것 같고 그들이 일하고 있는 것을 눈앞에서 보는 것 같다. 영화 시나리오의 각색자가 다소 마음대로 에피소드들을 삽입했기 때문에 원작과 상당히 차이가 있지만 달타냥이나 붉은 옷의 주교 리슐리외, 왕비 등 몇몇 주요 인물에 대한 시나리오 작가와 감독의 처리는 비교적 성공적이었다. 페어뱅크스가 〈삼총사〉에서 연기한 달타냥은 몸놀림이 힘차고 날쌔며 성격이 호방하여 뒤마가 묘사한 코르시카인의 특징이 잘 표현되었다.

내가 마지막으로 페어뱅크스의 영화를 본 것은 1935년 1월 하순이었다. 소련 방문을 위해 출국하기 2주 전에 나는 상해 남경대희원南京大戱院에서 페어뱅크스가 주연한 〈돈 주앙의 사생활〉을 보았다. 그것은 런던영화사에서 제작한 유성영화였다.

이 영화의 목적은 그 세대의 부패와 성적 문란, 허위를 폭로하는 데 있는 것 같았다. 페어뱅크스의 연기는 전반부에서는 지나치게 거칠고 우악스러운데다가 풍류남아의 멋진 모습이 부족해 만족스럽지 못했다. 하지만 후반부에서 그는 가짜 장군의 신분으로 작은 여관에 숨어 적막하고 처량한 생활을 하며 가버린 청춘을 되찾고자 젊은이처럼 화장을 한다. 결국에는 과거에 뜨겁게 사랑했던 여인을 만나지만 돈 주앙이 이미 죽었다고 생각하는 그녀가 그를 사기꾼으로 알고 조롱한다. 페어뱅크스의 후반부 연기는 아주 좋았고 확실히 역할 속에 깊이 빠져 있었다. 이는 그때 페어뱅크스가 이미 쉰 살쯤 되었다는 사실을 상기시켰다. 말년에 접어들면서 여인의 사랑을 잃은 돈 주앙과 마찬가지로 그는 서서히 젊음을 잃었고 관객의 냉담함도 느끼게 되었을 것이다. 이처럼 처지가 서로 같은 자신과 극중 인물 사이에 일종의 공명이 이루어졌기 때문에 후반부 연기에서 그는 성공을 거둘 수 있었다.

그때부터 1939년 12월 15일 페어뱅크스의 부고를 들을 때까지(당시 나는 홍콩에서 이 불행한 소식을 들었다), 나는 그의 영화를 다시 보지 못했다. 〈돈 주앙의 사생활〉을 찍게 된 것도 런던 영화사가 그에게 여러 번 촬영 요청을 해서 겨우 허락을 얻었다고 한다. 그러나 이 영화를 다 찍고 난 후에 영국의 여론이 그다지 좋지 않았고 페어뱅크스 자신도 만족스럽지 않았다. 유성영화가 흥기하고 한때 뮤지컬 영화가 유행하면서 그는 재능을 발휘할 기회를 잃은데다가 몸이 불고 지병이(페어뱅크스는 심장병이 있었다) 악화되었다. 이 모든 것들이 그의 예술 창작에 영향을 주었을 것이고 정서적으로도 위축되게 만들었을 것이다. 나는 어떤 배우가 생활적인 측면에서는 원하는 것을 모두 이루었다 하더라도 배우의 예술 생명이 시들어 갈 때 느끼는 마음속 고통은 상상도 할 수 없을 만큼이라는 것을 너무나 잘 안다. 항일전쟁 시기 8년간 연기를 못하다가 승전 후 다시 무대에 섰을 때 목소리가 예전만 못하다는 사실을 깨닫고 무대생활의 막이 내리는 것은 아닌가 걱정했었다. 다행히 얼마 안 있어 중국 인민이 해방되었고 새로운 환경과 새로운 인물, 새로운 사상이 나를 크게 고무시켰다. 나는 무대 위에서 고통스럽게 자신을 단련하면서 8년의 시간을 분투한 끝에 1954년에 갑자기 음이 하나 높아졌다. 같은 일에 종사하는 동료들은 모두 내 나이에 이렇게 되는 것은 매우 쉽지 않은 일이라고 했다. 한 예술가가 분투해야 할 명확한 목표를 갖고 앞으로 나가도록 끊임없이 자신을 채찍질 하지 않으면 금방 의기소침해지고 소극적이 되어버린다는 사실을 체험했다. 페어뱅크스가 소리 없이 스크린에서 사라지면서 예술 생명이 끝나버린 이유는 비록 여러 가지 복잡한 요인들이 있지만 사회제도가 주요한 원인 중의 하나인 것만은 틀림없다!

채플린과의 첫 만남

샌프란시스코에서 로스앤젤레스로 가던 날 저녁 극장 책임자가 내게 어떤 파티에 참석해 술을 마시자고 했다. 그 파티는 영화계와 문예계 인사들이 모두 모이는 자리였다. 나는 중국식 남색 도포와 검은 색 마고자를 입었다. 안으로 들어서자마자 파티장의 모든 사람이 나를 주목했고 악단의 지휘자가 즉각 연주를 멈추었다. 곧이어 안내 방송이 나왔다.

"동양의 예술가 매란방 선생께서 이곳을 찾아주신 것을 환영합니다."

이어 파티장 안에서 한 차례 박수 소리가 울리고 음악 연주대에서 환영 음악이 연주되었다.

극장 책임자가 내게 말했다.

"오늘은 공교롭게도 이 자리에 일류 영화 스타와 시나리오 작가, 감독들이 많이 모였네요. 조금 있다가 모두 소개해드리겠습니다."

내가 자리에 앉자마자 짙은 색 양복을 입은 뚱뚱하지도 여위지도 않은 적당한 체격의 늠름한 풍채의 한 장년이 나를 향해 걸어왔다. 아는 사람인 것 같아 기억을 더듬고 있는데 극장 책임자가 일어나 그 사람을 내게 소개했다.

"이쪽은 채플린 선생입니다."

또 그에게 말했다.

"이쪽은 매란방 선생입니다."

나와 채플린Charles Chaplin, 1889-1977은 손을 꼭 잡았다. 그는 첫마디를 이렇게 말했다

"저는 일찍이 당신의 이름을 들었습니다. 오늘 만나 뵙게 되어 영광입니다. 아! 당신이 이토록 젊을 줄은 생각지도 못했습니다."

내가 말했다.

"십여년 전에 저도 스크린에서 당신을 보았습니다. 당신의 지팡이, 모자, 큰 가죽 구두, 콧수염은 정말로 흥미로웠어요. 좀 전에 당신을 보고 전혀 알아보지 못했습니다. 당신의 품위 있는 모습은 스크린에서 보았던 유머가 있는 익살스런 모습과 완전히 다릅니다."

그가 말했다.

"저는 아직 당신이 연기한 극을 보지 못했습니다. 하지만 내일이면 무대에서 가장 대표적인 중국 희극의, 세계적인 명성을 누리고 있는 천재 연기자의 공연을 볼 수 있겠네요."

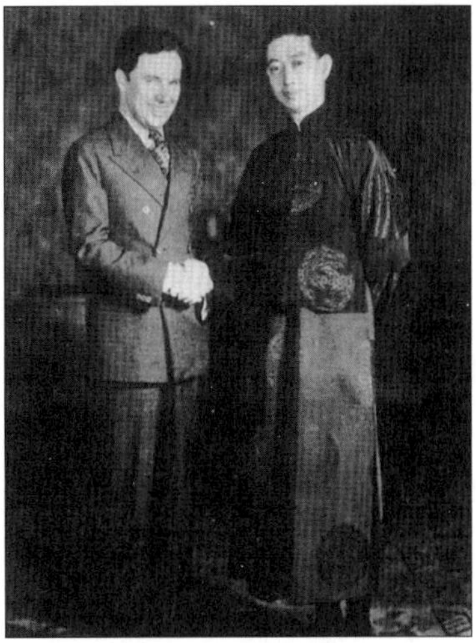
〈그림 10〉 채플린과 매란방

우리는 술을 마시면서 이야기를 나누었는데 너무나 잘 통했다. 그는 자신도 원래는 무대 연기자였다가 나중에 영화계에 투신했다고 했다. 채플린은 중국 전통극의 축 각색에 흥미를 보였다. 내가 말했다.

"중국 전통극에서도 축 각색은 매우 중요합니다. 비극에서도 그가 빠질 수 없지요. 그런데 안타깝게도 이번에 제가 준비해온 극목 가운데는 이런 각색이 많이 출현하지 않습니다. 그래서 우리 극단에는 유명한 축 항당의 배우가 없습니다. 〈타어살가〉의 악질 토호를 경호하는 경호원의 사부만 축 각색이 연기합니다."

그날 저녁 우리는 두 장의 사진을 찍었다. 한 장은 나와 채플린이 함께 찍었고 다른 한 장은 여섯 사람이 함께 찍은 것이다. 나는 지금도 이 사진을 간직하고 있다.

우리는 할리우드에서 크고 작은 십여 개의 영화사를 참관했다. 진행자들은 모두 정성으로 접대하고 상황을 자세히 설명해주었으며 감동적일 만큼 열정적이었다.

할리우드 영화계는 우리를 위해 환영회를 개최했고 우리는 스크린에서 보았던 스타들을 거기에서 모두 만났다. 당장 이름을 떠올릴 수 있는 남녀 배우도 있고 얼굴은 잘 아는데 이름이 생각 안 나는 사람도 있었다. 그날 채플린은 비교적 늦게 도착했다. 그가 도착하자 즉각 그곳에 있던 사람들은 다같이 "채플린이 왔다!"고 외쳤다. 할리우드에서 그의 명성이 어느 정도인지 알 수 있었다.

1930년 가을, 나와 극단은 성황리에 미국 공연을 마치고 태평양을 건너 귀국했다.

채플린과의 재회와 〈위대한 독재자〉를 보고 난 소감

1936년 2월 9일, 채플린이 동쪽으로 여행하는 길에 상해에 들렀다. 상해 문예계는 국제호텔에서 채플린 환영 파티를 열었고 그는 나와 만나자마자 두 손으로 내 어깨를 껴안으며 말했다.

"6년 전 우리가 로스앤젤레스에서 만났을 때는 두 사람 다 머리가 검었는데, 보시오! 지금 내 머리는 반백이 되었소. 그런데 당신은 여전히 흰 머리 하나 없구려. 너무 공평하지 못한 일이 아니오?"

그가 이 말을 할 때 얼굴에는 미소를 띠고 있었지만 감격해 하는 표정에서 최근의 상황이 좋지 않음을 짐작할 수 있었다. 나는 그의 손을 꼭 붙잡고 말했다.

"당신이 저보다 열정적이기 때문이지요. 영화마다 본인이 시나리오를 쓰고 감독도 맡고 연기도 하고 직접 제작까지 하시니 얼마나 신경이 쓰이십니까! 건강에 주의하시기 바랍니다."

계속해서 그는 폴레트 고다드 여사와 그녀의 어머니를 내게 소개했다. 고다드 여사는 채플린의 영화 〈모던 타임즈〉의 여주인공이다.

저녁 식사 후 채플린, 고다드 여사 모녀와 함께 '대세계' 옆의 공무대共舞臺로 가서 당시 상해에서 유행하던 연대희連臺戲*를 관람했다. 그들이 앉아 있던 관람석 앞에는 '채플린을 환영합니다'라는 글자 모양의 꽃바구니가 놓여 있었다. 채플린은 무항武行이 연기하는 십이고당十二股檔[10]의 무술 동작들과 각종 재주넘기 동작에 흥미가 있어 보였다.

잠시 관람하고 나서 공무대를 나와 영파로寧波路 신광대희원新光大戲院으

* 연대희: 연일 계속해서 극본 전체를 공연하는 극목

10) 중국 무희에는 각종 일련의 무술 동작들이 있는데 '십이고당'은 12개의 무항당 배우가 서로 교전하면서 쌍방과 겨루는 일련의 무술동작이다.

로 가서 마련량馬連良이 연기하는 〈법문사法門寺〉 공연을 보았다. 우리가 입장했을 때 마침 '행로行路' 대목을 공연하고 있었다. 무대 아래는 쥐죽은 듯 조용했고 관객들은 정신을 집중해 마련량이 노래하는 긴 단락의 서피를 듣고 있었다. "미오현郿鄔縣 현령이 말 위에서 안절부절못하네……." 채플린은 조용히 자리에 앉아서 노랫가락과 호금의 과문[창과 창 사이에 이어지는 호금 연주]을 유심히 들었다. 그는 오른손을 무릎 위에 놓고 가볍게 박자를 맞추더니 흥미롭다는 듯이 말했다

"중국과 서양의 음악과 가창은 비록 각각의 풍격이 있지만 늘 여러 정서를 표현하는 힘은 같다고 믿어왔어요."

무대공연이 끝난 뒤 채플린과 고다드 여사는 무대 위로 올라가 마련량과 만났고 기념사진도 찍었다. 그날 마련량은 지현知縣의 관직에 있는 조렴趙廉 역을 맡아 사모紗帽를 쓰고 남색 관복을 입고 있었다. 그가 입은 것은 명대 복식인데 채플린이 입은 옷은 유럽식 캐주얼이었다. 나도 모르게 1930년 할리우드에서 메리 픽포드와 함께 찍었던 사진이 떠올랐다. 그때 그녀가 입은 것은 서양의 고대 의상이었고 내가 입은 것은 도포에 마고자였다. 이렇게 앞뒤로 두 번이나 두 시대, 두 민족이 우정과 문화를 교류한 것은 재미 있는 일이었다.

다음 날 아침 일찍 채플린은 상해에 올 때 타고 온 배를 타고 계속해서 동쪽으로 가는 여행길에 올랐다. 그의 이번 상해 방문은 비록 하루 일정이었지만 여러 환영회에 참석하여 수많은 문예계 인사를 만나고 경극을 관람했다. 그는 시간을 매우 잘 활용했고 동시에 동양 문화에 대해 관심이 매우 깊었다.

1937년 가을 일본 제국주의가 상해를 점령한 후 조계는 고도孤島가 되었다. 마침 홍콩 이무대에서 초청해 공연을 하기로 하여 1938년 늦은 봄 나는 가속을 이끌고 상해에서 우편수송선을 타고 홍콩으로 가서 20일 동안 공연했다. 그런 후에 극단 동료들을 북경으로 돌려보내고 계획했던 대로 나는 홍콩에 남았다.

1941년 봄 채플린이 제작하고 주연을 맡은 반파시스트 대작 〈위대한 독재자〉가 홍콩에 들어와 상영될 예정이었다. 황후皇后, 오락娛樂, 이무대 세 영화관이 이 영화의 최초 상영권을 따내기 위해 다투었다. 이무대의 책임자가 나를 찾아와 최초 상영권을 획득할 방법을 의논했다. 3년 전 매극단이 이무대에서 공연을 했었고 사이도 좋았기 때문에 나는 채플린에게 전보를 쳐서 상의해보겠다고 했다. 전보는 대략 다음의 내용이었다.

"〈위대한 독재자〉가 홍콩에 들어올 예정인데 이곳의 이무대가 가장 먼저 이 대작을 상영하길 희망합니다. 제가 얼마 전에 이 극장에서 공연을 했기에 이런 말씀을 올립니다."

곧바로 그의 회신을 받았다. 영화 대리인에게 그렇게 처리하라는 전보를 보냈다는 내용이었다. 며칠 지나 이무대의 책임자가 기뻐하며 달려와 다음 날 〈위대한 독재자〉를 상영한다는 소식을 전하면서 우리 가족 모두 이 영화에 초대한다고 말했다.

나는 홍콩에서 영화 〈위대한 독재자〉를 일곱 번이나 보았다. 하지만 볼 때마다 매번 이해가 달라 그 사상과 예술의 깊이를 단번에 짐작할 수가 없었다. 채플린은 영화에서 두 가지 역할을 겸했다. 그는 독재자 히틀러[영화 속에서는 힌켈] 역을 맡았고 또 선량한 소시민 이발사 찰리 역을 맡아 연기한다. 채플린은 그의 희극적 풍격과 깊이 있는 연기로 전쟁을 좋아하는 독재자의 끝은 반드시 실패한다는 사실을 풍자했다.

내가 오래도록 잊을 수 없었던 것은 채플린이 연기한 히틀러가 커다란 홀에서 지구본을 가지고 노는 장면이다. 채플린은 그 장면에서 히틀러가 지구본을 가지고 노는 단계를 분명하게 구분하였다. 첫 번째 단계는 지구본을 바라본다. 그는 지구본 주위를 맴돌며 반복해서 응시하면서 깊은 생각에 잠겨 어디서부터 손을 댈까 계산한다. 두 번째 단계는 지구본을 가지고 논다. 그는 지구본을 받쳐 들고 슬슬 가지고 놀기 시작한다. 그때 나는 그가 거칠고 격렬한 동작으로 이 독재자가 가진 세계 정복의 야심을 표현할 것이라고 생각했다. 그런데 반대로 지구본을 던지고 머리로 받고 굴리는 등 갖가지 부드럽고 아름다운 무용 동작들을 사용했다. 나는 한참을 생각하고 나서야 비로소 그의 의도를 이해했다. 그가 받쳐 들고 있었던 것이 기구氣球였기 때문에 강렬한 동작을 쓰면 조화로워 보이지 않았던 것이다. 이것이 첫 번째 이유였다. 그러나 더 중요한 것은 채플린이 독재자 히틀러의 광폭한 야심을 표현할 때 아주 적절하게 '도취'의 상태를 두드러지게 묘사한 것이다. 이런 묘사는 나로 하여금 이 독재자가 확실히 자기의 목적을 실현하고 만족해 하는 자아도취의 환상에 빠져있다고 느끼게 했다. 그는 지구본을 한참 동안 가지고 놀고 난 후에 갑자기 몸을 훌쩍 날려 탁자 위로 뛰어오른다. 제비처럼 가볍고 민첩한 동작에서 채플린의 신체 단련이 놀라운 수준에 도달했다는 것을 알 수 있었다. 세 번째 단계는 지구본을 파괴한다. 지구본을 이리 저리 굴리며 가지고 노는 동안 기구가 갑자기 터져버린다. 목적을 실현하고 득의양양하던 독재자의 모습은 순식간에 낙담과 비관, 절망으로 바뀌고 결국에는 탁자에 엎드려 목 놓아 울기 시작한다. 나는 이 장면에서 히틀러라는 인물이 광기와 절망에 사로잡혀 궁지에 몰린 짐승 같다고 느꼈다. 층층으로 사냥꾼에 포위되어 사방에서 적의 공격을 받으며 죽어가는 운명에서 스스로 구원받을 길이 없는 짐승말이다.

채플린이 〈위대한 독재자〉에서 보여준 멋진 연기는 아무리 길게 얘기해도 다 표현할 수 없다. 지구본을 가지고 노는 장면은 단지 가장 눈에 띄고 가장 성공적인 몇 장면 중의 하나에 불과할 뿐이다.

이 영화에서 채플린은 미세한 동작이나 표정까지도 절대 놓치지 않았다. 동작이나 표정 하나하나 반복해서 수정하고 정성을 들여 설계하여 동작과 표정이 모두 이중적 의미를 내포하고 있었으며 그것들은 모두 히틀러의 사상과 행동, 그리고 파시스트 진영 가운데 존재하는 갖가지 모순과 약점을 겨냥해서 조소와 풍자를 가했다.

〈위대한 독재자〉가 제작, 상영되었던 때는 제2차 세계대전이 한창 무르익었던 시기로 히틀러가 득의양양해서 자기의 본 모습을 잃어버린 바로 그 때였다. 채플린은 시종일관 엄정한 태도를 유지하며 두려움 없이 모든 박해와 위협을 직시하면서 인간 행위의 심층적인 동기를 폭로하는 역사가의 필법과 높고 원대한 시선으로 전 세계 사람들을 향해 히틀러와 모든 파시스트들의 사형을 선고하였다.

〈위대한 독재자〉는 이발사 찰리의 감동스런 연설로 결말을 맺는다. 연설은 파시스트를 맹렬하게 규탄하며 소수의 끝없는 욕심이 사람들 사이에 원한을 만들고 전쟁을 일으켜 인류를 살육과 고난의 구렁텅이로 몰아넣었다는 사실을 말한다. 동시에 전 세계인들을 향해 절망하지 말라고 소리 높여 외치며 원한은 사라질 것이고 독재자는 반드시 소멸하게 될 것이라고 말한다. 군인들에게는 떨치고 일어나 그들을 노예로 만든 전쟁에 반대하고 자유를 위해 투쟁하라고 호소한다.

이 영화 이전에 채플린은 유성영화를 찍지 않았다. 그는 일찍이 말소리에 의한 대화가 무성영화의 유머감각을 파괴한다고 생각했다. 〈위대한 독재자〉에서 그는 처음으로 입을 열어 말했다. 스크린을 통해 전 세계에 파시스트 반대 투쟁을 호소하고자 했기 때문이었다.

히틀러의 추악함과 왜소함에 관해 폭로한 처칠의 호소문이 채플린이 스크린에서 히틀러를 하찮은 인간으로 만들어 무정하게 조소와 풍자를 가한 것만큼 사람들에게 더 강렬한 인상을 심어주지 못한다고 말하는 사람이 있다. 하찮은 인간으로 한 개인을 묘사하는 것은 흔히 뛰어난 예술적 경지를 창조하며 특히 풍부한 감화력을 지닌다.

〈위대한 독재자〉의 선명하고 강렬한 반파시스트 사상과 채플린의 심오한 예술은 이 영화가 사방으로 빛을 발산하게 하여 제2차 세계대전 동안 큰 작용을 일으켰음은 두말할 여지가 없다. 지금도 이 작품의 현실적 의의는 사라지지 않았다. 옛날 파시스트 집단은 무너졌지만 새로운 파시스트들이 꺼져가는 재를 다시 되살리고자 기도하고 있다. 그래서 나는 이 영화가 세계 각지에서 상영되기를 바란다.

나는 중국에서 상영한 채플린 영화를 거의 다 보았다. 모두에게 익숙한 낡은 중절모와 지팡이, 큰 가죽 구두는 그의 특유한 분장이다. 처음에 나는 그의 익살과 유머러스한 표정에 끌렸다. 그 후 영화를 많이 보면서 그의 연기에 깊이가 있음을 깨달았다. 시나리오도 수준이 높고 뛰어나 보통 축 각색이 사람들을 웃기는 데만 목적을 둔 것과 완전히 다르다는 것을 알게 되었다. 채플린의 영화는 당시 유행했던 이른바 슬픔과 기쁨, 만남과 헤어짐이 교차하며 대단원으로 끝을 맺는 영화와도 완전히 달랐다. 그는 이런 허위적인 공식을 깼다. 그가 맡은 역할은 모두 희극 형식의 비극적 성격을 지닌 인물로 노신 선생이 묘사한 아Q 같은 가련한 인간이다. 나는 그의 영화 중 상당수의 결말에서 쓸쓸하고 처량하게 걸어가는 주인공의 뒷모습이 점점 작아지면서 어디론가 사라지는 것을 보았다. 그의 영화를 보고 나면 나는 늘 마음이 아프고 괴로웠다. 다른 사람들은 보고 웃는데 나는 오히려 울고 싶어졌다. 그는 왜 이런 시나리오를 쓸까? 왜 이렇게 연기하지? 그때 나는 그것을 이해하지 못했다. 나중에 서서히 그가 속물적인 세상을 참지 못하는, 뜨거운 피가 가슴 가득한 그런 사람이라는 사실을 알게 되었다. 영화라는 무기를 가지고 자본주의 사회의 갖가지 부조리한 현상을 풍자하고 그것을 빌려 마음속에 담아두었던 불만을 토해냈던 것이다.

채플린의 예술에서 내가 가장 탄복하는 부분은 냉엄함과 유머이다. 그는 스크린에서 기뻐하며 큰 소리로 웃는 장면을 거의 보여주지 않는다. 기껏해야 풍자적인 냉소나 아니면 고통스러운 미소를 보여줄 뿐이다. 그의 내면은 깊이 숨겨져 드러나지 않는다. 그는 남에게 쉽게 자기의 마음을 보여주지 않기 때문에 일종의 함축과 시적 분위기가 엷은 구름에 달이 가려져 있듯, 버들에 앵무새가 숨어 있는 듯이 정취를 자아내어 작품을 다 보고 난 뒤의 여운이 한없이 남는다.

중국 경극계의 선배 가운데 유명한 축 항당 배우 류간삼劉赶三, 나백세羅百歲 선생의 뛰어난 점이 바로 이 '냉冷'자에 있다. 나는 나백세와 함께 공연한 적이 있는데 그는 무대에 나가서 쉽게 웃지 않지만 관객들은 그의 표정을 보고 웃지 않을 수 없다. 가끔 대사를 한마디 읊는데 그 순간에는 아무 반응이 없다가 1분쯤 지나 관객들이 그 맛을 느끼고 갑자기 까르르 웃음을 터뜨리기도 한다. 옛날과 지금, 중국과 외국을 막론하고 무릇 가치 있는 예술은 모두 방법은 달라도 효과가 같아 보는 사람마다 모두 칭찬한다는 사실을 여기에서 깊게 깨닫고 경험했다.

채플린과 헤어진 지 20여 년이 되었지만 나는 항상 그를 그리워한다. 몇년 전에 친구가 외국에서 돌아와 스위스에서 그를 본 얘기를 해주며 그가 여전히 건강하다고 했다. 그 소식을 전해 듣고 나는 무척 기뻤으며 마음에 위안도 되었다. 나는 채플린이 중국에 다시 와서 우리가 건설한 것들을 봐주길 바라며, 그와 헤어진 뒤의 못 다한 회포를 풀 기회가 있으면 좋겠다.

끝으로 그에게 한 가지 소식을 전하고 싶다. 내 양쪽 귀밑머리에도 흰머리가 몇 가닥이 생겼다는 것이다. 하지만 나는 아직 늙었다고 생각하지 않고 젊은이들과 마찬가지로 항상 무대 위에서 관객들과 만난다. 최근에는 신극 〈목계영이 장수의 인장을 손에 넣다〉를 무대에 올렸다. 그래서 더더욱 채플린이 다시 중국에 오기를 고대한다. 내 작품이 그때에 비해 어떠한지도 그가 봐주었으면 좋겠다.

미국 포모나 대학 명예박사 학위 수여식에서의 답례사[11)]

총장님, 여러 이사장님들, 교수님들, 학생 여러분, 그리고 내빈 여러분!

오늘 명예로운 학위를 수여받게 된 것에 대해 여러분께 감사드립니다. 이는 우리 중국인에 대한 가장 돈독한 국제적 우의를 표현하는 것입니다! 매란방은 보잘것없는 개인에 지나지 않지만 이번에 귀국을 방문해 여러 곳을 다니며 새로운 문화를 흡수하고 예술을 공연하면서 귀국 학자들의 비평과 지도를 받을 수 있었습니다. 여정을 마무리하면서 세심하게 체험한 것을 돌이켜보니 우리의 이번 방문으로 여러분들이 우리 민족에 대해 더 많이 이해하고 공감하게 되었다는 것을 알 수 있었습니다. 이는 우리 예술의 성공이 아니라 귀국 국민이 열정이 있어서 이번 우리의 방문목적을 명확하게 이해할 수 있었던 것입니다. 넓은 의미에서 우리의 이번 방문은 우리의 미약한 역량을 다해 문명화된 인류의 가장 간절한 소망인 평화를 촉진하고자 한 것입니다. 역사는 진정한 평화가 무력으로 달성되지 않는다는 것을 증명합니다. 인류가 희망하는 평화는 전쟁 뒤의 안정이 아니라 정신적, 물질적으로 인류의 발전과 성장을 촉진하는 것입니다. 진정한 세계 평화를 유지하기 위해 인류는 서로 알고 서로 이해하면서 공감하고 서로 도우면서 다투지 않아야 합니다. 우리 중국과 미국 두 나라가 희망하는 바의 인류 평화는 국제적인 신뢰와 성의를 원칙으로 하는 것입니다. 이 목표에 도달하려면 모두가 예술과 과학 등에서 구체적인 연구에 힘써 서로의 습관과 역사적 배경, 서로의 문제와 어려움을 이해해야 합니다. 저 매란방은 이번에

11) 본문은 매란방이 1930년 5월 28일 미국 포모나 대학에서 명예 문학박사 학위를 받았을 때의 강연 내용이다. 매소무(梅紹武)의 『나의 부친 매란방』(백화문화출판사(百花文藝出版社), 1984)에서 뽑은 것이다.

귀국의 희극 예술을 연구하고 귀국 문예 인사들의 환대를 받으며 많은 것을 배웠습니다. 제가 연기하는 것은 중국 고전 희극으로 개인적으로는 완전하지 못합니다. 다행히 여러분들의 칭찬을 받았지만 부끄러움을 견디기 어렵습니다. 그러나 저는 여러분들의 이 같은 칭찬은 매란방이라는 한 개인의 예술을 장려하는 것이 아니라 중국문화에 보내는 지지이자 중국 민족에 대한 우정이라고 생각합니다. 저는 이 막대한 영예를 감히 받아들여 오늘 이후 더욱더 노력하여 부끄럽지 않은 포모나 대학의 일원이 될 것이며 여러분의 기대를 저버리지 않겠습니다. 여러분, 감사합니다.

일본인이 아끼고 사랑하는 예술의 결정체-가부키 [12)]

중국인과 일본인의 우의는 역사기록으로 보면 당 왕조에서 시작하여 지금까지 이미 천 년이 넘었다. 당대 사람들의 시문집을 펼쳐보면 거의 매 권마다 "일본으로 돌아가는 승려를 배웅하다"라는 제목의 시편이나 기타 일본 시인과 서로 화답을 주고받은 시편들이 보인다. 개원과 천보 연간713-755에는 또한 일본인 아베노 나카마로阿倍仲麻呂[중국이름은 중만(仲萬)]가 당조의 좌산기상시左散騎常侍를 역임하기도 했다. 당시 중국과 일본의 문화 교류의 영향은 오늘날까지도 국어, 종교, 문학, 예술 및 풍속과 관습에 존재한다. 일본인이 중국어로 쓴 저작 목록은 거의 두꺼운 책 한 권이 될 정도이며 중국 본토에서는 이미 산실된 고서들이 일본에는 지금까지 보존되고 있다. 이미 오래전에 실전된 중국 음악도 일본에서 여전히 유전되면서 연주가 되기도 한다. 이십여 년 전에 나는 일본에서 취입한 음반 〈파진악破陣樂〉과 〈춘앵전春鶯囀〉 등을 들었다. 이것들은 모두 중국에서 오래전에 실전된 당대의 악무樂舞들이다. 당대부터 일본의 메이지유신까지 두 나라의 왕래와 문화 교류는 단절된 적이 없었다. 메이지유신 이후에는 중국에서 계몽 운동가들이 일본으로 유학을 떠났으며 이것은 중국의 사회 발전에 진보 작용을 일으켰다. 다만 과거 일본 제국주의자들이 중국을 침략했던 시기에는 중국과 일본 국민들이 정상적으로 경제와 문화 교류를 발전시킬 수가 없었다. 지금까지 중단되었던 이러한 우의가 다시 새롭게 수립되어 발전하기 시작하니 나도 모르게 예전 일들에 대한 기억이 되살아났다.

1919년 일본 도쿄 제국극장의 초청으로 일본에 가서 순회공연을 했다. 나는 일찍이 중국 고전극을 외국에 가서 소개하고 그에 대한 외국 관객들

12) 본문은 원래 1955년 제20호『세계지식』(世界知識)에 실렸으며『매란방 문집』에서 뽑은 것이다.

의 견해를 들어보고 싶다는 소망이 있었다. 그래서 흔쾌히 이 초청을 받아들였다. 한동안 기획과 준비의 시간을 거쳐 극단을 이끌고 일본으로 갔다. 이것이 내 첫 외국공연이다. 우리의 극은 도쿄에서 일본 국민들과 만났으며 일본 국민의 열정적인 환영을 받았다. 매일 저녁 우리 공연과 일본 공연이 함께 제국극장에서 상연되었다. 그때 내가 공연했던 극목 가운데서 새로 만든 〈천녀산화〉 이외에 사람들에게 가장 인기가 많았던 것인 동시에, 공연 횟수가 가장 많았던 것은 〈어비정〉이었다. 이 작품은 일반 여성 관객들의 공감을 얻었다. 일본 여성들이 예전의 중국 여성과 마찬가지로 오랫동안 봉건제도의 억압을 받아왔기 때문이었다. 도쿠가와 이에야스가 에도에 막부를 세우고 군신, 부자, 형제, 부부의 의를 엄격하게 규정한 이후, 부부 사이에서 남편의 권한이 지고무상에 달했다. 들은 바에 의하면 일본 가부키 〈세와모노교겐世話物狂言〉*의 이야기 대부분이 억울한 여성이나 연애의 부자유 등에 관한 것이다. 〈어비정〉의 내용은 작은 오해로 인해 왕유도王有道가 휘두른 지고무상의 부권父權에 의해 선량한 부녀자가 비참한 처지가 되는 것인데, 이 점이 일본 여성들의 무한한 동정을 산 것이다.

우리는 도쿄에서 공연을 끝내고 고베와 오사카로 가서 공연을 했다. 거기서도 일본 국민의 환영을 받았다. 그 순회공연에서 중국의 경극이 일본인들에게 충분히 이해되고 감상될 수 있다는 사실에 영광스럽고 기분 좋았던 것 이외에 내게 가장 큰 수확은 일본인들이 가장 좋아하는 극종이면서 일본의 중요한 국보 가운데 하나인 일본 가부키를 관람한 일이었다. 처음 가부키를 관람했을 때 내가 놀랐던 것은 낯설기는 커녕 오히려 매우 친근하고 익숙하게 느껴졌다는 사실이었다. 내가 보기에 가부키와 중국 고전극은 공통점이 많은데, 특히 경극과 공통점이 많다. 예를 들어 가부키 극중 인물의 모든 동작은 생활 속의 모습을 그대로 무대에 올리는 것이 아니라 현실생활에서 전형적이면서도 정교하고 아름다운 원료를 취해서 예술적 가공을 거치고 적당한 과장과 추출을 더해 만든 것이다. 그들의 노래와 춤은 음률과 고도로 결합된 일종의 예술이며 몸에 있는 근육의 움직임 전체를 정확

*
〈세와모노교겐〉: 가부키, 조루리(인형극) 등의 한 분류. 시대물 혹은 역사물과 대별되는, 에도 시대의 세태를 배경으로하여 연애, 의리, 인정 등의 갈등을 그린 작품의 총칭

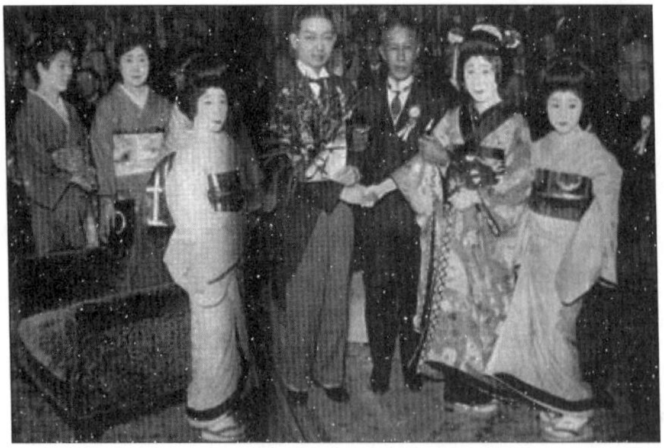

〈그림 11〉 방일 경극 연극단 가부키 단원과 함께

하게 통제할 수 있다. 특히 그들이 전투를 묘사하는 연기는 정말로 경극의 무희와 비슷하다. 전투가 일단락될 때, 음악 리듬을 배합하여 영웅적인 면모를 뽐내며 정지하는 자세를 취하는데 리듬이 매우 선명하다. 이것은 우리가 볼 때 경극의 명배우가 연기하는 무희의 '양상'과 마찬가지로 위엄이 있어 온몸에 전율이 느껴진다. 특히 기억에 남았던 것은 어떤 가부키 극에서 사자로 분장한 각색이 우리 경극에서 예전에 명배우 유진정兪振庭이 금전표金錢豹로 분장했을 때의 풍격과 너무나 비슷했다는 점이다. 가부키의 각색 유형은 이른바 '다치야쿠立役[성인 남자 역할]', '온나가타女形[여자 역할]', '가타기 야쿠敵役[주인공의 적 역할]', '니마이메二枚目[잘 생긴 남자 역할]', '삼마이메三枚目[웃음을 담당하는 삐에로 같은 역할]'와 '신보타치야쿠辛抱立役[크게 활약하지 않는 조용한 역할. 인내에 초점이 맞춰지는 다치야쿠]', '무스메가타娘形[여자 역할]', '가샤가타花車形[중노년 여성 역할]' 등 각종의 서로 다른 각색이 있다. 이것은 경극의 '생', '단', '정', '말', '축' 및 '청의', '화단' 등의 각색 구분과 완전히 같다. 가부키의 극중 인물은 '대사와 동작'만 하고 노래는 악대 쪽에서 담당하는 그런 방식은 중국 고강高腔 계통 지방 희곡의 방강幇腔과 같은 성격이다. 악기에서도 중국과 공유되는 것들이 많다. 결론적으로 말하자면, 중국인이 일본 가부키를 볼 때 비록 언어는 통하지 않지만 받아들이는 데는 어려움이 없다. 그들이 왜 이렇게 또는 저렇게 연기하는지 완전히 경험으로 이해할 수 있기 때문이다. 그들이 연기한 이야기 유형과 줄거리는 중국 고대의 이야기 구조 및 사상, 내용과 거의 같은 선상에 있다.

나는 공연 일정에 여가가 생기면 가부키를 보는 것 이외에도 일본 회화나 방직물을 비롯한 다른 미술품들을 감상했다. 나는 일본의 정원을 좋아했다. 정자가 많지 않은데다가 드문드문 있는 것이 운치가 있고 층층이 쌓인 바위 아래로 물을 끌어대어 아주 아름다웠다. 어떤 집의 정원은 약간의 대나무와 돌만으로 아담한 풍경을 꾸몄는데 오히려 활력이 있어 보였다. 나는 특히 그들의 분재를 좋아했다. 한 자가 넘는 높이의 작은 소나무가 두 치 굵기의 몸통에 푸른빛이 감돌며 건장하게 뻗어나가는 모습은 이른바 '이무기가 하늘로 솟구치는' 듯한 기개가 느껴졌다. 나무 밑에는 축축한 푸른 이끼가 깔려 있고 반짝반짝 빛나는 작은 돌들이 구불구불 작은 길을 만들었다. 비록 장방형의 작은 화분에 불과하지만 보기에는 조송설趙松雪, 1254-1322의 〈쌍송평원도雙松平遠圖〉를 입체적으로 새겨놓은 것 같았다. 그때 일본에서 나는 왜 일본 고전극과 중국 고전극이 그토록 많은 공통점을 가지고 있는지를 이해했다. 이런 현상은 단지 고전극에만 존재하는 것이 아니고 또한 우연히 발생된 것도 아니다. 그것은 천여 년 동안 수없이 많은 관계들이 얽혀 서로가 아주 가까이서 정보들을 교환하고 호흡하면서 교류해온 결과인 것이다.

1924년 일본에 두 번째 공연을 갔을 때는 그전보다 더 큰 환영을 받았다. 일본극 중에는 본래 중국 이야기를 제재로 한 극목(예를 들어 『수호전』의 이야기 등)이 있었다. 중국극이 두 차례나 일본에서 공연되고 일본 인민의 주목을 받게 되면서 극장에서도 관객의 수요에 근거해서 중국 이야기를 제재로 한 일본 극목을 더 많이 상연했다. 내가 일본에서 귀국한 뒤 일본의 명배우 13대 모리타 간야와 무라타 기쿠코村田嘉久子 및 수많은 유명 배우들이 중국에 와서 공연을 했다. 그들은 북경 개명희원開明戲院(곧 현재의 민주극장)에서 중국 인민과 만났으며 중국 인민의 열정적인 환영을 받았다. 매일 저녁 일본 배우들의 프로그램에서 나도 극 한 출을 공연했기 때문에 일본에서 공연할 때와 상황이 비슷했다. 중국 고전극과 일본 고전극이 한 무대에서 같이 공연되었고 공연이 끝난 뒤에는 양국의 모든 배우들이 함께 식사를 하며 다들 기뻐했다. 1929년 내가 극단을 이끌고 미국으로 공연을 하러 가면서 일본에 들렀는데 일본 희극계에서 특별히 우리를 동경으로 초청해주었다. 열차가 동경역으로 들어설 때 이전에 북경에서 공연했던 일본 배우들이 모두 그때 내가 선물해 준 중국식 복장을 입고 마중 나와 있는 것이 보였으며 환송회도 열어주었다. 미국에서 돌아오는 때도 일본 동경을 거쳐서 왔는데 그들은 그때도 나를 위해 성대한 환영회를 열어주었다. 환영회장은 입구에서부터 매화와 난초가 그려진 휘장을 양쪽으로 걸었고 명배우 무라타 기쿠코 여사가 무대 위에서 부채를 들고 춤을 추며 환영의 시를 노래했다. 그녀는 노래를 마치고 무대에서 내려와 매화와 난초가 그려진 그 부채를 내게 주었다. 부채 위에 그 시가 적혀있었다. 그때 나는 무척 감동했다. 이런 진심에서 우러난 환영이야말로 진정한 우의라고 느꼈다. 모두 이십여 년 전의 옛날 일들이다.

중화인민공화국이 성립되고 6년 동안 두 나라 공동의 노력과 중국 정부의 협조 하에 중국과 일본 두 나라는 중단되었던 경제와 문화 교류에 다시 새로운 발전을 이룩하게 되었다. 올해 중일우호협회와 중국인민대외문화협회는 협약을 맺고 중일 문화 교류 촉진을 위해 일본 가부키 극단이 먼저 중국을 방문해 공연을 하고 중국 경극단이 1956년 일본을 방문해 공연하기로 했다. 이는 너무나 흥분되는 일이었다. 일본 가부키는 일본 민족의 발전에 따라 점진적으로 형성된 것으로 음악, 무용, 회화 등 각종 일본 민간 예술의 결정체이자 일본인의 풍부한 창조적 집적체이다. 그것은 한 줄기로 전해진 우수한 전통의 풍격을 보존하고 유지해오면서 일본 대중의 가장 가까이에서 그들의 사랑을 받아왔다.

지금 일본 가부키 극단은 일본 문화 사절단의 임무를 지니고 중국에 왔다. 단장 마쓰오 구니조松尾國三 선생, 좌장座長 이치카와 엔노스케市川猿之助 선생, 부단장 나라자키 도미오楢崎富男 선생과 이치카와 추샤市川中車 선생이 전체 배우들을 통솔하고 이번 달 5일에 인민정협대강당에서 처음으로 대표작인 〈권진장勸進帳〉, 〈경성반혼향傾城返魂香〉, 〈쌍접도성사雙蝶道成寺〉 세 작품을 공연했다.

일본 가부키의 전체 연기자, 가창자, 음악 연주자 및 무대 작업 인원은 매 작품을 공연할 때마다 가장 높은 목표를 설정하고 자신을 연극의 심연에 깊이 빠져들게 하여 끝까지 일관되게 작업을 진행했다. 예를 들어 이 공연의 조연 배우 이치카와 시로市川四郎, 이치카와 추샤, 이치카와 아라지로市川荒次郎, 이치카와 야오조市川八百蔵, 이치카와 엔자부로市川猿三郎 등과 가수 다케모토 아즈마다유竹本東太夫, 삼현三弦 연주자 노자와 기사쿠野澤吉作, 쓰루사와 와코鶴澤和光, 무대 뒤에서 연기 진행을 돕는 사와무라 소야澤村宗彌 등은 모두 정확하게 자기 역할을 장악하고 있으면서도 전혀 과시하는 기색 없이 아주 진지하고 엄숙하게 자기 임무를 완수함으로써 이 극단 전체가 얼마나 긴밀하게 구성되어 있는지를 충분히 보여주었다. 중국 관객은 그들이 무대에서 연기한 모든 것에 대해 굉장히 만족스러워했다. 나는 이번 공연으로 두 나라 사람들이 서로를 더 많이 이해하게 되었고 사상과 감정에 있어서도 더더욱 가까워져 두 나라 문화 교류의 새로운 출발이 되었다고 굳게 믿는다. 이후에는 중국과 일본이 더욱 친밀해져 아시아의 평화 및 세계 평화를 위해 더 많이 이바지하게 될 것이다.

일본 가부키 극단의 공연을 보다[13)]

마쓰오 구니조, 이치카와 엔노스케 두 사람이 이끄는 일본 가부키 극단이 이번 달 5일 저녁 북경에서 대표적인 고전극 〈권진장〉(화연부(化緣簿)), 〈경성반혼향〉, 〈쌍접도성사〉 세 작품을 공연했다. 나는 이 세 작품을 보고 나서 매우 만족스러웠기에 지금 내가 받은 인상을 적는다.

첫 번째 작품 〈권진장〉은 일본 겐지 시대의 정권 다툼에 관한 이야기이며 내용은 다음과 같다. 미나모토노 요리토모源頼朝가 그의 동생 요시쓰네義經와 서로 투쟁하는데 요시쓰네가 궁지에 몰리게 되자 그를 추종하는 벤케弁慶와 가신 네 사람을 이끌고 승려로 변장해 교토를 탈출한다. 요리토모는 각지에 같은 내용의 명령을 내려 위장한 이 가짜 승려들을 잡아들이라고 지시한다. 요시쓰네와 벤케 등 주인과 노복 여섯 사람은 한 검문소에 이르러 검문을 받게 된다. 관문을 지키는 수비장 도가시富樫가 그들을 조사하지만 벤케가 유연하고 자연스럽게 대응한다. 도가시가 막 그들을 풀어주려고 하는 순간 수졸 하나가 행낭을 멘 사람이 요시쓰네를 닮았다는 것을 발견한다. 도가시가 다시 그들을 막아서서 검문을 계속하지만 주인을 구하려고 고심하는 벤케에게 감동하여 결국 관문을 통과하도록 놓아준다.

〈권진장〉은 이치카와 단주로市川團十郎의 가장 뛰어난 가부키 십팔번 중의 하나이다. 예전에 일본 공연을 갔을 때도 두 번 다 이 작품을 관람했던 기억이 있다. 이 작품은 가부키 중에서 공연 횟수가 가장 많은 극목 가운데 하나이기도 하다. 무수한 명배우들의 창조로 이 작품의 동작, 대사, 표정, 노래, 음악은 모두 정련된 경지에 도달했다. 이런 종류의 전통 극목은 연기를 잘 못하면 흔히 전통적인 외면 연기만 중시하는 쪽으로만 빠져 내면 활

13) 본문은 원래 1955년 10월 10일 『인민일보』에 실렸으며 『매란방 문집』에서 발췌한 것이다.

동의 표현을 소홀하게 되는데 이치카와 엔노스케의 연기는 전통적인 정확한 외면 연기의 우수함을 드러내면서 동시에 각색의 내재적인 정감을 충분히 체현해냈다.

이 극은 시작할 때 막이 열리기 전 먼저 피리 소리와 북 소리가 들리면서 변경의 정경을 부각시킨다. 벤케가 등장할 때 그의 치밀한 몸짓과 자세에서 나오는 풍격은 지혜와 용맹을 겸비한 영웅을 형상적으로 표현하는 한편 거동은 매우 느린데 그 무게감은 태산처럼 커서 관객들이 그를 힘이 장사인 사내대장부라고 느끼게 한다. 도가시가 검문할 때 두 사람의 대사는 빈틈이 없다. 나는 일본어를 모르지만, 그때는 거의 '좋다!'라고 소리를 낼 만큼 알아들었다. 이치카와 엔노스케의 연기는 기지가 넘치는 영웅이 가장 긴장되고 중요한 순간에 침착하게 모든 것을 대처하는 기개를 표현해냈다. 그가 연부緣簿를 낭송할 때 도가시가 훔쳐보려는 몸짓을 하자 벤케는 두루마리 책자를 품 안으로 뒤집어 넣으며 노여운 눈초리로 바라본다. 도가시는 그의 이런 기개에 놀라 멈추고 벤케는 동시에 손에 땀을 쥐고서 가짜 연부임이 들통 나지 않은 것에 안도의 숨을 내쉰다. 쌍방의 이런 두려움에 가득 찬 갈등 심리가 기막힐 정도로 생생하게 표현되었다. 벤케의 작은 동작, 예를 들어 두 손으로 두루마리를 펼쳤다가 마는 동작이라든가 손목의 염주를 빙빙 돌리는 동작 등은 모두 그의 커다란 동작 및 대사, 표정 등과 같은 선상에서 연결되는 것이었다. 이러한 작은 동작들은 모두 현실 생활 속에서 추출되고 예술적 가공을 거친 것으로 극 전체의 내재적인 리듬과 완전히 부합했다.

도가시가 멜대를 든 짐꾼을 요시쓰네로 지목했을 때 극은 가장 긴장된 고조기에 도달한다. 벤케가 몽둥이를 들어 거짓으로 요시쓰네를 때리는 시늉을 하는데 이 또한 복잡한 표정과 신단을 겸한다. 이치카와 엔노스케는 벤케가 요시쓰네를 몽둥이로 몇 번을 때렸음에도 상황은 여전히 해결되지 않고 그렇다고 계속 때릴 수도 없어 안절부절못해 하는 표정의 연기와 도가시가 갑자기 관문을 통과하도록 그들을 풀어주었을 때 반신반의하면서 놀라기도 하고 기쁘기도 한 내면의 심리를 훌륭하게 표현해냈다. 도가시가 그에게 송별연을 해줄 때 그는 술을 마시며 둥근 대죽 바구니 덮개를 술 사발로 삼고 관문의 수졸이 따라준 술이 너무 적은 것을 못마땅해 하며 양손으로 호리병을 하나씩 들고 술을 따르는 동작을 취한다. 술을 다 따르고 난 뒤 두 손의 호리병을 바닥으로 내치자 두 개의 호리병이 나뒹굴며 동시에 반원형을 그리며 데굴데굴 병졸의 손 안으로 굴러간다. 이러한 작은 동작들은 모두 매우 연극적이고 호방한 이 인물의 성격을 표현하는 데 도움이 되었다. 그는 술을 다 마시고 난 다음 한바탕 춤을 춘다. 오른손으로는 부채를 펼치며 왼손으로는 염주 알을 굴린다. 부채를 세워 왼손으로 옮겨 들 때는 오른손의 다섯 손가락을 활짝 펴 '납산방'의 자세를 취해 원래 왼손으로 세고 있던 염주가 자연스럽게 손목으로 돌아간다. '원장圓場'을 걸으며 양쪽으로 '고상高象[다리를 뻗은 자세]'과 '왜상矮象[다리를 굽힌 자세]' 자세를 취하는데, 이는 중국 곤곡의 〈산문山門〉에서 노지심魯智深이 술 취한 뒤에 무술을 하는 신단과 같은 유형이다. 그들의 진중하면서도 위엄 있는 모습도 예전에 명화검花臉 배우였던 하계산何桂山 선생이나 전금복 선생과 매우 흡사했다. 이 무대에서 춘 춤은 '연년무延年舞'라 하는데 걸음은 적지만 쓸데없는 걸음이 하나도 없고 동작이 많지 않지만 노련하면서 정확하다. 벤케가 무대에서 퇴장할 때 돌아서며 하나의 '상象'을 이용하여 무거운 부담감에서 해방된 상쾌한 기분을 표현한다. 그러나 기쁨이 다하면 슬픔이 생겨나듯 많은 위험과 고난을 겪다가 뜻밖에 포위망에서 탈출하게 된 것을 생각하면서 자신도 모르게 이 영웅은 눈물 한 방울을 떨어뜨린다. 이는 중국 곤곡 〈삼당三檔〉에서 진경秦瓊이 동관潼關을 벗어났을 때 먼저 웃고 나중에 울었던 것과 같은 수법을 사용한 것이다. 이렇게 해서 영웅의 성격을 더 강렬하게 묘사낼 수 있었다. 벤케는 비애의 심정을 재빨리 억누르고 다시 낙관적인 열정을 끌어올려 황급히 주인 요시쓰네를 따라간다. 그는 걸음을 크게 내딛으며 뛰는 듯한 신단을 하는데 실제로는 상당히 느린 동작이지만 관객들이 그가 잠시도 지체할 수 없다는 듯 달려가는 것처럼 느끼도록 만든다.

이러한 사실주의적인 과장 수법은 중국 고전극에서도 광범위하게 사용되고 있다. 예를 들어 곤곡 〈경몽驚夢〉에서 류몽매가 두려낭을 쫓아가는 장면이나 〈단교〉에서 허선이 도망치는 장면 등은 모두 이 수법을 사용한 것이다. 벤케의 눈동자가 무대에서 이동하는 동선은 매우 경제적이면서도 기묘하다. 주시하는 대상이 없을 때는 항상 아래를 응시하고 있으며 눈동자를 사용할 때는 신단을 이끌면서 음악에 따라 정확하게 시선의 초점을 목표한 곳에 놓는다. 이러한 시선 처리법은 중국 경극의 표현예술에서도 가장 높은 수준에 해당되는 것이다.

〈권진장〉의 구조도 중국의 고강, 곤강, 피황과 비슷하다. 도가시가 무대에 등장해 자신의 성명을 밝히고 자초지종을 이야기하면 네 사람의 부하는 문에 서 있다가 도가시가 얘기를 다 하고 난 다음에 그를 따라 소변대로 가서 비스듬히 일렬로 선다. 요시쓰네와 벤케는 무대에 등장해서 대변대에 비스듬히 일렬로 서는데 이것은 모두 경극과 같다. 벤케와 도가시가 서로를 주시하며 벤케는 두 손으로 승려의 지팡이를 짚고 도가시는 한 손으로 검을 잡고서 나고 소리에 따라 서로 위치를 바꿔 서는 모습은 경극 〈상매사祥梅寺〉에서 황소가 사당 안으로 들어서는 신단과 같았다. 벤케가 손에 선장을 든 수법도 우리의 '곤파棍把'*와 차이가 없다. 그가 오른손으로 몽둥이를 잡고 '상방자上膀子'를 취하고 이와 함께 왼손으로 '납산방'을 취할 때 나는 모든 경극 배우들이 이 모습을 보고 '회심의 미소'를 지었을 거라 생각한다. 나머지 대사나 신단은 고강과 곤강과 비슷한 것들이 많다. 여기에서 일일이 다 예를 들지는 않겠다.

벤케 일행이 '하나미치花道'로 퇴장하는 모습은 확실히 관객들에게 강렬한 인상을 남긴다. 이런 방식은 일본과 중국만의 특유한 것이다. 예전에 나는 경극의 '영관 뛰놀기跳靈官'**에서 무대 위의 모든 영관들이 다 뛰놀고 나서 무대 아래로 내려가 극장을 한 바퀴 돌고 다시 돌아와 무대 뒤로 사라지는 것을 본 적이 있다. 그리고 〈비차진飛叉陣〉에서도 우막牛邈 수하의 한 장관이 외국인으로 분장을 했는데 종전에 연기할 때도 이따금씩 이러한 방법

*
곤파:
몽둥이를 들고 하는 무공

**
영관 뛰놀기:
경극에서 정월 초하루 공연의 정식 연출 전에 의식을 행할 때 무항당 배우가 영관으로 분장하고 추는 춤. 귀신을 쫓는 의식을 내포함

을 써서 관객석 가운데 난 길을 따라 퇴장했다. 또한 장족藏族이나 몽고족蒙古族의 불교도 라마가 불교 '찰포扎布' 의식에서 귀신, 요괴 등으로 분장을 하고 경을 외며 춤을 추는데 춤을 다 추고 나서 언제나 관객 속으로 뛰어간다. 이 방법은 중국 연극에서는 그리 많이 발달하지는 않았다. 하지만 일본의 가부키에서는 광범하게 사용될 뿐 아니라 좋은 효과도 거두고 있다.

두 번째 작품인 〈경성반혼향〉의 이야기는 한 화가가 말을 더듬기 때문에 스승의 부름을 받을 수가 없어서 뜰 안에 있는 돌 위에 자신의 초상화를 기념으로 남기고 자살을 하려고 하나 그 그림 때문에 선생님이 그가 천재적인 화가임을 발견하고 그에게 의발을 전수한다는 내용이다.

이치카와 엔노스케는 방금 노지심魯智深과 유사한 각색을 연기하고 나서, 또 서생을 연기했다. 정말이지 그의 천부적인 연기 재능에 탄복하지 않을 수 없었다. 이 극과 〈권진장〉은 다르다. 나는 〈권진장〉의 대사가 '운백韻白'이라고 느꼈다. 우리 경극에서 시문을 또랑또랑 읽는 소위 '상구上口'라고 하는 것과 같은 것이다. 그러나 이 극은 운백과 구별되는 북경어 대사 '경백京白' 에 가까웠고, 동작도 많은 경우 무도의 성격을 띠지 않았다. 이 작품의 주인공 우키요 마타헤이浮世又平의 형상은 경극 〈득의연하산得意緣下山〉의 노곤걸盧昆杰과 비슷하다. 이치카와 엔노스케는 이 역을 맡아 말을 더듬는 자신을 원망하며 목놓아 울다가 나중에는 또 미친 듯이 기뻐하는 연기를 했다. 모두 대단히 인상적이면서 또한 감동적이었다. 그의 풍격과 연기는 예전에 중국의 명배우였던 정계선 선생의 수법과 비슷하다. 우키요의 아내가 그를 붙잡고 자살하지 못하게 막을 때 안팎에서 두 번이나 바닥에 철퍼덕 주저앉는 신단 및 그의 사형인 슈리 노스케修理之助와의 '한 번 구르는 동작一撲'과 '두 번 구르는 동작兩撲' 신단은 모두 정계선 선생의 연기와 방법은 다르지만 같은 효과를 만드는 절묘함이 있었다.

세 번째 작품 〈쌍접도성사〉는 무용극이다. 그 안에 일본의 민간 무용과 민간 가곡이 많이 보존되어 있다.

일본의 많은 무용들이 부채를 사용한다. 중국 당송 시기 시사詩詞에도 늘 "장삼으로 노래하며 부채로 춤을 춘다"라는 구절이 있는 걸 보면 '부채로 춤을 추는 것'은 유래가 이미 오래되었음을 알 수 있다. 벤케의 부채춤과 도죠지道成寺의 무희 하나코花子와 사쿠라코櫻子의 부채춤을 보면서 나는 중국과 일본 두 나라의 연극 가운데 부채춤을 추는 양식, 손을 쓰는 자세, 신단은 많은 부분에서 서로 같다고 느꼈다. 어떤 양식들은 지금 우리 경극에는 없는 것들이었다. 그 가운데 가장 두드러지는 것이 부채를 편 채 다른 손으로 옮기며 손가락을 이용해 부채의 면을 집고 여러 신단을 취하면서 부챗살을 쥐지는 않는 것이다. 이런 양식은 참 아름답다고 느꼈다.

이 극에 등장하는 몇 종류의 춤 가운데서 화립무花笠舞, 수건무手巾舞, 영고무鈴鼓舞 세 가지가 가장 멋졌다. 마지막에 뱀으로 변할 때 커다란 붉은 보자기로 막는 것도 중국 경극에서 예전에 자주 사용했던 방법이다. 뱀의 검보는 원래 분칠한 얼굴에 두 개의 날카로운 송곳니와 눈두덩, 눈썹만 그렸다. 또 머리에는 '봉두蓬頭'를 얹고 붉은색 바지를 입으며 금사로 수놓은 거북이 등 문양의 비단 보자기를 걸친다. 이렇게 단순하지만 특색 있게 뱀의 분장이 끝난다. 끝으로, 한 무리의 뱀 잡이를 이용해 연이어 뱀의 몸통을 만들고, 맨 꼬리에 있는 사람이 그 앞쪽 사람을 한 손으로 잡아서 올리면 뱀이 꼬리를 치켜드는 모습을 상징하게 된다. 뱀의 정령은 등받이 없는 의자 위에 서서 높이 쳐든 뱀 머리를 상징한다. 뱀 잡이 하나가 푸른 대나무 막대기를 들고 뱀의 몸 위에 올라타 뱀의 모양을 배열해 만든다. 이는 무대에서 가장 경제적인 처리 방법으로 곤곡 〈회영타위回營打圍〉에서 네 개의 월화기月華旗와 여덟 개의 표지 깃발과 한 개의 큰 깃발을 배열하여 배 한 척을 만드는 것과 같은 수법이다. 전체 극에서 뱀 모양이 만들어진 뒤 막이 내리므로 관객에게 상당히 강렬한 인상을 남긴다.

일본 가부키는 독특한 색채와 우아하고 아름다운 풍격을 지닌 일본 민족의 전통 희극 예술이다. 그것은 사실주의를 기초로 하지만 연기 면에서 과장의 요소도 가지고 있는데 이는 중국 고전 희극과 유사하다. 그래서 우리는 어렵지 않게 그 속에서 배울 만한 가치가 있는 많은 것들을 발견했던 것이다.

텐류지에서 가나이 교코를 만나다[14)]

32년 전 내가 두 번째로 일본을 방문하여 교토에서 공연을 마쳤을 때 일본 영화사에서 〈염금풍廉錦楓〉의 '자방刺蚌'과 〈홍예관〉의 '대창對槍' 부분을 영화로 찍자고 했다. 그날 아침부터 저녁까지 꼬박 하루가 걸렸다. 그들은 영화 촬영을 다 마친 후 내게 일본식 소고기 샤브샤브를 대접해주었다. 나는 배가 너무 고팠기 때문에 고기를 좀 많이 먹었다. 여관으로 돌아와서 진한 녹차를 몇 잔 마시고서 침대에 쓰러져 잠이 들었다. 한밤중에 위에 가스가 차고 답답하면서 배가 아팠다. 마치 칼이 그 안에 들어가 이리저리 돌아다니며 찌르는 것같이 고통스러워 조금도 참을 수가 없었다. 열도 심하게 나서 정신이 혼미한 상태였다. 여관 종업원은 내가 갑자기 통증을 호소하는 것을 보고 곧바로 내 친구인 구보타久保田 선생에게 알리고 교토의 명의 가나이 다이조金井泰藏 선생을 불러주었다. 그는 피로 후 근육이 지친 상태에서 식사를 하면서 과식을 해 급성위염이 생겼다고 진단하면서 환자가 이미 혼미한 상태이며 병세가 가볍지 않다고 했다. 그날부터 가나이 선생이 밤낮으로 곁에서 정성껏 치료해주어 한 달이 좀 지나 서서히 원상태로 회복할 수 있었다. 일본을 떠나기 전에 가나이 선생이 나를 자기 집으로 초대해 같이 식사를 했다. 나는 그의 가족들과 함께 사진도 찍었다. 그의 딸 가나이 교코金井京子는 겨우 여섯 살이었는데 발랄하고 매우 귀여웠다. 나와 가나이 선생은 깊고 돈독한 우정을 나누었다. 내가 병원비와 약값을 보내자 그는 단호하게 거절했다. 그가 말했다.

"의사가 환자를 치료하고 돈을 받는 것은 당연한 일이지만 우정은 돈보다 훨씬 귀한 것이지요."

---

14) 본문 및 뒷문장 6편은 모두 『동유기(東遊記)』에서 발췌한 것이다.

나는 그에게 선물을 주려고 했지만 그것도 한사코 받지 않았다. 결국 그가 내게 말했다.

"이렇게 하지요! 제가 중국 비취를 좋아하니 다음번에 다시 올 때 비취 커프스 한 벌을 선물해 주십시오. 기념으로 삼겠습니다."

30년의 시간 동안 나는 이 일을 늘 마음에 간직하고 있었다. 이번에 일본에 오기 전에 나는 상감을 한 비취 커프스를 구해 가나이 선생에게 주려고 준비를 했다. 나는 도쿄에 오자마자 일본 친구들을 통해 그의 행방을 알아보았다. 그들은 이미 도쿄 의학계에 알아보았으나 그런 사람이 없으니 교토나 오사카로 가야만 단서를 찾을 수 있겠다는 답변을 해왔다. 오사카에 도착한 후 아사히신문사에서 일하는 친구가 내게 말했다.

"쿄토 쪽 소식에 가나이 선생을 찾았다고 하니 내일 우리가 텐류지天龍寺로 관광을 가면 만날 수 있을 것이네."

그 말을 듣고 나는 몹시 기대했다.

6월 20일 오전, 단원 전체가 오사카에서 자동차를 나눠 타고 교토의 명승지로 관광을 갔다. 도게쓰교를 지나고 얼마 지나지 않아서 교토의 유명한 텐류지에 도착했다. 절 안의 대서원으로 들어서자 담홍색 옷을 입은 일본 여성이 회랑에서 올라와 우리 앞으로 와서 서더니 허리를 깊이 숙여 인사를 하고 나서 사진 한 장을 건네며 말했다.

"선생님, 저를 기억하세요? 제가 가나이 교코랍니다. 선생님이 텐류지에 관광오신다고 해서 이른 새벽부터 여기에서 기다리고 있었어요."

30년 넘게 그녀를 보지 못했지만 얼굴의 윤곽에 아직 그때의 모습이 남아 있었다. 나는 그녀의 손을 잡고 사진을 들여다보면서 말했다.

"이 사진은 그때 너희 집에서 찍은 것인데 나도 아직 간직하고 있단다. 이번에도 가지고 왔어. 그때 너는 여섯 살이었지. 당시 나는 여기서 급작스럽게 병이 났는데 다행히 네 아버님이 정성껏 치료해주신 덕분에 목숨을 구했단다. 지금 그분은……."

내가 말을 채 마치기도 전에 교코가 목이 메어 말했다.

"제 아버님은 십삼 년 전에 돌아가셨어요."

나는 그 소식을 듣고 머릿속이 '쿵' 하고 울리면서 얼이 빠졌다. 교코가 눈물이 그렁그렁해져서 말했다.

"선생님이 떠나고 난 뒤, 제 아버님은 늘 선생님을 그리워하셨어요. 신문에 선생님의 소식이 실리기라도 하면 언제나 꼼꼼하게 읽어보시고 저희에게도 들려주셨죠. 아버님은 선생님이 다시 일본에 와서 만날 수 있기를 바라셨답니다. 그 뒤 얼마 안 있어 어머님이 돌아가셨고 아버님은 재혼을 하셨어요. 그 후 제 아래로 남동생과 여동생이 태어났지요. 저는 결혼하고 친정을 떠났고요, 지금은 공장에서 일을 하고 있답니다."

나는 그녀가 쉬지 않고 풀어놓는 이런 저런 지난 이야기들을 들으며 간간이 마음이 쓰렸다. 내가 그녀에게 말했다.

"그때 네 아버지가 중국 비취를 좋아한다고 해서 네 아버지에게 비취 커프스 한 벌을 선물하겠다고 약속했었단다. 이번에 가져왔는데, 사람이 보이질 않는구나! 이렇게 하자! 가나이 부인께 알려서 며칠 후 내가 교토에서 공연을 할 때 나를 집으로 초대해주면 이 커프스를 직접 네 아버지 영전에 바치면서 내 마음을 전하고 싶구나."

교코는 고맙다고 말하며 허리를 굽혀 인사를 하고 돌아갔다. 일본 친구들은 내가 가나이 선생의 별세 소식을 듣고 많이 가슴 아파하는 것을 보고 내게 친구를 생각하는 마음이 깊다고 하며 위로했다. 내가 말했다.

"그때 내 병이 위중한 상태였어. 가나이 선생이 그토록 정성을 다해 치료하지 않았더라면 어땠는지 감히 상상할 수도 없네. 우리의 우정은 보통 환자와 의사 관계와는 완전히 달라."

27일 오전에 우리는 가나이 부인 집으로 갔다. 그녀가 살고 있는 집은 아주 비좁고 작았으며 현관 입구의 유리 케이스 안에 간식과 빵, 사탕 등 먹을거리를 진열해놓고 팔고 있었다. 가나이 부인과 교코가 문 앞에서 우리를 맞았다. 문 안으로 들어간 후에 가나이 부인이 영전의 휘장을 걷자 가나이 선생의 영정 사진이 보였다. 나는 예전 일을 생각하며 나도 모르게 눈물을 흘렸다. 일찍이 내 생명을 구해주었던 오랜 친구의 영전에 경건하게 꽃을 올리고 두 손으로 비취 커프스 한 벌을 영정 사진 앞에 바치며 추모 의식을 마친 뒤 자리에 앉았다. 교코는 내게 가족들을 소개했다.

"이분은 제 작은 아버님이시고 이분은 제 고모님이세요."

노부인은 육십이 좀 넘어 보였다. 그녀는 당시 나를 가나이 선생 집에서 본 적이 있다고 했다. 그리고 교코의 남동생과 여동생 두 사람이 더 있었다. 모두가 작은 방에 앉아서 옛일을 이야기하다 보니 감개무량했다. 내가 말했다.

"이번에는 가나이 선생을 꼭 만나고 싶었습니다. 그분이 세상을 떠난 지 이미 몇 년이나 된 줄은 꿈에도 생각지 못했습니다. 정말 유감이에요."

끝으로 나는 중국 특산물과 내 공연을 찍은 컬러 스틸 사진을 가나이 선생의 가족에게 기념으로 나누어 주었다.

가나이 선생의 집에서 교토 여관으로 돌아와 침실 밖 큰 응접실에서 식사를 하는데 희전이 내게 물었다.

"여기서 양병할 때 묵었던 방이 어느 방이죠?"

내가 말했다.

"이 방이었던 것 같아."

나는 오른쪽 창밖에 베란다가 있었던 것을 기억했다. 그 전날 밤 방에 들어서자마자 문을 밀고 나가서 보려고 하자 종업원이 내게 말했다.

"이 건축물은 오래돼서 바깥쪽 베란다도 수명이 다 됐습니다. 하지만 이 방에 묵는 손님들은 모두 의자를 베란다에 가져다 놓고 바람을 쐬거나 산의 풍경을 감상하시는 것을 즐기시죠. 저희는 안전을 위해 사전에 이런 상황을 손님들께 말씀드리고 주의를 드립니다. 손님께서도 원하신다면 보시는 것은 상관없습니다만 너무 오래 머물지는 마십시오."

희전은 이 말을 듣고 나서 말했다.

"우리 밖으로 나가서 보십시다."

나도 같이 나가 사방을 둘러 바라보았다. 사방이 산에 둘러싸여 있고 수목이 울창했다. 여관은 산 중턱의 풍경 좋은 곳에 위치하여 주위가 고즈넉했다. 희전이 물었다.

"삼십여 년이나 되었어요. 예전과 다른 점이 있나요?"

내가 말했다.

"그 당시 자주 창가의 등나무 의자에 누워 햇볕을 쬐고 풍경을 바라보던 일이 생각나. 나는 아래층 큰 식당을 좋아했어. 창밖으로 작은 다리와 시냇물이 보이고 돌벽 위로 고목이 우거져 아주 시적인 정취가 있었지. 이 모든 것들이 그대로 남아 있어. 크게 바뀐 게 없는 것 같아. 약간 과거와 다르다는 느낌이 있을 뿐이야. 실내의 탁자 위에 놓인 꽃병, 유리장 안에 진열된 장식품들은 그때처럼 그렇게 세밀하고 정교하며 딱 맞는다는 생각이 들지 않는구나. 전쟁을 거치며 변동이 있었어……."

나카무라 자쿠에몬 부인 댁에서

6월 16일 오후 3시 나는 원산효遠山孝 등 네다섯 사람과 함께 차를 타고 나카무라 자쿠에몬中村雀右衛門 부인 댁으로 갔다. 그녀는 자신이 운영하는 한 일본식 여관에 살고 있었다. 우리가 문 입구에서 신발을 벗자 노부인이 옷을 단정하게 차려입고 거실 문 앞에서 우리를 안으로 맞아들였다. 이 방 안에는 정면으로 세 개의 한자가 적힌 가로 폭의 서화가 걸려 있었고 오른쪽 벽에는 화분이 그려진 부채가 걸려 있었다. 방 가운데는 키 작은 의자 몇 개와 작은 장방형 탁자 하나가 놓여 있었다. 탁자 위에는 다기가 놓여 있었다.

손님과 주인이 만나 앉아서 이야기를 나누었다. 화교인 우은양于恩洋 선생이 우리에게 통역을 해주었다. 노부인이 말했다.

"작년에 이치카와 엔노스케 선생이 중국에서 돌아와 내게 말했어요. 당신이 그때 나카무라 자쿠에몬 선생과 예술 교류를 하면서 있었던 많은 옛일들을 자주 이야기했다고요. 감동했답니다. 허리와 다리에 병이 있어 보행이 어려운데 이번에 중국 경극 대표단이 오사카에 와서 공연을 한다는 소식을 듣고서 의사와 상의해서 며칠 전부터 우선 집에서 걷는 연습을 하고 있었습니다. 당신을 방문하고 또 공연도 볼 생각이었거든요. 당신께서 먼저 저를 보러 오실 줄은 생각도 못했습니다."

내가 말했다.

"부인, 별 말씀을 다 하십니다. 부인께서는 연세도 있으시고 허리와 다리도 불편하신데, 어떻게 부인을 수고스럽게 하겠습니까? 제가 오는 게 편합니다."

노부인이 뒤쪽 방을 향해 손짓을 하니 한 중년 부인이 걸어나와 내 반대편에 무릎을 꿇고 앉았다. 노부인은 내게 그 중년 부인이 그녀의 딸이라고 소개하며 이어서 말했다.

"어제가 나카무라 선생의 기일이어서 이 애가 성묘 가서 제사를 드렸지요. 나는 이 애에게 아버지 묘 앞에서 묵도하라고 당부했어요. 중국 경극 대표단 전체가 평안무사하기를 빌라고요."

여기까지 말하고 노부인은 눈가가 붉어져 품 안에서 손수건을 꺼내 눈물을 닦았다. 나 역시 가슴이 시큰했다. 나는 그녀의 마음이 아플까봐 화제를 돌렸다.

"노부인께서는 전에 제 공연을 보신 적이 있습니까?"

노부인이 말했다. "삼십 년 전에 한 번 보았지요. 그래서 이번에 다시 보고 싶은 거랍니다."

나는 원산효 선생에게 노부인 모녀를 위해 좋은 자리로 좌석을 준비하라고 말했다. 이어서 나는 노부인과 당시 나카무라 선생이 예술적인 면에서 내게 도움을 준 일에 대해 이야기했다.

"저는 나카무라 선생과 몇 번 만나지 않았지만 매우 깊은 우정을 나누었습니다. 저는 메이지극장에서 처음으로 그분의 공연을 보았을 때를 기억합니다. 선생님은 도리무스메鷄娘*를 연기했었지요. 그때 저는 선생님의 분장한 모습이 매우 아름답다고 느꼈습니다. 동시에 무용화된 신단과 인상적인 표정도 저를 매료시켰답니다. 공연이 끝난 뒤에 저는 무대 뒤로 가서 선생님께 수고하셨다고 말씀을 드렸습니다. 그분의 분장하지 않은 본래 모습을 보았어요. 두 볼이 홀쭉하게 마르고 얼굴에 살이 없어서 분장하고 연기할 때와 전혀 달랐습니다. 제가 '선생님의 화장은 정말 훌륭하시네요'라고 말하자 선생님이 웃으시며 제게 말씀하셨지요. '나는 얼굴형에 결점이 많아요. 그래서 얼굴 화장을 더 신경 써서 연구를 했다오. 여러 차례 실험을 거쳐 요령을 터득해서 비극이냐 희극이냐에 따라서 얼굴형에 변화를 줄 수 있게 되었다오. 지금 내가 그 비밀을 선생에게 가르쳐주지요. 선생의 분장에도 도움이 될 거요. 선생의 얼굴형은 아름답지만 역시 두 볼에 살이 없으

*
도리무스메:
닭처럼 매일 아침을 고한다고 해서 붙여진 이름. 가부키에서 자신의 아버지의 탐욕스러움 때문에 그렇게 되어 버린 딸을 말함

니까, 만약 내 비법을 사용하면 선생도 옥에 티를 메울 수 있을 거요.' 여기까지 말씀하시더니 화장 상자에서 솜뭉치 두개를 꺼내서 입 안에 넣은 다음 손가락으로 양쪽 볼 부위로 미시더군요. 과연 두 볼이 도톰하게 부풀어 올라 살이 통통해 보였습니다. 선생님은 그 방법을 어떻게 사용하는지 제게 자세히 말씀해주셨습니다. 중국 희곡의 특징은 노래와 춤을 동반하므로 입 안에 솜뭉치를 넣고 있으면 노래할 때 불편을 느낄 테니 시간과 노력을 들여 훈련해야 한다고 강조하셨지요. 이어서 눈썹 그리는 법, 눈두덩 칠하는 법 등 어떻게 얼굴형에 맞는 화장을 하는지에 대해서도 요령을 제게 알려 주셨습니다. 끝으로 솜뭉치 몇 개를 종이에 싸서 제게 건네시며 말씀하셨죠. '가져가서 한번 해보시오. 나는 선생이 이 방법을 써서 무대에서 더 아름답고 풍만한 모습을 보일 수 있기를 바라오.' 저는 이 말씀에 감동을 받았습니다. 처음 교제하는 외국 친구에게 자신이 애써 연구해 얻은 경험들을 아낌없이 다 쏟아내 말씀해주시다니! 나카무라 자쿠에몬 선생님처럼 그렇게 열성적으로 다른 사람을 돕는 경우는 당시에 매우 보기 드문 일이었으니까요."

모두들 내가 말하는 것을 들으며 그들도 어려운 일이라고 생각했다.

노부인이 말했다.

"나카무라 선생은 집에서 자주 매 선생님 얘기를 했습니다. 기억하세요? 한번은 당신이 분장실에 갈 때 당신에게 슬리퍼를 찾아주었다고 하더군요."

내가 말했다.

"저도 그 일을 기억합니다. 역시 도쿄 메이지극장에서였습니다. 그때 일본 극장의 분장실은 일본식 슬리퍼밖에 없었습니다. 그것은 발가락이 갈라진 버선을 신어야만 들어갔었거든요. 그래서 나카무라 선생님이 제게 서양식 슬리퍼를 찾아다 주셨지요."

노부인이 눈짓을 하자 그녀의 딸이 잠시 후에 액자 하나를 들고 나왔다. 액자 안에는 오색 비단실로 수놓은 무대의상을 입은 나카무라 자쿠에몬 선생의 초상이 들어 있었다. 노부인이 정중하게 말했다.

"이것은 최근에 유명한 장인에게 부탁해서 제작한 것인데 매 선생님께 기념으로 드리고 싶습니다."

또 꽃문양이 있는 붉은 칠 장식함 두 개를 보모葆玥와 보구葆玖에게 선물로 주었다. 나는 그녀에게 고맙다고 말했다. 나도 가지고 갔던 선물용 토산품 몇 가지를 노부인께 기념으로 주었다. 이때 촬영 기자가 카메라를 맞추고 나와 노부인이 함께 담긴 사진을 몇 장 찍었다.

나는 나카무라 선생의 위패를 모신 방으로 가서 참배하겠다고 했다. 노부인이 뒤쪽에 있는 방으로 안내해서 우리는 위패를 모신 감실을 열고 나카무라 선생의 영정 앞에 예를 올렸다. 그 방에는 사방의 벽에 모두 무대의상을 입은 나카무라 선생의 초상이 걸려 있었다. 노부인은 우리에게 나카무라 선생이 연기했던 각색의 유형과 간단한 극의 줄거리를 소개해주었다. 한 젊은이의 사진이 걸려 있는 것을 발견하고 내가 유심히 보았더니 노부인이 사진을 가리키며 목멘 소리로 말했다.

"이 아이는 내 아들입니다. 역시 배우였지요. 불행히도 전쟁 중에 세상을 떠났어요. 죽고 나서야 아버지의 이름을 전수받았답니다."

나는 또 노부인의 상처를 건드릴까 걱정스러워 그녀에게 말했다.

"시간이 늦었으니 객들이 돌아가야 주인께서 쉬시겠지요. 저희는 가보겠습니다. 이틀 후에 교토에서 돌아오니 제 아들과 딸도 같이 와서 인사드리겠습니다."

우리가 골목 어귀까지 가서 돌아보니 노부인이 문 앞에 서서 여전히 손을 흔들고 있었다.

이치카와 엔노스케 선생 댁에서의 만찬

배우들은 한 텀의 공연이 끝나면 놀면서 맛있는 음식도 먹고 술도 마시면서 긴장했던 심신을 풀어준다. 그때가 배우들에게는 가장 편안한 시간이다. 엔노스케 선생은 무대에서 50여 년을 생활했기 때문에 배우들의 생활과 고충을 속속들이 알고 있었다. 우리가 첫 번째 도시인 도쿄에서의 공연을 모두 마치자 그는 우리 단원 전체를 집으로 초대해 하루를 실컷 놀도록 배려해주었다. 그날의 즐거움과 통쾌했던 기분은 귀국한 이후에도 여전히 그 일을 흥미진진하게 이야기할 정도였다.

6월 3일 오후 우리는 쏟아지는 장대비를 뚫고 이치카와 엔노스케 선생 댁 문앞에 도착했다. 엔노스케 선생 부부와 가족, 친구들이 모두 우산을 쓰고 문 앞까지 나와 우리를 맞이했다. 우리는 차례대로 신발을 벗고 연회석에 올라 주인과 서로 악수를 나누며 인사를 했다. 엔노스케 선생은 나와 구양여천 선생의 손을 끌고 방 안으로 들어갔고 엔노스케 부인은 친절하게 여자 손님들을 접대했다. 엔노스케 선생의 집은 풍경이 아름다운 산 중턱에 위치한 순수한 일본식 가옥이었다. 실내의 밝은 창과 말끔한 탁자는 티끌 하나 없이 깨끗했다. 산뜻하고 고상한 사초롱과 붉은색 융단이 꽃꽂이 화병을 비추며 서로 어우러져 생동감 넘치는 풍경을 만들어냈다. 엔노스케 선생이 정원 나무에 걸려있는 채색 띠를 가리키며 말했다.

"나무에 걸린 채색 띠는 '칠석대七夕帶'라고 합니다. 일본의 민간 전설에서 소나무와 대나무에 저것을 걸어 두는 것은 견우와 직녀가 일 년에 한 번 만나는 것을 상징하지요. 동시에 복을 구하고 모든 사람들의 소망을 이루어지도록 기원하는 기도이기도 합니다."

엔노스케 선생의 말은 깊은 의미를 담고 있었다. 모두들 그 말을 듣고 회심의 미소를 지었다. 날이 어두워졌고 비도 그쳤다. 주인은 화려하고 선명한 빛깔의 기모노를 입고 친근하면서 다정한 태도로 손님들을 각각의 좌석으로 안내했다. 손님과 주인은 교차해서 낮은 원형 탁자를 에워싸고 앉았다. 모두들 가볍게 술잔을 기울이며 자유롭게 이야기를 나누기 시작했다. 주인은 우리를 위해 풍성한 광동 음식을 준비했다. 생선 지느러미, 전복, 말린 조개, 오리구이 등이 하나씩 상에 올라왔는데 맛이 깔끔하면서도 진한 것이 북경 담가譚家의 요리*와 비교해도 전혀 손색이 없을 정도였다. 엔노스케 선생과 부인은 안팎으로 접대를 했고 그의 동생 이치카와 추샤, 아들 단지로段四郎를 비롯해 딸, 손자 등 모두 한 사람씩 짝을 지어 손님들에게 술을 권하고 음식을 날라주었다. 술이 거나하게 취하고 주객의 마음이 하나가 되며 분위기가 무르익어갈 때 갑자기 정원 한 구석에서 쓰루가 하루카鶴賀治賀가 삼현의 반주에 맞추어 노래를 하며 나타났다. 그가 부른 노래는 일본 민요인 〈시나이新內〉** 였다. 곡조가 처량하고 침울하며 사람의 마음을 울렸다. 자리에 앉았던 모든 사람이 술잔을 멈추고 말없이 가곡 속에서 흘러나오는 일본 고대 민중들의 억울한 사연들을 음미했다.

* 담가(譚家) 요리: 중국에서 가장 유명한 관부(官府)요리 중의 하나

** 〈시나이〉: 조루리(인형극)에서 파생된 애조를 띤 노래

엔노스케 선생이 잔을 치켜들며 손님들에게 축사를 했다.

"작년에 북경에서 헤어질 때 도쿄에서 다시 여러분을 만나기를 고대했었는데 그날이 정말 왔네요. 오늘 저희 집에 여러분을 초대할 수 있어서 제 마음이 얼마나 기쁜지 참으로 형용할 길이 없습니다. 저는 여러분이 우리 가족 모두에게 가져다주신 큰 기쁨에 감사를 드립니다. 우수한 경극예술을 일본 사람들에게 소개해주신 것에 감사하고 또 여러분이 이미 거대한 성취를 거두신 것에 대해 축하드립니다."

나는 술잔을 들고 주인의 호의와 성대한 접대에 감사하면서 중국과 일본 양국의 문화 교류가 나날이 발전하고 두 나라 사람의 우정이 소나무와 잣나무처럼 영원히 푸르기를 기원했다. 구양여천 선생은 감격에 벅차서 말했다.

"오늘 모임은 중국과 일본 두 나라 예술가와 두 나라 사람들의 우정이

한데 모여 표현된 것입니다. 저는 참된 감정은 은하('칠석대' 이야기를 가리킴)로 가로막을 수 있는 것이 아니라고 생각합니다."

식사를 마친 후 주인의 요청으로 모두가 무대연습을 하는 방으로 갔다. 엔노스케 선생이 먼저 일본 고전무용인 '우라시마浦島'를 공연했다. 그 안에는 많은 복잡하고 세밀한 고기잡이 신단이 포함되어 있었다. 그 깊고 안정된 공력과 농후한 생활의 분위기는 물가에서 평생을 살았던 일본 고대인들의 삶을 떠올리게 하는 한편 재작년 북경에서 감극贛劇* 원로 예술인들이 공연했던 익양강弋陽腔** 〈강변에서 친구를 만나다江邊會友〉(또는 〈경덕조어(敬德釣魚)〉라고도 한다)를 연상하게 했다. 이 둘을 비교해 보면 확실히 작품은 다르지만 뛰어난 표현 연기의 정교함은 같았다. 그 뒤의 공연은 엔노스케 선생의 아들 이치카와 단지로와 그의 손자 이치카와 단코市川团子가 함께 연기한 〈벤케를 잡다擒弁慶〉였다. 이는 〈권진장〉의 앞 부분의 한 대목으로 요시쓰네가 벤케를 받아들이는 내용이며 무술격투 장면이다. 경극 〈진담주〉에서 악비가 양재흥을 받아들이는 것과 느낌이 약간 비슷했다. 내가 당시 양재흥 역을 연기했던 것이 떠올랐다.

* 감극: 강서성(江西省)의 지방 전통극. 익양강에서 발전하였음

** 익양강: 송원시기 지금의 강서성(江西省) 익양 일대에서 형성된 노랫가락. 주로 민간에서 유행하였으며 타악기로만 반주함. 한 사람이 노래하고 간혹 코러스를 이용하는 것이 특징

〈벤케를 잡다〉라는 공연을 다 보고 나서 주인은 좀 전에 밥을 먹었던 정자 식의 거실로 우리를 데리고 돌아왔다. 짧은 시간이었는데 주인은 벌써 술잔과 안주 접시들이 어지럽게 널브러져 있었던 좀 전의 자리를 깨끗하게 정리해 놓았다. 모두 다시 앉아 술을 마시며 이런 저런 이야기를 하며 한참 이야기꽃을 피워갈 때 돌연 정원 앞에서 작은 꼬마들의 웃음소리와 재잘대는 소리가 들리면서 꽃들 사이에서 수많은 반딧불들이 날아올랐다. 엔노스케 부인이 말했다.

"이 반딧불들은 나가노長野 현에서 자란 것들인데 스스로 날아온 것이 아니라 우리가 특별히 수집해 가져온 거예요. 불야성의 불빛을 만들어 우리의 이 아름다운 만남을 더욱 아름답게 장식하고 싶어서요."

연회를 마치고 헤어질 때 거실에는 여든여섯 벌의 일본식 잠옷이 종이에 싸인 채 손님들 각자의 이름을 달고 가지런히 놓여 있었다. 주인은 손

님들에게 이름에 맞춰 자신의 옷을 찾아가게 했다. 이것은 주인이 중국 손님들에게 주는 선물이었다. 엔노스케 부인은 직접 여자 손님들에게 잠옷을 입혀주면서 옷을 입는 방법을 가르쳐주었다. 이치카와 엔노스케 선생의 전 가족이 중국 경극 대표단의 모든 동료들에게 보여준 깊은 정과 두터운 호의는 모든 단원에게 따뜻함을 느끼게 해주었으며 이국땅에 있는 나그네 심정을 잊게 해주었다.

와세다 대학 연극 박물관에서

6월 4일 오후 우리는 와세다 대학에서 쓰보우치 쇼요坪内逍遥, 1859-1935 박사를 기념하기 위해 설립한 연극박물관에 도착했다. 관장인 가와타케 시게토시河竹繁俊 박사가 우리를 데리고 먼저 총장실로 가서 오하마大濱 총장을 만났다. 구양여천 선생은 당시 와세다 대학에서 유학을 했기에 모교의 방문에 유달리 친근함을 느끼는 듯했다. 와세다 학생 3백여 명은 대형 강의실에 마련된 '중국의 경극에 관하여'라는 구양여천 선생의 강연을 환영했다. 구양여천 선생은 지병으로 관절염이 있어서 오래 걸을 수가 없었기 때문에 학교 측에서 그에게 특별히 명배우 나카무라 우타에몬中村歌右衛門이 앉았던 휠체어를 타도록 내주었다. 우리는 가와타케 시게토시 박사의 안내로 연극박물관을 참관했다. 가와타케 박사는 먼저 연극박물관의 역사를 소개했다.

"이 박물관은 쓰보우치 쇼요 박사를 기념하기 위해 설립된 것입니다. 쓰보우치 박사는 평생을 연극 사업에 이바지하셨습니다. 메이지, 다이쇼, 쇼와 3대에 공연된 극들은 거의 다 쓰보우치 박사와 관련이 있다고 할 수 있습니다. 그래서 그는 '연극의 아버지'라고 불립니다. 끝으로 그는 셰익스피어 극본의 번역 작업을 끝냈습니다. 이 연극 박물관은 쇼와 3년 쓰보우치 박사 칠십 세 생신 때 개관을 했고 그가 칠십칠 세를 일기로 세상을 떠난 뒤에는 그가 소장했던 연극 관련 유물들이 전부 본 박물관에 기증되었습니다."

대화를 하면서 '시바이芝居 판화'(시바이가 바로 연극이다)가 진열된 방으로 이동했다. 나는 줄곧 이런 우키요에浮世繪 판화[민화]를 좋아해서 예전에는 몇 점을 소장하기도 했다. 그것은 순수한 일본 풍격을 지닌 예술로 동양적인 멋이 넘쳤고 그림과 조각 모두 독특한 특징이 있었다. 그림에서는 일본 고대의 풍토와 인정, 사람들의 생활상을 볼 수 있었다. 나에게 그림을 가르쳤던 진사증 선생이 일찍이 북경 풍속화 서화첩을 그린 적이 있는데, 대체로 우키요에의 영향을 받았던 것 같다. 이 방에 진열된 판화는 원시적인 방식으로 먹을 갈아 그린 것부터 칼라 목판화 '니시키에錦繪'까지 모두 있어 판화의 발전 상황을 한눈에 볼 수 있었다. 내가 더 흥미를 느꼈던 것은 오늘 본 판화 대다수가 연극과 관련되어 있다는 점이었다. 〈권진장〉, 〈도성사〉 등과 같은 유명한 극이 모두 멋진 판화로 존재했다. 가와타케 박사는 박물관에서 소장하고 있는 판화가 대략 5만 점 정도 되어 진열품을 교체해가면서 전시할 수 있다고 했다.

일본 명배우들의 사진과 초상을 진열한 방에서는 많은 고인의 얼굴들을 볼 수 있었다. 예를 들어 나카무라 우타에몬 선생, 오노에 바이코尾上梅幸 선생, 모리타 간야 선생, 가와이 시키유河合式雄 선생, 기쿠고로菊五郎 선생, 나카무라 자쿠에몬 선생……. 당시 두 차례 일본을 방문해 공연했을 때 나는 이분들의 도움을 많이 받았다. 이 옛 친구들 가운데는 내 예술에 도움이 될 만한 것을 말해준 사람들도 있고 무대에서 함께 연기를 한 사람들도 있으며 예술적으로 나를 도와준 사람들도 있다. 지나간 일을 회상하며 나는 그곳을 떠나지 못했다.

가와타케 박사가 작은 칼과 가위 등의 도구들을 가리키며 내게 물었다.

"중국 연극에서도 피를 흘리는 장면이 있습니까?"

내가 말했다.

"당시에는 피 흘리는 장면을 즉석에서 연기하는 것이 유행했지요. 특수 제작한 칼을 이용해 코를 베면 입에서 물감이 뿜어져 나오면서 진짜처럼 피가 흘렀어요 그러나 신중국이 성립된 이후에는 관객들에게 잔인하고 공포스러운 인상을 주지 않도록 하기 위해 이 방법을 사용하는 것이 금지되었답니다."

나는 또 가와타케 박사에게 말했다.

"내가 당시 일본에서 본 어떤 작품에 할복하는 장면이 있었어요. 할복을 할 때 배우는 칼을 꽂고 겉옷을 풀어서 속옷 왼쪽에 꿰매 덧붙인 붉은색 천 조각을 노출시키는 것으로 피가 흐르는 것을 상징했지요. 저는 그것이 참 영리한 방법이라고 생각했습니다. 게다가 고전극의 공연 원칙에도 부합되고요."

전람실 한쪽 구석에서 원세해袁世海가 자신의 열세 살 때 공연 사진을 발견했다. 그 사진은 갑옷을 입고 분장을 한 것이었는데 '중국 경극의 화검'이라는 말만 표기되어 있을 뿐 다른 설명이 없었다. 그는 그 사진 앞에 서서 말했다.

"어린 아이가 갑옷을 걸치는 것은 참으로 감당하기 어려운 부담이었지요."

그는 어린 시절 과반에서 기예를 배우던 때를 추억하며 깊은 생각에 잠긴 듯했고 동시에 당시의 고난과 오늘의 행복이 복잡하게 교차하는 것 같았다. 가와타케 박사는 그에게 이 사진이 없다는 것을 알고 사진을 한 장 복사해주겠다고 했다.

전람실에는 구양여천 선생이 청년 시절 제국극장의 관리자였던 야마모토 기사부로山本義三郎에게 주었던 평상복 차림의 사진과 일본유학 시절 일본극을 연기했던 공연 사진이 진열되어 있었다.

가와타케 박사는 나를 어떤 병풍 앞으로 데려갔다. 그 병풍의 앞면 그림은 내가 처음 도쿄에 왔을 때 그린 고송古松이었다. 그가 말했다.

"뒷면은 어느 분이 쓰셨는지 맞춰보시지요."

내가 뒤쪽으로 가서 보니 9대 이치카와 단주로 선생이 쓴 중국 서예였다. 붓의 기운이 춤추듯 날아올라 감탄이 절로 나왔다. 〈권진장〉이라는 극은 단주로 선생이 가장 자신 있게 연기하는 걸작 중의 하나였다. 당시에 사람들이 그를 중국의 담흠배 선생과 비교했다 하니 그의 예술적 지위가 얼마나 높은지 알 수 있다.

주마간산 식으로 연극 박물관을 둘러보았지만 그 짧은 몇 시간 동안의 관람에서도 연극박물관은 체계적으로 일본 연극의 발전 상황과 문헌 자료들을 소개하고 있다는 것을 알 수 있었다. 중국 내에서도 일찍이 희극 박물관 설립을 계획했다. 내 생각에 중국희극박물관이 설립되기만 하면 아시아 박물관의 전시 가운데서 하나의 이색적인 모습이 될 것이다. 우리 희극 자료는 민간에 소장된 것 이외에 고궁 박물관에 소장된 청대 희곡 자료만 해도 어마어마하기 때문이다. 내가 아는 것만 해도 고강, 곤강, 이황, 방자 등의 각종 극본과 대규모 군창群唱 공연의 무도 장면의 각 부위를 그린 도표, 그리고 무대 지시가 있는 무대연습용 대본 등이 있다. 희곡 복장도 풍부하며 다채롭고 다양하다. 건륭제 초년부터 광서 말년까지 희곡양식의 제작 변화 발전 과정을 실물을 통해서 엿볼 수 있을 뿐 아니라, 그 가운데는 격사緙絲*, 고수顧繡**, 직금편금織錦片金*** 등 유명하고 진귀한 제작물도 있다. 또한 극중의 어떤 각색을 위해 특수 제작된 의복, 회두盔頭**** 등 많은 것들이 소장되어 있는데 이것들은 모두 지금 무대에서 볼 수 없다. 그 밖에 희극 당안檔案*****들도 중요한 자료이며 특히 배경 도구(경극에서 체말이라 하는 것)는 지금 경극 무대미술 작업에 종사하는 사람들이 참고할 가치가 있는 자료이다. 이 체말들은 형체, 색채, 설계 방식 등 각 방면에서 배우의 복장, 연기 및 무대장치와 풍격이 모두 통일되어 있다. 또한 형체, 색채, 설계 방식이 적절하게 조화를 이루기 때문에 무대에서 주객이 전도되거나 각색의 형상을 덮는 일이 없다. 이것들은 모두 나무틀에 풀칠해서 천을 붙이고 염색해서 만들기 때문에 보존이 쉽지 않아 몇 년 전에 이미 못 쓰게 파손된 것으로 알고 있다. 하지만 파손되었다 하더라도 그것은 중국희극사의 중요하고도 귀한 자료인 것이다. 이번에 쓰보우치 쇼요 박사를 기념하는 연극 박물관을 참관하고 나니 더욱더 서둘러 중국희극박물관을 기획하고 준비해서 빨리 개관해야만 한다는 생각이 들었다.

전시실 안에서 내가 두 차례 일본을 방문해 공연했을 때의 자료들을 보았다. 그 자료들 중에는 중국극의 '행두'도 있었는데 그 일부는 내가 당시 개인에게 증정한 물건들이었다. 몇 년 전의 일이라 이 '행두'들은 이미 구식이 되어버렸다. 우리는 이번에 떠나올 때도 세밀하게 수놓아진 희곡 의

*
격사:
오색의 실로 직조한 중국 견직물

**
고수:
상해 지역에서 생산되는 특히 아름답고 진기한 견직물 직조 공예

***
직금편금:
금색실로 수놓아진, 도안을 두드러지게 하는 직조공예

****
회두:
경극에서 극중 인물이 쓰는 모자의 통칭

*****
당안:
서류로 보관된 연극 기록들

상과 악기, 검보 등을 골라 연극 박물관에 증정하는 것으로 중국 경극 대표단의 이번 일본 방문을 기념했다.

도쇼다이지와 양주 고승

나라奈良의 도쇼다이지唐招提寺는 일본 덴표호지天平寶字 3년759년, 즉 중국 당 왕조 숙종肅宗 건원乾元 2년에 건조된 것이다. 이 절의 건축 역사를 말하자면 길다. 우리를 초대한 스님의 말로는 이러하다. 도쇼다이지는 중국의 유명한 성승聖僧 감진監眞 스님을 위해 건축된 것이다. 감진 스님은 양주揚州 사람이며 14세에 출가한, 당시 유명한 고승이었다. 당 현종 개원 21년733년, 즉 덴표天平 5년에 쇼무聖武 천황이 이 고승을 경앙한 나머지 고코쿠지興國寺의 요에榮睿 스님과 다이안지大安寺의 후쇼普照 스님을 중국 양주의 대명사大明寺로 보내 감진 스님을 찾아뵙고 일본에 와서 경전을 강독하고 계법을 전하도록 그를 초청했다. 감진 스님은 온갖 어려움을 겪고서 마침내 당 왕조 천보 13년, 즉 일본 덴표쇼호天平勝寶 6년754년 2월에 나라에 도착했다. 일본은 이전에 중국으로 가는 사절을 두 차례 파견했는데 한 번은 사절들이 일본으로 돌아올 수 있었고, 한 번은 역풍을 맞아 배가 표류하다 침몰했다. 일본 측의 지극정성과 희생을 두려워하지 않는 초청에 감진 스님도 일본으로 가는 길에서의 온갖 위험과 어려움을 피하지 않고 의연하게 맞서나갔다. 이렇게 양쪽의 정신이 서로 통한 것을 후대 사람들은 칭송했다.

지금도 절에는 개산조사인 감진 스님의 좌상이 모셔져 있다. 이 좌상은 생동감이 넘치면서도 자비로운 모습이다. 나는 태주泰州 사람이다. 양주와 태주는 동향이라 좌상을 보면서 더 친밀감을 느꼈다. 감진 승님이 생전에 입었다는 가사도 아직 절에 보관되어 있었다. 『과해대사동정전過海大師東征傳』이라는 책은 감진 스님이 일본에 건너온 사적을 기록한 것이다. 들은 바에 의하면 그는 수행 제자 스물네 명을 거느리고 있었다. 그들이 일본으로 올 때 많은 경전과 불상, 그림 두루마리, 서적, 왕희지王羲之와 왕헌지王獻之

의 친필 서화 작품 등을 가지고 왔다. 그 외에도 많은 중국 물품과 인도 물품들이 그들이 가져온 것들 안에 있었다고 한다. 지금 절에 소장된 다섯 개의 긴 두루마리 그림으로 된 〈동정회전東征繪傳〉은 이 이야기를 그린 것으로, 일본의 유명 화가인 렌교蓮行가 감진 스님과 그의 수행 제자들을 기념하기 위해 그렸다고 한다.

감진 스님은 도착한 이후 도다이지東大寺에서 계단戒壇을 세우고 계법을 전했다. 이는 일본 불교사에서 정규 수계의 시작이며 수계를 한 제자는 모두 4만여 명이나 되었다고 한다. 쇼무聖武 태상천황, 고묘光明 황태후, 고켄孝謙 천황과 여러 승려들이 일찍이 함께 계법을 전수받았다. 감진 스님은 또 의학에 정통하여 고묘 황태후의 병을 고쳐 '대승정大僧正'에 제수되었고 염전수전苒前水田 100정町을 하사받았다. 또한 일찍이 일본 의학계를 위해 약물을 변증하고 중국 의학을 일본에 전파하였으며 비방을 세상에 전해 일본 의학계에서는 그를 '일본의 신농神農'으로 받들었다.

덴표호지 7년763에 감진 스님은 원적했다. 그때 그의 나이는 76세였다. 그의 무덤은 절의 동북쪽 소나무 숲 안에 있다. 그는 나라에서 겨우 10년의 세월을 보냈지만 그가 일본의 각 분야에 미친 영향은 대단히 크다.

일본의 사원 양식은 중국과 거의 차이가 없다. 중국의 당대 목조 건축물 중 지금 남아 있는 것은 거의 없지만 일본에서 당대 시기에 해당하는 목조 건축물은 오히려 중국보다 풍부하고 완전한 형태로 남아 있다. 도쇼다이지는 그중의 하나이다. 이 사원 건물의 꼭대기는 '등마루를 중심으로 사방이 비스듬한 양식'이고 처마 갓과 기둥은 '두공斗拱'을 사용하였다. 불전 안에는 천수관음이 있는데 불상의 모습이 장엄하다. 또한 수많은 목조 불상이 있는데 모두 다 천년이 넘은 오래된 것들이다. 절 안에는 석가모니 입상이 있다. 절의 스님이 내게 해준 말에 의하면 에이엔永延 원년에 일본에 고승이 한 분 계셨는데 법명이 초넨奝然이었다. 그분이 중국에 와서 불상을 모시고 왔다고 한다(에이엔 원년은 중국 송 태종 옹희(雍熙) 4년, 곧 987년에 해당한다). 일본의 전설에서는 이 불상이 인도 우전優填 왕이 석가모니를 추념하며 만든 것이라고 한다. 들보와 마룻대 위에 그려진 채색화, 비천, 운문, 보상화 등의 붓의 의미와 색조는 보기에 중국 천방산天龙山이나 돈황과 서로 비슷하다. 나는 예전에 인도 불교 이야기를 바탕으로 〈천녀산화〉라는 극을 만들어서 공연한 적이 있다. 이 극의 인물 성격과 무용 신단 자세를 창조할 때, 불교 서적들을 참고하고 유명한 옛날 그림, 유마설법도維摩說法圖, 천녀산화도를 비롯한 오래된 사원 안에 있는 조소, 벽화 등을 보면서 스스로의 안목을 넓혔다. 그렇게 해서 나는 천녀의 형상을 창조하는 데 영감을 얻었다. 도쇼오다이 절에서 본 모든 것이 나에게 여러 가지 추억들을 떠올리게 했다. 나는 희곡을 연기하는 배우는 반드시 넓은 예술 영역 속에서 자기에게 필요한 자양분을 찾아야 멈추지 않고 발전할 수 있다고 생각한다.

도쿄에 대한 인상을 이야기하다

우리는 다 같이 여관 식당에서 저녁을 먹었다. 그 뒤에 강 선생, 희전, 보모, 보구가 내 방으로 와서 차를 마시며 이야기를 나누었다. 우리는 도쿄에서 열흘 동안 보내며 받은 인상에 대해 이야기하기 시작했다. 우리 다섯 사람 가운데 강선생과 나만 예전에 도쿄에 온 적이 있었고 나머지는 이번이 첫 관광이었다. 그래서 그들은 접하는 것들마다 신선하고 색다르다고 느꼈다. 먼저 일본극 '노能'와 '교겐狂言'에 대해 이야기했다. 희전이 말했다.

"6월 5일 오후 우리는 스이도바시水道橋의 노가쿠도能樂堂극장에 갔었는데 그 안의 장치와 설비들이 고아하고 소박한 것만 봐도 마치 다른 세계에 온 것 같았습니다. 무대는 사각형 무대였고 네 개의 백목 각기둥이 있었어요. 그 건축물은 거의 전체에 나무를 사용한 것 같았습니다. 무대 정면 벽의 배경에는 푸른 소나무와 바위가 그려져 있었습니다. 일본 친구가 들려준 말에 의하면, 그 그림은 전해진 지가 이미 몇백 년이나 되었다고 해요. 우리도 그 벽화가 전적으로 일본 민족의 풍격을 대변할 수 있다고 느꼈습니다. 무대는 중앙에 있는 것이 아니라 약간 왼쪽에 위치했어요. 오른쪽에 벽을 끼고 기다란 복도가 있었는데 그 복도의 맨 앞에 문발이 쳐져 있었습니다. 그게 바로 무대와 통하는 입구예요. 배우들은 여기로 등장하고 또 퇴장합니다. 무대 왼쪽에는 또 다른 작은 문이 있는데 무대를 정리하는 사람이 출입할 때 이 문이 열립니다. 관객석은 정면과 오른쪽에 위치합니다. 무대 아래는 자갈이 깔린 작은 화단에 작은 소나무가 심어져 있었습니다."

보모가 이어서 말했다.

"첫 번째 공연은 '노'였습니다. 극목은 〈우의羽衣〉라는 제목의 신화극이었어요. 〈천하배〉에서 직녀가 목욕을 하다가 견우에게 옷을 빼앗긴 장면과 상황이 약간 비슷했어요. 좌석에 앉은 뒤 일본 친구가 우리에게 이어폰을 하나씩 주었고 중국어로 극의 내용을 소개해주었습니다. 내용은 대강 이런 거예요. 미호노마쓰바라三保松林의 해변에서 한 어부와 그의 동료가 고깃배를 해안에 대다가 소나무에 걸린 날개옷을 발견합니다. 어부가 날개옷을 가지고 떠나려고 할 때, 한 천녀가 나와 구슬픈 목소리로 어부를 향해 그녀의 우의를 돌려달라고 부탁합니다. 어부는 감동을 받아 천녀에게 춤을 춰 달라고 부탁합니다. 천녀는 우의를 입고 춤을 추고 나서 서서히 하늘로 올라갑니다. 천녀 역을 맡은 사람은 나이든 예인 기타 록페이타喜多六平太로 이미 팔십이 넘으셨어요. 일본인들은 그분을 '국보'로 받듭니다. 극중 인물 가운데서 천녀만 가면을 쓰고 나머지 사람들은 자기 얼굴 그대로를 보여주는데 분을 전혀 바르지 않았습니다. 기타 노인은 무거운 재료로 만든 행두를 걸치고 있었지만 천녀의 춤 속에서 그분의 공력이 견실하고 정력이 노쇠하지 않았음을 알 수 있었습니다. 극 전체의 동작과 리듬은 비교적 단조롭고 느렸지만(음악은 피리, 소고, 대고, 태고가 전부였다), 처음에는 슬퍼하다가 나중에는 기뻐하는 감정 표현은 깊고 함축적이었어요."

강 선생이 보모의 말을 다 듣고 나서 말했다.

"나도 예전에 그분의 공연을 본적이 있지. 명성이 대단했던 뛰어난 재능을 가진 몇 안 되는 분이셔."

보구가 말했다.

"공연은 좋았지만 어느 정도 관객의 수준이 요구되는 작품이었던 것 같아요. 참을성이 없는 사람이라면 아마 답답하다고 느꼈을 거예요. 뒷부분의 '교겐' 작품 〈부엉이 수도승梟山伏〉은 그보다 좀 더 통쾌하고 재미 있었습니다. 이것은 풍자극인데 마치 고전 산문극인 백화희白話戲 같았어요. 극의 내용은 이러합니다. 동생이 홍홍대는 이상한 병에 걸리자 형이 깊은 산속으로 가서 법력이 있는 야마부시를 모시고 와 병을 치료하기 위해 기도를 합니다. 이 수도자가 염주를 꺼내어 환자를 향해 주문을 외며 기도를 드릴 때 동생의 병이 낫기는커녕 형마저 이상한 병에 걸리고 마지막에는 야마부시 자신도 흥흥대는 괴성을 지르지요. 우리는 비록 대사를 알아듣지는 못했지만 그래도 무척 재미 있었습니다."

나는 여기까지 듣고 모두에게 말했다.

"'노카쿠能樂'와 '교겐'은 일본에서 가장 오래된 극이야. 그 역사 원류에 대해 내가 삼십 년 전에 일본 친구에게 물어본 적이 있어. 그들은 이렇게 대답해주더군. '노카쿠'의 기원에 대해서는 두 가지 설이 있다고 해. 하나는 일본 고유의 예술이라는 것이고 다른 하나는 아오키 마사루青木正兒 선생 등과 같은 학자의 견해인데 중국 원곡元曲의 영향을 받았다는 거야. '교겐'은 유머가 있는 풍자극으로 최근 내가 만난 일본 문예계 친구의 말에 의하면, '교겐'이 당대 참군희參軍戱의 영향을 받았다는 거야. 이는 새로운 견해야. 예전에 내가 들어본 적이 없는 것이거든. 그 연출 형식으로 볼 때, 이 견해가 정확하다고 생각해."

희전이 이어서 말했다.

"국내에 있을 때 어느 극작가의 책상에서 〈교겐십번狂言十番〉이라고 하는 중국어 번역본을 보았습니다. 인민문학출판사에서 출판된 책인데 그 극작가의 말에 의하면 중국에서 '교겐'을 이해하는 사람은 정말 몇 안 된다고 해요. 이번에 우리가 귀국하면 이 책을 사서 연구해봐야 하겠습니다."

보구가 내게 물었다.

"아버님이 일본에서 공연할 당시에도 극장에 방송 설비가 있었나요?"

내가 말했다.

"그때 일본에는 이미 방송국이 있었지만 극장 실황을 방송하는 것은 아직 유행하는 분위기가 아니었어. 지금은 텔레비전 수신기가 있어서 연극표를 사지 못한 시민도 텔레비전을 통해 중국 고전 희극을 듣고 보며 감상할 수가 있지."

도쿄를 떠나던 날 통신사에서 일하는 한 일본 친구가 내게 말했다.

"요 며칠 도쿄의 텔레비전 수신기가 있는 큰 여관과 식당 등 공공장소와 수많은 가정이 모두 작은 가부키 극장으로 변했습니다. 불완전한 통계에 의하면 6월 1일 밤에만 텔레비전 수상기 앞에서 경극을 본 관객이 300만 이상이라 합니다(대략 평소 텔레비전 시청 인원의 두 배에 해당된다). 일부 대중목욕탕과 음식점은 늘 손님이 만원이었는데 경극이 방송되는 시간에 갑자기 조용하고 한산했다고 합니다. 소식통에 의하면 빈민 지역인 에바라마치荏原町에 있는 쇼쿠도우식당喜樂食堂에 텔레비전이 설치되어 있는데 경극 방송이 있을 때마다 공장 노동자와 소시민들이 꽉 들어찼다고 해요."

이번에 우리는 일본에 머무르는 기간이 길지 않아서 공연 횟수가 많지 않았다. 경극을 사랑하지만 표를 살 수 없었던 일본 관객들, 특히 노동자들에게 너무 죄송한 일이었다. 다행히 텔레비전 설비가 있어서 경극의 소리와 면모를 널리 전달할 수 있었으니 그것은 내게 기쁨과 위안이 되었다.

우리는 또 많은 옛일들을 회상했다. 내가 강 선생에게 말했다.

"내가 당시 일본에 왔을 때는 일본인들이 민족유산 보존과 과학기술 발전이 궤를 같이해 병행하고 있다고 느꼈는데 이번에는 도쿄에서 내게 이런 말을 하는 사람이 있었네. 도쿄에는 영화관이 천 개나 되고 내가 당시 공연했던 제국극장도 이미 영화관으로 바뀌었으며 극장은 겨우 세 개뿐이라는 거야. 그런데 이번에 일본에서 전처럼 많은 전통 예술을 보면서 일본인들이 여전히 자기네 민족 유산을 대단히 중시하고 있다는 것을 알 수 있었네. 하지만 사회 환경이 크게 변해서 희극을 정리하고 개선, 발전시키는 작업에 제한을 받는 것 같네. 일본 연극계 친구들은 나와 이런 상황들에 대해 이야기를 나누면서 남모르는 근심을 품고 있더군."

강 선생이 말했다.

"이번에 나는 일본에 와서 극장과 극단 상황이 그때처럼 왕성하지 않은 것을 확실하게 느꼈네. 대규모의 희극 학교를 설립하고 다음 세대의 인재들을 양성하려는 계획이 있어도 신속하게 실행할 수가 없는 거지. 내가 무대 뒤에서 가부키 극단 배우들이 그들의 일에 대해 이야기하는 것을 들으니 매월 25일간 공연하는 것이 규정이고 매일 낮과 밤 두 번의 무대를 서야 한다는 거야. 공연마다 때로는 두 개의 극을 연기해야 하고 나머지 5일은 여기저기 다니느라 여행길에 지쳐있으니 새로운 극을 만들고 옛날 극목들을 정리할 시간이 없다는 거지. 매일 일회 공연으로 바꾸면 극장 쪽에서는 포은[출연료]을 반만 지불하려고 하니 생활에 문제가 생기는 거야. 세금도 무겁고 복잡하게 떼 가서 연극표 한 장 판매가의 거의 절반을 세금으로 내야 하는 실정이라고 해. 거기다가 극장 대관료까지 내고 나면 인건비로 배우들에게 돌아오는 것은 정말 몇 푼 안 되는 모양이네. 우리는 이미 유흥세가 없어졌다는 얘기를 듣고 부러움을 금치 못하더군."

얘기가 점점 길어지면서 다들 목이 마르다고 해서 보구가 벨을 눌러 차를 부탁하려 했다. 내가 이런 서양식 여관은 잘 시간이 되면 종업원들이 모두 퇴근하는 것이 아니냐고 했더니 희전이 말했다.

"제가 나가서 숙직하는 직원이 있는지 볼까요?"

조금 있다가 종업원이 보온병을 가지고 들어와서 우리에게 새로 차를 우려 주었고 탁자의 과일 껍질 등도 모두 치웠다. 내가 말했다.

"이번에 일본 친구들이 우리를 정말 세세한 곳까지 잘 보살펴주었어."

강 선생이 이어서 말했다.

"처음 일본에 왔을 때 오쿠라 기하치로가 우리를 접대했을 때도 소홀함이 없었지. 일본식 생활에 익숙하지 않을까봐 우리를 제국여관에 묵게 하고 또 많은 일본의 명배우들과 같은 무대에서 연기할 수 있도록 해서 일본극과 중국극을 교차로 공연했었지. 당시 우리 극단은 이번에 일본을 방문한 경극 대표단만큼 규모가 크지는 않았기 때문에 조동산趙桐珊이 〈어비정〉에서 서동 득록得祿 역과 과거급제 소식을 알려주는 사람 역할을 동시에 겸할 수 있었지. 또 누군가가 관대원貫大元에게 삼국지의 〈공성계〉를 불러달라고 요청했는데 팔괘의가 없어서 임시로 금박 종이를 오려 팔괘를 '행두'에 붙였다네. 돌이켜 생각해보니 무척 재미 있는 일이군."

내가 말했다.

"두 차례 일본 방문에서 일본 문예계가 나를 지지하고 격려해주었던 것이 많은 힘이 되었지. 저명한 한학자 나이토 고난內藤湖南, 가노 군잔狩野君山,

아오키 마사루 등 몇몇 노선생들은 글을 써서 중국의 고전 희극예술을 소개했었네. 나이토 박사는 한학에 정통하셨을 뿐 아니라 글씨도 정말 잘 쓰셨지. 당시 사람들 모두 그에게서 진당晉唐대 명가의 분위기가 느껴진다고 했어. 아오키 교수의 남북곡에 관한 저작들도 우리가 연구하는 대상이 되었네. 안타깝게도 이 노선생들 대부분이 고인이 되셨고 오직 아오키 선생님만 생존해 계시네. 처음 우리가 일본에 와서 공연할 때는 경비를 완전히 나 혼자 부담했기 때문에 당시는 극단 규모가 비교적 작았지. 경제 상황이 어려워서 만약 표가 잘 팔리지 않으면 손해를 보는 상황이었으니까. 때문에 어느 정도 실험적인 성격이 있었네. 요컨대 첫 번째 일본 방문의 목적은 전혀 경제적인 측면에서 착안되었던 것이 아니고, 오로지 중국 고전 예술을 전파하기 위한 첫 시도였을 뿐이야. 극단의 여러 동료들이 함께 노력해 주었기 때문에 일본 사람들의 환영을 받을 수가 있었던 거지. 그 때문에 나는 믿음을 가지고 한 걸음 더 나아가 유럽과 아메리카 각국을 돌며 공연하게 되었던 거고. 그때가 벌써 삼십 년 전의 일이네. 내가 다시 중국 경극 대표단으로 일본 공연을 왔더니 일본 친구들이 극을 다 보고 나서 경극의 모습이 눈부시게 새로워졌다고 하더군. 극본과 연출, 복장, 도구는 물론이고 화장, 연기에 이르기까지 모두 커다란 변화가 있다고들 해. 특히 극중 등장하는 시종이나 병졸, 궁녀들과 같은 엑스트라들이 모두 진지하게 연기를 하는데, 이는 중국인들이 숭고한 집체주의 정신을 가지고 있음을 충분히 보여준다는 거야. 그들은 또 우리의 연기가 사상성과 예술성에서 모두 눈에 띄게 발전했다고 하더군. 삼십 년 전의 옛 친구이자 유명한 연출가인 오타니大谷 선생은 이렇게 말하시더군. '여러분은 이번 일본 공연에서 거대한 성공을 거두었어요. 이러한 성황은 전에 볼 수 없었던 것입니다. 중국 경극 대표단이 연기한 무대 형상의 통일성은 놀랍고도 기이한 수준이니 귀하게 여기지 않을 수가 없지요.' 이상의 말에서 우리가 요 몇년간 희곡 개혁 작업에서 이룬 성과를 확인할 수 있었네."

강 선생이 말했다.

"정부의 힘이 아니었다면 우리가 어떻게 이러한 성과를 이룰 수 있었겠나!"

내가 말했다.

"그 말씀이 옳아. 이것 말고도 나는 일본 각계 친구들의 도움과 지원 또한 우리 공연이 성공한 중요한 원인이라고 생각하네. 이러한 우정은 감동적이어서 잊을 수가 없어. 보모, 보구, 너희들은 아직 나이가 젊으니 앞으로 일본 친구들과 왕래할 날들이 더 많을 것이야. 더욱더 진실하고 우호적인 태도로 일본 친구들을 대해야 할 게다."

고별연에서 마음을 나누다

7월 16일 오후 일본을 방문한 중국의 경극 대표단이 도쿄 제국호텔에서 일본의 각계 명사와 화교 동포들을 초청해 성대한 고별 연회를 베풀었다.

우리는 900여 통의 초대장을 발송했는데 그날 초대받은 손님들이 거의 다 참석했다. 오후 5시 전후로 손님들이 연이어 도착했다. 나와 구양여천 선생은 홀 입구에 서서 손님을 맞으며 일일이 악수하고 인사를 나누었다. 우리 대표단의 악단 동료들은 미리 경극에서 축하 연회에 자주 쓰는 곡패 【금정악錦庭樂】, 【만년환萬年歡】, 【유요금】 등을 녹음해 두었다가 회장에서 틀어 손님들의 흥을 돋웠다. 대표단 단원들은 모두 정성껏 손님들을 접대하며 삼삼오오 이야기를 나누었다. 어떤 사람들은 잔을 들고 일어나서 담소를 나누었고 어떤 사람들은 작은 원형 탁자 앞에서 무릎을 맞대고 속 깊은 이야기를 나누었으며 또 어떤 사람들은 주소를 주고받았다. 통역자가 충분히 배치되지 않아서 한자로 필담을 나누는 사람들도 있었다. 마음속의 말을 시로 써서 이별의 말을 대신하는 사람도 있었고 서로 넥타이를 바꿔 매며 우정을 기념하는 사람도 있었다. 중국 배우와 일본 배우를 비롯하여 두 달 동안 아침저녁으로 같이 무대 작업을 했던 스태프들은 더 헤어지기 아쉬워하는 모습들이었다. 그들은 손수건으로 눈물을 닦으며 목멘 소리로 서로에게 물었다.

"언제 중국에 오세요? 헤어지기가 정말 아쉬워요."

그날 우리는 풍성한 만찬을 준비했다. 테이블마다 일본의 유명한 가재 요리가 놓였고 제국호텔의 주방장은 특별히 중국식 딤섬과 간식들을 준비했다. 그러나 손님과 주인이 모두 석별의 정을 쏟는 데 시간이 모자라 맛있는 술과 안주를 마주하고도 맛을 볼 여유가 없었다.

6시가 되자 손님들이 모두 모였다. 우리는 홀 중앙에 원형의 나무 단을 설치했다. 나는 그 위에 서서 내빈들에게 감사 인사를 했다. 그날 인사말을 할 때 나는 몹시 흥분되어 있었다. 나의 솔직하고 평범한 말은 그 자리에 모인 모든 사람들의 찬사를 받았다. 거의 말 한 마디가 끝날 때마다 박수가 터졌으며 간혹 박수가 채 끝나기도 전에 사방에서 다시 박수가 일기도 했다. 나는 영광스럽게 느꼈다. 이 영광은 신중국이 이룬 오늘날의 성과에서 온 것이라는 사실을 나와 우리 대표단 동료들 모두가 잘 알고 있다. 소기蘇琦 여사가 나를 위해 통역을 맡았다. 그녀의 도쿄 말은 유창했고 대단히 뛰어난 수준이었다. 모임이 끝난 뒤에 그녀가 내게 말했다.

"이번에 일본에 와서 당신을 위해 통역을 많이 했는데 오늘 하신 말씀이 가장 사람들에게 환영을 받은 것 같습니다. 내빈들이 감동한 것은 말할 것도 없고 저도 간간히 가슴이 짠해서 울고 싶어졌답니다."

내가 말했다.

"당신의 도쿄 말이 매우 정통했기에 우리 두 마음의 깊고 두터운 감정을 표현할 수 있었어요."

아래의 글은 연회에서 한 인사말 전문이다.

여러 선생님들, 사랑하는 친구 여러분!

중화인민공화국의 일본 방문 경극 대표단이 아사히신문사의 초청으로 일본에 온 이후 도쿄, 후쿠오카, 나고야, 교토, 오사카 등 몇몇 대도시를 방문하여 공연을 했고 지금은 성공적으로 공연의 막을 내렸습니다. 우리는 일본에 온 이후 생활과 공연에서 철저하고 주도면밀한 접대와 대대적인 도움을 받은 것은 물론 위원회 여러 선생님들의 열정적인 영접을 받았습니다. 이번에 일본 문화계, 산업계, 언론계도 모두 우리에게 큰 관심과 격려를 보내주었습니다. 대표단 전체를 대표해서 제가 여러분께 진심으로 감사를 드립니다.

우리가 공연하는 과정에서 가부키 극단의 시치카와 엔노스케 선생님이 많은 친구분들을 보내주셔서 도움을 받았고 하이유자, 젠신자에서 보내주신 친구분들의 도움도 받았습니다. 그분들 모두 자신의 수고를 잊고 처음부터 끝까지, 낮부터 밤까지 이어지는 작업에 동참하셨습니다.
그리고 도쿄, 후쿠오카, 나고야, 쿄토, 오사카 각지의 무대 앞과 뒤에서 일하는 모든 스태프들이 우리 공연을 위해 모든 노력을 아끼지 않으셨습니다.
이 밖에 무대 앞과 뒤에서 도와준 사람들로 각계의 친구분들과 각 학교의 남녀 학생들이 있습니다.
우리 화교 동포 여러분들은 엄청난 조국애의 열정과 우리 대표단에 대한 깊은 관심을 보여주셨습니다. 이분들도 피로를 잊고 수고해주신 일본 친구들과 마찬가지로 적극적인 행동력으로 우리에게 힘을 실어주셨습니다. 또 보안을 책임져준 친구분들이 있습니다. 이분들은 우리가 가는 곳마다 우리를 위해 매우 세심하게 준비를 해주셨습니다. 여관에서 접대를 담당했던 친구분들, 우리를 위해 식사를 준비해준 주방장님들과 교통 부분을 담당해주신 친구분들은 모두 우리의 공연을 위해 직간접적으로 힘을 아끼지 않으셨습니다.
우리가 이번 공연을 순조롭게 마칠 수 있었던 것은 이상에서 말씀드린 많은 친구분들의 도움을 떼어놓고 생각할 수 없습니다. 그분들은 서로 다른 분야, 서로 다른 부분, 서로 다른 각도에서 우리를 도와주셨고 그것이 합해져 하나의 총체를 이루어 커다란 작용을 일으켰던 것입니다. 이는 매우 감동적인 일입니다.
우리는 일본 각계의 호의적인 초대를 받았습니다. 우리는 외국공연단으로서 특별히 일본 국회의 초대를 받았습니다. 우리는 가는 곳마다 모두 많은 군중들로부터 환영을 받았습니다. 이는 무엇을 말하는 것일까요? 그것은 바로 중국과 일본 두 나라의 우의가 구체적으로 표현된 것이며 이러한 우의가 오늘날 어느 방면에서 보더라도 크게 진전되었음을 분명하게 드러내는 것입니다. 이 우의는 일반적인 것이 아니라 진실한 것이며 깊고 두터운 것이고 또한 두 나라 사람들의 공통된 소망에 부합되는 것입니다. 저는 일본 친구들이 중국과 일본 두 나라 국민이 마음으로 이미 서로 소통하고 있다고 말하는 것을 여러 번 들었습니다. 이것이 바로 그 유력한 증명인 것입니다.

우리는 이번에 공연 외에도 일본의 많은 명승고적을 돌아보았고 많은 곳을 참관했으며 일본의 우수한 고전 민족예술을 관람하고 예술계, 학술계의 친구들과 여러 차례 좌담회를 가졌습니다. 우리는 일본이 아름답고 멋스런 나라이며 유구하고 우수한 문화 전통을 가지고 있음을 깊게 느꼈습니다. 일본 사람은 부지런하고 용감하며 지혜로울 뿐 아니라 예술적 재능이 풍부합니다. 또한 우의를 존중하며 숭고한 애국정신을 가진 사람들입니다. 많은 부분에서 우리는 일본 사람들에게 배워야 할 것이며 우리는 또한 서로에게서 배워야 할 것입니다.

작년에 이치카와 엔노스케 선생이 이끄는 가부키 극단이 중국을 방문했고 올해는 우리가 중국의 고전 희극 예술을 가지고 일본에 왔습니다. 사실은 이러한 예술적 왕래가 양국의 우호 관계를 촉진하는 데 중대한 작용을 일으켰음을 증명하는 것입니다. 앞으로 이러한 왕래는 반드시 점점 더 많아져야 하고 점점 더 강해져야 할 것입니다. 이를 위해서는 우리 모두 지속적으로 노력해야 합니다.

지금 우리는 공연을 모두 마치고 귀국을 앞두고 있으며 오늘 여기서 끝없는 석별의 마음을 가지고 여러분과 만났습니다. 여러분 개개인이 우리에게 보여주신 깊고 두터운 정과 호의는 그 어떤 말로도 감사의 마음을 다 표현하기 어려울 것입니다. 우리는 단지 여러분과 자주 만날 기회가 있기만을 소망할 뿐입니다. 다음에 다시 일본에 올 기회가 있다면 북쪽에서 꼭 남쪽으로 가지 않고 남쪽에서 북쪽으로 갈 것입니다. 그것이 가장 쉽고 가장 편리하며 가장 빠르게 일본에 올 수 있는 방법이기 때문입니다. 우리 두 나라의 지리도 두 나라 사람들의 마음처럼 매우 가까우며 멀지 않다는 사실을 알아야 합니다. 우리는 귀국한 후에 반드시 중국 사람들에 대한 일본인의 깊고 두터운 우의를 모든 중국인에게 소중히 전할 것입니다!
마지막으로 중국과 일본 두 나라의 우의가 더욱 공고해지기를 바라며 여러분 모두 건강하시기를 기원합니다!

내 인사말이 끝나자마자 일본의 유명한 한학자이면서 나와는 30년 이상 알고 지내온 노교수 시오노야 온鹽谷溫 선생이 손에 시집 하나를 들고 작은 단상에 올라 내게 헌정하는 절구시 한 수를 낭송했다.

무대생활 사십 년, 큰 그릇이 늦게 완성되었으나 그 지향은 더욱 견고하구나. 선행을 쌓았으니, 어찌 남은 것이 경축만 있으리. 스승의 은혜와 벗의 사랑을 또한 모두 갖추었구나!

시 뒤에는 또 발문이 있었다.

매 선생이 내게 준 그의 저작 『무대생활 40년』에 감동하여 이 글을 올림. 절산학인節山學人의 나이 일흔아홉일 때.

일본 친구가 연회장에서 시를 낭송할 때 나는 처음으로 시오노야 노선생의 목소리가 낭랑하고 여운이 오래도록 남을 뿐 아니라 무대 동작 같은 자세와 몸놀림이 있다는 사실을 알았다. 그 손과 눈, 몸놀림, 걸음걸이, 입놀림이 모두 정확하고 힘이 있어 마치 펜싱을 하는 것 같았다. 내 옆에 있던 한 일본 친구는 그것이 무사도의 무검舞劍 자세이며 일본 학자들은 모두 이러한 공력을 중시한다고 말했다. 이 시 한 수는 창과 동작을 동반하여 십여 분의 시간이 걸렸다. 노선생은 허리와 다리에 상당한 힘이 있었다. 가끔 한 가지 자세를 취하고 일 분 이상 멈추어 있기도 했다. 우리 극단의 무 항당의 동료들마저 그것을 보고서 끊임없이 고개를 끄덕였다. 나이가 들수록 더 왕성한 열정과 패기가 있다는 것은 참으로 사람을 감동시킨다.

이번에 도쿄에 막 도착했을 때 나는 아오키 마사루 선생의 근황에 대해 들었다. 구양 선생은 항상 우리가 교토에 가면 그를 만날 수 있을 거라고 했지만, 교토에서 그를 만나지 못했다. 우리가 오사카에서 공연할 때 한 희곡 애호가가 서화첩 한 권을 보내와 내게 제문을 써 달라고 부탁했다. 서화첩의 앞장을 펴자 아오키 선생이 쓴 원 잡극 〈여동빈이 악양루에서 세 번 취하다呂洞賓三醉岳陽樓〉 곡문 한 구절이 보였다. 글씨가 힘이 넘치고 고풍스러운 송대 사람의 숨결이 느껴졌다. 그래서 그를 동경하는 마음이 더욱더 커졌다. 고별 연회에서 도쿄대 교수인 구라이시 다케시로倉石武四郎 선생과 아오키 선생에 대해 이야기를 나누었다. 그가 내게 말했다.

"아오키 선생님은 지금 야마구치 대학의 교수로 계시며 그곳에서 살고 계십니다. 최근에는 연로하셔서 체력이 장거리 여행을 이기지 못하기 때문에 공연을 보러오지 못하셨을 거예요. 그렇지 않았다면 이처럼 성대한 모임에 틀림없이 참석하셨겠지요."

내가 말했다.

"이 노선생님께서는 중국희곡사 연구에서 탁월한 성취를 이루셨지요. 오늘날 중국에서 남북곡을 연구하는 연구자들은 모두 그의 저작을 읽으며 큰 도움을 받고 있습니다."

구라이시 선생이 또 말했다.

"아오키 선생님은 최근 중국의 요리책에 대해 연구하고 계신데 곧 새로운 저작이 출판될 겁니다."

내가 말했다.

"우리 후배들은 정말 아오키 선생님을 따라 배워야 합니다. 그분의 새로운 저작이 출판되면 서둘러 읽어보겠습니다."

가타야마 테츠片山哲 선생도 한학에 든든한 기반이 있는 분이었다. 나는 이번에 일본에서 사람들에게 글을 써 달라는 부탁을 자주 받았다. 그런데 중국 고대 시문 작가의 좋은 글을 써 주려고 했지만 책을 가져오지 않아서 어려움이 있었다. 나중에는 가타야마 테츠 선생에게 백향산白香山의 시집을 빌려 문제를 해결했다. 이 책은 곽말약郭沫若 선생이 그에게 준 것으로 책에 곽 선생의 제문도 있었다. 오늘 연회에서 가타야마 선생을 만났다. 가타야마 선생은 나를 향해 잔을 들어 올리며 중국 경극 대표단의 이번 일본 방문 공연의 성공을 축하했고 나도 그를 향해 대표단을 지지해준 것에 대해 사의를 표하면서 책을 빌려준 그의 우정에 대해서도 고마움을 전했다. 화제가 문화 교류 쪽으로 전환되어 우리는 원형 탁자에 앉아 이야기를 나누었다. 내가 물었다.

"가타야마 선생님께서 중국 당대 시인 백낙천을 소개하는 저작을 쓰고 계시다고 들었습니다. 언제 탈고를 하시는지 모르겠네요. 저는 선생님께서 이 책을 쓰시는 동기가 매우 궁금합니다."

가타야마 선생이 말했다.

"저는 대학에서 문학을 공부했고 쭉 백낙천의 시를 좋아했습니다. 과거 일본 문학계에서 일찍이 백낙천의 작품을 소개한 바 있지만 시적 언어의 아름다움과 서정의 세밀함, 어법이 수월해 이해하기 쉬운 장점들에 대해서만 치중했지요. 요즘 백낙천 시에 대한 제 인식은 이전과 다릅니다. 그는 당시 정치에 품었던 불만을 기사, 풍자, 규탄 등 다양한 글쓰기로 전달하고 있어요. 그는 평화를 노래하며 전쟁, 가혹한 세금에 반대하며 백성의 가난과 고통이나 여인들의 가혹한 운명을 동정합니다. 그는 깨끗하고 욕심이 없었던 대중적인 시인이었어요. 1955년에 저는 이러한 관점으로 원고의 일부를 써서 중국으로 가져가 문화계 친구들과 의견을 교환했습니다. 곽말약 선생은 백낙천 시에 대한 제 평가가 정확하다고 말씀하시더군요. 제게 큰 힘이 되었습니다. 저는 일본으로 돌아와서 계속 써 내려갔고 경선競選 순회강연을 할 때도 이 작업은 멈추지 않았습니다."

내가 말했다.

"학문에 전념하는 가타야마 선생님의 이러한 정신은 정말 존경스럽습니다. 동시에 제가 더 위안을 느끼는 것은 중국 고대 시인의 진보 사상이

가타야마 선생님의 훌륭한 번역과 해석을 통해 일본 사람들에게 전해질 수 있다는 점입니다. 이는 중일 문화 교류의 구체적인 표현입니다. 그런데 선생님께서 일이 그렇게 바쁘신데 백낙천 시에 대한 작업에도 그토록 신경을 쓰시니 너무 힘드신 건 아닌가요?"

가타야마 선생의 부인이 이때 마침 곁에 있었다. 그녀가 말했다.

"매 선생께서는 모르십니다. 이분은 지금 매일 한밤중까지 글을 쓰고 눈에 병이 생겨도 아랑곳하지 않는답니다. 제가 일을 좀 줄이라고 해도 저한테 이 책이 완성되기만 하면 눈이 좀 멀어도 가치가 있다는 거예요."

가타야마 선생은 부인이 이렇게 말씀하는 것을 듣고 그저 수염을 어루만지며 미소를 지을 뿐이었다. 그가 이처럼 배움을 좋아하며 지칠 줄 모른다는 것에 나는 대단히 감동받았다(올 봄에 나는 가타야마 선생이 부쳐준 『대중시인 백낙천(大衆詩人白樂天)』을 받았다. 이 책이 드디어 출판된 것이다).

연회는 3시간 가까이 진행되었다. 8시가 다 되어서 손님들이 작별을 고하기 시작했다. 우리 대표단 단원은 모두 계단에서 문 앞까지 줄줄이 서서 손님을 배웅했다. 나와 구양여천 선생은 시작할 때와 마찬가지로 홀 문 앞에 서서 일일이 악수를 하며 작별 인사를 나누었다. 바로 그때 갑자기 홀의 전등이 모두 나가 눈앞이 칠흑처럼 어두워졌다. 모두들 마음으로는 긴장을 했어도 뜨거운 우의와 열정에 복받쳐 손님과 주최자 모두 다 같이 한마음으로 노래를 부르기 시작했다. 부른 노래는 〈도쿄-북경〉과 〈동방홍〉이었다. 동시에 누군가 빨리 양초를 찾아오라고 소리쳤고 라이터를 켜서 불을 밝히고 사람을 찾았다. 우리는 원래 있던 자리에 서서 움직이지 않았다. 키가 큰 남자가 어둠 속에서 내 앞으로 걸어오더니 나를 자리에 앉히며 말했다.

"매 선생, 구양 선생, 안심들 하십시오. 제가 두 분 곁에 있으니 괜찮아요."

이 목소리는 매우 친숙했다. 하이유자俳優座의 센다 고레야千田是也 선생이 우리를 위로했고 그의 부인 기시 데루코岸輝子가 구양여천 선생 뒤에 서서 우리를 앞뒤로 보호했다. 우리는 종업원 손에 들린 양초의 불빛 속에서 센다 선생의 엄숙하고 결연한 표정을 보았다. 타향의 객인 나는 감격한 나머지 눈물을 흘렸다. 5분 후에 전등 수리가 끝나 어둠 속에서 빛의 세계로 돌아오게 되자 한바탕 환호 소리가 울리며 홀의 구석구석으로 퍼져나갔다. 나는 치타 선생 부부와 손을 꼭 붙잡고 두 사람이 우리에게 보여준 특별한 관심에 감사했다. 이때 나는 치타 선생의 크고 건장한 몸을 다시 보면서 중국 희곡계 선배 양소루 선생과 같다고 생각했다. 나와 양소루 선생은 여러 차례 〈장판파〉를 함께 공연해서 인상이 아주 깊게 남아 있다. 나는 이런 생각이 절로 들었다.

"만약 치타 선생이 중국 배우라면 틀림없이 대단히 뛰어난 조자룡이 되었을 텐데."

손님들을 배웅할 때 나는 이치카와 엔노스케 선생에게 말했다.

"이번 경극 대표단의 일본 방문 공연은 일본 문예계의 지지를 받았습니다. 특히 선생님과 선생님 극단 여러분들의 세심하고 주도면밀한 보살핌과 도움에 대해서는 영원히 잊지 못할 것입니다. 우리의 우정은 형제처럼 깊고도 두터우며 흔들림이 없는 것입니다. 저는 우리가 머지않아 다시 만날 수 있기를 희망합니다."

나카무라 간에몬 선생의 부인은 떠날 때 내게 여러 번 감사의 말을 남겼다.

"나카무라 선생님이 요 몇 년 중국에 있으면서 예술적 수양에서나 연극 무대를 직접 보고 배우는 것에서 모두 중국 친구들의 도움을 받았습니다. 이번에 그가 속한 젠신자가 순회공연 중이라 송별회에 참석하지 못해 대단히 죄송하게 생각합니다."

타고르를 회상하며 15)

중국 문예계와 인도 국민이 인도 시인 타고르Rabindranath Tagore, 1861-1941의 탄생 100주년을 열렬히 기념하던 바로 그때, 나는 37년 전 중국을 방문한 타고르 선생과 만났던 날의 정경을 떠올렸다.

타고르는 북경에 오기 전날 저녁 제남濟南에서 교육계의 친구들을 위해 강연을 했다. 중국 작가 왕통조王統照가 통역을 맡아 그를 소개했다.

"타고르 선생의 강연은 일반 정치가, 교육가, 연설가의 강연과 다릅니다. 그것은 아름다운 노래와 같고 은은하게 울리는 음악과 같습니다. 여러분이 조용히 경청하신다면 곧 그 아름다움을 알게 되실 것입니다."

타고르는 크고 낭랑하면서도 맑고 그윽한 목소리로 열정에 넘쳐 말했다.

"저는 여러분의 열성적인 환영을 사랑합니다. 모두가 저를 환영하는 것은 아마도 제가 인도 사람을 대표하기 때문일 것입니다……."

"오늘 제가 사용할 언어는 인도어도 아니고 중국어도 아닌 영어입니다. 이 언어적인 간극이 가장 가슴 아픈 일입니다만, 여러분께서 모래바람도 무릅쓰고 적극적으로 와서 제 얘기를 들어주시니, 이것은 우리들 사이에 서로를 이해할 수 있는 원초적인 그 무언가가 존재한다는 것을 증명하는 것입니다. 마치 하늘의 달이 물 위를 비추고 땅 위를 비추며 나무 위를 비추면서도 한마디의 말도 없이 조용하게 있지만 물도 땅도 나무도 달과 서로 자연스럽게 이해하고 공감하는 것과 같은 것입니다."

"제가 항주에 있을 때 한 친구가 제게 도장을 하나 주었습니다. 그 도장에는 '타고르'라는 세 글자가 새겨져 있었습니다. 저는 이 일에 크게 감동받았습니다. 인도에서 어린 아이가 태어나면 무엇보다 급하게 해야 하는

15) 본문은 1961년 5월호 『인민문학(人民文學)』에 실렸으며 『매란방 문집』에서 뽑은 것이다.

두 가지 일이 있습니다. 첫 번째는 아이에게 이름을 지어주는 것이고, 두 번째는 아이에게 약간의 음식을 주는 것입니다. 그러고 난 후에야 이 아이는 사회와 영원히 끊어지지 않는 관계를 맺게 되는 것입니다. 이 도장에 새겨진 제 중국 이름은 그 첫 번째 글자가 태산의 '태'자입니다. 저는 이것을 받은 후 마치 중국인의 마음속에 들어가 그 생명을 이해할 수 있는 권리를 가진 기분이었습니다. 저의 생명이 중국인의 생명과 하나로 이어지지 않으면 안 되니까요……."

타고르의 진지하고 친절한 말은 자리에 앉은 모든 청중들을 감동시켰다.

북경에서 있었던 여러 차례의 집회 가운데서 내가 가장 잊을 수 없는 것은 1924년 5월 8일에 있었던 것이다. 타고르는 일찍이 북경에서 그의 64세 생일을 보내기로 했고 우리도 그의 생일을 축하하기 위해 그가 쓴 유명한 극 〈시트라Chitra〉를 공연했다.

그날 동단 3길東單三條의 협화協和강당은 축하객으로 가득했다. 생일 축하 의식이 시작되자 타고르 선생이 우아한 걸음걸이로 입석하여 세 번째 줄 가운데 자리에 앉았고 나는 그 옆에 앉아서 그의 풍채를 자세하게 볼 기회가 있었다. 그는 머리에 진홍색 펠트 모자를 쓰고 푸른색 긴 비단 도포를 입었으며 깊은 눈과 우뚝한 코에 수염과 머리는 새하얗고 부드러우며 친근한 얼굴이었다.

양계초梁啓超 선생이 먼저 단상에 올라가 축사를 했다.

"……타고르 선생은 저에게 그를 위해 중국 이름을 지어달라고 하셨습니다. 예전에 인도 사람들은 중국을 '치나스타나震旦'라고 불렀습니다. 이것은 원래 차이나의 음역에 지나지 않지만 이 두 글자를 골라 쓴 것에는 매우 깊은 상징적 의미가 있습니다. 뿌연 수증기 상태에서 갑자기 환해지면서 만물이 깨어나고 부상수에서 막 목욕을 마친 아름다운 태양이 지평선 위로 솟아오르니(단(旦)이라는 글자의 아래 획은 지평선을 의미한다) 이는 얼마나 아름다운 경지인가요. 타고르의 원문은 이 두 가지 의미에 딱 들어맞습니다. 그것의 의미를 '진단' 두 글자로 번역한 것은 더 이상 좋을 수가 없습니다. 한漢대에서 진晉대에 이르기까지 서쪽에서 온 고덕古德(고덕은 고대의 덕이 높은 승려를 가리킨다)은 모두 중국 이름이 있었는데 대부분 자기 나라의 이름으로 성을 취했습니다. 예를 들어 안세고安世高는 안식국에서 왔기에 안씨였고 지루가참支婁加讖은 월지국에서 왔기에 지씨였으며 강승康僧은 강거康居에서 왔기에 강씨였습니다. 그리고 천축, 즉 인도에서 온 사람은 모두 성이 축이었지요. 예를 들어 축법란竺法蘭, 축불념竺佛念, 축법호竺法護 등은 역사적으로 문화에 공헌한 사람들입니다. 오늘 우리가 존경하고 사랑하는 천축 시인이 그가 사랑하는 치나스타나에서 그의 예순네 살 생일을 맞았습니다. 나는 지극한 진심과 지극히 기쁜 심정으로 두 나라의 이름을 연결하여 그에게 '축진단竺震旦'이라는 새로운 이름을 선사합니다. (회장 전체에서 박수갈채) 저는 그에 대한 우리의 뜨거운 사랑이 이 이름을 따라 영원히 그의 영혼에 새겨지길 소망합니다. 저는 인도인과 중국인의 오랜 사랑이 축진단이라는 사람을 빌려 부활하기를 바랍니다."

타고르는 사람들로 빽빽이 둘러싸인 채 단상으로 올라가 중국 친구들에게 답사를 했다. 대강의 내용은 오늘은 '그에게 가장 즐거운 날이다. 왜냐하면 그에게 중국과 인도 민족의 단결과 우호를 상징하는 이름이 생겼기 때문이다. 그는 앞으로 중국과 인도 문화의 소통에 힘쓸 것이고 중국 학술계의 친구들이 인도에 와서 그가 설립한 국제대학(비스타 바르티(Visva Bharti))에서 강의해주기를 진심으로 요청한다'는 것이었다.

이어서 중국 문예계의 친구들이 영어로 타고르의 명작 화극 〈시트라〉를 공연했고 임휘음林徽音 여사가 여주인공 시트라 역을 맡았다. 타고르는 수염을 어루만지며 미소를 띠고 내게 말했다.

"북경을 떠나기 전에 당신의 연극을 보았으면 좋겠습니다."

내가 말했다.

"선생님의 강연 일정이 이미 정해졌으니 저는 5월 19일에 선생님을 제가 새로 만든 신화극 〈낙신〉에 초대하고자 합니다. 이 극은 중국 고대 시인 조자건曺子建[조식(曹植)]이 쓴 「낙신부」를 각색한 것입니다. 선생님의 가르침을 얻고 싶습니다."

이후 타고르와 그의 일행인 국제대학 예술대학 학장이자 유명한 화가인 난달랄 보스와 인도의 또 다른 유명 학자들이 북경에서 돌아가며 여러 주제로 강연을 펼쳐 학술계의 환영을 받았다.

한번은 내가 타고르의 강연을 들었는데 제목이 「거인의 통치-거인을 박멸하라」였다. 그가 아시아인들이 서구인의 억압과 수탈을 받은 것이 하루이틀 일이 아니라는 얘기를 하면서 이어간 몇 마디 말은 너무나 사람의 마음을 고무시켰다.

"저는 예전에 미처 알에서 깨지 못한 어린 새와 같았습니다. 비록 껍질 안에서 어렴풋이 빛을 본 것도 같았지만 그 빛이 너무 약해서 세상 사람들은 제가 결국 그 껍질을 벗어나지 못할 거라 의심했습니다. 하지만 저는 반드시 껍질을 깨고 세상 밖으로 나올 거라고 스스로 믿으면서 진리의 가장 깊은 곳에 도달했습니다."

5월 19일 밤 나는 개명희원(지금의 민주극장)에서 〈낙신〉을 공연하면서 타고르를 초대했다. 무대에 나가서 보니 시인이 특별석 한 가운데 단정하게 앉아있었다. 그는 붉은색 모자를 쓰고 붉은 도포를 입고(이는 국제대학의 예복에 따른 것이다) 있었고 은빛 수염과 흰 머리카락은 마치 신선이 인간 세상에 있는 것처럼 보였다. 몇 명의 인도 학자가 그와 함께 앉아 정신을 집중하고서 극을 끝까지 관람했다. 타고르는 몸소 무대 뒤로 와서 내게 감사하다는 말을 전했다.

"저는 이 극을 아주 즐겁게 보았습니다. 느낀 바가 좀 있는데 내일 얼굴을 보고 이야기하지요."

타고르는 20일 밤차로 태원太原에 가기로 정해져 있었다. 그날 정오에 나와 양계초, 요망부 등은 타고르를 위해 송별연을 마련했다. 타고르는 중국의 검은색 세무 신을 신고 있었다. 내가 중국 신발이 익숙한지 물었더니 그가 말했다.

"중국 신발은 부드럽고 가벼워서 두 발이 무겁게 짓눌리지 않으니 세상에서 가장 편한 신발입니다."

그는 또 말했다.

"며칠 전에는 탕산湯山에 가서 잠깐 있었습니다. 따뜻한 온천수에 내 몸의 먼지와 때를 깨끗이 씻고 새벽빛이 어스름한 가운데 날이 밝아올 때의 곱고 아름다운 아침노을과 쪽빛의 하늘을 보았지요. 그리고 말없이 땅위의 푸른 풀들을 바라보았습니다. 어두운 밤으로부터 막 깨어난 개울가의 늙은 버드나무를 새벽바람이 불어와 살랑살랑 흔들던 그 모습이 그립군요."

그는 잠시 말을 멈추었다가 생각난 듯 말했다.

"그날 교외를 유유히 돌아다니다가 어떤 농부가 밭두렁에 쪼그리고 앉아 담뱃대를 입에 물고서 먼 하늘을 바라보는 모습을 보았습니다. 그 모습은 꽤 시적이었습니다."

연회석상에서 타고르는 〈낙신〉에 대해서 얘기했다. 그는 내 공연에 대해 격려했지만 '천상지회川上之會' 대목의 선도仙島 무대배경에 대해서는 의견이 있었다.

"이 아름다운 신화 시극은 각 방면에서 모두 위대한 시인의 상상력이 발휘되어야 합니다. 그런데 지금 사용하는 배경은 일반적이고 평범하더군요."

그는 내게 건의를 했다.

"색채는 빨강, 초록, 노랑, 검정, 보라 등 강한 색이 맞고 인간 세상에서는 볼 수 없는 기이한 봉우리, 기괴한 돌, 진기한 꽃과 풀을 창조해야 합니다. 그리고 금실, 은실 등을 이용해 신화적인 분위기를 돋보이게 해야지요."

이후 나는 타고르의 의견을 근거로 〈낙신〉의 무대배경을 다시 설계하고 여러 번 수정했다. 그 결과 무대배경이 상당히 좋아지기는 했지만 이상적인 수준에는 아직 도달하지 못했다.

타고르는 미술을 문화예술의 중요한 일환이라고 생각했다. 예를 들어 중국극에서 사용되는 복장, 도안, 색채, 분장, 검보, 무대장치 등은 모두 미술과 관계가 있는 것이다. 예술가는 회화, 조각, 건축 등에 대해 흥미와 감별력을 가져야 할 뿐 아니라 자신이 직접 그림을 그리거나 조각을 할 줄 알면 더할 나위 없이 좋다고 했다. 그는 내게 그림을 배웠던 이야기를 해주었다.

"저는 줄곧 그림을 좋아했지만 그릴 줄 몰랐어요. 몇 번이나 제 시 원고에 그리고 지우고 고치기를 반복하다가 무의식중에 그림의 의미를 발견했지요. 그래서 그림을 배우기 시작했습니다."

타고르 선생이 말했다.

"제 조카 아바닌드라나트 타고르는 인도 예술부흥운동의 선봉에 선 벵골 화파의 창시자이지요. 그는 법현, 현장 두 스님이 인도에 와서 불경을 취했던 일을 제재로 한 〈행각도〉를 그렸는데 안타깝게도 이번에 가져오지 못했네요."

타고르 선생은 그 자리에서 인도의 유명 화가 난달랄 보스를 소개하며 말했다.

"보스 선생은 아바닌드라나트 타고르의 계승자이자 벵골 화파의 걸출한 화가입니다. 내가 쓴 책의 장정과 삽화는 대부분 그의 손에서 나온 것이지요. 그는 중국화에도 흥미가 있습니다."

타고르 선생은 며칠 전에 열렸던 중국 화가와의 간담회에 대해서도 이야기를 하며 의견을 나누었다. 그가 내게 물었다.

"매 선생도 그림을 그리셨다고 들었습니다."

내가 그에게 말했다.

"그날 자리에 계셨던 제백석, 천반정, 요망부 선생 모두 제 스승이십니다."

나는 요망부 선생을 가리키며 말했다.

"저는 인물, 불상을 그리기 좋아해서 여래, 문수, 관음, 나라한 등을 그렸는데 모두 요 선생의 지도를 받았습니다."

식사 후에 나는 난달랄 보스 선생에게 그림을 부탁했다. 그는 흔쾌히 붓을 들어 부탁에 응했다. 중국 붓으로 빈랑나무 편지지에 수묵화 하나를 그려 내게 주었다. 오래된 숲 속에 부처 하나가 부들자리 위에 가부좌를 하고 앉아 있는 모습을 그린 것인데 담묵으로 가벼운 연기를 묘사해 정취가 고풍스러웠다. 안타깝게도 당시 그린 그림의 내용에 대해 듣지 못했다. 나중에 나는 그림 위에 〈여래성도도如來成道圖〉라는 제목을 쓰고 지금까지 소중히 보관하고 있다.

어떤 사람이 타고르 선생에게 시인은 회화, 조각, 노래, 음악 등 모든 분야에 통하지 않음이 없다고 들었는데 이번에 〈낙신〉의 음악과 노래를 듣고 어떻게 느꼈느냐고 물었다. 그가 웃으며 말했다.

"인도에 온 외국인이 처음 망고를 먹고 맛을 안다고 감히 말을 할 수는 없지요."

우리는 이 말을 듣고 잠시 그것이 내포하는 뜻을 이해하지 못했다. 그 자리에 있던 인도 풍습을 잘 아는 사람이 말했다.

"망고는 인도 과일 중의 왕이고 망고를 먹을 때는 또한 의식이 있답니다. 마치 일본의 '다도'와 같다고 할 수 있지요.(일본인들은 친구를 청해 차를 마실 때 주인과 손님에게 모두 정해진 예절이 있는데 그것을 '다도'라고 한다)"

타고르 선생은 중국의 음악과 노래는 아름답지만 처음 들었기 때문에 아직 그 맛을 세밀하게 구분할 수 없음을 비유한 것이다.

양계초 선생이 타고르에게 물었다.

"이번에 시인께서는 중국을 유람하셨으니 틀림없이 아름다운 시로 인생 경험을 기념할 수 있으시겠지요?"

타고르 선생이 답했다.

"제가 〈낙신〉을 보고 나서 마침 짧은 시 한 수를 생각하고 있는 것이 있는데 그것을 매 선생께 드릴까 합니다."

그가 정신을 집중하며 생각하는 모습을 보면서 감히 방해하지 못했다. 그는 먼저 수첩에 원고를 적고 나서 중국의 붓과 먹을 이용해 가는 글씨체로 흰 비단 위에다 쓰기 시작했다. 그는 우선 벵골어로 시를 쓰고 다시 영어로 번역한 다음에 내 낙관을 찍고 자신의 이름을 적어 넣었다. 또한 그는 신명이 나서 벵골어로 그의 신작을 낭송했다. 우리는 비록 인도 말을 알아듣지 못했지만 그의 감미로운 목소리와 선명한 리듬감 속에서 달빛 아래의 맑은 범어의 불경소리며, 꽃그늘 아래서 흐르는 샘물 소리의 미감美感이 전해져왔다. 나는 타고르의 손에서 부채를 정중히 받아들고 그에게 심심한 감사의 말을 전했다.

밤에 우리는 역에서 그를 배웅했다. 서로 이별을 아쉬워하면서 나는 타고르에게 이번에 북경을 방문한 느낌에 대해 묻고 다시 오기를 고대한다고 했다. 그가 말했다.

"이삼 년 뒤에 다시 올 것입니다. 저는 북경의 순박한 풍속을 좋아하고 북경의 건축물을 사랑하며 북경의 친구들을 사랑합니다. 특히 제가 잊을 수 없는 것은 북경의 나무들이에요. 저는 런던과 파리, 워싱턴에 가 보았지만 이렇게 많은 전나무, 잣나무, 소나무, 버드나무를 본 적이 없었습니다. 중국인들은 북경처럼 이렇게 역사가 오래고 아름다운 도시를 가지고 있다는 것을 자랑스럽게 여겨야 합니다."

기적 소리가 길게 울리면서 기차가 출발하려 하고 있었다. 타고르 선생은 내 손을 꼭 붙잡고 말했다.

"저는 당신이 극단을 이끌고 인도에 오시길 바랍니다. 인도 관객들에게도 당신의 우아하고 아름다운 예술을 감상할 기회를 주십시오."

내가 답했다.

"꼭 인도에 가겠습니다. 우선 타고르 선생님을 방문하고 싶고요. 그 다음은 제 얕은 예술을 인도 관객들에게 바치고 싶고요. 마지막으로 유람을 좀 하고 싶습니다."

1929년 봄 타고르 선생은 중국을 다시 여행하면서 상해에 왔다. 그가 귀국할 때 송경령宋慶齡 선생이 성대한 송별 의식을 주최했다. 그는 또 타고르 선생에게 중국 특산품들을 선물로 주었다. 그가 준 선물 가운데서 수공으로 정교하게 제작한 진흙 채화검보彩繪臉譜를 타고르가 가장 좋아했다. 그 후 나는 1935년 소련을 방문한 뒤 유럽을 여행하며 연극을 고찰하고 돌아오는 길에 뭄바이에 들러 한나절을 쉬고 왔음에도 줄곧 타고르 선생과의 약속은 지키지 못했다. 중국이 해방된 뒤에야 비로소 중국과 인도 양국의 문화 교류가 크게 발전하여 인도 문화 예술단이 중국을 방문하였고 1954년 겨울 중국 문화 대표단이 인도를 방문했다. 뉴델리, 캘커타, 뭄바이, 마드라스 등 4개 대도시에서 경극을 공연해 인도의 많은 사람들에게 뜨거운 환영을 받았다. 이소춘李少春 선생은 귀국 후 벵골주의 산티니케탄에 있는 타고르 선생의 고거故居를 방문했다고 내게 말해주었다. 나는 시인의 풍채를 추억하며 그를 그리워했다.

금년 늦봄 타고르 선생 탄생 100주년 기념일 며칠 전이었다. 나는 오랫동안 귀중하게 간직해온 그 비단 부채를 중국과학원 문학연구소의 오효령吳曉鈴과 석진石眞 여사에게 부탁해 타고르 원작의 정신을 되새겨보기로 했다. 석진은 일찍이 타고르가 설립한 인도 국제대학의 타고르 연구소에서 5년간 연구를 한, 벵골어와 타고르 문학에 정통한 전문가이다.

석진은 부채를 건네받고 타고르가 친필로 쓴 시를 꼼꼼하게 살펴보더니 먼저 서법의 절묘함을 칭찬했다. 그녀의 말에 의하면, 타고르의 서법은 인도 현대 서법과는 완전히 다른 풍격을 갖추고 있었다. 그의 붓 사용은 때로 고졸한 데가 있었다. 특히 붓을 꺾을 때 방향에 따라 힘이 곧게 흐르는데 오히려 부드럽게 돌리는 방법으로 조절을 했기 때문에 강건한 가운데 유연한 아름다움이 깃들어 있다는 것이다. 이런 서체는 사람들에게 산봉우리를 굽이굽이 돌아가는 길에 버드나무 그늘이 우거지고 꽃이 만발한 그런 느낌을 준다고 했다. 전체 구도도 균형이 잡힌 가운데 힘이 있어 시인의 기질을 충분히 발휘하고 있다고도 했다.

물론 그녀를 더 빠져들게 한 것은 역시 그 시였다. 그녀는 감정을 억제하지 못하고 벵골어로 시를 읊조리기 시작했다. 나는 37년 전 타고르가 직접 그 작품을 낭송해주던 정경을 떠올리며 다시금 청각을 통해 시인의 친밀한 언어와 깊은 우정을 느낄 수 있었다. 석진 여사가 그때 이 시를 현대어로 번역해주었다.

사랑하는 이여! 그대는 내가 알지 못하는
말의 면사로
그대의 얼굴을 가린 채
저 멀리 하나로 이어진 듯
아득한 구름과 안개
그 안에 구름 덮인 봉우리와 기슭.

그녀가 내게 말했다.

"이 시는 극도로 정련된 벵골어의 짧은 즉흥시입니다. 이런 짧은 시는 격률이 매우 엄격해서 시 한 편이 두 마디를 넘으면 안 되고 한 마디에 열아홉 개의 음절만을 사용할 수 있습니다. 열아홉 개의 음절은 또 반드시 7, 5, 7의 장단으로 각각 여섯 행을 배열해야 합니다. 더 재미 있고 특이한 것은 이러한 짧은 시가 우리의 고전 시가와 마찬가지로 반드시 각운을 압운한다는 거예요. 또한 매 행의 '7'과 '7' 사이는 서로 바뀔 수 있고요."

이 말 때문에 나는 중국 근체시의 절구를 떠올렸다. 아주 짧은 스무 개 혹은 스물여덟 개의 제한된 한자로 집중적이면서 포괄적으로, 진지하면서도 변화가 다양한 사상과 감정을 써낸다는 것은 예술적 재능이 필요한 것이다.

석진 여사가 말했다.

"타고르는 우리 고전 시가를 무척 칭찬했습니다. 시인은 중국어를 알지 못하지만 영어로 번역된 굴원, 이백, 두보, 백거이의 시를 적지 않게 읽었고 저작과 강연에서 항상 그것을 인용합니다. 그의 이 짧은 시의 정취에는 중국의 멋이 있어요. 그는 구름과 안개 속의 산등성이와 산봉우리를 오르내리는 모습을 이용해 그가 뜨겁게 사랑하지만 언어가 통하지 않는 국가의 예술가가 보여주는 아름다운 춤사위와 신비한 인상을 매우 형상적으로 묘사했습니다. 그는 아름다움을 느꼈지만 극중의 복잡한 감정과 심리 상태를 충분히 이해하지는 못한 것 같습니다."

그녀는 시인이 의식적으로 이러한 형식을 선택했을 뿐 아니라 이 시의 시작 방식에서 최대한 중국적인 풍격에 가깝게 하려 한 것 같다고 했다.

나를 더 감동시킨 것은 오효령 부부가 한 말이었다. 그들 말에 따르면 타고르 기념관, 즉 타고르 고거의 대청 동쪽 창 앞에 유성기판을 보존하고 있는 특별히 제작된 장식장이 놓여 있는데 그 안에 있는 판의 대부분이 내 희곡 레코드와 선배 예술가인 담흠배 선생 등의 레코드판이라는 것이다. 라틴드라나트 타고르Ratindranath Tagore 선생이 다이아몬드 레코드 바늘을 힘들여 찾아내어 커다란 스피커를 통해 그들에게 몇 부분을 들려주었다고 했다. 그것은 노백대老百代 회사의 다이아몬드 레코드 바늘이었다. 당시 내가 세심하게 골라서 시인에게 선물한 것이었다. 그들은 국제대학 예술대학 박물관에서 또 정교하게 제작된 경극 검보 모형도 보았는데 타고르의 조카인 아바닌드라나트 타고르 박사가 일찍이 채화검보를 모방해서 그린 것이라고 했다. 그것은 1929년 봄 타고르가 두 번째로 중국을 방문했을 때 송경령 선생이 선물한 것이 틀림없다.

타고르 선생이 작고한 지 20년이 지났지만 중국을 뜨겁게 사랑했던 그의 진심과 정의감이 넘치던 친절한 언행은 내 마음속에 깊은 인상을 남겼다. 그러한 사례는 이루 말할 수 없이 많다. 만약 그가 지금도 이 세상에 있다면 중국과 인도 문화의 교류에 더 큰 공헌을 했으리라 생각한다.

7 예술가의 실천

정련된 것과 거친 것, 아름다움과 추함의 감별을 잘 해야 한다

목을 어떻게 보호하는가

희곡을 배우고 극본을 수정하고 연기했던 경험

<목계영이 장수의 인장을 손에 넣다>의 무대연습을 어떻게 했나?

정련된 것과 거친 것, 아름다움과 추함의 감별을 잘 해야 한다 [1]

나는 『중국청년보中國青年報』 편집부에게서 청년들에게 몇 마디 말을 해달라는 부탁을 받고 신년 축사에서 이런 말을 했다.

"청년 예술가들은 정련된 것과 거친 것, 아름다움과 추함의 감별을 잘 해야 한다."

나는 이것이 예술가가 평생 예술을 해나가는 데 있어 가장 중요하다고 생각해왔다. 그래서 오늘 희극 논의는 이 말에서부터 시작하고자 하며 또한 몇 가지 예를 들어 구체적으로 이야기하고자 한다.

배우에게는 옛날이나 지금이나 다음 몇 가지 상황들이 늘 존재한다. 일반적인 배우에서 서서히 우수한 배우로 성장하고 또 끊임없이 발전을 계속하여 뛰어나게 우수한 배우가 되는 사람들이 있다. 그리고 처음부터 끝까지 일반적인 배우로 남는 사람들도 있다. 어떤 경우에는 비교적 우수한 배우가 되었다가 서서히 퇴보하여 일반적인 배우가 되기도 하고 원래는 꽤 괜찮았는데 날이 갈수록 나빠지는 배우들도 있다. 이러한 변화가 발생하는 원인은 무엇일까? 물론 많은 경우 타고난 조건의 차이가 배우의 전도를 결정짓는다. 예컨대 좋은 목소리가 상하거나 멋있던 분장 모습이 보기 나쁘게 변하는 것은 배우에게는 치명상이다. 스스로 열심히 배우고 훈련하지 않는 일부 배우들도 있고 생활환경이 좋지 않은 것을 비롯하여 그 외의 다른 여러 가지 복잡한 원인들도 배우를 정체시켜 발전하지 못하게 하거나 퇴보하게 하며 심지어 연기를 할 수 없는 데까지 이르게 하기도 한다. 그 밖에 타고난 조건이 모두 다 좋고 열심히 연습하는데도 연기가 늘 만족스

1) 본문은 1957년 제1집 『희곡연구』에 발표된 것이며 『매란방 문집』에서 뽑은 것이다.

럽지 않은 경우가 있다. 내 개인적인 생각에는 이 모든 것의 가장 근본적인 원인은 바로 오늘 이야기하고자 하는 것, 즉 배우 본인이 정련된 것과 거친 것, 아름다움과 추함을 감별할 줄 아느냐 모르느냐의 문제이다.

배우가 예술적 표현에서 추구하는 방향이 명확하지 않다면 설사 타고난 좋은 자질을 가지고 있고 무대에서 일부 관객들에게 칭송을 받는다 해도 결국에는 큰 성과를 이룩하지 못한다. 그래서 배우 스스로 자신이 가야 할 길을 명확하게 선택하는 것은 대단히 중요하다. 자신이 갈 길을 선택하기 위한 선결 조건은 좋고 나쁨을 변별할 수 있는 본인의 능력이다. 이 능력이 있어야 비로소 정확한 방향을 확실히 알 수 있는 것이다. 기예가 부족한 것은 열심히 연습하면 되지만 안목이 높지 않은 것은 근본적으로 향상시킬 방법이 없기 때문이다.

좋고 나쁨을 잘 변별하지 못하거나 변별 능력이 뛰어나지 못한 사람은 흔히 주위의 환경에서 나쁜 영향을 받아도 자각을 하지 못한다. 그것은 대단히 위험할 뿐 아니라 억울한 일이기도 하다. 예를 들어 어떤 배우가 타고난 조건이 좋고 연기의 기초가 탄탄하다면 점진적으로 능력이 향상될 수 있다. 그러나 만약 그보다 더 명성이 높고 연기에서도 부인할 수 없는 업적들을 이룩했는데 상당히 나쁜 버릇을 많이 가지고 있는 배우가 있다면 그는 아마 이 배우의 영향을 받아 이 배우가 가진 나쁜 버릇을 모두 배우게 될 것이다. 자기의 장점을 버리고 다른 사람의 단점을 배워 나중에는 구제할 길이 없는 지경에 이르게 될 수도 있다. 이렇게 된 근본적인 원인은 스스로 좋고 나쁨을 변별하지 못하고 얄팍하고도 일시적인 효과에 미혹되어 잘못된 길로 간 것에 있다고 하겠다.

또 타고난 자질과 기예의 기초가 모두 괜찮고 다른 사람의 나쁜 버릇에도 물들지 않았는데 자신의 예술은 늘 발전이 없고 다른 사람의 장점을 배우지도 못하며 생활에서 흥미로운 현상과 부딪혀도 전혀 감흥을 느끼지 못하는 배우들이 있다. 이것은 왜 그런가? 물론 스스로 계속 부지런히 공부하고 애써 연마하지 않는 것도 어느 정도 답보와 자기를 가두는 상태를 초래하지만 분명 반평생을 애써 연마해도 연기가 전반적으로 그다지 좋지 않은 경우가 있다. 우리 경극 배우들은 이런 현상에 대해 예전부터 "트이지 못했다"라는 말로 표현해왔다. "트이지 못한" 이유는 바로 정련된 것과 거친 것, 아름다움과 추함을 감별할 능력이 없기 때문이다. 좋은 것을 봐도 좋은지 모르고 나쁜 것을 봐도 어디가 나쁜지를 모르며 곳곳에서 자주 본 익숙한 것인데 보지 못한 것처럼 무관심하며 스스로 자기의 기준을 정할 줄 모르면 당연히 자신의 예술을 향상시킬 길이 없다. 물론 총명한 사람은 트이기 쉽지만 상대적으로 우둔한 사람은 생각하기를 귀찮아하거나 거만하고 또한 자만해서 다각도로 사고하려 하지 않고 다양한 방면의 교류도 하지 않는다. 이는 스스로 자신의 눈을 가리는 것과 같은 것이다. 눈을 가리고 힘써 연마하는 것으로는 트일 수가 없다. 반면 타고난 자질이 비록 둔하다 하더라도 여러 방면의 교류에 노력을 기울이고 자신의 안목을 넓게 확대하기만 하면 트일 수가 있다.

내 개인의 경험으로 볼 때, 정련된 것과 거친 것, 아름다움과 추함을 감별할 줄 아는 능력은 이런 방법으로 훈련할 수 있다. 좋고 나쁨은 비교를 통해 알 수 있는 것이기 때문에 시야가 좁은 사람은 자연히 좋은 것 위에 더 좋은 것이 있다는 것을 알 수가 없고, 나쁜 것을 보지 않는 사람도 좋은 것의 귀함을 느끼지 못한다. 예를 들어 배우는 모두가 인정하는 우수한 배우의 극을 보거나 세계적으로 잘 알려진 어떤 위대한 예술품을 봐야 하고 보고 난 후에는 반드시 스스로 생각해보아야 한다. 그것을 이해했는지, 일반적으로 좋다고 공인된 부분에서 좋다는 것을 이해했는지, 어떻게 좋은지, 이유를 말로 표현하지 못한다고 해서 두려워하지 말라. 그것들을 보면서 마음이 즐거웠다면 그것은 이해했다는 것이다. 만약 스스로에게 물어서 확실히 좋은 점을 느끼지 못했다면 자기 자신을 속이지 말고 가볍게 놓아두고 나보다 나은 사람을 찾아가서 가르침을 구하고 스스로 끊임없이 연구하여 반드시 그 공인된 좋은 작품이 자신에게 확실히 영향을 미치도록 해야 한다. 영향을 받았다는 것은 자신의 안목이 한층 더 향상되었다는 것을 의미하며 이때 자기 연기에 대해서도 의식하지 못하는 사이에 기준이 높아지게 된다.

명배우의 연기에 대해서는 보통 숭배하는 마음을 품고 좀 더 주목하기 때문에 자연히 영향을 받기가 더 쉽고 그 때문에 가볍게 놓아버리지 않는다. 다만 연기에 깊이가 있고 뛰어나지만 이름이 크게 나지 않은 배우는 그의 우수한 점을 알아보는 게 상대적으로 어렵다. 이런 배우의 무대를 관찰할 수 있는 기회를 만났을 때는 절대로 그가 유명한 배우가 아니라고 경시해서는 안 된다. 이것이야말로 감별력을 단련할 아주 좋은 기회이기 때문이다. 나도 그런 경험이 있다. 젊은 시절에 나는 매일 내 공연이 끝난 뒤 무대 뒤에서 다른 사람의 극을 자주 보곤 했다. 분장한 모습도 목청도 좋지 않은 어떤 조연 배우들은 무대 앞에 있는 관객들에게는 그다지 주목을 받지 못하지만 무대 뒤의 공연 관련 종사자들에게는 도리어 존경을 받는다. 나도 당연히 그런 노선생들이 확실히 재능을 가지고 있다는 것을 잘 알고 있다. 하지만 솔직히 말해 처음엔 나도 그들의 장점이 어디에 있는지 잘 알지 못했다. 오랫동안 그들의 극을 자세히 보고 들으면서 그들이 할 수 있는 극이 많고 연기가 정확할 뿐 아니라, 무대에서 다른 사람이 미치지 못하는 무언가를 확실히 가지고 있다는 것을 서서히 알게 되었다. 예를 들어 한 출의 극에 조연으로 갑, 을, 병이 있다고 했을 때 그들이 다 같이 연기를 하면 주연 외에, 어느 조연에게 어떤 돋보이는 점이 있는지 알지 못한다. 어느 날 그 작품에 참여하던 조연 을이 세상을 떠나 다른 배우로 대체되면 원래 조연 을에게 이런 저런 장점들이 있고 새로 대체된 사람이 그것을 따라가지 못한다는 것을 바로 알 수 있다. 이런 실제적인 체험을 통해 자신도 모르는 사이에 눈이 더 예민해지게 되는 것이다.

배우는 같은 항당 배우 이외에 다른 항당 배우의 연기도 세세하게 관찰해서 자기의 안목을 넓혀야 한다. 그 밖에 이전에 본 적이 없는 극종이나 외국 극을 보는 것도 자신의 안목을 실험하는 더 좋은 기회가 된다. 왜냐하면 완전히 생소한 극종에 대해서는 일반적으로 이해하는 게 쉽지 않기 때문이다. 하지만 겸허하게 감상하다 보면 그 우수한 점과 부족한 점을 발견할 수 있다. 기회가 되면 자신이 보았던 그 우수한 점과 부족한 점을 그 극종에 종사하는 사람들에게 넌지시 얘기해보고 그들이 문외한인 내 의견을 어떻게 받아들이는지 관찰해본다. 생소한 것에 대해 합당한 비평을 제시할 수 있으면 대체로 그것은 원래의 기초에서 한 단계 더 진보한 것이다.

안목을 강화시키는 이런 방법들은 늘 인내심을 가지고 지속해야 하며 마음이 하고자 하는 대로 따라가면 안 된다. 때때로 조금만 소홀히 해도 손해를 보기 때문이다. 한번은 내가 이전에 본 적이 없는 지방극地方戱을 보러 갔었다. 처음에는 노래와 대사가 다소 우스꽝스러운데다가 나고 소리가 귀에 거슬려 관람을 포기하고 일어나려고 했다. 그때 난 스스로 자제하며 잠시 냉정하게 생각했다. 나는 무엇을 하는 사람인가? 오늘 나는 무엇을 하러 왔는가? 인내심을 가지고 반드시 끝까지 봐야겠다, 그런 생각을 하니 바로 귀가 밝아졌고 그 극의 우수한 점들이 눈에 들어왔다. 몇 번을 보고난 후에는 그 지방극이 이해가 되었을 뿐 아니라 그 극종의 몇몇 배우의 연기에 흠뻑 빠져들기까지 했다. 나는 몇십 년 동안 무대생활을 해오면서 항상 주동적으로 다방면의 교류를 해왔지만 가끔씩은 참지 못하고 자기 감정대로 해버리기도 한다. 생각을 빨리 바꾸지 않았더라면 내 자신에게 손해가 될 뻔했다. 때문에 나는 정련된 것과 거친 것, 아름다움과 추함을 감별하는 능력을 훈련하는 것은 전적으로 배우 자신에게 달렸다고 생각한다.

무대 위의 연기를 관찰하는 것뿐 아니라 무대 아래서 연기를 배우는 것은 더욱 그러하다. 우리처럼 직업이 배우인 사람들에게는 스승에게 연기를 배우는 것이 가장 기본적인 수업이다. 연기를 막 배우기 시작했을 때는 당연히 감별력은 말할 것도 없고 가사 한 자, 박자 하나, 손짓과 자세 하나하나를 따라할 수밖에 없다. 하지만 일정 단계에 오르고 나면 스승의 예술적 성취에 주의를 기울일 필요가 있다.

내가 교혜란 선생에게 〈유원경몽〉을 배울 때 그는 이미 오래전에 연기를 그만둔 상태였다. 평소 그분에 대한 내 인상은 그저 뼈만 앙상한 평범한 노인에 불과했었다. 그런데 그가 이 극의 신단을 처음부터 끝까지 연기했을 때 그 낡은 가죽저고리를 입은 뼈만 앙상한 깡마른 노인은 본 적이 없었던 것처럼 내게는 그의 맑은 노래와 오묘한 춤, 극중 인물의 행동만 보였다. 그때 만약 모르는 사람이 옆에서 나를 보았다면 틀림없이 굉장히 우스꽝스럽다고 느꼈을 것이라고 생각한다. 진덕림 선생도 같은 시기 그 극을 내게 가르쳤는데 그때도 나는 같은 느낌을 받았다. 평상복을 입은 상태에서 연기할 때에도 그들은 무대 위에서와 똑같이 보는 사람을 황홀한 경지로 이끌었다. 이것이 진짜 실력이다. (많은 전 세대 선배들이 이런 실력을 가지고 있었다. 지금 이야기하는 진덕림, 교혜란 두 선생은 단지 그런 예 중의 하나일 뿐이다) 예리한 눈과 감별력을 가지고 있으면, 이런 노선생들에게 그들의 손짓과 자세 하나하나를 정확하게 배우는 것 이외에 말로 표현이 안 되는 많은 것들을 배울 수 있음을 알게 될 것이다.

이런 단련을 하고 나면 스승을 연구할 수 있을 뿐 아니라 언제 어디서나 주목할 가치가 있는 것들을 발견할 수 있게 된다. 일상생활에서, 편안하고 한가롭게 앉아 있거나 길에서 아이를 잃어버렸을 때 어떤 모습인지 발견하고, 글을 잘 쓰는 사람이 붓을 쥐는 자세, 매우 숙련되게 빨래를 하는 사람의 빨래하는 동작 등등 돋보이는 표정이나 리듬감이 강한 동작을 발견하게 되면 민감한 감별력을 통해 흡수하고 예술적 가공을 더해서 무대에서 사용할 수가 있게 된다.

배우는 극본에 규정된 인물의 성격에 대해 문학작품과 다른 명배우들이 그 배역에 대해 창조하고 쌓아온 소중한 성과들을 계승하는 것 외에도, 주로 평소 생활에서 흡수한 새로운 재료로 배역의 특징을 풍부하게 하여 전통 공연 예술에 새로운 생명력을 불어넣어야 한다. 정련된 것과 거친 것, 아름다움과 추함을 감별할 수 있는 능력을 갖추고 있지 못한다면 일상생활에서 사용하기에 적합하지 않은 것을 흡수하는 것은 물론, 심지어 적지 않은 나쁜 것들을 흡수하게 된다.

종종 배우들은 확실히 좋은 의도를 가지고 생활에서 재료를 흡수하려고 하지만 단지 정련된 것과 거친 것, 아름다움과 추함을 변별하지 못해 선배들이 창조한 것들을 잘 배우지 않거나 혹은 배웠어도 파고들어 이해하려 하지 않으며 오히려 대수롭지 않게 여긴다. 그 때문에 생활 속의 수많은 현상들에 대해 뭐가 좋고 뭐가 나쁜지 어느 것은 무대에서 사용할 수 있고 어느 것은 사용할 수 없는지 식별해낼 수가 없는 것이다. 예를 들어 손오공이란 배역을 우수한 배우가 연기할 때 관객은 손오공을 영웅이나 신으로 느낀다. 손오공이 무대에 등장하자마자 마치 노을이 밝게 빛나며 사방으로 퍼지는 듯한 위엄이 분장한 모습부터 춤 동작에 이르기까지 표현되어야 하고 이러한 기개 가운데 또한 원숭이 특유의 민첩함이 더해져야 한다. 이것이 가장 이상적인 손오공이다. 그런데 요즘 손오공을 연기하는 배우들 가운데는 전혀 이런 형상을 갖추지 않고 실제 원숭이의 모습만을 모방하여 여러 가지 보기 흉한 동작들을 무대에 가져다 놓는 경우가 있다. 심지어 동물원에서 어미원숭이가 새끼에게 젖을 먹이며 어루만지는 동작까지도 손대성孫大聖의 형상에 더하는 배우들도 있다. 이런 무분별한 흡수는 매우 좋지 않다.

배우라면 당연히 무대에서의 창조 행위가 요구된다. 그러나 창조라는 것은 예술 수양의 성과이기 때문에 만약 안목이 넓지 않고 전통예술의 성과들을 소화해내지 못한다면 좋은 표현 수단을 갖추는 것이 불가능하기 때문에 터무니없는 창조가 된다. 이것은 예술의 진보 과정에서 장애가 될 뿐 아니라 매우 위험한 일이기도 하다.

오래된 극종이 오랫동안 빛을 발하며 존속할 수 있는 것은 그것이 시대의 변화와 함께 발전했기 때문이다. 만약 두드러진 우수한 창조가 이런 오래된 극종의 어떤 격률에 의해 제약된다면 나는 그 제약을 극복하는 것이 옳다고 생각한다. 그러나 반드시 좋고 나쁨을 변별할 능력이 있어 이런 극복이 예술적 가치가 있는지 충분히 잘 극복할 수 있는지 극복할 가치는 있는지를 먼저 판단해야 한다. 나는 구양여천 선생이 말한 "극복을 위한 극복은 할 필요가 없다"는 말에 전적으로 동의한다. 다시 논점으로 돌아와서 좋고 나쁨을 변별할 능력이 없고 안목이 좁으면 반드시 무모한 극복이 되는 것이다.

내 개인의 경험에 의하면 노선생에게 겸허한 자세로 배우고 다방면으로 다른 사람의 연기를 관찰하는 것 외에, 또 가장 중요한 것은 관객들의 정련된 것과 거친 것, 아름다움과 추함을 감별하는 의견을 차용하여 자신의 감별력을 증강시키는 것이다. 관객 가운데 감별력이 특별히 뛰어난 사람들이 많아서 배우들이 참을성 있게 관객의 예리한 비평에 귀를 기울인다면 우리의 눈과 귀를 더 날카롭게 하고 더 밝게 만들어 참고할 만한 것들을 더 많이 발견해낼 수 있게 된다.

이상에서 든 예들은 모두 배우의 각도에서 이야기한 것들이다. 극작가나 희곡 간부도 마찬가지로 안목을 확대하기 위해 노력해야 할 필요가 있다. 예를 들어 이런 극이 있다고 하자. 원작 소설에서 묘사된 서술과 완전히 일치하지 않지만 이야기가 완전하면서도 관객들이 쉽게 이해하고 내용도 그리 많지 않으면서 주제가 선명하다면 그것은 좋은 극이다. 그런데 가령 극작가가 소설의 서사 내용을 대량 삽입하여 90분짜리 극이 150분 이상으로 늘어났다면 원래 관객이 가장 좋아했던 무대공연이 내용의 증가로 오히려 약해지게 된다. 그렇게 되면 좋은 작품에 손실을 초래하는 것일 뿐 아니라 이것이 풍조를 형성하게 되면 폐해는 더 커지게 된다. 이것도 바로 극작가가 정련된 것과 거친 것, 아름다움과 추함을 분별하지 못해 생긴 일이다.

그래서 내가 경험으로 이해한 바에 따르면 배우든 극작가든 누구를 막론하고 모두 자신의 시야를 넓히기 위해 노력해야 한다. 많이 보고 많이 배우고 많이 읽는 것 이외에, 희곡 범위 밖에서 각종 예술품과 자연의 아름다운 경치를 접하면서 다방면으로 자신의 예술 수준을 향상시켜야 한다. 그렇게 해야만 보고 들은 것이 적어서 정련된 것과 거친 것, 아름다움과 추함을 변별하지 못하고 일을 하는 데 있어서 보수적이 되거나 거칠게 되지 않을 수 있다. 우리가 늘 좋고 나쁨을 변별하는 데 주의한다면 장래에는 무대에서 반드시 불후의 창조를 이루게 될 것이다.

이상에서 이야기한 것들은 심오한 이론이 아니라 사실 누구나 다 아는 것들이다. 게다가 희곡계의 대다수 사람들은 감별 능력을 가지고 있기 때문에 상세하게 이야기할 필요도 없는 것이었다. 하지만 앞에서 열거한 현상도 확실히 존재하는 사실이다. 너무 좋거나 너무 나쁜 것은 한눈에 보이지만 '생소하고 보기 드문 좋음'과 '보는 것에 익숙해진 나쁨'에는 소홀해질 수 있다. '진정으로 예술적 가치를 지닌 것'과 '일시적인 저속하고 천박한 효과'의 변별도 쉬운 일은 아니지만 특히 사실주의와 자연주의, 형식주의가 정확하고 아름다운 격식에 착종되어 뒤섞여 있는 현상은 더 변별하기 쉽지 않다. 그래서 오늘 특별히 나 개인이 체득한 것을 필요한 분들에게 바치니 참고하기 바란다.

목을 어떻게 보호하는가 2)

유옥영俞玉英 선생 :

『희극보戲劇報』를 통해 보내주신 편지는 잘 받았습니다. 제가 목을 보호해온 경험을 소개하기 바라셨지만, 사실 저도 어떤 특별한 방법이 있는 것은 아닙니다. 제가 아는 방법은 희곡 하는 사람들이라면 다 아는 것들이고 말을 한다 해도 상투적인 얘기들이라 여기서는 제 개인이 체득한 것들을 가지고 몇 가지 문제에 답하려 하니 참고하시기 바랍니다.

목소리의 기본 훈련에는 어떤 주요한 부분이 있는가?

나는 유년 시기에 몸이 튼튼했기 때문에 목소리도 비교적 크고 맑았으며 타고난 기본 조건이 상당히 좋은 편이었다. 내가 당시 목청을 단련했던 방법은 다른 모든 사람들과 별반 다르지 않았다. 큰소리로 목청 고르기, 천천히 걷기, 발성연습하기는 모두 필수적인 기본기이다.

큰소리로 목청 고르기喊嗓: 매일 새벽 사부를 따라 나무가 우거지고 공기가 좋은 곳으로 가서 큰소리로 내지르는 발성을 한다. "이-"噫(희)[중국발음은 '이'], "아-阿" 두 발음으로 폐구음과 장취음을 대략 스무 번 정도 연습한다. 그런 후에 다시 목청을 끌어올려 대사 한 마디를 읊는다. 본인이 느끼기에 어느 음이 원만하게 나오지 않으면 더 연습한다. 날씨가 좋은 봄 가을날이 공력을 훈련하기에 좋지만 추운 겨울과 더운 여름이 더 중요하다. 이

2) 본문은 원래 1958년 제8기 『희극보』에 실렸으며 『매란방 문집』에서 뽑은 것이다.

쪽 일을 하는 사람들은 자주 "여름 삼복과 겨울 삼구일*에도 연습한다"고 하는데 이는 바로 추위를 견디고 더위를 이겨내는 습관을 기르기 위함이다. 나는 직업 배우이기 때문에 일년 사계절 모두 무대에 올라 노래를 해야 한다. 엄격한 단련을 거치지 않으면 자연환경을 극복하기가 어렵다. 삭풍이 몰아치는 날에는 당연히 바람을 맞으며 목을 풀 필요는 없다. 가장 더운 여름 무더위 때에도 시원한 아침에 연습하면 된다. 어쨌든 이런 훈련은 부단히 지속해서 기초를 단단하고 두텁게 다져야 목소리를 오래 쓸 수 있다.

* 삼구일: 동지가 지난 후 19일째부터 27일째까지의 기간으로 일년 중 가장 추운 때

천천히 걷기遛彎: 천천히 걷기를 할 때는 마음을 가라앉히고 느리게 천천히 여유롭게 걷는다. 이쪽 일을 하는 사람들은 걷는 것을 "백련지조百煉之祖"라고 부른다. 이 말은 어떤 훈련이든 걷는 것부터 시작한다는 뜻이다. 천천히 걷기는 시간이나 장소의 제약을 받지 않고 생각날 때 바로 할 수 있고 단전과 기해(단전과 기해는 다 배에 있는 혈도인데 발성과 관련이 있다)를 훈련하는 데 크게 도움이 된다. 옛 사람들은 항상 책을 읽고 수양하라는 말을 했다. 배우의 천천히 걷기도 예술 연수 중에서 수양을 하는 과목에 속하기 때문에 이쪽 일을 하는 사람들은 이를 매우 중시한다.

발성연습吊嗓: 중년이 되기 전의 내 습관은 만약 그날 밤 공연이 있으면 오후에 반드시 창사 몇 마디를 불러보는 것이었다. 목소리를 시험해보면서 간단한 연습을 하지만 목소리를 힘들게 사용하지는 않았다. 요 몇년은 공연이 있는 날이 되면 아침에 일어나 씻고 난 후 큰소리로 고음 저음을 몇 번 내보고 대사 몇 마디 읊어보는 것으로 충분하다. 나이가 있는 사람은 정력을 아껴야 무대에서 지치지 않고 자기 역량을 최대로 발휘할 수 있다. 나는 장년인 사람은 쉬는 날에 당연히 발성연습을 지속해야 하며 몇 단락 더 연습해도 무방하지만 저녁에 공연이 있으면 사전에 노래를 많이 하는 것은 적합하지 않다고 생각한다. 어떤 배우들은 무대에 오르기 전에 꼭 처음부터 끝까지 불러보는 습관이 있다. 그렇게 불러보지 않으면 마음을 놓지 못

하는 경우가 많은데 이런 방법은 그다지 좋은 방법이 아니다. 우리의 일은 정기精氣를 키우고 예기銳氣를 모아두었다가 무대에 가서 관객들에게 연기로 보여주어야 하는 것이다. 무대는 우리의 전장이고 전투에 임해서야 창을 가는 것은 우리의 예기를 약화시키는 것이기 때문에 이런 습관은 서서히 고쳐야 한다.

변성에는 무엇을 주의해야 하나?

사람마다 생리적으로 모두 변성기가 있다. 희곡계에서는 이것을 "도창倒仓"으로 통칭하며 희곡 배우에게는 중요한 시기다. 이 시기는 사람에 따라 길기도 하고 짧기도 하다. 나는 변성기가 짧았고 목소리도 크게 변하지 않았다. 도창 기간 동안 당연히 발성연습과 무대공연을 계속해야 하지만 지나치게 피로하게 하는 것은 적합하지 않다. 너무 피로해지면 성대가 다칠 수 있기 때문이다. 노생을 부르는 배우는 도창 시기에 고음을 억지로 내면 좌상左嗓*이 될 수 있으니 주의해야만 한다.

나는 스무 살 이후 목소리가 성숙해졌다. 그때는 거의 매일 무대에 올랐고 때로 당회에 가서 공연을 했다. 두세 군데 공연을 가서 노래를 하게 될 때는 모든 공연에서 창 위주의 극을 노래하지 않고 〈홍예관〉, 〈번강관樊江關〉 같은 동작 위주의 극도 배치하여 노래를 했기 때문에 너무 피곤하다고 느끼지는 않았다. 당시 무대에서 일반적인 음조는 모두 육자조六字調**에서 정공조正工調*** 사이였는데 나는 대략 그 중간인 육반조六半調****로 노래를 불렀다. 소년기의 목소리 단련은 대단히 중요하다. 만약 힘을 더는 것을 탐하게 되면 타성이 생기게 된다. 나이가 들면 목소리가 자연스럽게 더 낮아지고 음조를 올리기가 힘들기 때문에 어쩔 수 없이 무대에서 물러나야 한다.

*
좌상:
저음이 불가능한, 강하면서도 날카로운 목소리를 지칭하는 경극 용어

**
육자조:
지금 서양 음악의 F음에 해당

***
정공조:
지금 서양 음악의 G음에 해당

****
육반조:
F#에 해당

병에 걸렸을 때는 어떻게 해야 하나?

나는 배우라면 공연 기간에 병에 걸려선 안 된다고 자주 말한다. 가장 가벼운 감기를 가지고 말한다면 일반인이 감기에 걸리는 것은 별일이 아니다. 해열제 먹고 땀을 내고 나면 좋아진다. 하지만 배우가 감기에 걸리면 그것은 큰일이다. 해열제를 먹으면 증세는 치료가 된다. 그러나 단 역 배우는 가성으로 여성의 고음을 내야 하는데 어떤 해열제 종류는 먹으면 가끔 성대가 풀려 고음이 올라가지 않는 경우가 있다. 그렇기 때문에 의사에게 치료를 받을 때 자기의 상황과 습관을 먼저 의사에게 말하고 구체적인 상황에 근거해서 약을 처방받아야 한다. 나는 그런 경험을 몇 번 했기 때문에 지금은 내 몸의 춥고 더운 것에 매우 신경을 쓴다. 나는 공연이 끝나면 수건으로 몸의 땀을 깨끗이 닦는데 실내 온도가 너무 낮으면 닦지 않고 땀이 흐르도록 그대로 둔다. 분장실에서 나올 때는 항상 마스크를 쓰고 목에는 목도리를 둘러 최대한 기관지와 폐에 찬바람이 들어가지 않게 한다. 이런 부분은 나같이 나이든 사람은 수시로 신경을 써야 하고, 젊은 사람도 반드시 주의해야 한다.

40년 전, 내가 항주에서 공연했을 때 우리 극단 사람들은 모두 장년이었다. 하루는 눈이 오는데도 모두 산으로 놀러 나갔다. 사전에 나는 목 상황을 고려하여 참가하지 않았다. 결국 강묘향 선생이 찬바람을 맞고 감기가 들어 목이 쉬었다. 이 일은 『무대생활 40년』 제1권에서 구체적으로 소개한 바 있다. 40년 후 1957년 1월에 나는 무한武汉에 갔다. 그때는 장강대교가 아직 완공되지 않았을 때여서 여행객들이 배를 타고 강을 건너야 했다. 차안은 온도가 매우 높았다. 차에서 내려 배를 타고 강을 건너갔을 때 많은 친구와 동료들이 마중을 나와 나를 환영해주었기 때문에 나는 너무 흥분해서 그만 마스크를 벗어버리고 말았다. 그렇게 목에 찬바람을 맞게 된 것이었다. 그 이튿날 아침에 자리에서 일어나서 목을 푸는데 목이 꽉 잠겨 소리가 전혀 나오지 않았다. 이전에 남경과 무한에서도 목이 쉰 적이 있었지만 그래도 목소리가 완전히 잠기지 않았기 때문에 공연에 대처할 수 있었다. 의과대학 이비인후과 전문의인 원 선생을 모셔왔다. 그는 내 목을 자세히 검사하고서 말했다.

"성대가 충혈되고 부었어요."

그는 가져온 책을 펼쳐 성대 조직도 및 질병발생 현상 부분을 내게 보여주면서 설명하였다.

"성대는 소리를 내지 않을 때는 나뭇가지가 Y자형으로 갈라진 것처럼 벌어져 있는데 소리를 낼 때 한데 모이고 고음을 낼 때는 더 단단히 붙습니다. 지금은 성대가 부어서 붙질 않아요. 그래서 고음이 나지 않는 겁니다. 노래 부르는 배우들은 또 성대에 작은 뾰루지들이 생기기도 하는데 이것을 우리는 '가수종'이라고 부릅니다. 이것이 생기면 아주 성가시지요. 필요하면 수술로 제거할 수 있지만 제거해도 다시 자랍니다. 선생님은 찬바람을 갑자기 쐐서 목 증상이 비록 심해졌지만 걱정할 건 없습니다. 우선 페니실린을 목에 뿌려 염증을 가라앉혔어요. 하지만 약물치료는 보조 수단일 뿐이고 중요한 건 잘 쉬어야 합니다. 지금은 목을 쓰면 안 됩니다. 말도 가능하면 하지 마시고요."

그날 밤 무한 경극단의 동료들이 병문안을 와서 얼마 전에 고유렴高維廉이 목이 잠겼었는데 근처 병원의 의사 등 선생이란 사람이 지어준 한약을 먹고 금방 나았다는 얘기를 해주었다. 나는 곧바로 등 선생을 모셔다가 진찰을 받았다. 그가 맥을 짚어보고 나서 내게 물었다.

"온 몸에 오한이 느껴지지 않습니까?"

내가 말했다.

"네, 조금 납니다."

그가 말했다.

"목이 잠긴 것은 아마도 몸에 가벼운 한기가 들어와서 그런 것 같습니다. 고열이 나도 꼭 목이 잠기는 건 아니거든요. 이제 근본 치료부터 해야 합니다. 먼저 몸에 들어온 한기부터 없애고 그런 다음에 다시 목을 부드럽게 풀어 말을 할 수 있도록 하는 약을 써야 할 것 같습니다."

나는 그가 지어준 한약을 먹었다. 과연 금방 효과가 있었다. 원 선생도 매일 와서 치료를 해주었다. 하루는 내가 원 선생에게 물었다.

"이제 목을 써도 될까요?"

그가 말했다.

"성대의 충혈이 점점 가라앉고 있으니 한번 사용해보십시오. 하지만 저음부터 조금씩 음을 올려야 합니다. 병을 앓고 난후, 성대가 회복 중에 있으니 갑자기 격렬한 진동을 가해서는 안 됩니다."

나는 의사의 말대로 목을 풀면서 조금씩 연습을 해서 순조롭게 회복하였고 2주 후에는 원래 상태를 되찾아 무대에서 노래를 부를 수 있게 되었다.

이 경험을 통해 나는 목에 이상이 생겼다고 느껴지면 반드시 의사의 지시를 잘 듣고 의사가 다시 노래를 불러도 좋다고 할 때까지 충분한 휴식을 취하며 쉬어야 한다는 교훈을 얻었다. 우리 동료들 중에는 타고난 좋은 목소리를 가진 적지 않은 사람들이 좌절을 한번 겪고 나서 다시 일어나지 못하는 경우들이 있다. 그 가운데 일부는 자기생활을 잘 점검하지 않고 자포자기해서 앞길을 망친 경우인데 지금은 사회제도가 달라져 이러한 현상은 많이 줄어들었다. 또 다른 일부는 공연을 너무 많이 해서 과로하거나 병을 앓은 후에 휴식을 제대로 취하지 못해 평생 공연을 하지 못하는 상황에까지 이르는 경우이다. 이 경우는 언급만 해도 너무 가슴 아프고 안타깝다. 이전에는 희관戲館 주인이 배우를 상품으로 여겼기 때문에 자신의 영업만 생각했지 배우가 죽든 살든 안중에도 없었다. 그러나 지금은 우리 자신이 나라의 주인이다. 무슨 문제가 있으면 언제든지 기관에 알려라. 반드시 실제 상황에 근거해서 처리가 될 것이라고 생각한다.

일상생활에서는 무엇을 주의해야 하는가?

노래를 불러 목이 뜨거워져 있는 상태에서는 바로 날것이나 차가운 것을 먹으면 안 된다. 그것을 먹는 순간 단번에 목이 쉴 수가 있다. 음식은 곡류, 고기류, 야채 등을 모두 골고루 먹어야 한다. 그러나 너무 느끼하거나 자극적인 음식은 적당히 먹고 자제해야 하며 담배와 술은 모두 유익한 것이 아니니 건드리지 않는 것이 가장 좋다. 이미 술, 담배를 하는 습관이 있으면 최대한 자제해서 양을 줄여야 한다. 나도 담배를 피는 습관이 있다. 많이 피지는 않지만 아무튼 좋지 않은 습관이니 나를 본받으면 안 된다. 내가 느끼기에는 귤 같은 비타민 C가 많은 과일이 목에 좋은 것 같다. 비타민 C 영양제를 자주 먹는 것도 괜찮다. 도움이 되면 됐지 나쁠 건 없고 가격도 비싸지 않으니.

무대에 오르기 전에 너무 배부르게 먹는 것이 좋지 않다는 것은 모두 알고 있는 사실이다. 하지만 융통성 있게 해야 한다. 예를 들어 내가 오늘 〈귀비취주〉를 노래하며 허리를 굽히는 신단이 많다면 적게 먹어야 하지만 노래 위주의 창공희를 공연한다면 격렬한 동작이 별로 없기 때문에 7할 정도로 배불리 먹는 것은 상관이 없다.

생활하는 집이 너무 따뜻해서도 안 된다. 난로나 스팀의 온도가 너무 높으면 목이 건조해진다. 추운 계절에는 밖에서 따뜻한 분장실에 들어갈 때 겉옷을 너무 빨리 벗으면 안 된다. 그렇게 했을 경우 몸이 쉽게 상한다. 분장실을 나갈 때도 목과 폐 부분을 따뜻하게 보호해야 한다. 앞에서 이미 언급했기 때문에 여기서는 다시 얘기하지 않겠다.

배우가 만약 충분한 수면을 취하지 못하면, 무대에서 본인이 가진 기량을 마음껏 다 발휘해서 노래할 수가 없다. 그러나 잠을 너무 많이 잤거나 일어나서 금방 무대에 오르는 것도 목소리를 탁하게 만든다. 이것들은 모두 각자 자기의 습관에 의해 안배하고 장악할 필요가 있다(유년, 장년, 노년의 세 시기는 수면이 필요한 정도가 다르다). 나같이 육십이 넘은 사람은 충분한 수면을 취해야 하며 낮잠은 더더욱 중요하다. 내가 젊었을 때는 지금과 습관이 달랐다.

배우의 성격 수양도 목소리 보호와 관계가 있다. 마음에 맞지 않는 일이 있을 때 크게 화를 내면 목에 열이 생겨 온몸의 기가 모두 위로 올라가게 된다. 이때는 아무리 기예가 뛰어나도 노래를 잘 부르지 못한다. 그래서 반드시 온 정신을 집중하고 마음이 분산되지 않도록 하는 습관을 길러야 하는 것이다. 분장실에 들어가는 순간 걱정 근심을 모두 한쪽에 밀어 놓고 공연이 끝난 후에나 다시 생각해야 한다. 이렇게 해야 목소리를 정상 상태로 보호하고 유지할 수 있을 뿐만 아니라 실수를 하지 않을 수 있다.

왜 해방 후에 내 목소리는 한 음조가 더 올라갔는가?

배우가 무대를 떠나 오랫동안 공연을 하지 않으면 목소리가 '돌아간다'. 여기서 '돌아간다' 함은 점차 퇴보한다는 뜻이다. 나는 항일전쟁 시기 8년 동안 공연을 쉬었다. 항전 승리 후 다시 무대에 섰을 때 음이 예전보다 낮아지고 목소리도 자유롭게 사용할 수 없어서 노래를 부르는 게 힘겨웠다. 그것은 내 무대생활에서 치명타였다. 하지만 7~8년간 단련을 계속한 결과 1954년에는 목소리가 갑자기 한 음조 높아져 자신감이 더 생겼다. 모두가 그것을 기적이라 생각했다. 나도 보기 드문 일이라고 생각했다. 도대체 어떤 힘이 나로 하여금 청춘을 회복하게 한 걸까? 그것은 아마도 해방 후 공농병工農兵과 가까워지면서 그들의 진지하고 소박한 품격과, 노동과 인민과 나라를 사랑하는 열정이 나를 고무시켰기 때문일 것이다. 또한 수많은 새로운 사람과 사건이 수시로 나를 자극하여 나와 새로운 관객이 무대 위, 아래에서 하나가 되었기 때문일 것이다. 그들은 내가 부르는 노래를 뜨겁게 사랑해주었고 나도 그들의 조국 건설을 위한 거대한 공헌에 감동하여 노래를 부를수록 힘이 났다. 거기다 새로운 사회에서의 내 생활은 더 이상

구사회 때처럼 그렇게 동요되거나 불안하지 않았으며 걱정이 많지 않았다. 이런 것들이 내 목소리가 한 음조 더 높아지는 데 중요한 역할을 했던 것 같다. 목소리를 보호하는 방법은 다시 반복하지 않고, 아래 몇 마디로 요약하기로 한다.

기분을 좋게 하고精神暢快
마음은 평온하게 유지한다心氣和平.
음식을 절제하고飮食有節
추위와 더위에 주의한다寒暖當心.
정해진 시간에 자고 일어나며起居以時
노동과 휴식을 적당히 안배한다勞逸均匀.
목소리 훈련과 목소리 보호는練嗓保嗓
항상 중요하게 여긴다都貴有恒.
소리는 낮은 데서 높은 곳으로 올라가면서由低升高
역량에 따라 낸다量力而行.
오음을 충분히 활용하여五音飽满
극정을 노래한다唱出劇情.

희곡을 배우고 극본을 수정하고 연기했던 경험 [3)]

이번에 각 지역에서 가진 좌담회에서 많은 배우들이 내게 희곡을 배우고 극본을 수정하고 연기했던 경험에 대해 이야기해달라고 요청했다.

사실, 내가 희곡 연기를 배운 과정은 다른 배우들과 다를 게 없다. 내 생각에 배우의 성취는 다음 세 가지에 달려 있다.

첫째, 유년기에 익히는 탄탄한 기예의 기초에 달려 있다. 동작 부분에서는 허리와 다리를 잘 단련해야 하고 노래와 대사는 발성과 발음을 잘 훈련해야 한다. 이런 기본적인 기술들은 모두 이쪽 일에 종사하는 사람들이니 자세하게 이야기하지 않아도 될 것이다.

둘째, 무대의 실전 경험에 달려 있다. 내 경험으로는 연기가 익숙해질수록 이해력이 더 강해진다. '익숙해지면 요령이 생긴다'는 말은 조금도 틀리지 않다. 그러나 주의해야 할 것은 연기가 너무 익숙해지면 종종 힘을 들이지 않고 기계적으로 부르게 될 수 있다는 점이다. 이렇게 되는 것은 결코 좋은 일이 아니다.

셋째, 선배들의 공연을 많이 보는 데 달려 있다. 어느 항당의 극이든 어떤 극종의 극이든 모두 다 봐야 한다. 하지만 극을 볼 때는 반드시 감별 능력을 갖추고 있어야 좋은지 나쁜지를 판단할 수 있다. 좋은 극을 보는 것은 물론 우리의 연기를 풍부하게 해주지만 나쁜 극을 봤다고 해서 실망할 필요가 없다. 그것도 우리에게 도움이 된다. 우리는 거기서 잘못된 길을 가는 것을 볼 수 있어 그와 같은 실수를 다시 범하지 않을 수 있기 때문이다. 이런 감별 능력도 단련을 거쳐야만 갖출 수 있다. 선배들의 좋은 연기를 많이

---

3) 본문은 「강서 호남 호북 순회공연 수기(贛湘鄂旅行演出手記)」에서 발췌한 것이다. 원래 1957년 제2집 『희극논총』에 실렸으며 『매란방 문집』에서 뽑았다.

보고, 동료와 이 분야에 종사하지는 않지만 안목이 있는 분들을 좋은 선생님으로 삼아 유익한 경험이나 정확한 의견을 많이 듣고 거기에 오랜 기간 스스로 연마하고 파고들어 연구하는 것이 더해지면 눈이 밝아지고 귀가 열리며 마음으로도 이해할 수 있게 된다. 그때가 되면 우리는 어느 것이 정수이고 어느 것이 찌꺼기인지 분명하게 구분할 수가 있다. 그렇게 되면 연기할 때 반드시 배역에 빠져들 수 있게 되므로 자연스럽게 여러 방면에서 창조를 이룰 수가 있게 되는 것이다. 나는 이런 길을 걸어 왔다.

20년 전 국제적인 명성을 누리던 오페라 베이스의 대왕 샬리아핀Feodor Chaliapin[4] 선생이 상해를 방문했다. 우리는 다과회를 열어 그를 환영했다. 다과회가 아직 끝나지 않았을 때 나는 그에게 저녁에 공연이 있으니 먼저 가야겠다고 양해를 구했다. 그는 내 말을 듣고 놀란 표정으로 말했다.

"네? 오늘 공연이 있는데도 이 다과회에 참석했단 말입니까?"

그 표정과 어투는 나를 나무라는 느낌이었다. 그는 또 내게 이렇게 말했다.

"나는 공연 전날 저녁에는 연회에 참가하지 않습니다. 말도 가능한 한 줄이구요. 그래야 노래할 때 활기가 넘칠 뿐 아니라 맑은 소리를 낼 수 있으니까요."

이 친구는 이미 세상을 떠난 지 여러 해 되었지만 그의 말은 내게 깊은 인상을 남겼다. 지금 우리는 위대한 신중국에서 생활하며 모두 인민을 위해 복무하겠다는 의지가 있고 고난을 극복하며 일을 끝까지 해나가는 정신이 있다. 이러한 정신은 좋은 것이지만, 더 중요한 것은 반드시 목을 잘 보호하는 것이다. 만약 본인의 부주의로 목이 상해서 인민을 위해 복무할 중요한 조건을 잃어버린다면 그것은 후회해도 돌이킬 수 없는 일일 뿐 아니라 대중을 안타깝게 만드는 일이기도 하다. 그래서 우리는 일을 지속하는

---

4) 샬리아핀(1873-1938)은 러시아의 남자 베이스 오페라 가수이다. 1921년 이후 자주 미국 메트로폴리탄 오페라 극장과 시카고 오페라 극장, 영국 코벤트 가든 왕실 오페라 극장에서 공연했다. 각 대륙에 순회공연을 다녔으며 상해에 온 적이 있다.

것 외에 반드시 휴식을 취하는 습관을 길러야 하는 것이다. 내 경험에 의하면 많이 자는 것이 가장 효과적인 휴식 방법이다. 특히 우리같이 나이가 많은 사람에게는 더욱더 지속적인 휴식이 필요하다.

요 십여 년간 나는 새로운 극을 창작하지 않았다. 단지 극을 정리하고 수정하는 작업을 했다. 여기서 간단히 그 경험들에 대해 소개하고자 한다.

우선, 문예계 종사자와 희곡 배우의 협력이 중요하다고 생각한다. 나는 오랫동안 같이 일을 해온 문예계 친구들이 몇 명 있다. 그들은 자주 관객으로 무대 앞쪽에서 내 공연을 듣는다. 그러다 무슨 문제가 발견되면 예를 들어 어떤 대사가 좋지 않은 의미를 담고 있다거나 줄거리와 긴밀하게 결합되지 않을 때, 음운이 잘 맞지 않을 때, 어떤 신단 표정의 목적이 불분명해 보인다거나 자세가 보기 좋지 않을 때 그들은 바로 내게 의견을 제시한다. 내 자신이 문제를 발견했을 때도 마찬가지로 그 해결법을 그들과 함께 연구한다. 어쨌든 우리는 서로에게 영감을 주는 방법을 사용했는데 오랫동안 효과가 있었다. 자주 공연되는 극들은 대사가 바뀌면 노래를 할 때 새 대사와 이전 대사가 뒤섞이지 않도록 각별히 주의해야 한다. 어떤 노랫가락들은 지금까지 관객들이 익숙하게 들어왔던 것들이다. 그중에서도 관객들이 좋다고 생각하는 가락을 함부로 바꾸면 그들이 쉽게 받아들이지 않기 때문에 그런 곳은 가사를 바꾸거나 가락을 바꾸어서는 안 된다. 그래서 이것도 간단한 일이 아니다. 신단과 표정을 개량하는 것은 대사를 변경하는 것보다 훨씬 더 어렵다. 이는 극중 인물의 사상, 감정과 결합되어야 하기 때문에 단번에 꼭 맞게 개량한다는 것은 불가능하다. 반복적으로 실천하는 과정에서 경험이 쌓여야만 비로소 더 좋은 경지에 도달할 수 있게 된다.

위에서 말한 것은 부분적인 수정을 말하는 것이다. 만약 극의 주제를 변경해야 하거나 인물 성격이 일관되지 않으면 대대적인 수정이 필요하다. 〈귀비취주〉, 〈생사한〉, 〈우주봉〉 같은 극은 지금까지 크고 작은 수정을 몇 번이나 거쳤는지 모른다. 대대적인 수정 작업 역시 문예계의 오랜 친구들과의 토론에서 시작된다. 토론 과정에서 종종 논쟁이 일어나기도 한다. 의견이 일치되면 붓을 들고 쓰면서 연구를 계속한다. 수정한 극본을 무대에 올려 공연할 때 또 관객의 의견을 듣는다. 관객이 잘 고쳤다고 생각하는 것은 남겨두고 잘못 고쳤다고 하는 것은 다시 좋은 방향으로 수정해야겠지만 반드시 스스로의 마음속에 분명한 기준을 가지고 정련된 것과 거친 것, 아름다움과 추함을 분명하게 변별해서 신중하게 수정해야 한다. 만약 여기서 한마디 듣고 저기서 한마디 들은 것을 자세한 분석과 고민을 거치지 않고 손을 대서 고치면 결과적으로 혼란만 조성될 뿐 별로 좋을 게 없다.

내가 극목을 정리하고 수정하는 방법은 두 부분으로 나눌 수 있다. 먼저 극본의 주제를 확정하고 그 다음은 내 연기를 그것과 결합하는 것이다. 나는 오랫동안 전해져 내려와 관객들에게 익숙한 옛날 극을 단번에 과감한 수정을 가하여 전혀 다른 모습으로 수정하는 것을 좋아하지 않는다. 관객들이 보고 수정된 극이 이전 극과 같지 않다고 느끼기 때문이다. 그렇게 수정하면 관객은 쉽게 받아들이지 않는다. 나는 점진적으로 수정하는 방법을 취한다. 여러 번의 수정이 누적되면 사실상 이미 예전 모습과 많이 달라졌음에도 관객들은 자기도 모르는 사이에 어느새 새로운 극에 익숙해진다. 내가 왜 이렇게 하는가 하면 한 출의 극을 잘 수정해서 연기하는 것은 쉬운 일이 아니기 때문이다. 내 경험으로 보면 한동안 수정을 했는데 다시 보면 또 문제가 발견되는 경우가 많다. 심지어 원래대로 다시 고치기도 한다. 한마디로 말해, 이 일은 섬세하면서도 참을성 있게 서서히 깊이 들어가는 것이 필요한 작업이다.

〈귀비취주〉는 무용 성격이 강한 극이다. 선배 예술가들이 우리에게 우아하고 아름다운 연기를 많이 남겨주었지만 그중에는 외설적인 부분도 있다. 예를 들어 '광가誑駕' 이후의 양귀비가 두 명의 내시와 희롱하는 장면에는 다소 성적 암시를 내포하는 동작과 표정이 있다. 나는 수정할 때 먼저 주제를 바꾸었다. 내가 지금 연기하는 것은 양귀비를 통해 고대 궁정 귀부인의 우울하고 답답한 심정을 표현하는 것이다. 주제가 변하면 전체적인 연기 성격도 그에 따라 변하기 때문에 극중 인물의 신분도 이전과 달라진다. 뒤에 나오는 창사, 예를 들어 "안록산 그대는 어디 있나요?……" 네 마디와 "색色이 사람을 홀리지 않는데, 사람이 스스로 색에 빠지는구나." 등이 함축하고 있는 의미가 좋지 않아 나는 그것들을 모두 바꾸어버렸다. 신단 부분에 대해서도 다시 정리하고 수정했다. '와어'를 예로 들면 처음에 나는 스승이 가르쳐주는 대로 따라만 했을 뿐, 그 동작의 목적이 어디에 있는지 알지 못했다. 후에 나는 우선 그 동작의 목적을 꽃향기를 맡기 위한 것으로 확정했다. 나는 꽃향기를 맡는 자세를 여러 번 수정했다. 처음에는 한 손으로 받쳐 들고 향기를 맡아보았고 두 손으로 들고도 맡아보았으며 손을 노출하지 않는 것에서 노출하는 것을 더해보기도 하고 꽃을 받쳐 드는 동작에 또 가지를 꺾는 손짓을 더해보기도 했다. 어쨌든 그 두 개의 와어를 비교하면 작은 동작에서 차이가 있다.

〈생사한〉에서 이전에 완전하게 해결하지 못했던 문제는 한옥낭과 정붕거 두 인물의 성격이 통일되지 않았던 것이었다. 맨 처음 연출본에서는 정붕거가 자신의 처 한옥낭이 조국으로 도망가도록 자신에게 권했던 일을 세 번 고발한다. 그래서 나중에 양양襄陽 태수가 된 정붕거가 집안사람 조심趙尋을 보내 한옥낭을 자기의 거처로 데려오려 했지만 한옥낭에게 거절당한다. 이런 극작법은 정붕거의 성격을 크게 해칠 뿐 아니라 한옥낭의 남편에 대한 뜨거운 사랑과 그녀가 오랫동안 남편을 위해 고통을 견디며 절개를 굳건하게 지킨 정신에도 영향을 준다. 우리는 처음에 세 번의 고발을 두 번으로 수정하고, 그 다음에 또 한 번으로 줄여 부부 사이의 오해를 어렵지 않게 해소할 수 있었다. 이렇게 한동안 연기를 하다 보니 정붕거의 성격은 완전해졌지만 후반부의 한옥낭이 헤어진 남편과 다시 합칠 날을 고대하는 사상 감정은 잘 표현되지 않았다는 생각이 들었다. 예를 들어 떠돌이 생활을 하던 그녀가 이씨 아주머니 집에서 어느 깊은 밤에 불렀던 창사에 이런 내용이 있다. "나도 일찍이 낭군에게 멀리 도망가라고 권했건만 하루아침에 마음이 변해 나를 객지로 떠돌게 할 줄 누가 알았겠는가?" 창사 사이의 대사는 이러하다. "나 한옥낭은 정랑에게 고국으로 도망치라고 애써 권했는데 그가 변덕을 부려 나를 이런 처지로 내몰 줄 누가 상상이나 했겠는가……." 이 창사와 대사들은 한옥낭이 남편에게 얼마나 강렬한 원한이 있는지를 보여준다. 꿈에서 만나는 장면에서도 그녀의 동작과 표정은 전부 남편에 대한 불만을 표시하고 여기에 뒷부분에 조심이 맞으러 온 것을 거절하는 장면이 더해져 한옥낭의 성격이 앞뒤로 모순되는 게 드러난다. 근래에 우리는 이러한 문제들을 겨냥해서 다시 한번 크게 수정했다. 지금 내 아들 보구가 자주 공연하는 〈생사한〉은 바로 그 수정본이다.

이상은 자유롭게 몇 가지 예를 든 것뿐이고 창사, 대사, 신단, 표정에 대해서도 개별적으로 수정한 곳이 많지만 여기서 자세한 설명은 하지 않겠다.

〈목계영이 장수의 인장을 손에 넣다〉의 무대연습을 어떻게 했나?[5)]

1959년은 신중국이 건립된 지 10주년이 되는 해이다. 이 위대한 국경일을 맞이하기 위해 전국 희곡계는 뜨거운 경축의 분위기로 고조되었다. 각지의 여러 극종의 극단들이 역사극, 현대극을 포함한 뛰어난 프로그램들을 준비하여 연달아 북경에 와서 시험 공연을 했다. 나는 이미 많은 좋은 작품들을 모두 관람했다. 그 안에는 성숙한 예술가가 연기한 작품들도 있었고, 또 희곡 학교의 초등학생이 연기한 작품도 있었다. 전체적으로 보면, 배우마다 열의를 다해 열심히 연기를 했고 국경절에 한껏 실력을 과시할 준비를 하여 기쁨으로 들뜬 관객들의 요구를 만족시키고자 애썼다. 다양한 형식의 공연들이 한자리에 모여 빛을 발하는 이런 분위기에서 나도 예외 없이 국경일을 경축하는 선물을 바치기 위해 노력을 해야 했다. 그래서 서남 지역으로 가서 순회공연을 하려던 원래 계획을 포기하고 북경에서 두 달 동안 〈목계영이 장수의 인장을 손에 넣다〉 극을 준비했다.

새로운 극新戲의 무대연습은 본래 내가 젊은 시절에 자주 했던 일이다. 내 기억에 일이 가장 바빴던 때는 1915년 4월부터 1916년 9월까지였다. 이 18개월 동안 나는 연기해본 적이 없는 11출의 극을 무대에서 공연했다. 여기에는 시장신희 〈일루마〉 등 4출, 내가 처음으로 만든 고장신희 〈항아분월〉 등 3출, 곤곡의 전통 레퍼토리 〈사범〉 등 4출이 포함된다. 40년이 지난 일이지만 여전히 추억할 만하다. 항전 시기인 8년 동안 나는 무대에 오르지 못했다. 항전 승리 후 다시 무대에 오른 때부터 1959년까지 대부분

5) 본문의 원래 제목은 「애국적인 여성 영웅을 재창조하다-목계영」(再度塑造一位愛國女英雄-木桂英)이며 『매란방 문집』에서 뽑은 것이다.

의 시간을 주로 각 지역의 지방 공연과 극목 정리를 하는 데 안배했다. 특히 해방 후에는 각 성과 도시로 순회공연을 다녔다. 지금까지 모두 17개 성에서 공연을 했다. 일이 많고 바쁘니 새로운 극을 준비할 시간이 더더욱 없었다. 이 〈목계영이 장수의 인장을 손에 넣다〉는 해방 후 내가 만든 첫 번째 신희이다.

북송 시기 양업楊業이라는 변방의 명장이 있었다. 희곡에서는 그를 양계업楊繼業이라고 부른다. 그는 양 노영공老令公으로도 모두에게 익숙하다. 그가 변방 수비에서 풍성하고 위대한 업적을 세웠기 때문에 사람들이 그를 끊임없이 추억해왔다. 그래서 민간에는 양가장楊家將에 관한 많은 감동적인 이야기들이 전해진다. 목계영은 양계업의 손자며느리다. 그녀는 젊었을 때 천문진天門陣을 크게 격파하여 일찍이 송 왕조를 위해 적지 않은 원훈을 세웠다. 양가의 장군들은 전쟁 중에 거의 모든 가족이 나라를 위해 희생했는데도 조정의 신임을 얻지 못했다. 목계영도 나중에 사태군佘太君을 따라 조정에 사직을 하고 고향으로 돌아가 은거 생활을 했다. 이 극의 이야기는 그녀가 귀향한 지 20년이 지난 후에 일어난 사건이다. 서하西夏가 북송을 침범해 변경이 위급해지자 송 왕이 연병장에서 무예 겨루기를 하여 통솔력을 갖춘 인재를 친히 선발한다는 왕명을 내렸다. 목계영의 딸 양금화楊金花와 아들 양문광楊文廣이 무예 겨루기에 참가하였다. 양문광이 현장에서 간신 왕강王强의 아들 왕륜王倫을 죽이고 원수의 인장을 얻지만 송 왕이 그들 오누이의 나이가 어려 목계영이 장수의 인장을 받도록 명한다. 오누이가 인장을 받들고 집에 돌아왔고 목계영은 장수의 인장을 보고는 예전의 감정이 되살아나 출전을 거부한다. 하지만 사태군의 충고와 격려로 그녀는 조국을 지키기 위해 사적인 원한을 버리고 병사들 앞에서 맹세를 하고 전선을 향해 떠난다.

목계영이란 각색은 내게 낯설지 않은 인물이다. 40년 전에 나는 그녀의 젊은 시절 연애 이야기를 다룬 극, 〈목가채〉와 〈창도목천왕〉을 연기한 적이 있다. 이는 그녀의 사랑 이야기를 쓴 극이긴 하지만 그녀의 총명하고 천진하며 용감한 성격과 풍부한 애국사상을 표현하고 있어 나는 이 인물을 매우 좋아했다. 거기다 이 두 개의 극을 끊임없이 연기하다 보니 그녀와 깊고 두터운 감정을 맺게 되었다.

이 각색은 경극에서 도마단의 항당이 연기한다. 우리가 말하는 단항旦行이라는 것은 총체적인 명칭이고 그 안에서 또 여러 부류로 나뉜다. 내가 유년시절에 배운 전공은 청의였고 나중에는 규문단, 화단, 도마단도 겸해서 연기했다. 만약 문희와 무희로 나눈다면 앞의 세 부류는 순수한 문희에 속하고 나머지 한 부류인 도마단은 무희에 가깝다. 이상 네 부류의 각색은 각기 그 자신의 연기법이 있지만 규문단은 비교적 청의에 가깝고 화단은 비교적 도마단과 가깝다고 할 수 있다. 내가 도마단을 배운 첫 번째 극이 바로 〈목가채〉였다.

내가 목계영의 인물 성격에 익숙하기 때문에 이번 극의 무대연습이 전혀 힘들지 않을 거라고 생각하겠지만 사실은 그렇게 간단하지가 않다. 과거에 나는 도마단의 자태로만 그녀의 젊은 형상을 묘사했었다. 그런데 이번 극에서의 목계영은 우환을 충분히 겪고 물러나 한가로이 지내는 가정주부에서 갑자기 삼군을 통솔하는 대원수가 되는 인물이다. 그녀는 생각이 소극적인 주부에서 행동이 적극적이어야 하는 장수로 옮겨간다. 그녀의 반백의 나이와 우울한 심정으로 말하자면 지휘권을 잡기 전에 먼저 청의의 자태로 등장하는 것이 마땅하다. 이렇듯 분장이 완전히 다른 항당의 각색을 연기하는 것은 나도 처음 시도해보는 것이었다.

〈목계영이 장수의 인장을 손에 넣다〉는 전체 극이 총 여덟 대목으로 되어 있다. 나는 그 가운데서 목계영과 관련된 세 대목에 대해서만 이야기하려고 한다.

첫 번째 대목(극 전체에서는 두 번째 대목) '고향에서 살다鄕居'는 양가에서 서하가 국경을 침범했다는 소식을 듣고 사태군은 양금화와 양문광에게 수도로 가라고 명한다. 비록 사태군은 이미 오랫동안 조정에 관심을 끊고 살았지만 나랏일이 걱정되어 그들을 시켜 조정이 적에 대항하여 어떤 조치를 취하는지 정탐하려 한 것이다. 목계영은 조정에 간신이 있고 수도인 변경은 분쟁의 소굴이라는 점을 우려하여 아직 어린 철부지 두 아이를 변경으로 보내는 것을 반대한다. 여기서 네 마디의 서피원판을 써서 그녀의 의견을 말한다. 그러나 그 뒤에 두 자녀가 반복해서 간청하고 양종보도 곁에서 설득하여 더 이상 반대하지 않고 그들을 보내기로 결정한다. 이 부분에서 목계영은 대두大頭* 머리를 하고 푸른 배자를 입은 정통의 청의로 분장한다. 그녀의 연기 분량은 비록 많지 않지만 무대에 오르자마자 20년 동안 그녀의 가슴에 가득했던 언짢은 감정을 얼굴에 드러내 관객이 먼저 그녀의 답답한 기분을 느끼게 해야 한다. 이렇게 하면 이 대목에서 그녀가 아이들을 변경에 보내는 것을 찬성하지 않는 이유에 대해서뿐 아니라, 뒤에서 장수의 인장을 받고 싶어 하지 않은 근본 원인에 대해서도 이해할 수 있다.

* 대두: 경극에서 청의가 주로 하는 머리형으로 묶은 머리를 길게 늘어뜨린 머리 형태

두 번째 대목(극 전체의 다섯 번째 대목) '인장을 받다接印'는 극 전체로 볼 때 매우 중요한 무대이다. 여기에는 노래가 많고 동작과 표정도 많으며 사상의 전환도 많기 때문에 내용 전개에 따라 점진적으로 깊어지는 목계영의 내적 심리 활동을 몇 단계로 나누어 자세히 소개하고자 한다.

그녀가 무대에 막 등장해서 부르는 네 마디 서피만판은 자신의 아이들이 밖에서 간신의 음해를 당할까봐 너무 걱정되어 하루 빨리 그들이 돌아오길 간절히 바라는 내용이다. 이는 '걱정'의 단계이다. 계속해서 아이들이 돌아와 변경의 연병장에서 무예를 겨루고 칼로 왕륜을 벤 일과 송 왕이 목계영에게 장수의 인장을 받도록 명한 일들을 그녀에게 서술한다. 그녀는 인장을 보자 가슴 아픈 옛일이 떠올라, 밖에서 사고를 일으키고 인장까지 안고 집으로 돌아왔다고 양문광을 호되게 꾸짖고 흥분한 나머지 아들을 결박하여 끌고 입궐해서 인장을 반환한다. 이는 '분개'의 단계이다. 그 다음에 사태군이 등장해서 그녀에게 왜 장수의 인장을 받는 것을 거부하는지를 묻는다. 그녀는 이육二六을 길게 부르며 송 왕조는 평소에 참언만 듣고 양가의 장군들이 대대로 이룬 공훈을 무시해왔고, 변방이 위급해지자 옛 사람을 쓸 생각을 하는 것에 실제로 그녀가 실망했다는 것과 조정은 양가를

찾지 말고 다른 능력 있는 사람을 쓰는 것이 좋겠다는 내용을 말한다. 이는 '원망'의 단계이다. 나중에 사태군의 충고와 격려를 받아들여 장수의 인장을 받기로 하자 사태군이 기뻐하며 퇴장한다. 그녀가 군장으로 갈아입을 준비를 하고 있을 때 귓가에 군대의 북소리가 들리자 예전에 용감하게 적을 물리치던 때의 정신이 되살아난다. 여기에서 쾌판 한 단락을 불러 벅찬 심정을 묘사한다. 이는 '분발'의 단계이다.

이 극의 주제는 목계영이 장수의 인장을 받는 것을 거부하는 장면으로 송 왕조의 인색함과 덕 없음을 반영하고, 그녀가 출정을 원하는 것으로 그녀의 애국정신을 표현하는 것이었다. 극본의 이런 안배는 완벽할 정도로 적절하지만 목계영이 출정을 거부하다가 마음을 바꾼 후 곧바로 북소리를 듣고 고무되는 부분은 너무 급하게 이어졌다. 각색의 감정이 아직 성숙되지 않은 상황에서 이렇게 만들어낸 무대 분위기는 포만감을 주지 못한다. 동시에 이 여성 영웅은 결국 20년 넘게 전투를 한 적이 없었는데 갑자기 그녀의 어깨에 이처럼 무거운 짐이 지워졌을 때 틀림없이 생각이 많았을 테니 여기에 내용 한 단락을 덧붙일 필요가 있다는 생각이 들었다. 우선, 사태군을 보내고 무대에 목계영이 혼자 남았을 때, 출정을 결정한 후 책임의 무거움을 느끼고 어떻게 싸울 것인지 사전에 고민하는 부분을 집어넣기로 했다. 그러나 이런 내면의 갈등은 짧게 마무리 되어야지 길어지면 뒷부분의 클라이막스에 영향을 주게 된다. 또 앞의 '원망'과 뒤의 '분발' 부분에 각각 긴 노래 부분이 있기 때문에 여기서 노래를 너무 많이 하는 것은 맞지 않고 긴 독백은 더더욱 배치할 수가 없다. 이것은 아직 초보적인 계획일 뿐이고 아직 어떻게 실현할지는 확실하게 생각이 정해지지 않았다.

어느 날 나는 하북방자河北梆子* 약진躍進극단의 젊은 배우가 〈목계영이 장수의 인장을 손에 넣다〉의 '접인'을 연기하는 것을 보았다. 그녀는 목계영의 생각이 바뀌는 과정에서 빠르고 큰 걸음으로 좌우를 왔다 갔다 하는 신단을 보여주었다. 나는 거기에서 영감을 얻어 곧바로 〈철롱산鐵籠山〉에서 강유姜維가 별을 관찰하며 생각할 때와 〈일전구一箭仇〉에서 사문공史文恭이 싸

* 하북방자: 하북성 지역 전통극의 하나

움을 끝내고 병영으로 돌아올 때 모두 머리를 숙이고 배를 문지르는 신단이 있었던 것을 떠올렸다. 왜 그것을 활용하지 않았지? 여기서 출발해 나는 대담하게 【구추반九鍾半】의 나고[징과 북] 장단을 취하고 무언극 식의 연기로 순수하게 춤에 의지하여 그녀가 무슨 생각을 하는지를 설명했다.

【구추반】의 타법은 징 소리가 때로는 강렬하고 때로는 침울하다. 그래서 보통은 무희武戲에서 장령들이 출전하기 전에 개인적으로 적의 동정을 살피거나 여러 가지 작전을 짤 때 사용한다. 징 소리를 강하게 했다 약하게 했다 하는 것은 생각의 기복을 표현하기 위한 것으로 문희에서 지금까지 사용된 적이 거의 없었다. 청의에서 차용한 것은 말할 것도 없이 이번이 처음이었다.

극본의 초고에는 여기에 여섯 마디의 가사가 있다. "이십 년 동안 갑주와 보검을 버려두어 먼지가 끼었건만 하루아침에 말에 안장을 얹고 다시 출정을 하는구나. 송 왕을 위해서는 내가 장수의 인장을 돌려줘야 마땅하지만 연로하신 자당의 간곡한 타이름은 어찌 하나. 온 가족이 변방의 소식을 듣고 앞다투어 싸움터로 나가는데 나 목계영이라고 어찌 나라와 백성에 대한 충심이 없겠는가." 내가 위에서 이 부분에 노래가 너무 많은 것이 맞지 않다고 하지 않았는가? 그래서 나는 그것을 이렇게 네 마디로 줄였다. "이십 년 동안 갑주를 버려두고 전쟁에 임하지 않았네. 이제 나라를 지키기 위해 다시 출정하려 하네. 온 가족이 변방의 소식을 듣고 웅대한 포부를 품는데 나 목계영이라고 어찌 나라에 대한 충심이 없겠는가?"

신단을 배치할 때 또 창사와 연기에 모순이 있음을 발견했다. 내 목적은 이 무언극 식의 연기 부분을 세 번째 마디 뒤에 놓는 것이었다. 그래야 네 번째 마디를 이용해 이 고민의 과정을 마무리 지을 수가 있다. 만약 네 번째 마디를 다 부른 다음에 곧바로 북소리가 들리면 순서가 서로 엉키고 분명하지 않아 문제가 생기게 된다. 그리고 이 두 개의 전환 순서로 전자는 【구추반】을 쓰고 후자는 【급급풍急急風】을 쓰는데 둘 다 리듬이 강해서 그것들을 반드시 떼어 놓아야 맞는다.

내 원래의 의도는 '분발'의 분위기를 강조하는 것이었다. 그런데 그와 같은 쓸데없는 중복은 아무런 효과도 없을 뿐 아니라 목계영이 생각을 정리하여 고민을 마무리 지을 기회도 만들지 못하게 된다. 공교롭게도 세 번째 마디의 창사는 "온 가족이 변방의 소식을 듣고 웅대한 포부를 품는데"인데 이 구절 다음에 곧바로 이런저런 고민을 하는 동작이 이어지면 이 극은 망가지게 된다. 그녀의 이런저런 생각이 조국을 지키기 위해 정신을 차려야 하느냐 아니냐의 문제가 되어버리니 어찌 이 애국사상을 가진 여성영웅의 이미지를 훼손시키는 것이 아니겠는가? 그래서 나는 하는 수 없이 원래의 가사를 다시 다음과 같이 바꾸었다. "온 가족이 변방의 소식을 듣고서 웅대한 포부를 품고 나 목계영은 나라를 지키기 위해 다시 출정한다. 이십 년 동안 갑옷을 버려두고 전쟁에 임하지 않았지만 나라고 나라와 백성에 대한 충심이 없겠는가." 앞의 두 마디는 그녀가 출정을 결정했다는 태도를 표명하는 것이다. 세 번째 마디 "이십 년 동안 갑옷을 버려두고 전쟁에 임하지 않았지만"을 다 부르고 난 뒤 무언극이 시작된다. 나는 긴 덧소매를 휘두르며 청의가 거의 쓰지 않는 넓은 보폭의 무대 걸음을 내딛는다. 무대에 오르는 문이 있는 쪽 무대에서 비스듬히 무대 왼쪽 퇴장 문 입구까지 빠르고 큰 걸음으로 가서 먼저 창을 쥐고 적을 죽이는 자세를 취한 다음, 다시 양손을 눈썹 가에다 놓고 그 두 손을 이용해서 자기의 얼굴을 거울로 비춰보는 모습을 취해 나이가 이미 많아 예전만 못하다는 것을 암시한다. 다시 무대의 퇴장 문이 있는 쪽 무대에서 비스듬히 무대에 오르는 문이 있는 입구까지 빠르고 큰 걸음으로 가서 좌우를 각각 손가락으로 가리켜 유능한 장군들이 흩어져 믿을 만한 수하가 없는 것을 암시한다. 이는 악대에서 연주하는 음악의 강렬한 리듬과 호응하여 나라의 안위가 걱정되는 시기의 격앙된 그녀의 심정을 부각시킨다. 사실 그녀가 고민했던 두 가지 문제는 근본적으로 모두 결론을 얻지 못했다. 그래서 나는 무대 가운데로 옮겨와 "아이哎"자를 힘주어 읊어 나고 소리를 끌어내면서 마지막 네 번째 마디 "나라고 나라와 백성에 대한 충심이 없겠는가"를 노래하며 당시의 염려를 돌린다. 이 노래는 자신에게 '쓸데없는 걱정을 할 필요는 없어. 나라와 백성을 지키고자 하는 충성에 의지하여 적을 멸하면 되는 거지'라고 말하는 것이다. 이것이 내가 '원망' 과 '분발' 사이에 삽입한 '고민'의 단계이다. 이 한 번의 전환이 더해져서 관객으로 하여금 먼저 전쟁의 분위기를 맛보게 하고 뒤에 나오는 클라이막스를 위해 유리한 조건을 만들어 놓은 것이다.

문장의 흐름으로 보면, 지금의 세 번째와 네 번째 두 마디가 잘 맞물리지 않는 것처럼 보인다. 이는 내 무언극이 적지 않은 무성 언어를 포함하고 있기 때문이다. "아이" 하나로 앞의 내용을 마무리 짓고 다음에 다른 것을 시작할 수 있다.

그 다음 나는 관객을 뒤로 하고 뒷짐을 지고 고개를 돌린 채로 고각이 일제히 울리는 소리를 듣는다. 먼저 두 발짝 뒤로 물러난 다음 무대에 오르는 문 입구까지 빠르고 큰 걸음으로 가서 양팔의 옷소매를 일제히 뒤로 젖히고 몸을 돌린다. 얼굴은 갑자기 고무된 표정으로 바뀌어 마치 당시 천문진天門陣을 뚫고 백전백승을 거두던 시절로 돌아간 듯 자신감에 차 있다. 무대를 반 바퀴 돌아서 무대 퇴장 문 입구 쪽으로 가서 몸을 돌려 소매를 보이면서 관객을 뒤로 하고 무대 안쪽을 향해 양상의 자세를 취한다. 이때 악대 쪽에서 전마 우는 효과음을 더해 더 결연한 분위기를 살린다. 몸을 돌려 계속해서 쾌판을 부른 후 큰 걸음으로 문으로 들어가 득의양양하게 장수의 인장을 받쳐 들고 "내가 원수의 인장을 맡지 않으면 누가 맡을꼬, 내가 병사를 이끌지 않으면 누가 이끌꼬"라고 노래한다. 마지막 두 마디 "아랫사람에게 빨리 군장을 준비하라고 일러라, 인장을 품고 연병장에 가서 삼군을 지휘할 것이다"의 마지막 글자의 음을 길게 끌면서 무대를 한 바퀴 돌고 다시 무대 중앙으로 돌아와서 무대에 오르는 문 쪽 무대를 향해 한 발자국 내딛고 나서 양상을 취한 뒤 위풍당당하게 몸을 돌려 인장을 받들고 연병장으로 들어간다.

목계영이 첫 번째 대목에서는 배자를 입고 세 번째 대목에서 갑옷을 입는 것은 기존의 규칙을 따르면 된다. 유독 두 번째 대목 후반부의 처리가 가장 어렵다. 청의의 복장을 그대로 입고 있으면서 어떻게 해야 그녀의 용맹스러운 기개를 드러나게 할까? 이 두 종류의 항당과 연기 방법은 근본적으로 모순되니 확실히 어려운 문제가 아닐 수 없었다. 나는 무언극에서 시작하여 인장을 들고 연병장으로 들어갈 때까지의 모든 동작이 청의보다는 좀 크고 도마단보다는 다소 점잖고 우아해야 한다고 생각했기 때문에 이런 방법으로 두 항당을 하나로 융화시키면서도 관객이 보기에 부조화하다고 느껴지지 않게 해야 했다. 이는 모색하는 과정에서 대담하게 시도를 해보는 것이므로 이렇게 해보고 만족스럽지 않으면 다시 수정해야 한다.

내가 자주 공연하는 〈우주봉〉에서 미친 척하는 조녀趙女가 "하늘을 날거야", "땅속에 숨을 거야"라는 대사를 할 때에도 빠르고 큰 걸음으로 좌우로 왔다 갔다 하는 신단이 있다. 표현된 미친 모습은 그저 일반적인 청의의 걸음보다는 약간 빠르고 동작을 좀 크게 하는 것뿐이다. 목계영은 무장이니 빠르고 큰 걸음으로 가는 두 번의 동작에서 그녀의 전투 정신이 드러나야 하기 때문에 나는 발바닥을 땅에 대고 밀듯이 걷는 걸음을 더했고 걸음은 조녀보다 더 빠르고 동작도 더 크게 했다. 표면적으로 보면 이 두 각색 모두 청의의 연기를 과장한 것이지만 사실상 깊이의 정도 차가 있다. 어떻게 해야 꼭 맞게 표현할 수 있을까? 그것은 완전히 무대실천에 달려 있다. 숙달된 경지가 되면 자연스럽게 그것을 장악하게 된다.

나는 이전에 손국산 노선생이 연기한 〈완사기〉를 본 적이 있다. 이 극에서 오자서는 머리에 높고 네모난 두건을 쓰고 남색 습자를 입은 노생의 분장을 했다. 노생 항당이 이 역을 맡아 일반 배우들은 모두 노생의 연기 기예에 따라 연기를 하기 때문에 오자서는 미형이나 진궁과 별반 다르지 않다. 그런데 손국산 선생이 묘사한 오자서의 형상은 이와 달랐다. 그는 무대에 등장하자마자 채찍을 높이 들어 올리고 몸의 자태와 걸음걸이 모두 노생의 동작보다 크게 했다. 거기에 그의 높고 우렁찬 목소리와 용맹하고 격분한 표정이 더해지니 위엄이 넘쳐 한눈에 그가 임동에서 국보를 다투었던 그 영웅 인물임을 알 수 있었다. 이 인물의 형상화 방법은 내가 이번에 두 번째 대목에서 목계영을 처리할 때 본보기가 되었다. 나와 손국산 선생의 다른 점은 그는 단지 동작을 크게 하고 문희의 나고 장단은 바꾸지 않았지만 나는 이번에 무희의 나고 장단을 차용하여 전쟁터에 나가 교전하는 자세를 더 구체적으로 표현하였다. 바꾸어 말하면, 문희의 분장을 하고 무희의 장단을 결합하였으니 손국산 선생보다 훨씬 더 힘이 많이 들었다.

내 오랜 동료 이춘림이 내게 말했다.

"이번 극의 목계영은 청의이기도 하고 도마단이기도 하니 이런 인물 표현은 경극에서 지금까지 한 번도 본 적이 없네. 신단을 짤 때 제발 '납산방'을 주의하게."

그는 내가 짠 신단과 복장이 어울리지 않을까봐 걱정한 것이었는데 무척 예리한 지적이었다. 이춘림 선생은 나보다 나이가 두 살 많다. 그는 과거에 양소루, 여숙암 선생 등과 같은 훌륭한 배우들과 함께 공연을 했었기 때문에 본 것도 많고 아는 것도 많으며 무대 경험도 풍부해서 오랫동안 내 파장을 맡아 연기를 봐주었다. 그는 무대 뒤에서 늘 내게 어느 신단이 중복되는지 어느 부위가 정확하지 않은지 어느 연기가 분명하지 않았는지 어느 곳이 너무 지나쳤는지 어느 곳이 너무 부족한지 알려주었다. 삼십 년 동안 나는 그에게서 너무나 큰 도움을 받았다. 나는 선배들에게 가르침을 많이 청하라고 젊은이들에게 자주 말한다. 그분들께 단점을 냉정하게 지적해달라고 부탁드리고 가르칠 수 있는 것은 가르침을 받고 가르칠 수 없는 것은 그들의 연기 경험을 청해 듣는 것만으로도 대단히 도움이 된다. 나는 이런 길을 걸어왔다.

이 대목에서 맨 처음 극본은 목계영이 등장해서 시 두 구절을 다 읊으면 양문화와 양문광이 등장하는 것이었다. 나는 바로 앞의 대목에서 그들이 연병장에서 무예를 겨루며 떠들썩하게 싸움을 했으니 여기서는 무대 분위기를 가라앉혀야 한다고 생각했다. 또한 이 극에는 만판의 창공唱工이 없고 주곡主曲이 결핍되어 총체적으로 뭔가 완성되지 않은 느낌이 있었다. 그래서 나는 시 두 구절을 읊는 부분을 네 마디 서피만판으로 바꿔 불러 목계영의 아들을 기다리는 간절한 심정을 표현했다. 창사의 음운은 인진人辰 철을 써서 〈분하만〉에서 유영춘이 정산을 그리워하는 것처럼 표현했다. 그러나 유영춘은 자식을 기다리며 애태우는 단순한 어머니의 심정을 묘사한 것이지만 목계영은 두 가지의 염려를 포함한다. 하나는 조정이 적을 어떻게 대적할지에 대해 빨리 알고 싶은 조급함이고, 다른 하나는 간신이 아이들에게 해를 입히지 않을까 하는 두려움이다. 두 사람이 간절하게 바라는 것이 다르면 같은 방법으로 처리할 수 없는 것이다. 지금, 나는 이 네 마디를 부를 때 후자의 심정으로 연기한다.

세 번째 대목(전체의 마지막 대목) '출병하다發兵'는 목계영이 출전하기 전에 대오를 검열하고 아들에게 훈계를 하는 두 가지 내용을 썼다. 그녀가 무대막의 안쪽에서 서피도판을 다 부르면 여덟 명의 남자 병사, 여덟 명의 여자 병사, 네 명의 갑옷을 입은 장수와 한 명의 인장을 받든 관리가 먼저 【급급풍】 연주에 빠른 걸음으로 등장한다. 이 부분은 처음에 보통 쓰는 '문에 서 있는' 연기법을 쓰려고 했다. 그러다 나중에 내가 대오 가운데서 열 마디의 노래를 부르는데 시간이 상대적으로 길고 내 활동 범위가 제약되는 것을 고려해서 '비스듬히 일자'로 하고 세 줄로 나누어 퇴장 문 쪽 무대에 나란히 서는 것으로 바꾸었다. 그런 후에 망을 걸치고 그 위에 갑옷을 입고 장수의 투구를 쓴 목계영이 머리에 화령을 꽂고 손에는 영기令旗*와 보검을 들고 등에는 '목穆'자가 새겨진 깃발을 매달고 만장추에서 채찍을 높이 들어 올리면서 등장한 후 이어서 세 마디 서피원판을 불러 군용이 정연하게 정돈되었음을 표현한다.

노래가 끝난 후 대오는 다시 무대에 오르는 문 쪽 가장자리로 빠지면서 동시에 양종보, 양금화, 양문광이 전부 퇴장 문 쪽에서 등장하여 그쪽 가장자리에 선다. 목계영은 무대 중앙으로 가서 남편과 아이들이 온몸에 무장을 갖추고 위풍당당하게 기세 넘치는 모습으로 앞에 서 있는 것을 보고 자신이 젊었을 때의 모습을 떠올린다. 여기에서 노래 여섯 마디를 부른다. "부군이 당당한 기세로 병사들 앞에 서 있는 것을 보니 어린 시절 삼군 제

*
영기:
옛날 군령을 내릴 때 쓰던 작은 깃발

일이었던 용맹함이 전혀 줄지 않았구나. 딸 금화가 군장을 입은 굳센 모습은 당시의 목계영과 같구나. 어린 문광이가 씩씩하게 창을 들고 명을 기다리고 있지만, 이 아이는 제멋대로인데다 응석받이로다." 나는 두 번째 마디부터 세 마디를 【남방자南梆子】로 바꾸어 불렀다. 【남방자】의 가락은 은은하고 부드러워 아이들에 대한 친밀한 감정을 묘사하기 쉽고 목계영의 청춘을 추억하는 심정을 표현하기에 좋으며, 내[목계영으로 분장한 나] 그때[무대에서 젊었을 때의 모습을 떠올릴 때]의 흥분된 얼굴 표정과 결합하기에도 더 없이 좋다. 양문광에 대한 두 마디는 제멋대로인 그의 결점을 나무라는 것이므로 이 곡조를 더 이상 쓸 수가 없다. 그래서 다시 서피원판으로 돌아온다. 이 두 가락의 박자는 리듬과 속도가 비슷해서 돌아가 거꾸로 불러도 어색하지 않다.

각색이 극 안에서 가락을 바꾸고 곡조를 새롭게 하면 관객에게 신선한 느낌을 준다. 원칙 없이 만들거나 새롭게 다른 분위기를 만들려고 화려하게 꾸미지 않으면서 곡조와 가락에 담긴 감정을 장악한다면 좋은 것이다. 정연추 동지는 〈축영대〉의 '항혼抗婚'에서 소리 내어 울며 반주 없이 노래하는 새로운 창법을 처음으로 사용하였다. "아버지 너무 잔인하세요"라는 대사였는데 축영대의 말로 표현해내지 못하는 가슴 가득한 원망이 노랫가락에서 전해졌다. 이는 확실히 극의 줄거리와 아주 잘 맞는 좋은 가락이다. 봉건사회에서 딸은 감히 면전에서 부친을 비난할 수 없다. 그럼에도 불구하고 완고한 노인에게 너무 심하게 억압을 받은 나머지 더 이상 어떻게 할 수가 없어서 결국 약간의 고통의 소리를 드러낸 것을 형상적으로 묘사한 것이었다. 경극에서 각색이 반주 없이 노래하는 것은 흔히 진퇴양난의 상황일 때 사용한다. 그래서 감히 말할 수 없지만 또 말하지 않을 수도 없는 축영대의 난감한 심정을 표현하는 데 꼭 맞는다. 대단한 것은 연추가 단지 단순하게 새로운 가락만 만들어낸 것이 아니라 듣기도 좋고 감정도 충만하며 사용된 상황에는 더욱더 적합하면서도 전통 법칙에서도 벗어나지 않은 가락을 만들어낸 점이다. 근래 젊은 배우들이 이 좋은 가락을 자주 응용해서 사용한다. 만약 극중 인물이 축영대같이 환경의 속박을 받지 않고 자기의 슬픔이나 고통을 최대한 표현할 수 있는 상황이라면 그것을 사용해도 설득력이 강하지 않다는 것에 주의하기 바란다.

목계영이 연병장으로 들어가 인장에 절을 하고 장막 안에 앉으면 이어서 왕의 명을 받고 병사들을 독려하러온 구준寇准이 등장하여 양문광을 크게 칭찬한다. 칭찬을 들은 양가의 젊은 장수 양문광이 적을 무시하는 발언을 하자 목계영이 그것을 빌려 아들에게 엄한 경계를 주기 위해 참수에 처하라는 명령을 내린다. 양종보와 여러 장수들이 여러 차례 사정을 하지만 전부 거절당한다. 마지막 구준이 통사정을 하자 그것을 받아들이고서 그를 용서한다. 여러 장수들이 사정할 때는 전통적인 연기법에 따라 보통【난추亂錘】에서 양쪽의 화령를 꺼내 두 손으로 흔들며 양 옆의 장수와 병사들을 향해 본다. 나는 이번에 그것에 작은 변화를 주었다. 양 쪽의 화령을 꺼내 들고 관객을 향해 양상을 하고 나서 먼저 눈으로 몰래 구준을 바라본 후에 오른손을 흔들면서 오른쪽을 보고 얼굴을 돌려 다시 왼손을 흔들면서 왼쪽을 본다. 내 뜻은 목계영이 우선 구준이 자신의 의도를 아는지 그의 반응을 살피고자 한다는 말이다. 구준이 아무 일 없다는 듯이 옆자리에 앉자, 목계영은 이 노련한 구천관寇天官이 이미 자신의 생각을 꿰뚫고 있으니 틀림없이 아들 대신 용서를 빌러 올 거라는 것을 알고 손을 놓고 있어도 무방하다고 생각한다. 그래서 단호하게 장수들이 사정하는 것을 거절하고 아들을 더 호되게 다룬 것이다. 〈군영회〉에서 주유周瑜가 황개黃蓋를 칠 때에도 제갈량의 동작과 표정을 훔쳐본다. 그 당시 정계선 선생의 연기가 가장 생동감이 넘쳤다. 나는 그것을 가져다가 목계영을 표현하는 데 활용했다. 똑같이 다 훔쳐보는 것이지만 목적은 서로 완전히 다르다. 주유는 제갈량이 자신의 계책을 알아채는 것을 두려워하지만 목계영은 구준이 자신의 마음을 알아주기를 바란다.

다음은 서태군이 연병장으로 가서 병사들을 전송하며 후배들에게 몇 마디 격려를 하는 부분이다. 목계영은 서태군, 구준과 작별을 고하고 전군을 통솔해서 위풍당당하게 전지를 향해 출발한다. 극은 여기서 끝난다.

구준이 등장한 이후에 양문광의 교육을 둘러싼 이야기가 나오지만, 나는 이 방면의 내용이 부족하다고 느꼈다. 하지만 연병장에서 일어나는 일이 군령, 군사와 관계되지 않는 것이 없기에 다른 이야기를 삽입하는 것이 쉽지 않다. 그래서 우리는 아직 더 좋은 방법을 생각해내지 못했다. 모두가 보고 우리에게 아이디어를 주기 바란다.

결말에서 적군과 전장에서 만나야 하는가의 문제에 대해 우리는 여러 번 토론했다. 극 전체의 클라이막스가 이미 지나갔는데 장면을 더 늘리는 것은 단지 이야기를 설명하는 것일 뿐 다채로움을 늘릴 수는 없다고 생각하는 의견이 있었다. 더구나 양가장은 유명하므로 사람들이 그에 대한 깊은 신뢰를 품고 있어서 이번 출정에서 반드시 이길 거라고 믿고 있기 때문에 다시 장면을 더해 세세하게 설명할 필요가 없다는 것이었다. 내 의견도 이와 같다. 〈목계영이 장수의 인장을 손에 넣다〉는 이야기가 여기에서 끝나도 충분하기 때문이다.

이렇게 십여 차례 공연을 했는데 두 번째 대목의 효과가 비교적 좋았다. 관객들은 내가 이 대목의 극에서 인장을 받드는 몇 개의 자세들을 보고 조각미가 느껴진다고 했다. 이것은 내가 평소에 미술을 좋아하는 것과 어느 정도 관계가 있다. 재작년에 낙양으로 공연을 갔을 때 그곳의 명승지인 용문석각을 둘러보았다. 산 전체에 통계를 낼 수 없을 정도로 많은 장엄한 불상이 새겨져 있었다. 특히 산 위에 있는 봉선사奉先寺에 새겨진 몇 개의 대불 가운데 중앙에 위치한 것은 높이가 십여 장이나 되고 귀 하나의 길이가 사람보다 길었다. 조각의 섬세함이 수려하게 드러나 참으로 장관이라고 할 수 있었다. 나는 작년에 또 태원太原으로 공연을 가서 진사晋祠를 유람했다. 성모전의 양쪽에 수십 개의 궁녀상이 세워져 있는 것을 보았다. 고증에 의하면, 그것들은 송대 조각가의 손에서 나온 작품이라고 한다. 이 조각상들은 손에 기구를 들고 있는 것도 있고 웃음을 가득 머금고 있는 것도 있고 얼굴에 수심이 있는 표정을 짓고 있는 것도 있는데, 그 하나하나가 당시의 실생활에서의 아름답고 생생한 자태를 표현한 것이었다. 그 군상들은 어느 하나 똑같은 것이 없었다. 나는 그 곁에서 계속 배회했다. 좋은 것들이 너무 많은데 다 볼 수가 없어 떠나기가 너무 아쉬웠다.

이런 우수한 미술 작품들은 평소 배우들의 눈에 들고 가슴에 기억되어 있다가 예술 창조를 할 때 지대한 도움이 된다. 나는 어린 시절 나이든 예인 세 분이 함께 공연했던 신화극 〈청석산〉을 자주 관람했다. 이순정李顺亭 선생이 관우關羽를, 양소루 선생이 관평關平을, 전금복 선생이 주창周倉을 연기했다. 관우는 가운데에 단정히 앉아 있고 주창은 손에 청룡언월도를 쥐고 관평은 인장을 두 손으로 받든 채 그 양 옆에 공손히 시립해 있었다. 이 웅장하고 아름다운 화면은 오래된 묘당의 감실 안에 있던 정밀하고 아름다운 조각상들과 아주 흡사해서 나에게 깊은 인상을 주었다. 이번에 공교롭게 인장을 받쳐 드는 연기가 있어서 나는 자신도 모르게 앞에서 언급한 갖가지 인상을 활용했다. 그것들이 도대체 어느 조각상과 같은 것이냐고 물으면 나도 답변을 할 수가 없다. 근본적으로 어느 한 조각상을 모방할 생각이 없었기 때문이다. 우리는 어떤 종류의 예술이든 상관없이 모두 광범하게 영양을 흡수하여 자신을 풍부하게 해야 한다. 그러나 만약 남의 것을 기계적으로 모방하고 형식만 추구하며 예술 작품이 본래 지닌 독특한 멋을 이해하지 못하면, 겉으로 보기에는 같아 보일 수 있으나 그 안에 내재하는 정신이 유리되어 진정한 예술이라고 할 수 없다.

〈목계영이 장수의 인장을 손에 넣다〉는 예극의 오래된 극목이고 경극에서는 원래 없었다. 4년 전 나는 상해에서 예극으로 마금봉馬金鳳이 연기한 〈목계영이 장수의 인장을 손에 넣다〉를 처음 보고 강렬한 인상을 받았다. 목계영과 40년 동안 친구로 지내왔으면서도 그녀가 말년에 다시 원수의 인장을 손에 쥔 이야기가 있다는 사실을 몰랐었기 때문이다. 그녀의 그 노익장을 과시하는 정신이 나를 감동시켰고 그에 감정적으로 공감했기 때문에 올해 나는 이 예극의 명화名花를 경극에 이식하기로 결정했다.

중국에는 지금 300여 개의 지방 극종이 있으며 그 가운데서 발굴된 전통 극목은 5만여 개가 된다. 이 풍부하고 다채로운 유산이 각 극종에 보존되어 있어 지금까지 서로 이식할 수 있지만 각 극종의 풍격이 달라 이식할 때는 해당 극종의 본래 면모를 잊지 말아야 한다. 내가 연기한 〈목계영이 장수의 인장을 손에 넣다〉는 예극을 다소 바꾸었다. 두 극종의 풍격이 다르기 때문이었다. 예를 들어 '고향에서 살다' 대목에서 예극은 양종보, 양사향楊思鄕(종보의 동생), 목계영이 차례로 등장해서 각각 【만이팔慢二八】 한 단락을 부르는데, 목계영은 창사가 이십 마디로 노래를 가장 많이 한다. 한 사람씩 문으로 들어가 서태군을 만나 뵌 후에 조용히 옆에 앉을 뿐 한 마디 대사도 읊지 않는다. 이것은 예극의 전통적인 연기법이다. 노래를 많이 하는 것을 중시하며 노래로 대사를 대신하기도 한다. (이 세 각색의 맨 마지막 두 마디 창사에는 모두 서태군에게 안부를 묻고 문안을 여쭙는 내용이 있다) 경극은 이렇게 처리할 수가 없다. 우리의 극에서는 양종보가 무대에 올라 두 마디 노래를 부르고 나서 목계영이 무대에 올라 두 마디 대사를 읊고 문으로 들어가 서태군을 뵙는데 모두 대화를 나누는 대사가 있다. '출병하다'에서 예극의 목계영은 무대에 등장해서 몇십 마디의 노래를 부르고 무대 아래서는 매우 통쾌하게 들으면서 그것을 주요 무대라고 여긴다. 그러나 경극에다 놓으면 그것은 또 어울리지 않는다. 그래서 나는 열 마디만 부른다. 이는 내가 나이가 많아서 노래를 많이 하는 것이 두렵다는 것을 의미하는 것이 결코 아니다. 설사 목청이 좋은 젊은 배우가 연기를 해도 연이어 몇십 마디 노래를 하는 것은 불가능한 일이다. 이상의 간단한 두 가지 예로 볼 때 극종에 따라 연기 방법이 다르다는 것이 충분히 설명된다.

최근 희곡계에서 대사와 나고 장단은 경극 식으로 하기 좋아하지만 단 각색의 화장과 복장은 월극越劇*으로 하는 것을 좋아하는 경향이 있다. 다른 희곡 극종의 좋은 부분을 배우는 것은 아무도 반대하지 않는다. 그러나 만약 그 때문에 자기의 특징을 잃어버리고 원래의 풍격이 파괴된다면 고민해 볼 만한 가치가 있다.

지금 월극의 단 각색은 오래된 극을 제외하고는 대다수 고장두古裝頭의 머리 장식을 하고 고장古裝의 의상을 입는다. 나는 당시 신화극을 연기하기

*
월극:
청대 말엽 절강성 승(嵊)현 일대에서 형성. 노래 위주의 서정적인 지방희 극종. 주로 상해, 절강, 강소, 강서, 복건, 북경, 천진 지역에서 유행했음

위해 고장을 창조했다. 그 첫 번째 극이 〈항아분월〉이었다. 항아 형상은 우리가 옛날 그림에서 자료를 찾아 다듬고 편집해서 만든 것이다. 이러한 작업은 나중에 다른 신화 속의 선녀나 〈홍루몽〉 속의 인물을 만드는 작업으로까지 확대되었다. 이는 당초 무대를 위해 미화된 고대 여성의 유형을 더한 것에 불과하지만 이제는 그 응용 범위가 확대되었다. 물론 이렇게 하는 것도 좋다. 하지만 이렇게 발전해 나아가면서 각 극종이 전부 고장두 머리로 대두大頭 머리의 옛날 분장을 대체해 우수한 전통적인 것들을 잃게 된다면, 나는 감히 그것을 찬성할 수 없다. 무대예술은 다양화를 중시하지 않는가? 나는 이 두 가지가 병존할 수 있다고 생각한다. 특히 오래된 극종은 더욱더 주의를 해야 한다. 어떤 극은 전통적인 대두 머리로 분장해야 하고 어떤 극은 고장으로 분장해야 하는가? 가장 좋은 것은 인물의 성격에 근거하여 알맞게 안배하는 것이다. 원수의 인장을 손에 쥔 목계영처럼 나이가 이미 반백이 되었으면 고장으로 분장을 하는 것은 적합하지 않다. 이것은 하나의 예다.

최근에 무대연습을 한 〈목계영이 장수의 인장을 손에 넣다〉를 가지고 20년 전에 무대연습을 했던 신희의 상황을 비교해보면 일하는 방식이 확실히 크게 향상되었음을 알 수 있다. 예전에는 새로운 극이 하나 탄생하려면 제재를 찾고 요강을 만들고 총본을 쓰고 각 배역의 대본을 각각 베끼는 몇 단계의 과정을 거치고 난 후 각각의 배우는 먼저 자기의 대본을 달달 외워 다 같이 모여 이야기를 나누고 다시 몇 번 맞추고 나서 무대에 올려 관객과 만났다. 각색을 어떻게 창조하는가는 전적으로 배우 자신의 느낌에 달려 있었다. 그러나 그들은 전체 극본을 볼 수 없어 극의 전체 줄거리를 이해할 수 없었기 때문에 극을 깊이 이해하는 것이 쉽지 않았다. 이런 낡은 무대연습 방식은 개인의 사고의 성장만 있지 공동 연구와 총정리의 기능과 효과는 없었다. 지금은 연출 제도가 생겨 큰 작용을 하고 있다. 연출가가 극 전체의 내용을 이해하기 때문에 그는 먼저 각각의 배우에게 극중 인물의 성격을 분석해주는 일을 한다. 이 점은 배우에게 많은 도움이 된다. 내가 신희를 만들 때 연출가가 있었다. 연출가를 쓴 것은 그때가 처음이었다. 이 경험은 내게 다음의 사실을 알려주었다. 연출가는 극 전체의 연기를 설계하는데 있어 반드시 자기 주장이 있어야 하지만 주관이 너무 강한 것은 적합하지 않다. 가장 좋은 것은 전통을 중시하고 전통을 잘 아는 것을 기초로 해서 창작을 진행하는 것이다. 또한 배우가 자기 고유의 능력을 발휘할 수 있는 기회를 갖도록 해주고 문제가 발견되면 신속하게 해결하도록 도와 주는 것이다. 때로 배우가 연출가의 의도대로 하지 않았더라도 연기를 잘하면 연출가는 원래 있었던 계획을 포기해도 무방하다. 이렇게 하면 연출가와 배우는 서로 영감을 줄 수 있게 되는데, 단체의 역량은 개인의 지혜보다 훨씬 크다. 우리는 중국 경극원 연출가 정역추鄭亦秋의 협조를 받았다. 그는 전통 연기에 매우 익숙하고 또 배우가 자신의 고유 능력을 발휘할 수 있게 하는 연출가였다.

이 극본은 육정암陸靜岩, 원운袁韻 두 사람이 집필했다. 내용은 예극의 극본과 기본적으로 같다. 하지만 예극 극본은 다섯 대목, 즉 '고향에서 살다', '수도에 가다進京', '무예를 겨루다比武', '인장을 받다接印', '출정하다'로 되어 있는데 경극은 '고향에서 살다' 앞에 '긴급 사태를 알리다報警' 한 대목을 더 추가하여 구준이 입궁하여 변방의 위급 상황을 보고하고 송 왕과 구준, 왕강이 적을 물리칠 책략을 의논하고 무예를 겨루어 장수를 선발하기로 결정하는 등의 과정을 무대에서 연기로 설명했다.

또 '인장을 받다' 뒤에 '옛일을 말하다述舊' 한 대목을 넣어 아이들이 연병장으로 가기 전에 그 당시 목계영이 얼마나 늠름하게 적을 무찔렀고 군령 또한 얼마나 삼엄했는지를 양종보가 그들에게 이야기해주면서 그 다음에 나오는 양문광을 훈계하는 복선을 깔았다. 그 밖에 장수 무리들이 군영으로 집결하는 막간극 '원수의 지시를 듣다聽點'를 추가했다. 이렇게 해서 경극 극본은 총 여덟 대목으로 구성되었다. 개별적인 장면은 예극 극본에 비해 늘어난 곳도 있고 줄어든 곳도 있다. 예를 들어 '수도에 가다'에서 양금화와 양문광이 변경에 도착한 다음 부분에 작가가 내용을 일부 늘렸다.

양금화와 양문광이 양가가 왕년에 살았던 집인 천파부天波府를 찾아간다. 하지만 그곳은 이미 간신 왕강의 저택이 되어 있었다. 두 남매는 문 앞에서 배회하며 분개한다. 이 부분의 삽입은 송 왕조가 공신을 박대한 사실을 반영하고 양가의 젊은 두 장수에게 선조의 위업을 계승하겠다는 포부를 불러일으켜 사상성도 좋다.

또한 서란원이 가락을 안배했고 전한田漢이 가사를 수정해주었으며 문예계의 친구들이 귀한 의견을 많이 내주었다. 이상의 모든 것들은 모두 예술에 대한 그들의 뜨거운 사랑의 표현이다. 그들은 우리의 공연에 대해서도 크게 격려해주었는데 그것을 통해 군중의 힘이 얼마나 위대한지 우리로 하여금 분명하게 인식할 수 있게 해주었다.

1959년 9월

부록

매란방과의 대담[1]

가령柯靈

조국이 일본과 맞서 항전을 펼치던 8년 동안 매란방 선생은 문을 걸어 닫고 면회를 사절한 채 8년을 침묵했다.

"이제는 우리가 속 시원하게 이야기할 수 있겠네요."

일본이 무조건 항복을 선포하고 나서 얼마 후 내가 매란방 선생을 방문한 날은 홀가분하고 상쾌한 기분이 드는 아주 좋은 날이었다. 매란방 선생은 내 말을 듣고 웃었다. 겸손하면서도 여유로운 모습에서 그가 진심으로 즐거워하고 있다는 것을 알 수 있었다.

"이제 됐어요. 우리가 승리했습니다." 그가 말했다. "8년을 참았습니다. 생각해보세요, 8년이 얼마나 긴 시간입니까? 이 전쟁이 정말로 사람들을 모두 늙게 했어요. 제가 금년에 벌써 쉰두 살입니다!"

그가 하는 말은 감동적이었고 목소리는 정감이 넘쳤다. 그는 말하면서 무심코 아래턱을 어루만졌다. 나는 그의 말에 매료되어 나도 모르게 그를 정면으로 바라보았다. 늙었나? 그런 줄 모르겠다. 그는 여전히 멋지고 원기 왕성하고 편안해 보여 나이든 흔적이라곤 찾아볼 수가 없었다. 머리는 기름을 발라 말끔하게 빗어 넘겼고 흰색 와이셔츠를 입은 단정하고 세련된 모습은 바로 우리가 화보에서 늘 보았던 그의 사진과 같았다. 몇 년 동안 길렀던 수염은 깎았다.

모두들 매란방 선생이 몇 년 동안 어떻게 지냈는지에 대해 관심이 많으며 당연히 많은 사람들이 그가 편하게 지냈을 거라고 생각한다는 말을 하

1) 본문은 가령(柯靈)의 『백년비환(百年悲歡)』(상해원동출판사, 1996)에서 뽑은 것이다.

자 그는 쓴 웃음을 지었다.

"내가 요 몇 년 노래하지 않은 것에 대해 어떤 사람들은 내가 돈이 많아서 더 이상 공연을 하지 않아도 되었기 때문이라 생각하는 것 같은데, 제가 어떻게 지내왔는지 누가 알겠습니까! 아시다시피 배우는 돈을 많이 벌지만 쓰는 것도 많습니다. 솔직히 말하면, 요 몇 년 동안은 제가 가진 물건을 팔아서 그럭저럭 생활을 했습니다."

그는 잠시 말을 멈추고 손가락으로 방을 가리키며 말했다.

"이 집에서 몇 년 살았지만, 사실은 임시로 빌려 살고 있는 것이고 이 가구들도 형편에 맞추어 아쉬운 대로 사서 쓰는 겁니다."

그곳은 작은 응접실이었다. 방안에 진열된 가구들은 소박하지만 격조가 있었다. 벽에는 매우 많은 서예와 그림이 걸려 있고 서가에는 책이 가득했다. 매란방 선생이 계속 말을 이었다.

"8년 동안 노래를 하지 못했어요. 그것은 저에겐 사실 너무나 큰 희생이었습니다."

나는 그것은 가치 있는 일이었노라고 말했다. 예술가는 자신의 존엄이 있다. 매란방 선생의 희생은 의심의 여지없이 중국인을 대신해 명예를 지키고 희극계를 대신해 자존심을 세운 것이었으니 우리가 장엄한 필묵을 들어 기술할 가치가 있는 것이다. 하지만 그도 이제 희곡계로 돌아올 때가 되었다. 많은 사람이 그의 공연을 기다리고 있다는 말을 그에게 전했다. 그리고 무대에 다시 오를 생각이 있는지 물었다.

"할 겁니다."

매란방 선생은 시원하게 대답하고 다시 한번 더 반복해서 말했다.

"공연은 꼭 할 겁니다. 며칠 전에 비목費穆선생도 와서 제게 '무대로 돌아올 때가 되었습니다. 무엇을 공연할지는 제가 계획해 드리죠. 우리는 뭔가 새로운 것을 해야만 합니다'라고 하더군요."

나는 기뻐서 말했다.

"그거 너무 잘된 일이군요! 언제 공연할 지는 결정하셨습니까?"

"아직 못했습니다."

그가 미소를 지었다.

"그 일을 논의하자는 사람은 많은데 제가 계획을 잘 세워야지요. 공연은 꼭 할 것입니다. 한 번이라도 공연을 해야 합니다. 그러지 않으면 나의 이 8년 세월이 의미가 없지 않겠습니까? 우리 조국의 승리를 위해서라도 제가 가만있을 수 없지요. 의미가 있는 공연이 아니면 저는 노래를 하지 않을 겁니다. 좋은 생각이 있으면 알려주세요. (그의 표정은 극도로 흥분되어 있었다. 여기까지 말하고 그는 조용히 웃었다) 너무 오래 쉬어서 노래를 할 수 있을지 모르겠습니다. 저는 제 목소리가 아직 괜찮다고 믿어요. 옛날에 훈련을 오래 했었으니 잊을 리는 없겠지만 '권법은 손에서 멀어지면 쓸 수 없고, 노래는 입에서 멀어지면 부를 수가 없다'고 했듯이 기예는 연습하지 않으면 못하게 되는 것입니다."

나는 그가 양손을 흥미롭게 움직이는 것을 보았다. 그것은 리듬이 있고 조화로운 동작이었다. 그에게 물었다.

"그렇게 오랫동안 기예를 연습하지 못하셨습니까? 어느 신문에선가 선생님이 쉬지 않고 발성을 연습한다고 쓴 글을 본 것 같은데요."

"어떻게 감히 연습을 하겠습니까?"

그는 황급히 사실 여부를 설명했다.

"이웃에 사는 사람들이 이렇게 많은데 내가 목청을 한번 풀면 시끄러워집니다. 사람들은 매란방이 목 푸는 연습을 하는 걸 보니 곧 공연을 할 거라고 말을 할 거예요. 저는 요 몇 년 동안 사람들에게 제 목이 상해서 다시 노래를 하지 못한다고 말을 했었지요."

이어서 매란방 선생은 그가 몇 년 동안 홀로 자기 뜻을 지키기 위해 고심하며 소란을 피해 숨어 살았던 상황에 대해 이야기했다.

그는 원래 집이 북평北平(지금의 북경)에 있었다. 그러다가 9.18사변이 발생하고 동북이 일본에 점령되자 북평이 적의 코앞에 노출되었다. 그는 동북지역으로 불려가 기예를 바쳐야 할 위험에 처하게 되어 남쪽으로 떠난 것이었다. 항전이 터지면서 상해가 '고도孤島'가 되자, 그는 더 이상 상해에서 머물 수 없음을 감지하고 다시 홍콩으로 갔다. 그러나 가족을 거느리고 피난을 갈 역량이 안돼 혼자 갈 수밖에 없었다. 마치 전쟁의 포화가 따라다니는 것 같았다. 홍콩마저 일본의 침공을 받았던 것이다.

"그때 나는 산 위에 위치한 우덕도于德道의 한 아파트에 살고 있었어요."

그가 말했다.

"아! 그때는 정말 위험했지요. 일본 군함이 산 위로 직접 대포를 쏘아댔어요. 공중에서 포탄이 공기를 가르는 소리가 날카롭게 울렸구요. 사람들은 모두 아파트 안에 숨어 죽기만을 기다렸습니다. 얼마 후에 싸움이 끝나고 위험 상황도 끝난 줄 알았지요. 그런데 진짜 위험이 닥쳤어요."

그는 한숨을 내쉬며 의미심장한 미소를 지었다.

'위험'이 정말로 들이닥쳤다. 그는 집에 틀어박혀 좀처럼 외출도 하지 않고 아파트에 몸을 숨긴 채 조국의 품으로 돌아갈 기회가 오기를 기다리고 있었다. 그러나 그럴 수가 없었다. 일본인이 결국 그를 발견했던 것이다. 어느 날 그의 아파트에 한 무리의 일본 병사가 와서 먼저 주민증을 조사했다. 그러고 난 후 매란방을 지명하여 하는 수없이 그는 당당하게 앞으로 나갔다. 한 일본 군관이 신기한 듯이 그를 훑어보고 물었다.

"당신이 매란방이오?"

그는 고개를 끄덕였다. 매란방 선생이 내게 말했다.

"그때 저는 의관이 말이 아니었어요. 수염도 길었구요. 말하기 우습지만, 저는 수염이 잘 자라지 않아요. 그런데 자라면 지저분해서 꼭 환자 같습니다. 그때 그 일본 군관이 홍콩에서 무엇을 하고 있냐고 묻기에 저는 병에 걸려 요양하러 왔다고 대답했습니다. 그래서 가족도 같이 오지 않았고 나 혼자서 친구 집에 묵고 있다고 했지요. 그는 또 한동안 이것저것 물었고 나는 하는 수없이 담배와 차를 권하며 공손하게 상대를 했습니다. 돌아갈 때 그는 웃으면서 내게 말하더군요 '나는 당신의 공연을 본 적이 있는데 그때 나는 아직 어린 아이였지요.' 나는 20년 전에 일본에서 공연을 한 적이 있어요. 그 장교가 서른 살이 좀 넘어 보였으니, 그가 제 공연을 보았을 때 아직 어렸다고 한 것은 이상한 일이 아니지요."

그 후 끊임없이 일본 병사들이 찾아와서 그에게 이것저것 물으며 귀찮게 했다. 일본 병사들이 매란방 선생이 매우 유명한 사람이라는 것을 알고 '얼굴을 구경하기 위해' 오는 것 같았다. 매란방 선생은 한마디 매우 재미있는 말을 했다.

"홍콩은 역시 작은 곳이라 다행히 배후에서 일본인에게 이런저런 일을 도와주는 친일파 매국노들이 없었으니 운이 좋았던 셈이지요."

그러나 결국 의외의 사건이 발생했다.

매란방 선생은 말하는 것이 편안하고 예의가 있어서 친근한 느낌이었다. 그러나 그는 말로 표현하는 것이 어눌한 듯, 이야기를 하면서 많은 세밀한 동작과 표정을 사용했다.

"한번은 어떤 일본 병사가 찾아와서는 별안간 제게 손짓을 하며 '나를 따라오시오'라고 하더군요. 무슨 일이지! (그가 눈을 크게 뜨고 놀란 표정으로) 심상치 않다고 생각했지만 거절할 수도 없어서 모자를 집어 들고 친구에게 '나가요.' 한마디로 작별 인사를 했습니다. 조용히 그를 따라 갔더니 홍콩 섬에서 바다를 건너 구룡반도로 갔는데 배에 오를 때 그 일본 병사가 차부車夫에게 다시 돌아올 일이 없다고 하더군요. 큰일 났다! (그는 장난스럽게 웃으며) 못 돌아오겠구나! 그 후 그는 저를 데리고 야자키矢崎에게 갔어요. 이 사람은 당신도 아마 아는 사람일 거예요. 얼마 전까지 남경 친일 정부에서 '최고 군사 고문'인가를 했던 사람이요. 그때 그는 홍콩에 있었는데 민정인가 뭔가를 하는 일을 했던 모양이었어요. 그가 저를 찾아 깜짝 놀랐는데 알고 보니 그도 20년 전에 제 공연을 보았던 거지요. 그는 왜 홍콩에서 공연을 하지 않느냐고 내게 묻더군요. 저는 목이 상해서 요양을 해야 하기 때문에 공연을 할 수가 없다고 했어요. (나는 빨리 다음 이야기를 듣고 싶어서 그를 긴장된 눈빛으로 바라보았다. 그는 나를 안심시키듯이 가벼운 목소리로 말했다) 괜찮았어요. 그는 저를 힘들게 하지 않았어요. 저는 그 기회를 이용해서 집을 떠난 지 오래라 상해로 돌아가고 싶은 생각이 간절하다고 말하고 그에게 비행기표를 구해 줄 수 없냐고 물었지요. 그러겠노라 하더군요. 상해는 그렇게 해서 돌아온 거예요."

홍콩에서 위험을 느껴 급히 벗어나려 한 것인데 상해에서는 더 큰 위험이 기다리고 있었다는 것을 매란방 선생은 상상도 하지 못했다.

경극 배우는 '공인'이다. 그는 분장을 하고 무대에 올라 수많은 눈이 주시하는 가운데서 늘 수많은 군중과 접촉하다 보니 군중이 숭배하는 대상이 되었지만 문제는 숨어 지내려 할 때는 모두가 그를 알기 때문에 그것이 쉽지 않다. 홍콩이 점령당했을 때 매란방 선생의 계획은 잠시 은거하고 있다가 몰래 항전 중에 있는 조국으로 돌아가는 것이었다. 계획이 실패하고 그는 상해로 돌아갔다. 그런데 문제는 상해로 돌아온 지 얼마 안 되어 신문에 실리면서 사람들이 모두 '매란방이 상해로 돌아왔다'는 사실을 알게 된 것이다.

제국주의 통치 하의 상해는 사람이 사람 취급을 받지 못하는 곳이었다. 사람들이 자기만 알고 남을 어떻게 존중하고 돕는지 알지 못했다. 매란방 선생은 전쟁이 끝나기 전에 절대 대중 앞에 나서지 않겠다는 의지가 강했다. 그런데 그 몇 년 동안 오히려 끊임없이 사람들이 그를 둘러싸고 무대에 오르기를 요구했고 심지어는 무슨 축하 공연을 하라는 사람도 있었다. 매란방 선생은 침착하게 그런 일에 대한 자신의 생각을 얘기했다.

"그들이 경축하는 것이 바로 우리의 치욕이고 그들이 웃을 때 우리는 울어야 하는데 제가 어찌 그런 공연을 할 수 있겠습니까?"

하지만 그런 사람들을 어떻게 상대해야 할까? 매란방 선생은

"우리는 그들에게 공손해야 합니다"라고 말하고 타이르듯이 선의로 눈썹을 치켜 올렸다.

"그들과 맞서면 안 됩니다. 그들을 건드리면 골치 아파집니다. 그래서 저는 항상 이렇게 말합니다. '안 되겠어요. 선생님, 목소리가 안 나오고 몸도 안 좋아서 공연을 하면 망칠 것입니다.' (그의 목소리는 너무나 부드러웠다. 마치

정말로 골치 아픈 사람들을 대하고 있는 것처럼) 그들이 봐도 무대에 오르는 것이 어려울 것 같으니 포기했어요."

번거로운 일을 덜고 지엽적인 일을 줄이기 위해, 그는 3년 동안 진짜 은둔 생활을 하며 집에서 쉽게 나오지도 않고 손님도 받지 않았다.

그는 항상 소일거리로 그림을 그렸다.

"요 몇 년 동안 적지 않은 그림을 그렸습니다. (부끄러운 듯이) 돈을 받고 팔기도 했구요."

그는 절대로 사람이 많은 공공장소는 가지 않았다. 사람들에게 발견되면 그들에게 둘러싸여 질서가 엉망이 되기 때문이라고 했다. 그는 그 몇 년 동안 화극을 좀 보았을 뿐이다. 매란방 선생은 화극에 흥미를 많이 느끼는 듯 자기도 모르게 그에 관한 얘기를 많이 했다.

"좋아요. 화극은 재미있어요. 저는 화극에서 많은 것을 배웠어요. 제게 많은 도움이 되었답니다."

그는 말했다.

"어떤 사람은 화극이 연기하는 것은 현실의 생활에 불과하다고 생각해요. 저는 화극의 좋은 점이 바로 거기에 있다고 생각합니다. 화극은 인생과 가까운 평범한 일상 이야기지만 진리를 표현해내고 사람을 끄는 힘이 있어요. 그것은 쉽지 않은 거죠. 화극은 사람에게 친근함을 느끼게 합니다."

그는 화극과 경극의 연기 방법에 대해 서로 다른 점을 이야기했다.

"화극과 경극은 똑같이 무대 위에서 울고 웃지만 상황이 다릅니다. 경극은 일정한 규범이 있고 또 기예의 공력이 깊어야 합니다. 동작 하나하나 모두 규칙에 따라야 해요. 그러지 않으면 규칙에서 벗어나게 됩니다. 사실을 묘사하는 동작 하나에도 사실 묘사의 정도에 제한이 있어요. 제한을 넘어가면 눈에 거슬리고 조화롭지 못하다고 느끼게 되는 거죠. 화극은 묘사에 의지합니다. 평범한 동작을 가져다 무대에 올리는데 절대적인 자유가 있고 전혀 제한이 없지만 세밀한 부분까지도 하나하나 모두 정밀하게 다듬어져 있어요. 재미 있습니다. 경극를 가르치는 방법은 사실 너무 틀에 박혀 있습니다. 노래나 동작은 모두 융통성 없이 스승이 가르쳐주는 대로 해야 하는데 어떤 설명도 없습니다. 배우는 사람이 스스로 사고하고 탐구하는 수밖에요. 화극의 감독 제도가 훨씬 낫습니다."

매란방 선생이 이 부분을 말할 때는 너무나 친근감이 넘치고 감동적이어서 흥미로웠다. 경극의 동작을 얘기할 때는 두 손으로 아주 자연스럽게 여러 가지 아름다운 자세를 취했다.

그는 자신의 아들 매보구에 대한 얘기를 하면서 마음으로부터 위안을 받는 것 같아 보였다.

"최근 이 년 동안 저는 이 아이에게 심혈을 기울였어요. 선생님을 모셔다 연기를 가르쳤고 저도 직접 가르쳐서 이미 노래를 한답니다."

그 위의 두 아들에 대해 말했다.

"귀양貴陽에 있는 청화대 부속중학교에 다니고 있습니다. (그는 마치 그들에게는 경극을 가르치지 않겠다고 말하는 듯했다) 예전에는 홍콩에서 남화학교[2]를 다니다가 나중에 겨우 들어간 거예요. 나는 그들을 상해에서 공부시키고 싶지 않았습니다."

매란방 선생은 분명한 자기 자신의 도덕률이 있었다. 겸허하고 다른 사람과 쉽게 조화를 이루며 함부로 사물을 비판하지 않았다. 그의 말투에서 나는 그가 말하는 의미를 이해할 수 있었다. 대략 상해 같은 식민지 사회는 공부할 곳이 못 되므로 차라리 아이를 먼 후방으로 보냈다는 말이었다. 내가 그를 대신해서 그 말을 하니, 선생은 함축적인 웃음을 보였지만 감정을 억제하지 못하고 결국에는 고개를 끄덕였다. 나는 그 모습에서 따뜻한 부성애를 보았다.

마지막으로 나는 북평에 은거하며 서산西山에서 농사를 짓고 있는 정연추에 대해 최근에 무슨 소식이 있는지 물었다.

그는 기뻐하며 말했다.

---

2) 여기서 '남화'는 오류이며 '영남' 학교가 되어야 한다. 두 아들은 보침(葆琛)과 보진(葆珍)을 가리킨다.

"잘 지내요. 그 아이도 쉽지 않지요." (그는 소파에서 몸을 다소 앞으로 가까이 내밀며 한마디 보충했다)

"아세요? 연추는 제 학생이지 않습니까! 그 아이도 심지가 있는 아이라 무슨 '축하 공연'이니 '의무 공연'이니 하는 말을 들으면 항상 천진으로 도망가 몸을 숨기고 사람을 만나지 않습니다. 하지만 그 때문에 사람들에게 미움을 사서 한번은 기차역에서 여러 사람에게 둘러싸여 매를 맞았습니다. 연추는 권법을 연마한지라 두 손으로 이리 저리 막아 얼굴을 보호했답니다. (그는 두 손으로 태극권의 무술을 흉내 냈다) 양손은 모두 피부가 다 벗겨졌지만 다행히 얼굴은 다치지 않았어요. 그러지 않았다면 다시는 공연을 할 수 없게 되었을 겁니다."

헤어지기 전에 나는 매란방 선생에게 사진을 하나 부탁했다. 그는 사인을 한 사진을 내게 건네주며 사인 바로 아래의 날짜를 가리켰다.

"날짜를 적었어요. 1934년 8월 15일 중국 인민의 항전 승리일, 우리의 이번 대담을 기념하면서."

1945년 9월 7일부터 9일까지 『문회보文匯報』에 실림.

매란방을 애도하는 두 편의 글

풍자개豊子愷

매란방은 영원하다!

입추 날 저녁 무렵 술을 마시고 있을 때 딸아이가 낙담한 얼굴로 막 도착한 석간신문을 내게 건네주었다. 신문에는 놀라운 소식이 실려 있었다. "매란방 오늘 새벽 사망!" 맑은 날의 날벼락 같은 이 소식에 나는 그만 술잔을 멈추었다.

한 시대를 풍미했던 천재 예술가가 지금 세상을 떠났다! 그를 너무나 흠모하였기에 그의 죽음이 너무나 애석했다. 내가 그를 흠모한 이유는 재능과 기예가 뛰어난 예술가이기 때문만이 아니라 먼저 그가 정정당당한 애국지사이기 때문이다.

항일전쟁 시기에 나는 적을 피해 중경重慶 사평沙坪에 있는 작은 집에 살고 있었다. 이 집은 누추하기 그지없었다. 사면의 벽뿐 아무 장식도 가구도 없었고 벽에 오직 매란방 선생이 수염을 기른 사진 한 장만 걸려 있었다. 그 사진은 상해의 친구가 신문에서 오려 내게 부쳐준 것이었다. 난 그 사진을 매우 아꼈다. 항전 기간에는 줄곧 벽에 붙여 두었고 항전 승리 후에는 강남으로 가지고 돌아와 지금도 여전히 내 서재에 고이 보관해 두고 있다.

난 그 사진을 매우 좋아한다. 수염을 기른 매란방은 무대 위의 서시나 양귀비보다 더 아름답다. 그래서 더욱더 깊이 존경하고 사모한다. 그때 강남은 부정세력이 득세하여 풍기가 엉망이었고 소위 사대부라는 자들 중에는 나라를 팔아 부귀영화를 구하고도 부끄러운 줄 모르는 자들이 있었다. 매란방 선생은 그 당시 소위 '광대', '배우'일 뿐이었는데 홀로 그렇게 고상한 지조를 지켰으니 어찌 내가 존경하지 않을 수 있겠는가? 하물며 그 당시 매란방 선생은 이미 명성을 얻어 일찍이 일본 침략자들에게 주목을 받고 있었으니 그가 함락된 상해에서 살아가는 것은 매우 힘들었을 것이다. 그러나 그가 의연히 수염을 기르고 공연을 거절하여 '권위와 무력에 굴하지 않는' 정신을 보였으니 어찌 내가 존경하지 않을 수 있겠는가? 전쟁이 끝나 고향에 돌아온 후 나는 그를 두 차례 방문했다. 그때마다 나는 그를 칭송하는 글을 써서 『신보』의 '자유담自由談' 란에 실었다.

이제 매란방은 이미 떠나고 없다. 그러나 그의 아름다운 예술은 음반과 영화에 영원히 남아 영원히 대중의 사랑을 받을 것이다. 그의 애국정신은 영원히 우리에게 모범이 될 것이다. 매란방은 영원하리!

1961년 입추날 밤 상해 일월루日月樓에서 적다.
1961년 8월 14일 『해방일보解放日報』에 실림.

권위와 무력에 굴하지 않다!

일월은 빠르게 움직여 머물러 있지 않는다日月忽其不淹兮
봄과 가을이 바뀌니春與秋其代序
초목이 영락하는구나惟草木之零落兮
미인이 늙어가는 것이 두렵도다恐美人之遲暮
–『이소離騷』

시간은 멈추지 않아 작년 가을 난심蘭心에서 매란방 선생을 조문한 지 벌써 일 년이 훌쩍 지났다. 그런데 그의 목소리와 얼굴은 아직도 내 눈앞에

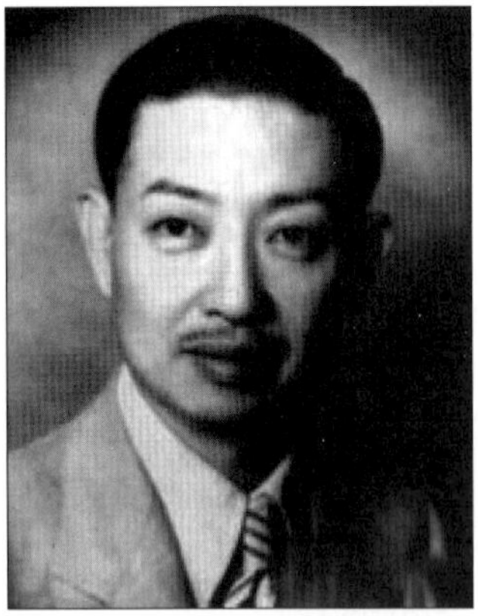
〈그림12〉 수염을 기른 매란방

선하다. 봄에서 가을로 바뀌면 초목은 영락하지만 이 '미인'은 영원히 늙지 않는다. 그는 재색을 겸비한 예술가일 뿐 아니라 권위와 무력에 굴복하지 않는 영웅이기 때문이다. 그의 이름은 역사에 오래 남아 사람들에게 영원히 기억될 것이다.

나는 항전 승리 후에 비로소 매란방 선생을 만났다. 처음에는 상해 사남로思南路에 있는 매란방 선생의 집에서 그 후에는 북경 회인당懷仁堂에서 마지막으로 난심대극장蘭心大劇場의 빈소에서 그의 영면한 얼굴을 보았다. 매번 그를 볼 때마다 나는 항상 그의 입가에 난 수염이 먼저 생각났다. 그것은 수염이 아니라 영웅의 기개였다. 그는 청춘남녀의 감정과 영웅의 기개를 동시에 가지고 있었다.

일본이 상해를 함락했을 때를 생각하면 그 야심과 기세는 동아시아 대륙을 집어삼킬 듯했고 우리 중국인은 영원히 다시 일어날 수 없을 것 같았다. 그래서 '사대부' 중에는 항복하고 적의 편에 선 자도 있었고 적에게 아첨하는 자도 있었으며 목숨만 부지하려고 한 자들이 얼마나 많았는지 모른다. 매란방 선생은 당시 '배우'의 신분으로 사대부에게 멸시받는 위치에 있었음에도 홀로 의연히 수염을 기르고 공연을 거부하는 것으로 항전에 참여했다. 이 마음이야말로 일월에 견줄 만큼 빛이 나는 것이며 이 사람이야말로 진정한 애국 영웅이라고 할 수 있다.

매란방 선생은 희곡을 노래하는 것이 직업이고 청의는 그의 본업인데 수염을 기른다는 것은 스스로 밥그릇을 깨고 생활을 포기한다는 것과 다름없다. 그는 왜 그렇게 했을까? 나라를 위해서다. 장구한 역사 속에서 나라를 위해 자신의 밥그릇을 깨고 생활을 돌보지 않은 자가 몇이나 있을까? 가령 당시에 점을 치지 않고도 미래를 예견하는 선인仙人이 있어 1945년 8월 10일에 일본군이 무릎을 꿇고 투항할 것을 매란방 선생에게 알려주었다고 하자. 그래서 매란방 선생이 수염을 길러 노래를 부르지 않음으로써 일본에 저항하고 어려움과 고통을 인내하며 애국의 명예로운 이름을 얻었다고 하자. 그렇다면 나도 오늘 이런 글을 쓰지 않았을 것이다. 하지만 당시 앞일을 예견하고 알려준 선인은 없었고 중원은 적의 기세가 하늘을 찔렀다. 당시를 떠올리면 세상이 일본의 천하였고 황제자손은 영원히 다시는 일어서지 못할 것 같았다. 하지만 매란방 선생은 굴하지 않고 자기의 사적인 이해를 염두에 두지 않고 국가 흥망의 책임을 진 것이다. 권위와 무력에 굴하지 않는 정신이 없었다면 어찌 이러한 경지에 이를 수 있었겠는가?

항전 승리가 매란방 선생의 큰 뜻에 보답했고 인민 해방이 그의 영광을 드러냈다. 앞으로 자유롭게 그 재능과 기예를 발휘하며 인민을 위해 봉사하고 조국을 더 빛나게 할 것으로 기대했다. 그런데 병마가 천재를 질투했는지, 매란방 선생은 결국 작년 가을에 세상과 이별을 고하였다. 예술계는 큰 스승을 잃었고 조국은 보물을 잃었으니 슬픔을 이길 수가 없다. 그러나 "자고로 영웅은 모두 죽는 법, 충심을 역사에 길이 남기리." 매란방 선생의 권위와 무력에 굴하지 않는 영웅 정신은 역사에 길이 남아 사람들의 마음에 영원히 기억될 것이다. 봄 가을은 바뀌고 초목은 영락하지만 이 "미인"은 영원히 늙지 않을 것이다. 매란방은 영원하리!

임인년 칠월칠석날 상해에서 쓰다.

1962년 8월 8일 『문회보文匯報』실림.

경극예술의 고전정신을 논함

섭수산葉秀山

나는 한 민족이 자신의 위대한 예술가를 가지고 있다는 것은 민족의 복이라고 생각한다. 모든 민족은 생존해야 하기 때문에 의식주와 같은 물질 문제를 해결해야 한다는 점에서는 같지만 어떤 정신생활과 예술형식을 지니고 있는지 또는 어떤 위대한 예술가가 있는지에 대해서는 민족마다 다르다. 외국에 있는 것이 중국에 꼭 있지 않으며 또 꼭 있어야 하는 것도 아니다. 중국에 있는 것이 외국에 꼭 있지 않으며 또 꼭 있어야 하는 것도 아니다. 우리는 서양 사람들에게 중국의 서예를 보급하여 왕희지 같은 서예가를 한둘 배출해야 한다고 요구하지 않는다. 그들에게 베토벤, 슈베르트가 있는 것은 그들의 복이고 우리에게 매란방이 있는 것은 또 우리의 복이라는 사실은 인정해야 한다. 매란방의 예술은 중국인들만 숭배하는 것이 아니라 외국인들도 숭배한다. 이는 우리가 베토벤을 숭배하는 것과 같다. 내가 상기하고자 하는 것은 우리가 복 안에 있으면서 그 복을 몰라서는 안 된다는 사실이다. 지금 우리가 매란방 탄생 100주년을 기념하는 것은 예술적으로 더 깊이 매란방 예술정신을 이해하고 인식함으로써 우리가 그러한 정신을 더욱더 아끼고 사랑하며 더욱더 발전시키려는 것이다.

1. 매란방의 예술과 중국의 인문정신

매란방은 단각旦角[단 각색]을 연기하는 경극 배우이다. 그의 예술과 중국 전통의 인문정신을 연결하여 그의 예술에 서양과 다른 문화정신이 체현되었다고 말하는 것은 일리가 있다. 다음에서 상세히 논해보기로 한다.

중국의 전통 문화예술을 역사 발전상에서 볼 때, 시詩, 사詞, 곡曲에서 희극戲劇에 이르기까지 문학사적 맥락은 분명하다. 이에 대한 전문가들의 좋은 연구들이 있다. 중국의 희곡은 송원 시기에 크게 번성했고 이 시기 중국 사회는 새로운 변화들을 배태하고 있었다. 완전한 형태로 발전한 희극형식은 중국의 전통예술에 새로운 생명을 불어넣었고 시민 계층의 문화정신을 발전시켰다. 이러한 예술적 취향의 흥기는 중국 전통예술의 정신을 풍부하게 하였다. 내용이 확대되어 더 폭넓은 포용성을 갖게 하였고 형식에서도 더욱 풍부하고 다채로워지면서 중국 희극은 세계에서 가장 종합적인 예술로 발전하게 되었다. 중국 희곡은 이전의 모든 예술형식을 융합하여 '희극' 원칙의 주도 하에 음악, 시가, 회화 등의 예술형식의 작용을 잘 드러낸다고 말할 수 있다. 내용과 형식에서 최대한도로 종합된 예술인 중국 희곡이 발전하여 비로소 전통을 변혁하고 그것을 발전시킴으로써 전통의 상식을 최대한 줄일 수 있었다. 그래서 우리 중국인들은 서양인들처럼 항상 그렇게 무언가를 잊어버렸거나 잃어버렸다고 느끼지 않는다. 이런 의미에서 우리는 중국의 희곡이 중국의 인문정신을 대표할 수 있는 예술형식이라고 말할 수 있다. 그것은 여러 가지 다양한 전통 예술형식을 모두 종합하였을 뿐 아니라 '새로운 것新'과 '오래된 것舊'의 모순을 훌륭하게 해결했다. 송원 시대에 희곡은 새로운 것이기도 하고 또 오래된 것이기도 했다.

중국 희극은 청대 건륭 시기까지 발전했을 때 또 한번 대종합이 이루어졌다. 이번에는 희극예술의 내부에서 경극이 곤곡과 지방희의 특징을 종합하여 '고상함雅과 통속성俗'이라는 두 가지 취향에서 다시 조화를 이루었다. 경극은 곤곡을 시민화, 민간화한 반면에 지방희를 문인화하여 이번의 종합은 잃어버린 것이 아주 적었다.

경극은 상당 부분의 곤곡 극목을 보존하고 곤곡의 우수한 창법을 흡수하였다. 동시에 똑같은 방식으로 각지 지방희의 우수한 극목과 창법 및 표현 기교를 흡수하였다. 이런 융합의 과정에서 끊임없이 새로운 것들이 출현하였다. 예를 들면 중국 희곡 각 항당의 연기 특색은 경극의 연기에서 비로소 서서히 분명해진 것이다. 말하자면 경극이 곤곡과 각 지방희의 각 항당의 연기기술을 더 성숙하게 만들었다는 것이다.

경극의 각 '항당'이 성숙한 시기는 시간적으로 다르다. 일반적으로 경극은 (노)생 항당이 비교적 일찍 발전했다. 노생 항당 가운데서 담흠배가 지대한 작용을 했고 그를 계승한 여숙암 등이 그것을 더욱더 정형화시켰다. 단각의 발전은 좀 늦은 편이다. 매란방에 와서야 비로소 전면적인 기초가 다져졌다고 볼 수 있다. 중국 희극의 대표 극종인 경극은 매란방이 나온 이후에야 생과 단, 두 항당이 비로소 남녀의 구분뿐 아니라 일련의 연기예술에서 자신의 특징을 드러내게 되었다. 경극의 생각生角은 담흠배의 체계에서 벗어날 수 없고 단각旦角은 매란방의 의발을 벗어날 수가 없다. 그래서 나는 줄곧 담흠배와 매란방은 경극 연기 '유파'의 창시자가 아니라 경극예술의 '총대표'라고 생각해왔다.

매란방은 중국 사회의 대변화의 시대에 살았다. 중국의 봉건제도가 붕괴되면서 사회가 오랜 시간 동요했으며 더구나 외국의 침략을 받아 중국 인민은 극심한 고통 속에서 생활했다. 이런 동란의 시기에 중국의 문화전통은 외래 서방 문화의 심각한 도전을 받으며 환골탈태의 과정을 겪었다. 중국의 전통적인 인문정신이 어떻게 서방의 과학정신을 흡수하고 자기를 보존하면서 발전할 수 있을까가 뜻 있는 선비와 덕 있는 사람들의 목표였다. 일부의 학자들이 여러 가지 시도를 하면서 이 도전에 직면하고 있을 때 매란방은 자신의 일인 연기예술로 훌륭하게 이 임무를 완성하고 새로운 사회 환경에 적응하면서 중국의 전통적인 인문정신을 보호하고 발전시켰다. 그래서 중국 인민이 중국 공산당의 영도하에 혁명 승리를 달성하여 그 동란의 시대를 종식하고 중국의 인문전통을 대하는 과학적 태도와 방법이 생기고 난 후에 매란방의 예술 작업이 중국 인민의 지대한 존경을 받은 것은 당연한 일이었다.

중국의 전통적인 인문정신은 너무나 큰 주제인데다 학술적인 분석은 내 전문이 아니므로 나는 여기서 편안하게 내 생각을 이야기해보려 한다. 나는 중국의 전통적인 인문정신의 핵심은 유가와 도가라고 생각한다. 혹은 여기에 불가를 더하기도 하지만 토대는 유가와 도가라고 생각한다. 유가는 인仁을 말하고 도가는 도道를 말한다. 인은 내재적인 것이고 도는 초월적인 것이며 인은 뜻을 세우는 것이고 도는 수단 혹은 기술을 세우는 것으로 하나는 도덕이고 하나는 지혜이다. '인은 다른 사람을 사랑하는 것仁者愛人'이라는 것과 '도의 경지에 도달하면 서로 모든 것을 잊는다人相忘乎道術'는 것은 중국 인문정신의 두 가지 준칙이다. 이것은 목적과 수단, 사람과 세계의 조화와 통일을 체현한다. 뜻을 세우는 것은 미덕美德이고 수단이나 기술을 세우는 것은 아름다운 예술美藝이니 모두 '미美'자와 분리되지 않는다. 그래서 매란방은 '미'의 화신이다.

서양의 예술가는 '사람됨'은 '사람됨'이고 '일하는 것'은 '일하는 것'이니, 일을 잘한다(연기를 잘하고, 그림을 잘 그리고……)고 해서 사람됨이 반드시 좋은 것은 아니다. 이것 역시 일리가 있다. 사람과 일은 때로 나누어져야만 한다. 그러나 중국의 전통에서 이상理想은 이 사이의 일체성을 강조한다. 이른바 '글이 그 사람 같다'는 말이 강조하는 것은 어떤 사람이냐가 곧 어떤 일을 할 수 있는가를 뜻하는 것이다. '사람됨'의 이치와 '일하는 것'의 이치는 서로 통한다는 것이다. 또한 '일하는 것'과 '사람됨'은 결코 분리될 수 없다. 사람이 일을 결정할 뿐 아니라 일도 사람을 결정하기 때문이다. 하지만 서양인들은 '사람'과 '일'을 분리해왔다. 나중에서야 '사람'이 원래 '일'에 의해 결정된다는 사실을 인식했다.

물론 서양인이 '사람'과 '일'을 통일하려는 생각이 없었다는 것을 말하는 것이 아니다. 다만 그들의 주요 경향을 말하는 것뿐이다. 하지만 비교적 짧은 시기에 그들도 이러한 '조화'의 이상을 강조했는데, 이것이 각종 학술 문화와 예술에서 그들이 동경했던 '고전주의' 정신이다. 우리는 실러의 미학 사상에서, 헤겔의 철학 사상에서 모두 이런 경지에 대한 추구를 볼 수 있다.

중국은 이런 고전 정신이 가장 풍부한 나라다. 중국의 희곡예술이 그처럼 많은 예술형식(요소)을 종합하여 그것들로 하여금 조화로운 통일체 가운데 놓이게 한 것이 바로 좋은 예다. 그러나 서방의 희극은 오페라나 무용극이나 화극과 같이 어떤 형식(요소)을 특별히 부각한다. 이런 방법도 그 나름의 장점이 있지만 중국과 서로 비교해보면 같은 유형이 아니다. 또한 같은 사유 맥락도 아니다.

중국의 전통은 여러 종류의 요소들을 종합할 때 '상호보완互補'과 '조화相濟'를 중시한다. 유가와 도가를 예로 들면 유가의 입심立心과 입덕立德의 태도는 매우 단호하고 강하여 도가의 도술道術이 이를 보완한다. 도가는 부드러움柔이라든지, '부드러움으로 강함을 이긴다以柔克剛'라든지, '가장 부드러운 것이 또한 가장 강한 것이다'라든지 하는 것들을 숭상한다. 이렇게 도가는 유가의 강剛을 보완하여 강유의 조화를 이루게 한다.

매란방이 연기하는 단각은 극히 '부드럽고 아름답다'고 할 수 있지만 그는 생각生角에게 배우는 것을 대단히 중시했다. 극목에서 연기까지 모두 이런 상호보완의 관계에 주의해서 그의 단각 연기의 풍격은 부드러움 가운데 강함을 품었다고 말할 수 있다. 매란방의 연기가 다른 단각 배우들에게 배우는 것에 역점을 두었을 뿐 아니라 담흠배, 양소루, 여숙암 등 뛰어난 생각 배우들에게도 배운 것이라는 것은 모두가 잘 아는 예라고 할 수 있다. 그가 젊은 시절에 상대 배역으로 같이 연기했던 왕봉경은 왕파의 계승자이고 왕파의 창시자인 왕계분의 우렁찬 소리의 격앙된 창법은 정장경의 창법에 버금가며, 매란방과 양소루의 〈패왕별희〉는 생, 단 연기가 모두 최고의 수준에 도달했다고 할 만하다. 다행히 전범을 보존하고 있는 레코드 음반이 아직 남아있다.

매란방의 극목 가운데는 '궁 안의 여성의 원망宮怨'을 묘사한 〈귀비취주〉 같은 작품도 있지만 그는 오히려 〈우주봉〉 같은 여성의 투쟁의식이 담긴 작품을 만들기를 좋아했다. 이에 대해서는 그의 『무대생활 40년』에 상세하게 기록되어 있다. 이 외에 〈목가채〉, 〈항금병〉 등 무술격투가 있는 극도 있고 그가 말년에 만든 〈목계영이 장수의 인장을 손에 넣다〉처럼 애국의 격정이 넘치는 극도 있다. 이는 한편으로는 매란방이 중국 여성의 투쟁 정신을 중시한 것과 관계가 있고 다른 한편으로는 이런 이념을 체현하기 위해 예술 표현에서 단각의 역량을 강화한 것이기도 하다. 따라서 설령 '원망'을 표현하는 가운데 투쟁의 의미가 담겨있을지라도 이것 역시 '상호보완'과 '조화'의 작용인 것이다.

고전 정신이 새로운 창조를 원하지 않거나 개혁을 싫어하는 것은 결코 아니다. 그와 반대로 고전 정신은 '완전무결'의 정신이다. '완전무결'은 끝없는 노력의 과정이기 때문에 예술가의 끊임없는 창조만이 고전 정신을 유지하는 유일한 길이다. 매란방 역시 평생 동안 끊임없이 창조와 혁신에 주력했다. 그는 일찍이 '시장희'를 시도했다. 이는 매란방이 예술가로서 활력이 넘칠 뿐 아니라 진부한 규범에 전혀 얽매이지 않았음을 보여준다. 전통극목의 개혁과 연기예술의 혁신, 그리고 음악, 무용, 무대미술 등 여러 방면에서 그가 이룬 새로운 공헌에 대해서는 전문가들이 이미 많은 정리를 한 바 있다.

물론 매란방의 경극 혁신 역시 고전의 범위에서 벗어나지 않았다. 이전의 것을 취하기도 하고 새로운 유파를 세운 부분도 있지만 모두 고전 정신을 벗어나지 않게 하여 자신의 개혁이 본국에 뿌리를 두도록 했다. 그래서 매란방은 개혁한 후의 극을 여전히 경극이라고 불렀고 '경극'을 '오페라' 등등으로 바꾸는 것처럼 '극종(종류)'을 바꾸거나 다른 희곡 형식을 창조하지 않았다. 이는 새로운 '극종'을 수립해서는 안 된다는 것이 아니라 이런 방식은 또 다른 종류의 정신, 즉 '무'에서 '유'를 만드는 정신이라는 것이다. 무에서 유를 만드는 정신은 서양 사상에서는 상당히 보편적이다. 그러나 고대 희랍에서도 '무'에서 '유'를 만드는 것을 믿지 않았고 '유'는 항상 '유'에서 온다고 생각했다. 중국 고대의 노자는 '무'를 말했지만 그의 '무'는 '무명無名'의 의미이며 '(가공이 안 된) 자연 상태朴' 역시 '유'이기 때문에 서양처럼 나중에 추상적인 물질 개념으로 발전하지 않으며 일체를 포용한다. 중국의 '자연 상태' 역시 구체성을 가지고 있다. 재료에 의해서 만들어질 물건이 결정된다. 종이로 컵을 만들면 물을 담을 수 없지만 표주박으로 만들면 담을 수 있다. 재료 자체는 무엇을 만들어낼 수 있다는 것을 제시한다. 경극이라는 재료는 수정될 수 있는 재료로서 그 자체가 어떤 모습으로 바뀔 수 있다는 것을 제시한다. 매란방의 '경극' 개혁은 바로 이런 길을 따랐다. 새로운 극종을 창건하는 데 힘쓰는 사람들에게는 대담하지 않게 느껴질지 모르지만 이 길은 오히려 전통을 보존하면서 새로운 것을 더욱 발전시켜 '경극'이라는 이 고전 극종을 잃지 않게 했다.

2. 매란방 연기 체계

예술은 본래 신비한 일이고 연기는 더 큰 신기한 능력이 필요하다. 한 사람(배우)이 어떻게 다른 사람(배역)의 일을 연기하고, '제3자'는 어떻게 이런 일을 감상할 수 있는가? 철학지식론에서 '과학지식이 어떻게 탄생 가능했는가'라는 질문을 빌려와 똑같이 연기예술의 미학 문제에 대해 '내가 아닌 타인을 연기한다는 것이 어떻게 가능한가'의 문제를 물을 수 있을 것 같다. 이 문제의 핵심은 타인(배역)은 본래 나(배우)와 같은 사람이 아닌데 내가 어떻게 그를 연기할 수 있는가 하는 것이다.

이 문제에 대한 서양인들의 이해는 아리스토텔레스 이후로 기본적으로 지적인 경향을 띠었다. 연기는 다른 예술과 마찬가지로 일종의 모방이고 모방은 학습이며 지식을 획득하는 경로이므로 연기가 타인을 모방하는 것은 바로 타인을 인식하는 경로이다. 물론 모방과 학습 역시 영감이 필요하지만 영혼이 육체에 붙어 있는 그런 원시적 의미의 영감inspire이 아닌 일종의 '총명'이나 '깨달음'의 의미이기 때문에 지식적이고 이지적인 것이다. 이러한 사고는 우리가 타인에 대해 지식을 얻고 관련이 있는 환경을 근거로 타인에 대해 판단을 하는 데 도움이 되며 또 필수적이기도 하다. 하지만 이런 사고는 그 자체로 상당히 큰 어려움이 존재한다. 타인의 외재적 환경이나 타인이 만든 객관적인 작업은 비교적 쉽게 파악할 수 있지만, 타인의 내재적인 생각은 짐작하기가 상당히 어렵다. 타인의 내면세계는 매우 복잡할 뿐 아니라 자유롭기 때문이다. 내가 손오공처럼 독심술이 있는 것도 아닌데 어떻게 확실히 알 수 있겠는가? 이는 서양인들이 이론적으로 자주 어려움을 느꼈던 부분이다.

이런 어려움을 극복하기 위해 서양 연극은 연기예술에 '스타니슬라브스키 시스템'이 있다. 스타니슬라브스키는 배우 그 자신의 느낌을 강조한다. 직감으로 배역의 내면세계를 체험하고 신체동작으로 그러한 체험을 드러낸다(실현한다). 심리 기술이 주가 되고 형체기술은 그것을 보조해서 배역의 내면세계를 깊게 묘사한다. 스타니슬라브스키는 위대한 예술가이며 그의 시스템은 수많은 예술 천재들의 노력 하에 대단한 성공을 거두었다.

그러나 스타니슬라브스키 시스템은 배우와 배역의 두 '자아'를 대응하기 어렵다. 그런데 무대예술에는 제3의 자아, 즉 '관객'이 또 있다. 이 제3의 자아는 마치 칸트 철학의 세 개의 '물자체'처럼 그 사이에 '넘을 수 없는 장벽'이 있다. 서양의 '지식'에 편향된 사상 체계에서는 적절한 소통의 고리를 찾기가 쉽지 않다. 이렇게 스타니슬라브스키 시스템은 내재적인 모순으로 인해 때로 와해될 위험이 있다. 그래서 브레히트 시스템이 나왔다. 이것은 아예 연기에서 '직감'을 배제하고 '이성'의 성분을 더 발전시켜 살아 있는 교류나 체험을 배제하고 냉정한 이해를 추구했다. 배우, 배역, 관객 세 '자아' 사이의 간극을 더 넓히고 '감정의 이입'에서 벗어나 방관자로서 배우와 관객은 평론가나 비평가가 되어 배역과 그의 행위를 분석하고 예술은 과학, 즉 역사학과 사회학이 되었다.

브레히트와 스타니슬라브스키의 제자 메이예르홀트 등은 모두 위대한 예술가들이다. 그들은 희극문학과 무대예술에서 모두 대단한 성공을 거두었다. '이성'은 '직감'의 심도가 결여되었지만 '직감'보다 오히려 더 내용이

넓다. 브레히트의 연극은 스타니슬라브스키의 '제4의 벽'을 타파하고 대공업 사회의 내용을 연극무대에 옮겼으니 기세 면에서 스타니슬라브스키가 비교될 수 있는 바가 아니다.

이른바 희극의 연기예술(혹은 무대예술)은 배우가 중간에서(혹은 배우를 통해) 배역(및 그가 행동하고 생각하는 것)을 관객과 연결시키는 것이다. 그래서 희극 연기예술의 핵심 문제는 '배역', '배우', '관객', 이 세 개의 '자아' 사이의 관계를 잘 해결하는 것이며 해결 방식에 따라 서로 다른 연기체계와 연기유파가 되는 것이다.

일반적으로 서양의 희극 연기는 '체험'(스타니슬라브스키)에 중점을 두거나 혹은 '표현'(브레히트)에 중점을 둔다. 그러나 매란방이 대표하는 중국 희극의 연기체계는 이런 분화 없이 '체험'과 '표현'을 결합시켰다. 그래서 스타니슬라브스키와 브레히트 두 예술계의 대가가 각기 매란방의 공연을 보고 난 후 약속이나 한 듯 모두 지기로 여겼던 것이다. 메이예르홀트 또한 매란방 연기에 대한 이해를 근거로 자신의 연출 계획을 조정했다. 이는 예술계 대가들이 자기들의 전문적인 예술 영역에서 서로에 대한 이해를 한 것이므로 물론 중요하다. 그러나 우리는 학술문화의 각도에서 이 세 개의 연기체계에 대해 해석함으로써 더 넓은 시야에서 이 세 연기체계의 연계와 구별에 대해 파악할 수 있다.

우리는 서양의 전통사상이 과거, 현재, 미래라는 시간의 위도에 항상 '현재現在', '현시現時', 혹은 '현장在場'을 중시하는 경향이 있다는 것을 알고 있다. 감정을 교류하든 아니면 과학이론을 파악하든 모두 현재를 중시한다. 그래서 그들은 '영원한 현시'라고 부른다. 과거는 이미 존재하지 않고 미래는 아직 존재하지 않으므로 그것들은 모두 현장에 있지 않다. 오직 현시만 영원히 존재하고 영구적으로 현장에 있기 때문이다. 과학으로 말하자면, 예를 들어 우리가 기하 문제를 푼다고 할 때 평면 기하를 푸는 방법은 지금이나 당시 유클리드가 풀었던 방법이나 같을뿐더러 누가 풀어도 다 같다. 그래서 역사는 그것을 중시하지 않는다. 예술로 말하면, 스타니슬라브스키든 브레히트든 모두 '현대성'과 '현실성'을 강조하고 배역(타인, 고인)을 '현시'의 배우를 통해 '현시'의 관객 면전에서 드러내 보이는 것이다. 하지만, 하나는 '타인'의 '원래 모습'(스타니슬라브스키)을 강조한다. 마치 현대인(배우, 관객)이 정말로 타인, 고인의 언행을 본 것처럼 연기한다. 하나는 현대인(배우, 관객)의 타인과 고인에 대한 이성적이고 비판적인 태도(브레히트)를 강조한다. 그런데 현대인이 정말로 고인의 원래 모습을 충분히 파악할 수 있다고는 확신할 수 없다. 이는 아마도 국내외 학술계에서 뜨겁게 논의되고 있는 모던과 포스트모던의 차이를 반영하는 것일 수도 있지만 내가 보기에 그들의 착안점은 여전히 현장성이다. 고인을 현대인의 면전으로 끌어오든 고인을 나무 인형이 되게 하든 목적은 여전히 현대인을 표현하는 것이며 강조하는 것은 현장성이다.

현장성을 강조한 것과 서양근현대 이후에 '자아' 관념을 중시한 것은 서로 관계가 있다. 지금 서양학자들도 자아 관념에 어려운 문제가 많이 존재한다는 것을 점차 느끼고 다른 면, 즉 '타인'으로부터 출로를 찾으려 한다. 이런 시도는 우리가 중국의 문화전통을 이해하는 데 참고할 만한 가치가 있다.

중국의 인문전통은 본래 이처럼 강렬한 '자아' 관념이 발전하지 않았다. 중국의 '개인'은 줄곧 크고 작은 사회에서 생활해왔다. '나'는 '타인'과 교류하고 왕래하는 과정에서 형성된 것이다. 내가 받은 교육과 내 일을 제거하면, 즉 내 생활을 제거하고 나면 '나'에게는 무엇이 남는가? 확실히 저 제왕장상들도 '명예와 지위'와 관련된 생활을 제거하면 생활이 또 있다. 혹은 이렇게 말할 수 있다. '제왕장상'으로서 표면적인 모습이 하나 있고 그 나머지는 '사적인(개인) 생활'이라고 부르거나 '내면세계'라고 부르는데 이는 '내재적인 것', '본질적인 것', '더 중요한 것'인 듯하다. 그러나 만약 내가 이 일체를 모두 제거해 버리면(괄호를 이용해 괄호를 치면) 무엇이 남을까? 그래서 어떤 의미에서 우리는 생활과 타인, 즉 타자는 나를 내가 되게 하고 역사는 현시를 현시가 되게 하며 또한 현시를 통해 미래를 규범화한다. 이

의미에서도 역시 역사와 미래가 주이며 현시는 과도적인 성격인 하나의 연결고리일 뿐이다. 내가 생각할 때 이것이 바로 중국인의 전통 심리이고 중국의 배우도 예외는 아니다.

배우는 '자아'가 두드러지지 않아야 '타인'의 사상과 감정을 잘 파악하고 이해할 수 있다. '타인'과 소통, 즉 연기해야 하는 '배역'을 비교적 원활하게 체험할 수 있으며 무대 아래의 관객들과 더 순조롭게 교류할 수 있다. 왜냐하면 모든 사람들이 그 신비하고 폐쇄적인 '자아'를 가진 것이 아니기 때문이다. 본래 네 안에 내가 있고 내 안에 네가 있다는 의미다. 이처럼 문제는 서로 다른 '자아' 사이에 어떻게 교류를 할 수 있는가, 즉 이른바 '주체간성主體間性'이 아니고 '서로의 자아가 긴밀히 얽혀 있는데도 왜 교류를 할 수 없는가'이다. 이렇게 중국의 배우는 힘들여 세 개의 '자아'를 하나의 '자아'에 귀납시켜야만 성공한 것이라 하지 않는다. 오히려 성실하게 시간이 세 개의 위도(과거, 현재, 미래)를 가지고 있음을 인정하고 사람을 나, 너, 그로 나누지만 삼자는 또 서로 통하는 것임을 인정한다. 중국 희극은 배우를 통해 배역과 관객이 소통하게 하는데 이는 현시와 과거, 미래를 서로 소통하게 하는 것이기도 하다. 비록 삼자는 모두 같은 현장에 있지만 단일한 것이 아니라 다면적이고 다층적이다. 배역은 자아로서 현장에 있지 않고 배우도 자아로서 현장에 있지 않으며 관객도 자아로서 현장에 있지 않다. 관객은 극장에서 심사자가 아니고 심판자는 더욱더 아니다. 극장에 들어갈 때 관객은 자아를 비운다. 자아를 타인에게 맡기고 타인을 받아들인다. 관객은 배우가 어떻게 타인의 일을 연기하는지를 보기 위해 극을 관람한다. 심지어 관객은 극을 관람하고 극장을 나설 때 극을 관람하기 전의 자아와 다른 자아를 갖게 될 수도 있다. 자아를 비워야 비로소 변화가 있고 새로운 자아를 갖을 수 있다. 하지만 관객의 숫자는 여전히 공연 성공의 척도가 되기 때문에 배우는 반드시 이러한 점을 고려해야 한다.

이 이론의 층위에서 매란방의 연기예술을 보면 그의 연기체계의 정수가 어디에 있는지를 알 수 있다. 『무대생활 40년』에서 그는 자주 연기하는 극목들을 구체적으로 언급하면서 연기할 때 주의해야 하는 것들을 지적했다. 그는 거의 모든 곳에서 배역, 배우, 관객 삼자 사이의 관계를 고려해 최대한 특출한 예술기교를 사용하여 그 관계를 잘 조정했다. 그래서 이 각도에서 보면 매란방 연기체계의 중심 임무는 스타니슬라브스키의 말을 그대로 쓰자면, 바로 배우가 연기기교를 이용해 배역과 관객의 관계를 잘 조화하는 것이다. 좀 더 이론화해서 말하면, 예술을 통해 과거와 미래를 연결하는 것이다. 여기서 예술은 헤겔이 『예술의 기원』에서 말하는 '제3자'이고 그것은 바로 '배우'를 뜻한다.

매란방의 연기는 '자아'의 표현이 아니다. 또 우희, 양귀비, 소계영, 목계영과 같은 옛날 사람의 뱃속을 뚫고 들어갈 수 있는 독심술도 없다. 매란방은 연기를 하는 것으로 예술이라는 일을 하는 것이고 연기자로서의 매란방은 제3자이며 예술은 매란방의 사업이다. 예술과 사업은 매란방을 매란방이 되게 하고 매란방은 이 사업 때문에 영원하다.

사업이니 만큼 진지하게 해야 하며 영감에만 의지해서는 안 된다. 또 틀에 박힌 듯 기계적으로 해서도 안 되고 총명과 지혜를 운용해야 잘 할 수 있다. 사업은 선인을 계승하여 후대인에게 이어주는 것이다. 그래서 중국의 배우들은 배우들 사이에 서로 배우는 것을 강조하며 스승에게서 이어지는 계통을 중시하고 창조와 혁신을 중시한다. 이것은 서양의 연극배우들에게는 특별히 강조되지 않는다. 물론 서양의 오페라 창법도 전수되지만 다 배운 뒤에는 독특한 개성이 강조되기 때문에 오직 작곡가와 극본에 대해서만 책임을 지는 것 같고 배우들 사이의 연계는 중국 희곡처럼 그렇게 중시되지 않는다. 중국 전통의 예술은 사업으로서 그 자체가 매우 강렬한 연속성이 있으며 마찬가지로 역사성도 있다. 매란방의 『무대생활 40년』은 그와 앞세대 선배, 동세대 동료, 뒤의 세대인 후배 배우들과의 학습, 합작, 전수의 관계를 기술했다. 생활에서 예술까지 그들이 공부한 것, 같은 무대에서 공연했던 것, 같이 일한 시간이 긴 사람들과 짧은 사람들, 그리고 문무 장면, 극작가, 심지어 아마추어 배우, 경극에 대한 문외한들의 이야기까지 모두 서술했다. 여기에서 우리는 매란방의 '사업'이 얼마나 큰지 알 수 있다. 연관되는 사람, 필요한 사람, 참여하는 사람이 많은 하나의 큰 사업이다. 그래서 매란방의 연기체계는 각 방면의 협력과 수많은 인력과 물자가 투입되는 하나의 '공정', 그것도 대공정이며 그 내용은 배우 한사람의 연기에 국한되지 않는 것이다.

3. 고전적인 것과 한 시대에 유행하는 것

매란방의 연기체계라는 이 위대한 '공정'은 중국고전 예술의 정화를 응집하고 중국문화 인문 전통의 특색을 체현하는 역사적 성격을 띤 '공정'이다. 때문에 그것은 전통적이며 현대적이다. 중국 희곡, 중국의 예술은 중국의 지역성을 가진 것이고 민족적인 것이지만 또한 교류와 소통이 가능하기 때문에 세계적인 것이기도 하다. 매란방의 연기예술은 민족적 의의가 있는 것뿐 아니라 세계 예술의 보물이기도 하다. 즉 매란방의 연기체계라는 공정은 민족적이며 또 세계적인 것이다.

시공간의 관념으로 말하자면 서양에서는 공간성이 일찍 발달한 반면, 중국에서는 시간성이 비교적 일찍 발달했다. 서양은 이미 그들의 전통의식 가운데서 시간을 중시하지 않은 결함에 대해 주의했고 부단히 시간문제에 대한 사고를 강화하여 의미 있는 사상들이 생겨났다. 그러나 중국은 마치 전통과 상반되는 길로 가고 있는 듯이 항상 분열된 변혁과 혁명을 더 강조하고 길게 이어지는 시간을 분할했다.

사람은 개체로 보면 모두 죽는다. 영원히 존재하는 사람은 아무도 없다. 한 세대 한 세대 이어지는 시간 속에서 한 개인의 삶의 서사는 단절적이다. 그러나 역사와 생활은 연속적이다. 우리는 선인의 궁실, 그릇 등의 생활용기를 오늘날까지 사용한다. 또한 선인의 사상과 문화를 응용하여 사상과 문화를 발전시켰다. 이러한 면에서 물질적, 정신적으로 연속성이 있다 하겠다. 물론 우리도 선인의 사업과 사상을 개혁하고 재창조하기도 한다. 그러나 '무'에서 '유'가 만들어진 것이 아니라 '유' 자체의 변화이며 그것의 연속이다. 중국의 인문정신이 이해하는 변혁은 곧 전통 그 자체의 변혁이다. 변혁하는 가운데서 자신의 동일성을 유지하고 자신을 발전시켜 그 자체의 '완전함'에 도달하는 것이다. 설령 새로운 요소를 흡수하여 자신을 깨고 자기의 동일성을 변화시킨다 해도, 또 다른 것이 생기거나 혹은 새로운 다른 것이 들어와 그것과 대응하고 대립한다 해도 원래의 동일성은 잃지 않는다. 이미 형성된 이런 상당한 '완전함'을 가진 예술은 '고전', 학술 쪽에서는 '정전'이 되어 마르크스가 말한 바처럼 영원한 예술적 매력을 유지하기 때문이다.

매란방이 대표하는 중국 희곡예술은 당시나 송사와 같은 고전적이고 전범화된 예술이며 한 시대의 유행이 아니라 중국 예술사에서의 '범례'이다.

경극도 처음에는 일종의 '유행'이었다. 그래서 "유행하는 피황가락 부르는 소리가 우레와 같다"는 노래가 있었다. 그러나 몇 대를 이은 대 예술가들의 창조를 거쳐 경극은 한때 유행으로 사라지지 않고 하나의 고전 극종을 형성했으며 역사적 · 사회적인 지위를 획득했기 때문에 중국인이 있는 곳이라면 반드시 존중과 보호와 발전이 이루어졌다. 경극은 '한때의 유행'에서 시작하여 '고전'이 되는 과정에서 많은 예술 천재가 필요했다. 매란방은 그들의 예술정신에 있어서 총대표 격이라고 할 수 있다. 그래서 경극하면 매란방이 떠오르는 것도 자연스러운 일이다.

각 민족의 고전 예술이 소멸하지 않는 이유는 어느 세대의 사람이라도 자기의 문화 소양을 드러내고 자기가 자기 민족의 역사에 잘 어울린다는 것을 증명하기 위해 이렇게 이미 고전이 된 예술이 현재까지 연계되도록 노력해야 하며 더 나아가 그것을 보호하고 선양해야 하기 때문이다. 이런 의미에서 이따금 고전 예술이 부흥하기도 한다. 중국 희곡 가운데서 경극보다 먼저 발생했던 곤곡이 바로 그러한 예라고 할 수 있다.

나는 곤곡 단계로 발전한 중국 희곡은 이미 상당히 성숙했다고 생각한다. 노래唱, 동작做, 대사念, 무술동작打 그리고 희극의 문학 방면에서 모두 수준 높은 발전을 이룬 고급의 동양 시극詩劇이다. 곤곡도 일찍이 크게 유행한 새로운 가락이었지만 나중에 고아해지면서 대중성을 잃어 경극이 그 유행을 대체하게 된 것이다. 그러나 경극은 지금까지 곤곡을 매우 중시하고 존경해왔다. 매란방의 『무대생활 40년』에 따르면 처음에 경극 극단은 학습에서부터 정식 연출까지 곤곡의 비중이 상당이 컸다고 한다. 그러다 그가 희곡 연기를 배우는 때에 이르러서는 연습을 곤곡부터 시작하지 않았다. 하지만 매란방은 진지하게 곤곡을 배우고 공연했으며 곤곡을 알렸다. 원대 서예 대가 조맹부趙孟頫가 몸소 체험하고 실천하면서 전서篆書를 제창했던 것과 같다. 과연 그 성과가 뛰어나 매란방이 남긴 극목 가운데 〈유원경몽〉 같은 낭만적인 가작佳作이 있는 것이다.

매란방이 곤곡을 부흥하려 한 것은 그가 결코 보수적이거나 복고적이기 때문이 아니다. 그는 곤곡을 다시 새롭게 유행하게 할 생각이 없었다. 그가 곤곡을 주창한 것은 중국 희곡의 연속적 역사성을 인식했고 곤곡이 고전예술로서 가지는 가치를 인식했으며 한 시대의 예술가로서의 자신의 책임을 의식했기 때문이다. 후대인은 선인이 남겨준 예술 '증여'를 감당할 자격이 있어야 하는 것이다.

확대해서 말하면 한 민족이 어느 세대에 갑자기 자기의 고전 예술, 즉 우수한 문화를 잃어버린다면 그것은 결코 그런 예술이나 문화가 시대에 뒤떨어졌거나 이 세대의 사람들에게 정말로 이런 예술이나 문화가 필요하지 않음을 보여주는 것이 아니라 단지 이들이 그런 예술이나 문화에 적응할 능력이 없다는 것을 설명할 뿐이다. 세련된 것을 좋아하고 새로운 것을 추구하는 서양의 민족들도 거액의 자금을 들여 고대의 그림이나 유적을 복원하고 많은 정력을 소비하여 고대 그리스와 셰익스피어의 연극을 보존하려고 한다. 프랑스 루브르 박물관이나 중국의 고궁 박물관을 참관하는 것은 '최신 유행'이 될 수는 없지만 이런 참관은 오히려 '최신 유행'보다 더 오래 지속되고 더 고급스런 문화 활동이다.

오늘날의 중국 사회는 개혁개방 이후로 '유행'이 너무 많아졌다. 문화생활도 풍부하고 다채로워졌으며 예술 활동에서 선택의 여지도 많아졌다. 그러나 그 수많은 '유행'의 흐름 바깥에 여전히 '고전' 예술이 존재한다. 그것은 사람들의 인정을 요구하며 그 '영원히 변하지 않는' 예술적 매력으로 사람들을 유인한다. '유행'의 범위 안에서는 '유행'하는 것이 우리의 흥미에 적응해야 하지만 '고전'의 범위 안에서는 우리가 가서 '고전인 것에 적응하여 자기의 취향과 교양을 높이도록 요구된다. 그래서 우리는 '고전'을 가서 배우고 이해하고 감상함으로써 우리 세대 사람들이 매란방 예술 정신을 잃어버린 사람들이 아니라 그의 후대 사람으로서 자격이 충분하다는 것을 증명한다.

중국에는 옛날에 "불효에는 세 가지가 있는데, 그중에 후손이 없는 것이 가장 크다"라는 말이 있었다. 이 말은 봉건시대의 남존여비와 대를 이어야 한다는 사상을 지니고 있으므로 당연히 비판받기에 충분하다. 하지만 만약 우리가 "후손이 없는 것이 가장 큰 불효"라는 말을 다른 의미로 해석해본다면 우리의 우수한 문화 전통을 이해하고 지키고 감상하며 선양할 수 있는 다음 세대를 교육하고 육성하여 후손이 끊이지 않게 해야만 우리 세대의 책임을 다해 고인에게 부끄럽지 않을 수 있다는 것으로 이해할 수 있다. 고인에게 부끄러우면 후대 사람에게도 부끄럽다. 그들이 문화적 수준과 교양을 갖추고 역사를 아는 사람이 되도록 우리가 우리의 책임을 다하지 못했기 때문이다.

이러한 사회 생활은 시간상에서 연속적이고 공간상에서도 교류가 가능하기 때문에 '유행'은 국가 사이의 경계를 넘어 퍼져나갈 수 있고 '고전예술'은 더욱더 전 세계의 공통 자산이 될 수 있다. 세계 각 민족의 우수한 문화는 모두 서로 통하고 서로 인정한다. 그래서 '공인된 것'이다.

1919년부터 매란방은 여러 차례 예술 극단을 이끌고 외국공연을 다녔고 매번 그 나라 국민의 뜨거운 환영을 받았다. 이는 그 나라들이 문명국이며 국민이 교양이 있고 문화적 수준이 높아 매란방의 예술을 누릴 수 있는 자격이 충분하다는 것을 의미한다. 중국 인민이 일본, 미국, 러시아의 뛰어난 예술을 누릴 수 있는 자격이 충분한 것과 같다.

소위 '누릴 수 있는 자격이 충분하다'는 것은 결코 서양 국가의 모든 사람들이 매란방의 예술을 깊게 이해한다는 말이 아니다. 중국인들 역시 모두 높은 이해를 가지고 있다는 것이 결코 아니다. 열린 마음으로 세계의 모든 아름다운 사물을 기꺼이 인정하고 받아들인다는 말이다. 이런 기초적인 문화 교양이 있어야 하고 이런 문명적인 태도가 있어야 한 걸음 나아가 우수한 문화 전통을 배울 수 있다는 것이다.

고전예술은 '학습'해야 하는 것이다. 그것은 예술상의 전범이고 전범의 의미는 학습하도록 제공되는 것이다.

경극을 배우는 서양인은 오래전부터 있었고 수준이 확실히 높은 사람들도 있었다. 개혁개방 이후 이런 예는 더 많아졌다. 물론 경극 연기를 배우는 서양인은 많지 않고 경극이 서양에서 보급화될 가능성은 없지만 그럼에도 우리 중국인은 더 많은 서양 사람들이 경극을 좋아하게 될 거라고 믿고 있다. 비록 표현형식은 다르지만 고전의 예술정신은 서로 통하는 것이라고 생각하기 때문이다. 그래서 서양 사람들이 중국의 경극을 과학 연구의 대상으로 연구할 뿐 아니라, 그것을 예술 작품으로 좋아하고 이해하기를 기대한다. 현대 정보 교류의 발전은 반드시 각 민족의 문화전통과 고전예술의 교류를 촉진할 것이다. 사람들이 첨단기술의 수단을 이용해 더욱더 편리하고 완벽하게 각 민족의 우수한 문화예술작품을 감상할 수 있을 때, 사람들이 '연극을 보는 것'이 '책을 보는 것'처럼 편리해질 때, 매란방이 생전에 기록해 두었던 훌륭한 프로그램들은 반드시 더 깊은 차원에서 그리고 더 넓은 범위 안에서 더욱더 발전될 것이다.

물론 중국의 경극, 매란방의 예술이 새로운 첨단 과학기술의 도움으로 다시 새롭게 '유행'하게 된다는 말이 아니다. 이는 서양에서뿐 아니라 현대의 중국에서도 불가능하고 그럴 필요도 없으며 그래서도 안 된다. 고전예술의 부흥, 즉 고전예술의 보호와 발전은 '고전'을 '유행하는 것'으로 떨어뜨리는 것이 아니라 정신적으로 더 깊은 차원과 더 높은 수준의 방향으로 넓히고 선양하는 것이다. 문화대혁명 시기의 양판희樣板戲*는 정치상의 문제 외에 예술 방향에서도 편향적이었다. 그때는 모든 사람에게 양판희를 배우도록 요구하면서 일종의 유행, 즉 혁명의 기풍을 조성하려 힘썼다. '(혁명) 유행'의 조류 속에서 이 극들의 진정한 가치는 오히려 표면화되고 천박해졌다. 개혁개방 이후 이 극들을 더 이상 '본'으로 삼지 않았고 또 모든 사람들에게 노래를 배우도록 요구하지도 않았지만 그 가운데서 우수한 극목은 오히려 예술적으로 자기의 입장을 분명히 하면서 독자적인 지위를 갖게 되었다.

* 양판희: 혁명모범극의 약칭. 중국 문화혁명 기간 중 모범극으로 지정된 팔대 현대극. 즉, 경극 〈지취위호산(智取威虎山)〉, 〈해항(海港)〉, 〈홍등기(紅燈記)〉, 〈사가빈(沙家濱)〉, 〈기습백호단(奇襲白虎團)〉, 〈용강송(龍江頌)〉과 발레극 〈홍색낭자군(紅色娘子軍)〉, 〈백모녀(白毛女)〉를 가리킴

매 시대마다 그 시대 사람들의 오락 방식이 있다. 그 오락 방식은 일종의 유행이며 반드시 오래 유지되지는 않는다. 지금 문화 수준이 높은 사람들이 모인다 해도 서로 시로 화답하며 연구聯句를 짓는 것은 거의 보기 드물다. 하지만 시의 지위가 결코 낮아진 것이 아니다. 오히려 높아졌다고 해야 한다. '물건이 드물면 귀해진다'는 논리는 일반적인 사물에 대부분 통하니 문화와 예술품은 더 말할 필요도 없다. 좋은 물건은 양보다 질로 승부한다. 경극은 과거에 당회의 주인공이었다. 그러나 지금은 당회가 이미 사라졌거나, 혹은 형식이 완전히 바뀌어 '저녁 연회' 같은 용어로 불리며 경극의 지위는 오히려 높아져 고전예술의 전당으로 들어갔다. 경극 관람은 이미 단순히 오락이 아니고 일종의 도야 혹은 예술 교육이 되었다.

매란방은 중국 희극예술의 대가이며 중국 인민 예술의 위대한 스승이다. 스승의 교육을 받는 것이 설사 기예를 배우는 것이라 해도 단지 소일거리일 수는 없다. 고전은 곧 정전이고 정전은 사람들이 가서 배워야 하는 것이다. 매란방의 예술은 바로 이런 예술상의 정전이며 후대인이 배워야 할 본보기와 전범이다. 중국 인민은 이런 '정전'이 있어서 긍지를 느끼며 매란방과 같은 예술의 대가가 있어 행복하다.

후기

매소무

“나는 한 민족이 자신의 위대한 예술가를 가지고 있다는 것은 민족의 복이라고 생각한다. 모든 민족은 생존해야 하기 때문에 의식주와 같은 물질 문제를 해결해야 한다는 점에서는 같지만 어떤 정신생활과 예술형식을 지니고 있는지 또 어떤 위대한 예술가가 있는지에 대해서는 민족마다 다르다. 외국에 있는 것이 중국에 꼭 있지 않으며 또 꼭 있어야 하는 것도 아니다. 중국에 있는 것이 외국에 꼭 있지 않으며 또 꼭 있어야 하는 것도 아니다. 우리는 서양 사람들에게 중국의 서예를 보급하여 왕희지 같은 서예가를 한둘 배출해야 한다고 요구하지 않는다. 그들에게 베토벤, 슈베르트가 있는 것은 그들의 복이고 우리에게 매란방이 있는 것은 또 우리의 복이라는 사실은 인정해야 한다. 매란방의 예술은 중국인들만 숭배하는 것이 아니라 외국인들도 숭배한다. 이는 우리가 베토벤을 숭배하는 것과 같다. 내가 상기하고자 하는 것은 우리가 복 안에 있으면서 그 복을 몰라서는 안 된다는 사실이다. 지금 우리가 매란방 탄생 백주년을 기념하는 것은 예술적으로 더 깊이 매란방 예술 정신을 이해하고 인식함으로써 우리가 그러한 정신을 더욱더 아끼고 사랑하며 더욱더 발전시키려는 것이다.”[1)]

이상의 인용문은 저명한 철학자 섭수산 선생이 1994년 매란방 탄생 백주년을 기념하여 쓴 「경극예술의 고전정신」이라는 논문의 서론이다.

어떻게 해야 매란방의 예술정신을 이해하고 인식할 수 있을까? 그의 저

1) 섭수산, 「경극예술의 고전정신」, 『매화(매란방)의 정취와 기린(주신방)의 품격(梅韻麒風)-매란방, 주신방 탄생 백주년 기념 문집』(중국희극출판사, 1996), 60쪽.

작을 읽는 것이 가장 확실하고 좋은 방법이지만 그 저작들은 이미 오래전에 품절되어 독자가 서점에서 구매하기가 어렵다. 최근에 백화문예출판사百花文藝出版社에서 '20세기 예술대가 수필 총서' 출판을 기획하고 나에게 매대사大師를 위해 선집을 엮어달라고 부탁을 해왔기에 나는 즉시 그의 『무대생활 40년』, 『동유기』, 『나의 영화생활』, 『매란방 희극 산론』, 『매란방 문집』 등 100만 자의 저작 가운데서 20만 자를 선별 집록해서 이 책을 만들었다. 선별의 기준은 학술성과 흥미를 결합하여 독자들의 요구에 부응하고자 했다. 선택한 50여 편의 문장은 그의 출신, 근면하게 기예를 연마한 과정, 예술 창조, 애국 정조, 고상한 품덕, 여가 취미, 동료 전우들에 대한 추억, 외국에 경극을 전파한 일, 외국 친구와의 우정, 희극 개혁과 연기 경험 등의 내용이다. 편명은 대부분 원래 있던 것을 그대로 썼으며 개별적으로 몇 편만 편집자가 제목을 붙였다. 독자들이 매란방의 평범하지 않은 생활과 예술의 길을 전체적으로 이해하고 인식하는 데 이 선집이 도움이 되길 소망한다.

매란방이 그의 저술에서 8년간의 항전기간 동안 수염을 길러 뜻을 분명히 했을 때의 어렵고 고달팠던 경험에 대해 언급한 것이 거의 없어 가령 선생과 풍자개 선생이 이와 관련해서 쓴 두 편의 글을 선별하여 부록으로 집어넣었다. 앞에서 언급한 섭수산 선생의 논문은 철학과 미학의 각도에서 매란방 연기예술의 정신을 깊이 있게 탐구하고 총결산한 것이라고 할 수 있기에 본 선집의 끝에 같이 실어 독자가 그의 예술정신의 본질을 더 깊게 이해할 수 있도록 했다.

1990년 중국 희극계는 휘반徽班의 북경 진입 200주년을 성대하게 기념했다. 이는 경극이 형성되어 발전한 200년을 기념하는 것이기도 했다. 이 200년의 역사는 우리에게 경극의 개혁과 혁신은 점진적인 변화이며 그 결과 우수한 예술가들이 배출되고 유파가 잇달아 나타났고 경극의 3대 고조시기가 출현했다는 사실을 말해준다. 이 세 시기의 대표 인물은 호북의 장석무蔣錫武 선생의 말을 인용하면 "초기 형성기의 정장경, 첫 번째 고조기에 달한 시기의 담흠배, 전면적인 발전과 더불어 완전무결한 정상을 향하던 시기의 매란방"[2]이다. 매란방의 예술생애를 총체적으로 보면 그는 경극의 혁신을 위해 평생 동안 심혈을 기울였고 실천을 통해 '[시대의 발전에 맞추어] 걸음을 옮기되 형태를 바꾸지 않는다'는 이보불환형移步不換形의 원칙을 깨달았다. 이 원칙은 경극개혁이 경극예술의 기본 규율에 근거하여 더 발전하고 혁신과 완벽함을 추구하며 앞으로 밀고 나가야 한다는 것을 말한다. 그는 먼저, 반드시 희곡의 전통 풍격을 고려하고 둘째, 희곡 자체의 규율을 존중하며 셋째, 관객의 심미습관에 부합할 것을 강조하였다. 그래서 그는 희곡 혁신은 반드시 전 세대 선배들의 예술 정수를 흡수해야 함을 주장하면서 근거 없이 지어내는 것에 반대했다. 또한 점진적인 수정의 방법을 취하고 순서에 따라 진전시키며 관객이 '무의식' 중에 개혁을 받아들이게 할 것을 주장했다. 매란방 자신이 쓴 글에서 독자는 그가 자신의 무대에서의 모든 예술 체현, 즉 노래, 대사, 동작, 무용, 화장, 음악 반주, 무대장치, 연출 극목 등에 대해 모두 고심하여 끊임없이 개혁을 진행했고 정련된 것과 거친 것, 아름다움과 추함의 감별에 항상 주의를 기울였음을 분명히 알 수 있다. 그 자신도 말했다. "나는 40년 동안 하루도 예술적인 개량을 생각하지 않은 적이 없다. 또 단번에 완벽하게 개량하기를 희망하지 않은 적이 없다. 그러나 사실과 경험은 그 안에 절차가 자연적으로 존재하다는 것을 내게 알려주었다." 이는 북경대학의 오소여吳小如 교수가 "매 선생의 예술체계는 그가 평생 해온 예술 실천을 근거로 총결해낸 '걸음을 옮기되 형태는 바꾸지 않는다'라는 통찰력 있는 이론으로 충실하게 실행한 것이다"[3]라고 한 말과 같다. 매란방은 경극예술에 대해 전면적인 개혁을 진행한 선구자의 한 사람으로서 손색이 없다. 그가 자신의 저작에서 펼친 경극의 개혁, 창조, 발전에 대한 일련의 논술은 모두 '이보불환형'의 이론 원칙을 집중적으로 체현한 것이다. 그래서 이것을 본 선집의 책 제목으로 하였다.

---

2) 장석무, 『경극정신』, 호북교육출판사, 1997, 141-143쪽.

3) 오소여, 『오소여 희곡 문록(嗚小如戱曲文錄)』, 북경대학교 출판사, 1995, 461쪽.

이 책의 부족한 점에 대해서는 독자의 아낌없는 지도를 바란다.

매란방 연보

1894

- 1894년
  - 10월 22일 북경 정양문 밖 이철괴 길의 전통극 배우 가정에서 태어남
- 1897년
  - 부친 매죽분 별세

1902

- 1902년
  - 오릉선 선생에게 처음 희곡 청의를 배움
- 1905년
  - 북경 광화루에서 첫 무대에 올라 곤극 〈장생전〉 '작교밀서' 중의 직녀를 연기함
- 1906년
  - 희련성 희반의 개인 소속 배우가 됨
  - 고모부 진치분, 고모의 외숙 호이경에게 화단희를 배움
- 1907년
  - 모친 양장옥 별세

1911

- 1911년
  - 처음으로 북경 문명차관에서 〈옥당춘〉을 공연함
  - 매우전의 금 연주로 시도한 새로운 노래 가락 성공
- 1913년
  - 첫 상해 공연에서 〈홍예관〉, 〈목가채〉 등 공연
- 1914년
  - 회화를 배우기 시작함
- 1915년
  - 장남 대영(大永) 사망
- 1914-1916년
  - 시장신희, 고장신희 창조.
  - 시장신희 〈얼해파란〉, 〈환해조〉, 〈등하고〉, 〈감옥에서 맺어진 원앙〉, 〈일루마〉 창작
  - 고장신희 〈항아분월〉, 〈대옥장화〉, 〈천금일소〉 창작
- 1916년
  - 장녀 오십(伍十) 사망
- 1917-1918년
  - 고장신희 〈목란종군〉, 〈천녀산화〉, 〈마고헌수〉, 〈홍천도합〉 창작
  - 시장신희 〈동녀참사〉 창작
- 1919년
  - 첫 일본 방문 공연

1920

- 1920년
  - 고장신희 〈상원부인(上元夫人)〉 창작
  - 최초로 무성영화 〈춘향료학〉(곤곡), 〈천녀산화〉(경극) 촬영
- 1921년
  - 왕명화 소생의 자녀를 모두 잃고 대를 잇기 위해 오릉선의 소개로 숭아사(崇雅社) 여성과반의 청의 배우 복지방과 결혼
- 1922년
  - 고장신희 〈패왕별희〉 창작
- 1922-1925년
  - 고장신희 〈서시〉, 〈낙신〉, 〈염금풍〉, 〈태진회전〉 창작
- 1924년
  - 두 번째 일본 방문
  - 무성영화 〈홍예관〉, 〈염금풍〉의 일부 촬영
- 1925년
  - 1월 조모 별세. 장자 보침 출생
- 1927년
  - 북경 『순천시보(順天時報)』가 주최한 '제1회 경극 단각 명배우 경선' 에서 4대 남단 중 최고로 선정됨. 고장신희 〈준습인〉 창작
- 1928년
  - 1월 차남 보진(소무) 출생
  - 고장신희 〈붕환소〉, 〈춘등미〉 창작
- 1929년
  - 12월 하순 첫 미국 방문 공연

1930

- 1930년
  - 3월 미국에서 유성영화 〈자호〉 촬영
  - 9월 딸 보모 출생
- 1932년
  - 봄 상해로 거주를 옮김
- 1933년
  - 상해에서 〈항금병〉, 〈생사한〉 창작
- 1934년
  - 3월 막내아들 보구 출생
- 1935년
  - 2월 첫 소련 방문 공연
  - 4월 폴란드, 독일, 프랑스, 벨기에, 이탈리아 등에서 연극 고찰
- 1937-1942년
  - 극단을 이끌고 홍콩으로 가서 공연
  - 일본군에 의해 상해가 함락되자 홍콩에 남음
  - 수염을 길러 일본인을 위한 공연을 거부함
- 1948년
  - 영화 〈생사한〉 촬영
- 1949년
  - 6월 북경에서 열린 전국 제1차 문학예술계 대표대회 참석
  - 9월 전국정치협상 회의 출석
  - 10월 1일 개국 성전 참가

1951

- 1951년
  - 4월 중국희곡연구원 원장 담임
  - 겨울 북경으로 거처를 옮김
- 1952년
  - 12월 비엔나 세계평화대회참석
- 1954년
  - 전국인민대표로 선출
  - 『매란방 연출 극본 선집』(중국극협회) 출판
- 1955년
  - 중국희극원 원장 담임
  - 〈매란방 무대예술〉 희곡편 촬영 마침
- 1956년
  - 3월 고향 강소 태주 방문 공연
  - 5월 극단을 이끌고 세 번째 일본 방문 공연
- 1959년
  - 3월 중국공산당 가입
  - 10월 〈목계영이 장수의 인장을 손에 넣다〉 재창작, 공연

1961

- 1960년
  - 1월 〈유원경몽〉 영화 촬영 마침
  - 2월 소련 방문 공연
  - 전국문학예술가연합회 부주석, 중국희극협회 부주석 당선
- 1961년
  - 5월 중국과학원의 과학기술인들을 위해 〈목계영이 장수의 인장을 손에 넣다〉 공연
  - 7월 심혈관 발병
  - 8월 8일 새벽 북경에서 사망

찾아보기

ㄱ

ㄹ

ㅁ

ㅂ

ㅅ

ㅇ

ㅈ

ㅋ

ㅌ

ㅍ

ㅎ